D1732116

Schummelseite

»Aktien sind mir zu riskant«, so die Einschätzung sehr vieler potenzieller Anleger. Lieber vertrauen sie ihr (manchmal sauer) verdientes Geld dem Sparbuch oder Festgeldkonto an. Aber wir bewegen uns in einer Niedrigzinsphase, deren Ende noch nicht abzusehen ist. Das bedeutet, niedrig verzinstes Geld wird nach Abzug der Inflation immer weniger. Deshalb gibt es kaum interessante Alternativen zu Aktien.

✔ Aktien sind eine Investition in Sachwerte, Sie beteiligen sich an Unternehmen und deren Erfolgen.

✔ Aktien bieten die Chancen auf Kurssteigerungen und auf die Auszahlung von Dividenden zu einem bestimmten Zeitpunkt.

✔ Aktien sind einfach zu verstehen und mit ihnen können Sie weltweit in allen Branchen investieren.

✔ Sie können Aktien jederzeit kaufen und verkaufen.

✔ Über keine andere Kapitalanlageform gibt es so viele und so aktuelle Informationen.

Ein Auto kaufen Sie auch nicht von heute auf morgen – wenigstens normalerweise. Deshalb sollten Sie auch bei der Kapitalanlage planvoll vorgehen und nichts überstürzen. Es gibt nicht den einen, einzig wahren Zeitpunkt zum Kauf (oder Verkauf) von Aktien, lassen Sie sich nicht drängen.

✔ Wählen Sie aus, ob Sie Aktien über Ihre Hausbank kaufen oder direkt über einen Online-Broker ordern wollen, und lassen Sie sich ein Depot einrichten.

✔ Überlegen Sie, ob Sie direkt in einzelne Aktien investieren wollen oder erst einmal mit einem Fonds oder einem Indexfonds (ETF) beginnen möchten.

✔ Informieren Sie sich gründlich, bevor Sie sich Ihre Aktienauswahl zusammenstellen, und streuen Sie möglichst breit nach Ländern, Branchen, Sektoren.

✔ Richten Sie sich probeweise ein Musterdepot ein und beobachten Sie eine Weile, wie sich die von Ihnen ausgewählten Produkte entwickeln.

✔ Versuchen Sie, Ihre Kapitalanlage, Ihre Depotstruktur insgesamt breit zu streuen, also neben Aktien auch in festverzinsliche Papiere (Anleihen), Rohstoffe (am besten über ETCs – also Indexfonds auf Rohstoffe) und Immobilien (eventuell auch über Fonds) zu investieren.

Schummelseite

FÜNF TIPPS ZUM HANDELN MIT AKTIEN

Aktien werden gehandelt, geordert, nicht einfach gekauft. Das bedeutet, Sie müssen immer wieder Entscheidungen treffen, ob Sie Ihr Depot so belassen – Ihre Aktien halten – oder umstrukturieren, das heißt kaufen oder verkaufen. Dabei müssen Sie die Balance zwischen zu viel und zu wenig Handeln finden – einen idealen Weg gibt es nicht.

✔ Setzen Sie nur Kapital ein, das Sie frei verfügbar haben und nicht zu einem ganz bestimmten Zeitpunkt benötigen.

✔ Suchen Sie sich eine einfache Anlagestrategie aus und bleiben Sie ihr für einen längeren Zeitraum treu.

✔ Trennen Sie sich von Verliereraktien und trauern Sie ihnen nicht nach, sondern investieren Sie neu; Verluste gehören zum Börsenalltag.

✔ Setzen Sie schon beim Kauf Limits, zu denen die Aktien wieder verkauft werden, damit Sie Verluste vermeiden und sich auf Gewinner konzentrieren können.

✔ Nutzen Sie bei Fonds die Möglichkeiten des monatlichen Ansparens, um mit kleinen Beträgen eine große Wirkung zu erzielen.

FÜNF VERHALTENSREGELN IM UMGANG MIT AKTIEN

✔ Bleiben Sie cool. Aktienkurse steigen nicht nur, sie sinken auch. Und umgekehrt!

✔ Haben Sie Geduld, denn vor allem langfristig rentiert sich ein Investment in Aktien und das Verlustrisiko nimmt deutlich ab!

✔ Bleiben Sie demütig, auch bei größeren Erfolgen. Es ist noch kein Börsen-Guru vom Himmel gefallen!

✔ Seien Sie vorsichtig! Misstrauen Sie Superlativen und greifen Sie nicht zu »Schnäppchen«

✔ Seien Sie mutig! Glauben Sie keinen Panikmachern. Verlassen Sie sich auf Ihren gesunden Menschenverstand!

Aktien
für Dummies

Christine Bortenlänger und Ulrich Kirstein

Aktien für dümmies®

2., aktualisierte Auflage

WILEY

WILEY-VCH Verlag GmbH & Co. KGaA

Aktien für Dummies

Bibliografische Information der Deutschen Nationalbibliothek

Die Deutsche Nationalbibliothek verzeichnet diese Publikation in der Deutschen Nationalbibliografie; detaillierte bibliografische Daten sind im Internet über http://dnb.d-nb.de abrufbar.

2., aktualisierte 2018

© 2018 WILEY-VCH Verlag GmbH & Co. KGaA, Weinheim

Coverfoto: © Vladitto – Fotolia.com
Projektmanagement und Lektorat: Evelyn Boos, Schondorf am Ammersee
Satz: SPi Global, Chennai
Druck und Bindung: CPI books GmbH, Leck

Print ISBN: 978-3-527-71475-9
ePub ISBN: 978-3-527-81437-4
mobi ISBN: 978-3-527-81436-7

10 9 8 7 6 5 4 3

Über die Autoren

Dr. Christine Bortenländer Christine Bortenländer machte sich ihren Namen vor allem als langjährige Chefin der Börse München. Mehr als zehn Jahre lang bildete sie mit ihrem Vorstandskollegen die Doppelspitze der Börse München, die sich als innovative und auf den privaten Anleger ausgerichtete Regionalbörse in der deutschen Börsenlandschaft gut behauptet. Der Zuständigkeitsbereich der studierten Betriebswirtin lag dabei auf Strategie, Marketing, Öffentlichkeitsarbeit und IT. Schon mit ihrer Doktorarbeit an der LMU München hatte sich Christine Bortenländer mit dem Thema »Börsenautomatisierung – Effizienzpotenziale und Durchsetzbarkeit« optimal auf den Einstieg an der Börse vorbereitet. Seit September 2012 führt Christine Bortenländer das renommierte Deutsche Aktieninstitut in Frankfurt als geschäftsführender Vorstand. Die feste Überzeugung, dass der Aktie eine große Bedeutung für die Prosperität der Wirtschaft und die finanzielle Absicherung der Anleger zukommt, begleitete Bortenländer von der Banklehre bis zur Spitze des Deutschen Aktieninstituts.

Ulrich Kirstein Seit 2010 ist der studierte Betriebswirt und Kunsthistoriker Ulrich Kirstein an der Börse München tätig, jetzt verantwortlich als Pressesprecher und Leiter der Öffentlichkeitsarbeit. Nach mehreren Stationen mit mehr oder weniger Bezug zur Börse war er neun Jahre lang Wirtschaftsredakteur – zuletzt Chef vom Dienst – einer monatlich erscheinenden, überregionalen Wirtschaftszeitung. Hier beschäftigte er sich intensiv mit Aktiengesellschaften vielerlei Branchen. Die verständliche und möglichst nicht langweilige Vermittlung komplizierter Themen ist ihm ein besonderes Anliegen – egal ob es um eher kunsthistorische oder wirtschaftliche Fragestellungen geht. Nach der erfolgreichen Zusammenarbeit mit der Noch-nicht-Chefin Christine Bortenländer bei *Börse für Dummies* folgt nun das wiederum konstruktive Zusammenwirken mit der Nicht-mehr-Chefin für *Aktien für Dummies*.

Eine Verbesserung der Finanzbildung breiter Bevölkerungsschichten, damit diese optimal von den Kapitalmärkten profitieren können, war und ist ein besonderes Anliegen von Christine Bortenländer und Ulrich Kirstein. Eine Vielzahl von Publikationen als Autoren oder Co-Autoren belegen diese Intention, an erster Stelle sei hier an *Börse für Dummies* oder *Finanzielle Vorsorge für Dummies* verwiesen.

Auf einen Blick

Über die Autoren 7

Einführung 19

Teil I: Aktien – ein einfaches Prinzip 25
Kapitel 1: Teile und herrsche – was sind Aktien? 27
Kapitel 2: Aktien kaufen – aber wo? 53
Kapitel 3: Wie komme ich an meine Aktie? 73
Kapitel 4: Mother's little helper – Vater Staat. 93
Kapitel 5: Wer ist reif für Aktien? 107
Kapitel 6: Warum sich die Kurse ändern 129
Kapitel 7: Aktien kaufen – aber sicher. 151
Kapitel 8: Auf einen Blick: Indizes für alle Lebenslagen 159

Teil II: Anlagestrategien mit Aktien 173
Kapitel 9: Immer schön strategisch vorgehen – Anlagestrategien
            im Überblick 175
Kapitel 10: Fonds – mit Vertrauen auf die Kunst der Profis. 195
Kapitel 11: Planung ist (fast) alles 207
Kapitel 12: ETFs – Vertrauen in die Gunst des Marktes 219

Teil III: Informationen für den Wissensvorsprung 231
Kapitel 13: Viele Informationen – viele Möglichkeiten 233
Kapitel 14: Wie man an die Informationen der Profis kommt. 249
Kapitel 15: Besser Zirkel und Lineal als Kristallkugel 263

Teil IV: Der Top-Ten-Teil 281
Kapitel 16: Zehn Börsenweisheiten über Aktien 283
Kapitel 17: Zehn psychologische Fehler, die bei Aktieninvestments teuer
            werden können. 287
Kapitel 18: Zehn wertvolle Webseiten für Aktienfans. 291
Kapitel 19: Zehn Gründe, warum Aktien die beste aller Anlageformen sind 295

Stichwortverzeichnis 297

Inhaltsverzeichnis

Über die Autoren	**7**
Einführung	**19**
Über dieses Buch	19
Konventionen in diesem Buch	21
Was Sie nicht lesen müssen	21
Törichte Annahmen über den Leser	22
Wie dieses Buch aufgebaut ist	22
Teil I: Aktien – ein einfaches Prinzip	23
Teil II: Anlagestrategien mit Aktien	23
Teil III: Informationen für den Wissensvorsprung	23
Teil IV: Der Top-Ten-Teil	23
Symbole, die in diesem Buch verwendet werden	24
Wie es weitergeht	24

TEIL I
AKTIEN – EIN EINFACHES PRINZIP **25**

Kapitel 1
Teile und herrsche – was sind Aktien?	**27**
Grundprinzip Aktie	28
Der Weg aufs Parkett in drei Buchstaben: IPO	30
Der Sprung aufs Parkett	30
Das Menetekel aus Bonn	32
Noch immer herrscht Börsenflaute	33
Grüne Schuhe	34
Aktie ist nicht gleich Aktie	34
Aktien sind Anteile – wovon eigentlich?	35
Begrenzt vorzüglich	36
Was ich habe, das gehört mir auch	37
Mit meinem Namen	37
Kleine und große Börsenwerte	38
Mantel ohne Degen	39
Kapitalerhöhung – die Börse ist keine Einbahnstraße	40
Ordentlich muss sein	40
Aus eins mach mehr – der Aktiensplit	43
Fusionen und Übernahmen	44
Heuschreckenalarm – wenn AGs gekauft werden	45
Wenn zwei sich mögen	45
Nicht jeder gibt sich freundlich	47
Sag zum Abschied leise Servus	47
Wozu Aktiengesellschaften verpflichtet sind und was sie freiwillig tun	48
Was alles wichtig ist	49
Gut sein und gut anlegen	51
Einfach nur Aktien – das ist nicht so einfach	52

Kapitel 2
Aktien kaufen – aber wo? **53**

Vom Hinterzimmer zum Internet – eine rasante Geschichte der Börsen 54
    Versandeter Handel 54
    Handel unter Platanen 55
Von der Rufbörse zum Computerhandel – Börsen heute 55
    Börsensäle im Computer 55
    Heimatlose Heimatbörsen 58
Das deutsche Börsen-Einmaleins 58
Das Dickschiff Frankfurt 59
    Berliner Aufsteiger – Börsen in der Hauptstadt 60
    Die Cleveren aus dem Ländle 61
    Der hohe Norden greift in den Westen 62
    Die Rheinländer, Quotrix und der Mittelstand 62
    Münchner für den Mittelstand 63
    Das Beste für Sie 63
Jede Börse hat ihre eigenen Schubladen 65
Nicht jeder darf, wie er will – Nuancen in den Usancen 66
Handeln um des Handelns willen – mit hoher Frequenz 67
Es muss nicht immer Börse sein 69
    Direkt per Mausklick 69
    Grau wie grauenvoll 70
    Was denn nun? 71

Kapitel 3
Wie komme ich an meine Aktie? **73**

Selbst ist der Mann – und die Frau 74
    Die Qual der Wahl 74
    Kommerziell – Comdirect Bank 76
    Keine Airline – Consorsbank 76
    Auch flüssig – DAB Bank 77
    Einfach besser, oder was? – Flatex 77
    Dibadibadu – ING-DiBa 78
    Die Orderwelt – LYNX 78
    Kleiner Blaumann – Maxblue 79
    Voll im Netz – Netbank 79
    Mehr als ein Finanzportal – OnVista 79
    Sparkassenrot – SBroker 80
    Das Beste aus zwei Welten – 1822direkt 80
    Gut beraten, aber von wem und wie genau 81
    Wir spielen Risiko 81
    Nicht ohne meinen Anwalt 82
    PIBs sind gar nicht lustig 84
    Verbrecherkartei 85
    Wie geht Handeln eigentlich? 86
Nichts ist umsonst – Depot- und andere Gebühren 87
Immer dabei – Online-Banking 89
    Das Internet kennt weder Raum noch Zeit 89
Sicher oder nicht? 90

Kapitel 4
Mother's little helper – Vater Staat 93

Anlegerschutz schützt vor der richtigen Anlage 93
Nichts geht ohne Regeln – aber nur mit Regeln geht auch nichts 98
    Den Banken auf die Finger schauen 99
    Viel Stress – nur für wen? 100
    Die Regelwächter 101
    Die Bankenoberaufseherin BaFin 101
    Die Bank der Banken: Bundesbank 101
    Die Bank des Euro: EZB 102
    Die Aufsicht der Aufsicht: European Banking Authority 102
    Der Hammer aus den USA: SEC 103
Nichts ist umsonst – schon gar nicht vom Staat 104

Kapitel 5
Wer ist reif für Aktien? 107

Die Psychologie des Geldes – eine Einführung 107
    Gier macht blind 109
    Seltene Philanthropen 110
    Auf den Index – aber das Positive 112
    An die Zukunft denken 113
Eine Frage des Typs – Wer bin ich? 114
    Der Vorsichtige (Anlegertyp 1) 116
    Der Coole (Anlegertyp 2) 117
    Der Verwegene (Anlegertyp 3) 117
    Blick in die Zukunft – Ziele müssen sein 118
Psychofallen und wie Sie sie vermeiden 119
    Wir sind Menschen und keine Ökonomen 120
    Verliebt in Sektoren 120
    Home, sweet home 121
    Interregio 122
    Die merkwürdige Harmoniesucht der Anleger 122
    Anleger haben sich selbst viel zu gern … 123
    … mögen auch die anderen sehr gern … 123
    … und sind total verpeilt 124
    Panik ist das Gegenteil von Gier 125
    Ein schwarzer Schwan 126
    As times goes by 127

Kapitel 6
Warum sich die Kurse ändern 129

Wie rational ist das denn? 130
    Bullen und Bären auf dem Parkett 130
    Von der Hausse zum Hype 130
Wie entstehen die Preise? 132
    Die Gähn AG wird wach 132
    Die Verkäufer wollen nicht mehr 133

In China fällt ein Fahrrad um – und das ist wichtig. 135
    Große Ereignisse 135
    Geh'n Sie mit, geh'n Sie mit der Konjunktur. 136
    Immer flüssig – Liquidität 141
    Gewinn gewinnt immer. 143
    Übernahmefantasien. 144
    Hexensabbat. 145
    Ereignisse im Unternehmen. 145
    Analystenmeinungen. 145
    Rate mal, was da kommt. 147
    Auf und ab und immer wieder – und immer schneller 149

Kapitel 7
Aktien kaufen – aber sicher **151**
    Ordern – aber nur mit Zusätzen 151
        Nicht immer ans Limit gehen. 153
        Stop Loss ist kein Actionfilm. 154
    Wenigstens die Typen sind intelligent 155
        Mit den Kursen wandern gehen – Trailing Stop 155
        Nimm zwei. 155

Kapitel 8
Auf einen Blick: Indizes für alle Lebenslagen **159**
    Der Dax und seine Brüder 159
        Daneben ist auch getroffen 163
        Nischengrößen: MDax und SDax. 163
        Familiär an der Börse 164
        Nach US-Vorbild 164
        Mit grünem Label 164
    So viele Länder – so viele Indizes 165
        Europa geht am Stoxx 165
        Mr. Jones 165
        Aus der Feder einer Ratingagentur 166
        Die Technologiemacher 166
        Blick nach Fernost 167
        Genug ist nicht genug 168
        Auch ein gutes Gewissen braucht Orientierung 169
    Indizes als Basis für Finanzprodukte 170

TEIL II
ANLAGESTRATEGIEN MIT AKTIEN **173**

Kapitel 9
Immer schön strategisch vorgehen – Anlagestrategien
im Überblick **175**
    Hauptsache, man hat einen Plan 176
        Den Dax schlagen. 176
        Sell in May … 176

Sicherheit oder Wachstum, das ist hier die Frage. 177
Besser wegducken 177
Wachstum kennt keine Grenzen 178
Momentchen oder 179
Mit dem Strom schwimmen 179
Hey, hey, Wiki 181
Der Robo macht's. 181
... oder Dividendchen 181
Aktiv oder passiv? 183
Kursverläufe verknüpft mit Unternehmensdaten. 183
Klare Verhältnisse 184
Interessante Kurven und unmusikalische Charts. 185
Auf Linie. 186
Balken wie Kerzen 187
Schiffe versenken. 188
Aus dem Kaffeesatz lesen. 189
Mit Köpfchen! 190
Umgekehrt geht's auch. 192
Auf die inneren Werte kommt es an. 192
Was es sonst noch gibt 193

Kapitel 10
Fonds – mit Vertrauen auf die Kunst der Profis **195**

Faszinierend – die Guten ins Töpfchen 195
Die Konstruktion 196
Keine Wahl ohne Qual. 197
Nicht nur in der Boutique 198
Die Besten ins Töpfchen – aber welches sind die Besten?. 199
Das ABC der Fondswelt. 200
Aktienfonds. 200
Branchenfonds. 200
Dachfonds 201
Hedgefonds. 201
Indexfonds 202
Länderfonds 202
Zielsparfonds 203
Zulassung gibt's nicht nur beim TÜV. 204
Fonds oder nicht Fonds?. 205

Kapitel 11
Planung ist (fast) alles. **207**

Nicht alles auf einmal 207
Lieblingskost (cost average) 208
Der Staat hilft mit – aber nicht bei jedem. 209
Selbst für ein entspanntes Alter sorgen. 209
Money, money, money 211
Aufschläge gehen daneben 212
Ausgabeaufschlag 213
Managementgebühren 213

Depotgebühren 213
Erfolgsgebühr 213
Ordergebühr 214
Verwaltungsgebühr 214
Auf die Kostenbremse treten 214
Weder Banker noch Discounter 215
Warum nicht gleich über die Börse? 216
Faire Bewertung durch Dritte 216
Faire Vergleichsmöglichkeiten für Anleger 217
Regeln bei der Anlage in Fonds 218

Kapitel 12
ETFs – Vertrauen in die Gunst des Marktes 219
Für wenig Geld ganz viel Aktie 219
Sein oder Nichtsein 220
Auf die Basis kommt es an 221
Ganz umsonst ist auch nichts 222
Was ist mein ETF wert? 223
Manchmal ist es besser, nichts zu tun 224
Oder doch ein bisschen handeln? 224
Spare, spare … 225
Fast wie Derivate 225
Den Hebel in der Hand 225
Shorty tut es auch 226
Der Produktkorb vergrößert sich 227
Pro und Kontra ETF 228

TEIL III
INFORMATIONEN FÜR DEN WISSENSVORSPRUNG 231

Kapitel 13
Viele Informationen – viele Möglichkeiten 233
Man muss nicht der Erste sein – aber der Beste 233
Informationen allein reichen nicht 234
Zum Blättern – Zeitungen 235
Börsen-Zeitung – schwarz auf weiß 235
Handelsblatt – das Flaggschiff aus Düsseldorf 236
Wirtschaftskurier – Wirtschaft plus Börse 236
Noch bunter: Zeitschriften 237
Das Extra für den Anleger: Anleger Plus 237
Online auf Papier: Börse Online 238
Jetzt wird's heiß: Brand Eins 238
Nicht von Marx: Capital 238
Nichts für Laien: Das Investment 239
Zur Aktie gehört: Der Aktionär 239
Solange es beim Euro bleibt: Euro (nicht nur am Sonntag) 239
Geld im Blick: Focus Money 240
Wer will an die Börse? Going Public 240

Am Puls der Wirtschaft: Impulse 240
Nicht nur für Manager: Manager Magazin 241
Für die Kleinen: Nebenwerte Journal 241
Eher taff als smart: Smart Investor 241
Learning by Doing Traders' Magazin 242
Wirtschaftswoche. 242
Ganz fix und ohne Druck – Webportale 242
Sozial wie nie – Social Media 244
Social Trading 245
Die Journalisten von nebenan – Blogs 246
Gurus gibt es nicht im Zoo 247

Kapitel 14
Wie man an die Informationen der Profis kommt 249

Investor Relations – was ist das? 249
Wer warum wann an wen kommunizieren muss 251
Wer? 251
Warum? 251
Wann? 252
Was? 253
Wie wird kommuniziert? – Die Instrumente der Investor Relations 253
Die gute alte Pressemitteilung 254
Ad hoc, was? 255
Wenn Insider Geschäfte machen. 256
Was wird schon den Kurs beeinflussen? 256
Wenn Direktoren handeln 257
Die Königsdisziplin – der Geschäftsbericht 257
Nicht nur einmal im Jahr 258
Direkte Kommunikation 258
Nichts für Rowdys 259
Einfach im WWW 259
Von Profis für Profis 259
Wer macht sich stark für die Aktie und die Anleger? 260
Westdeutsche Aktionärskultur. 260
Ehrenamtlich sprechen 261
Kritik von innen 261
Eine Stimme für die Aktie 261

Kapitel 15
Besser Zirkel und Lineal als Kristallkugel 263

Ein kleiner Grundkurs in Volkswirtschaftslehre 263
Zu wenig und zu viel Geld. 264
Money makes the world go round 265
Wie Geld zerrinnt 266
Wie Geld gewinnt 267
Drei Dinge braucht die Wirtschaft 268
Was wir alle leisten, wenn wir in die Hände spucken 268
Das Leben ist ein Auf und Ab 269

Ein klein wenig Betriebswirtschaftslehre 270
Und ein paar Formeln gibt es obendrauf 274
Sentimentale Frühwarnsysteme? 276
Auf wen sollen wir eigentlich hören? 277

TEIL IV
DER TOP-TEN-TEIL 281

Kapitel 16
Zehn Börsenweisheiten über Aktien 283
Weisheit 1: Nicht alle Eier in einen Korb legen 283
Weisheit 2: Risiko ist die Bugwelle des Erfolgs 283
Weisheit 3: The trend is your friend 284
Weisheit 4: Laufen Sie nicht jedem Trend hinterher 284
Weisheit 5: Verfüge nie über Geld, eh du es hast 284
Weisheit 6: Wer's kann, handelt an der Börse, wer's nicht kann,
berät andere 284
Weisheit 7: An der Börse werden keine Wertpapiere, sondern
Meinungen gehandelt 285
Weisheit 8: Börsenwissen ist das, was übrig bleibt, wenn man schon
alle Details vergessen hat 285
Weisheit 9: Der Pessimist ist der einzige Mist, auf dem nichts wächst 285
Weisheit 10: Die Hausse stirbt in der Euphorie 285

Kapitel 17
Zehn psychologische Fehler, die bei Aktieninvestments
teuer werden können 287
Fehler 1: Ich hab's drauf 287
Fehler 2: Ich liebe meine Heimat 287
Fehler 3: Alles klar 288
Fehler 4: Ich will mehr 288
Fehler 5: Da muss ich ganz schnell wieder raus 288
Fehler 6: Hurra! 288
Fehler 7: Das ist doch total langweilig 289
Fehler 8: Meine doch nicht 289
Fehler 9: Knick in der Optik 289
Fehler 10: Die machen das schon … 289

Kapitel 18
Zehn wertvolle Webseiten für Aktienfans 291

Kapitel 19
Zehn Gründe, warum Aktien die beste
aller Anlageformen sind 295

Stichwortverzeichnis 297

Einführung

Ein zweites Buch zum Thema Börse und Aktien vom gleichen Autorengespann. »Braucht es das?«, fragen Sie sich vielleicht, wenn Sie dieses Buch in Händen halten. Wenn Sie das Buch schon bezahlt haben, haben Sie augenscheinlich Ja gesagt. Zögern Sie noch beim Gang zur Kasse, lesen Sie einfach weiter. *Aktien für Dummies* war und ist uns ein Herzensanliegen. Das klingt etwas schnulzig, aber wir stehen dazu, denn wir halten Aktien für die einfachste, zukunftsträchtigste und zugleich spannendste Form der Geldanlage. Dabei geht es uns weniger ums Spekulieren – auch wenn wir das nicht als böse verdammen wollen. Denn Spekulation bedeutet nichts anderes, als heute in das zu investieren, was in Zukunft wichtig werden könnte – in diesem Fall Vermögensaufbau. Wir spekulieren auch, wenn wir uns für einen Beruf entscheiden, weil wir glauben, dass in diesem oder jenem Bereich unsere Zukunft liegt, oder wenn wir ein Haus kaufen, weil wir glauben, dass es werthaltig ist und wir uns künftig darin wohlfühlen werden. Wir schauen also in die Zukunft und richten unser Handeln danach aus.

Schon im Vorwort von *Börse für Dummies* finden Sie unsere Frage: »Was wäre ein Land ohne Aktionäre? Ohne Aktiengesellschaften? Es wäre ganz einfach ein Land ohne Eisenbahnen, ohne Autos, ohne Flugzeuge, ohne Zeitung, denn es gäbe keine gigantischen Druckmaschinen, die diese über Nacht für Ihren Frühstückstisch produzieren. Computer? Fehlanzeige. Flachbildschirme, iPod, wer sollte sie herstellen, vertreiben, vermarkten? Jede bahnbrechende Erfindung, jede neue Entwicklung benötigt viel Geld, auch wenn die ersten Schritte noch in einer Garage vollzogen werden mögen, zur massenweisen Herstellung wird Kapital gebraucht. Kapital, das die Unternehmen von vielen Investoren, Anlegern, Aktionären einsammeln und für das sie Aktien ausgeben. Es ist eigentlich die demokratischste Art, in einer marktwirtschaftlichen Gesellschaft Einfluss auf Unternehmen auszuüben und gleichzeitig vom Erfolg guter Unternehmen zu profitieren: sich ganz einfach über eine Aktie daran zu beteiligen.« Das ist so richtig wie wahr – damit soll es aber auch genug sein mit Zitaten des einen Buches im anderen.

Wir stehen zu diesen Worten und wollen uns noch intensiver mit Aktien und den Unternehmen dahinter befassen. Wer Aktien hält, sieht die Wirtschaft plötzlich aus einem neuen Blickwinkel: Er ist ein Teil davon. Es ist ein wenig wie beim Pferderennen: Wenn Sie kein absoluter Pferdenarr sind, interessieren Sie sich relativ wenig dafür, wie die da im Kreis herumgaloppieren und welches Pferd letztendlich siegt. Aber setzen Sie erst einmal auf Sieg oder auf Platz – dann wird's plötzlich spannend und Sie informieren sich in der Wettzeitung intensiv über die Chancen einzelner Gäule und das Können der Jockeys.

Über dieses Buch

Aktien sind verbriefte Anteile an einem Unternehmen, der Aktionär wird zum Mitunternehmer. Als physisches Papier sind Aktien im elektronischen Zeitalter allerdings längst nicht mehr wahrnehmbar. Ihre große Faszination üben sie aus, weil die Anleger hoffen, Aktien günstig erworben zu haben, um sie später wieder teuer verkaufen zu können.

Spekulanten, Gier, Angst, Panik, Hochfrequenzhandel, kurzfristige Gewinne auf Kosten langfristiger Entwicklung – mit Aktien und Aktionären werden viele negative Assoziationen verbunden. Für uns Deutsche ist bekanntlich das Glas eher halb leer als halb voll. Dieses Buch will einen Beitrag leisten, sich unverkrampft, mit Interesse und auch mit Leidenschaft Aktien anzunähern. Als einfache und langfristig kaum schlagbare Methode, Ihr hart erarbeitetes Geld zu vermehren, anstatt es von der Inflation auffressen zu lassen.

Doch zurück zu Aktien und der Hoffnung – gerne ja als Kursfantasie bezeichnet – auf steigende Preise. Das setzt voraus, dass die Aktien, obwohl unsichtbar und nicht beim Unternehmen direkt erworben, jederzeit verkauft und auch wieder gekauft werden können. Dafür gibt es eigene Handelsplätze, die Börsen. Sie sorgen für einen transparenten und nachvollziehbaren Handel und stellen die Preise der Aktien je nach Angebot und Nachfrage fest. Was wiederum das Angebot verknappt oder die Nachfrage beflügelt, darüber gibt es jede Menge Theorien und Vorstellungen. Die einen legen Lineal und Zirkel an vergangene Kurse an, die anderen blättern in Bilanzen und wieder andere sehen die Rocklänge der Haute Couture als eindeutigen Indikator für die Entwicklung der Kurse an. Wir gehen zumindest so weit darauf ein, dass Sie selbst entscheiden können, ob Sie eher der Typ mit dem Lineal oder der stille Rechner sind – die Rocklängen haben wir außen vor gelassen (was Sie nicht wundern wird).

Im Gegensatz zu den meisten anderen Produkten lautet die Hauptfrage und -entscheidung bei Aktien nicht nur, welche Aktie soll ich kaufen, sondern vor allem *wann*. Der Zeitpunkt bestimmt sogar oftmals die Auswahl der Aktien. Die beste Aktie nützt Ihnen als Anleger nämlich herzlich wenig, wenn Sie sie im Allzeithoch gekauft haben – dann können Sie nämlich nur noch auf die Dividenden hoffen. Das bringt uns direkt zu Vorteil Nummer zwei: Ein Teil des Gewinns der Gesellschaften wird in Form von Dividenden ausgeschüttet – pro Aktie bewegt sich das zwar oftmals im Cent- oder einstelligen Eurobereich, aber Kleinvieh macht auch Mist und sinnvollerweise hält man ja mehr als nur eine Aktie. Jetzt müsste man als Anleger nur noch wissen, welche Unternehmen die höchsten Gewinne einfahren – auch dafür gibt es jenseits des Kaffeesatzlesens einige Kriterien.

Die Vorteile von Aktien sind also unübersehbar: Man erwirkt sich Chancen auf Kurssteigerungen und Dividendenausschüttungen. Langfristig gesehen schlagen Aktieninvestments in Sachen Rendite so ziemlich jede andere seriöse Form der Kapitalanlage. Überdies sind Investments in Unternehmen Beteiligungen an Sachwerten und deshalb inflationssicher. Last, but not least: Über nichts gibt es so viele und so tiefgründige, oftmals gesetzlich vorgeschriebene Informationen wie über Aktiengesellschaften und alle kursbeeinflussenden Angelegenheiten. Dennoch sind die Deutschen immer noch kein Volk von Aktionären. Nach wie vor scheint die liebste Form der Geldanlage der Deutschen die Lebensversicherung zu sein. Doch wenn Sie Wert darauf legen mitzuentscheiden, wie Ihr Geld angelegt wird: Beim Investment in Aktien können Sie das – und zwar sehr differenziert.

Unser Ziel in diesem Buch ist es also vor allem, Ihnen die Scheu vor der Aktienanlage zu nehmen. Das gelingt nur durch Information, und wir hoffen, diese so aufbereitet zu haben, dass Sie nicht davon erschlagen und vor allem nicht gelangweilt werden. Wie so oft allerdings ist es so: Je mehr Informationen wir sammeln und erhalten, desto schwerer fällt uns die Entscheidung. Sollten Sie also tatsächlich das Buch gelesen haben und jetzt gar nicht mehr wissen, was Sie tun sollen: Legen Sie es weg, atmen Sie tief durch – und kaufen Sie Aktien! Es müssen ja nicht gleich Unsummen sein, die Sie investieren. Wenn Sie aber etwas

Geld beiseitegelegt haben, nutzen Sie es, denn den einen, einzig richtigen Einstiegszeitpunkt gibt es nicht. Sonst laufen Sie Gefahr, allein und frierend auf dem Bahnsteig zurückzubleiben, während der letzte Zug schon längst abgefahren ist.

Als wir *Börse für Dummies* gemeinsam geschrieben haben, war die Autorin Chefin der Börse München und der Autor Redakteur einer Wirtschaftszeitung. Wir repräsentierten also die Innen- und Außensicht der Börse. Inzwischen hat sich das umgedreht: Nach einem gemeinsamen Intermezzo an der Börse München agiert jetzt die Autorin außerhalb, als geschäftsführender Vorstand beim Deutschen Aktieninstitut in Frankfurt, und der Redakteur vertritt als Pressesprecher der Börse München die Innensicht. Immer noch sind beide mit dem Thema Aktie konfrontiert, es passt also.

Konventionen in diesem Buch

Aktien für Dummies ist wie *Börse für Dummies* kein wissenschaftliches Buch, sondern das Werk von Praktikern. Fußnoten, komplizierte Definitionen und seitenlange Exzerpte aus Gesetzestexten suchen Sie also vergeblich – und auch mit Formeln haben wir uns sehr zurückgehalten. Wenn der Kauf von Aktien eine mathematisch lösbare Aufgabe wäre, dann säßen alle Mathelehrer auf den Malediven und ließen sich die Sonne auf den Bauch scheinen. Zum Wohl unserer Kinder und zum Leid aller Aktionäre ist dem aber offensichtlich nicht so. Natürlich ist trotzdem nicht alles auf unserem Mist gewachsen, wir haben eifrige Lektüre wichtiger Börsenmedien betrieben – und diese in einem eigenen Kapitel gewürdigt. Wir haben auch so manches Mal – wir sagen es gleich – bei Wikipedia nachgeschlagen und oftmals den Kopf geschüttelt, weil wir es nicht besonders anschaulich fanden. Daher ist keine einzige Wikipedia-Passage in dieses Buch geflossen; trotzdem hat uns Wikipedia durchaus zur Orientierung gedient, das sei hier ausdrücklich erwähnt.

Wir sind mit Leib und Seele Börsianer, das heißt, wir stehen zu unseren Fehlern. Sicher mag uns bei allem Bemühen und trotz der tatkräftigen Mitwirkung unserer Lektorin der eine oder andere unterlaufen sein – die Nächte am Schreibtisch waren lang. Für Anregungen und Korrekturen unserer Leserschaft sind wir offen, im Zeitalter von Google ist es nicht wirklich schwierig, unsere geschäftlichen Adressen zu erfahren. Eine direkte und ehrliche Kommunikation unserer Leser – wie für Aktiengesellschaften Pflicht – wäre uns nur zu recht, und die nächste Auflage dankt es Ihnen.

Und jetzt noch ein paar Informationen, für die Leser, die immer schon im Voraus alles genau wissen wollen (soll es ja geben, Sie sind es natürlich nicht, lieber Leser, aber die anderen!):

✔ Wenn wir einen Begriff einführen, schreiben wir das Wort *kursiv*.

✔ E-Mail-Adressen und Webadressen erkennen Sie daran, dass sie in einer `besonderen Schrift` gedruckt sind. So wissen Sie stets genau, was Sie tippen müssen.

Was Sie nicht lesen müssen

Diesen Punkt wünscht sich der Verlag, aber seien Sie einmal ehrlich: Glauben Sie, dass irgendein Autor das so sieht? Natürlich steckt unser Herzblut in jedem Satz und wir finden schon, dass Sie von vorn bis hinten – oder umgekehrt – alles lesen sollten. Aber wer tut das heute noch, wer hat so viel Zeit? Deshalb haben wir versucht, die einzelnen Kapitel so zu schreiben, dass sie ganz für sich stehen und Sie zwischendrin ruhig einmal ein Kapitel (oder zwei) überspringen können. Wir nehmen das sportlich (also zähneknirschend). Das führt allerdings zu kleineren Redundanzen – Wiederholungen. Aber für Leser, die das Buch komplett lesen, bedeutet das, dass der Stoff dann auch wirklich sitzt. Setzen, Eins!

Wenn Sie einen Kasten in diesem Buch finden, dann können Sie als eiliger und auf das Wesentliche konzentrierter Leser darüber hinwegsehen, hinweglesen quasi, denn hier werden vor allem historische Anekdoten oder auch Details vorgestellt, die nicht unbedingt nötig sind, um mit Aktien glücklich zu werden. Sie können aus Neugierde aber auch erst alle Kästen lesen, bitte gerne.

Törichte Annahmen über den Leser

Diese Annahmen stellen wir nur auf, weil uns das Wort »töricht« so gut gefällt – in der heutigen Zeit greifen wir ja lieber zu Holzhammerbegriffen. Also, die Grundannahme ist die, dass der Leser immer recht hat. Deshalb ist auch der erste Leser der Lektor. Wie aber sieht der Leser, den wir uns vorstellen, aus? In welchen Fällen könnten Sie dieses Buch gut gebrauchen?

✔ Wenn Sie nachgerechnet haben und feststellen, dass das Geld auf Ihrem Sparbuch immer weniger statt mehr wird.

✔ Wenn Sie schon einmal mit dem Gedanken gespielt haben, Aktien zu kaufen, aber dann weder wussten, welche Sie kaufen sollen, noch wo.

✔ Wenn Sie zwar einen Investmentfonds für die Altersvorsorge besitzen, aber nicht recht wissen, ob das Geld wirklich gut angelegt ist und gerne mehr darüber erfahren würden.

✔ Wenn Sie in den Nachrichten zwar ständig hören, dass der Dax gestiegen sei, aber nicht wissen, wie Sie davon profitieren können.

✔ Wenn Sie den Wirtschaftsteil Ihrer Zeitung zwar interessant, aber auch ein wenig langweilig finden, weil er Sie doch eigentlich gar nichts angeht.

✔ Wenn Sie zwar ein paar Aktien besitzen, sich aber nicht recht entscheiden können, ob Sie diese jetzt verkaufen oder aufstocken sollen, und nicht wissen, wie Sie so eine Entscheidung überhaupt fällen sollen.

Wie dieses Buch aufgebaut ist

Dieses Buch geht von Aktien als Beteiligung an Unternehmen aus und zeigt dann auf, wo und wie diese Aktien gekauft werden können. Warum ändern sich die Preise von Aktien, also die Kurse, eigentlich? Und wie kann man am besten von Kurssteigerungen profitieren? Das sind weitere Fragen, die behandelt werden. Wer nicht einzelne Aktien, sondern lieber gleich ein Schock davon erwerben will und anderen die Auswahl überlässt, ist bei Fonds gut aufgehoben. Um aber überhaupt handeln zu können, brauchen Anleger eines vor allem: Informationen – von und über die Unternehmen.

Teil I: Aktien – ein einfaches Prinzip

Aktien sind wirklich simpel, aber auch unglaublich vielseitig. Es gibt nicht nur Aktien von großen oder kleinen Unternehmen, sondern auch welche, bei denen Sie als Anleger mehr mitreden können, und solche, bei denen Sie Ruhe geben müssen. Aktien gibt es weder direkt bei den Unternehmen noch im Supermarkt, sondern über die Börse oder auf anderen, außerbörslichen Plattformen. Manchmal ist es gut, wenn ein Dritter beratend eingreift; manchmal ist es besser, schnell und komfortabel selbst zu entscheiden, bequem am Schreibtisch im Internet. Kurse ändern sich aus vielerlei Gründen – politisch, wirtschaftlich und psychologisch –, das heißt, man weiß es nicht genau. Trotzdem gibt es ein paar Hinweise zur besseren Interpretation von Kursverläufen. Um bestmöglich von einem Kursverlauf profitieren zu können, gilt es, bereits beim Kauf entsprechende Mechanismen in Gang zu setzen, also Orderzusätze anzuwenden. Unternehmen einer bestimmten Größe, einer bestimmten Branche oder eines bestimmten Landes werden zu Indizes zusammengefasst, das erleichtert Ihnen unter Umständen die Auswahl. Auch möchte Vater Staat, dass Sie bestmöglich von Aktien profitieren – damit er das Meistmögliche an Steuern einsammeln kann. Er nennt das Anlegerschutz.

Teil II: Anlagestrategien mit Aktien

Der zweite Teil zeigt Ihnen, wie Sie strategisch und systematisch vorgehen sollten, um Ihre gesetzten Anlageziele zu erreichen. Das sollen eher Ideen sein, die Sie je nach Neigung mit jeder Menge Fachliteratur und Webinaren vertiefen können. Sie können die Strategie den Profis überlassen und Fonds kaufen. Wenn Sie auch noch gezielt wie mithilfe eines Sparplans in Fonds einzahlen, können Sie davon mehrfach profitieren. Allerdings kostet es natürlich etwas, wenn ein Profi sich um Ihr Geld kümmert und einen Fonds managt. Wenn Ihnen das zu teuer und doch zu riskant ist, dann setzen Sie direkt auf Fonds, die einfach nur Indizes nachzeichnen und die Sie günstig direkt über die Börse bekommen können.

Teil III: Informationen für den Wissensvorsprung

Information ist ein wesentlich wirkungsvollerer Anlegerschutz als behördliche Regeln und bürokratische Formulare. Aber woher bekommen Sie ausreichende, verständliche und aktuelle Informationen? Was muss eine Aktiengesellschaft eigentlich kommunizieren und was nicht? Wie hilft Ihnen als Anleger eine Investor-Relations-Abteilung weiter? Und welches Grundwissen in Volkswirtschaft und Betriebswirtschaft nützt Ihnen, um Kursverläufe zu verstehen und die Chancen von Unternehmen einschätzen zu können? Und wie kommen eigentlich Analysten dazu, Ihnen Tipps zu geben, welche Aktien Sie kaufen, halten oder verkaufen sollen? Klar, dass die Beschreibung des Informationsteils voller Fragen steckt.

Teil IV: Der Top-Ten-Teil

Der Top-Ten-Teil stellt noch einmal kurz und übersichtlich Börsenweisheiten vor, die schon immer stimmten – oder noch nie? Denn trotz aller Börsenweisheiten machen wir immer wieder die (mindestens) zehn gleichen Psychofehler. Deshalb noch zehn wichtige Webseiten, die weiterhelfen, und noch einmal für alle zehn Gründe, warum Aktien die beste aller Anlageformen sind.

Symbole, die in diesem Buch verwendet werden

Die Symbole sollen Ihnen auf einen Blick sagen: Hallo, hier gibt es einen weiter gehenden Tipp, dieses gilt es besonders zu beachten, hier ist Vorsicht geboten und jenes ist nicht wirklich wichtig, aber ganz nett zu wissen.

 Hier finden Sie Definitionen und Begriffserklärungen.

 Wir lernen am besten durch Anschauung, Anekdoten merken wir uns besser als Formeln und Definitionen. Immer wenn Sie dieses Symbol sehen, geht es um solche Geschichten.

 Aktien sind riskant, das ist nun einmal so. Wirtschaft ist wie das Leben, Wachstum und Untergang, das wollen wir gar nicht verschweigen. Insofern gilt es bei manchen Dingen, besonders vorsichtig zu agieren und am besten den Rat eines Fachmanns hinzuzuziehen. Immer wenn Sie dieses Zeichen sehen, sollten Sie Vorsicht walten lassen.

 Aktien und die Kapitalanlage bergen Risiken, bieten aber auch große Chancen. Wenn Sie dieses Symbol sehen, wollen wir Ihnen einen Tipp geben, wie Sie am besten handeln oder was Sie besser vermeiden sollten.

 Die so markierten Stellen sollten Sie sich merken.

 Hier finden Sie anschauliche Beispiele.

Wie es weitergeht

Wir müssen es zugeben: Auch dieses Buch ist analog zu *Börse für Dummies* schon wieder dicker geworden als gedacht – dabei haben wir schon einiges wieder herausgestrichen. Die meisten Themen sind so umfangreich, dass darüber selbst komplette Bücher geschrieben worden sind. Wir hoffen trotzdem, dass Sie das Buch von vorn bis hinten lesen. Aber für eilige Leser haben wir ein detailliertes Inhaltsverzeichnis und ein ausführliches Stichwortverzeichnis angelegt. Wenn Sie sich also nur für ein bestimmtes Thema interessieren, dann schauen Sie in das Stichwortverzeichnis und suchen Sie die Stellen, an denen dieser Punkt im Buch behandelt wird, und lesen Sie lediglich diese Stellen. Über das Inhaltsverzeichnis finden Sie schnell die Themen, über die Sie sich informieren wollen oder über die Sie schon immer etwas mehr wissen wollten.

Und jetzt bleibt uns nur noch, Ihnen viel Spaß beim Lesen und viel Erfolg beim Handeln zu wünschen.

Teil I
Aktien – ein einfaches Prinzip

Obwohl Aktien als Anteil an einem Unternehmen eine eigentlich einfache Sache sind, gibt es viel Wissenswertes rundherum: So macht es für Sie als Anleger durchaus einen Unterschied, ob Sie in ein großes oder kleines Unternehmen investieren, und manchmal gibt es von einer Gesellschaft verschiedene Aktien. Es wäre also gut zu wissen, welche besser für die eigene Anlage geeignet sein könnten. Wie bei vielen Dingen spielt auch bei Aktien eine große Rolle, wo Sie diese kaufen – an der Börse oder außerbörslich. Was sind Börsen überhaupt und warum sind sie wichtig, gerade auch für Privatanleger? Ein kleiner Ausflug in die sehr vielfältige deutsche Börsenlandschaft lohnt sich.

Wie gut kenne ich mich aus, und will ich alles selbst entscheiden oder mich besser beraten lassen? Das sind immer wiederkehrende Fragen bei der Geldanlage. Sich beraten zu lassen, hat einen riesigen Vorteil: Schuld ist immer der Berater. Leider nutzt Ihnen das herzlich wenig, wenn das Geld weg ist. Geldanlegen ist bei allen Formeln und Zinseszinsberechnungen eine höchst psychologische und auch emotionale Geschichte – denn den Homo oeconomicus gibt es nicht.

Aktien sind eine tolle Sache, vor allem weil es nicht nur regelmäßige Dividenden, sondern oft auch Kursgewinne gibt. Aber warum ändern sich Kurse überhaupt und welche Informationen verbessern die Einschätzbarkeit? Wie Sie bereits beim Kauf darauf achten können, von Kursgewinnen zu profitieren und Kursverluste möglichst zu vermeiden, erfahren Sie auch in diesem Teil. Außerdem geht es noch darum, wie der Staat Einfluss auf Ihr Anlageverhalten nimmt. Was für ein Tier ist der Dax eigentlich – mit einem kurzen Überblick über die Indizes endet dieser Teil, Ihr Grundwissen zum Thema Anlage mit Aktien.

IN DIESEM KAPITEL

Die Aktie – einfach ein Stück Unternehmen

Wie Unternehmen zu ihrer Aktie kommen

Aktien mit und ohne Namen

Einmal Geld, immer wieder Geld

Kapitel 1
Teile und herrsche – was sind Aktien?

Unternehmen gehen an die Börse, um für eine (hoffentlich) zukunftsweisende Geschäftsidee möglichst viel Kapital einzusammeln, damit sie diese dann in die Tat umsetzen können. Der Anleger wird als Aktionär Mitunternehmer, denn er trägt das Risiko des Scheiterns, aber auch die Chance des künftigen Unternehmenserfolgs durch seinen Einsatz mit. Aktiengesellschaften können mit dem eingesammelten Kapital wirtschaften, expandieren, forschen, Mitarbeiter einstellen, andere Unternehmen aufkaufen und vieles mehr. Damit sich Aktionäre und Unternehmen zusammenfinden, gibt es eigene Marktplätze – die Börsen. Sie dienen als Sammelbecken für das Kapital.

Die Aktie ist also kein kompliziertes Finanzkonstrukt, sondern ganz einfach ein Anteil an einem Unternehmen. Weil man schlecht ein Stück Chemie, Auto oder Energie ins Depot legen kann, wird dieser Anteil »verbrieft« – vormals auf schönes Papier gedruckt, heutzutage längst nur noch virtuell vorhanden.

Obwohl das Prinzip der Aktie also alles andere als kompliziert ist, dauerte es eine ganze Weile, bis sich Aktiengesellschaften in der heutigen Form entwickelten. Ein kurzer Blick in die Vergangenheit soll Hinweise für die Gegenwart geben und an die Grundidee erinnern. Um überhaupt Aktien im großen Stil verkaufen zu können, müssen Unternehmen aber erst einmal an die Börse. Dort läutet ihnen dann das Glöckchen. Manche Unternehmen wollen ganz genau wissen, wem sie einen Anteil verkaufen, anderen ist das eher gleichgültig – und weil Unternehmer immer besonders erfinderisch sind, vor allem wenn es um ihre Interessen geht, gibt es für jeden Bedarf eine eigene Aktiengattung, die auch für Anleger ihre Vorteile hat. Und Nachteile, zugegeben. Benötigen Aktiengesellschaften später mehr Kapital, fragen sie ihre Aktionäre – ziemlich praktisch.

Damit Aktiengesellschaften möglichst viele Aktionäre finden und behalten, die ihnen Geld anvertrauen, veröffentlichen sie permanent wichtige Unternehmenszahlen und Fakten. Denn Aktionäre wollen informiert sein, manchmal mehr, als es den Unternehmen lieb ist. Doch schließlich geben die Anleger ihr Geld den Unternehmen, damit diese erfolgreich wirtschaften – also haben sie auch Rechte.

Grundprinzip Aktie

Die Aktie beruht auf einem ausgesprochen simplen Prinzip: Auf der einen Seite gibt es Unternehmen, die Kapital benötigen, um ihre Ideen in die Tat umzusetzen. Auf der anderen Seite verfügen Menschen über mehr Geld, als sie zum Leben brauchen, und das sie für spätere Zeiten oder für größere Anschaffungen sparen und vermehren wollen. Die einfachste und sicherste Möglichkeit dafür scheint zu sein, es auf die Bank zu tragen und dafür ein hübsches Sparbuch zu bekommen. Dort werden dann Zins und Zinseszins eingetragen und siehe da, die Zahlen werden immer größer. Leider ist der Zinssatz aber oft so niedrig, dass das auf dem Papier zwar schön aussieht, Sie in der Realität als Sparbuchbesitzer aber am Ende weniger Geld zum Ausgeben haben als zu Beginn. Insofern ist es interessanter, das zweifellos vorhandene Risiko in Kauf zu nehmen und zumindest Teile des frei verfügbaren Vermögens zu investieren – in den unternehmerischen Geist anderer.

Der Unternehmer hat umgekehrt die Möglichkeit, sich Geld von der Bank zu leihen – das Geld Ihres Sparbuchs zum Beispiel – und der Bank dafür Zinsen zu zahlen. Das erhöht sein Fremdkapital in der Bilanz und engt seine Spielräume ein. Er kann sich Ihr Geld aber auch direkt von Ihnen als Aktionär holen und Sie dafür am Gewinn beteiligen. Denn ein Teil des Jahresgewinns wird in Form von Dividenden an die Aktionäre ausgeschüttet. Wirtschaftet das Unternehmen außerdem besonders erfolgreich, erhöht sich der Preis der Aktien, weil viele andere nun auch Interesse an dieser Aktie haben und sie kaufen wollen – der Kurs steigt. Am Verlust sind Sie im schlechtesten Fall »nur« in Höhe Ihres Anteils beteiligt: Geht das Unternehmen pleite, ist die Aktie nichts mehr wert. Um das Ganze für Anleger wie Unternehmen so einfach wie möglich zu handhaben, werden Anteilsscheine ausgegeben, die an einem neutralen Marktplatz – der Börse – gehandelt werden. Die Börse sorgt für einen transparenten und fairen Preis, der sich aus Angebot und Nachfrage ergibt. Wie das genau passiert, erfahren Sie in Kapitel 6 anhand eines Beispiels.

Die Investition in Aktien ist also ziemlich einfach – mit keiner anderen Form der Geldanlage können Sie von der wirtschaftlichen Entwicklung eines oder mehrerer Unternehmen direkt profitieren. Klingt spannend und lukrativ, wirft aber jede Menge Fragen auf: Welche Unternehmen werden Erfolg haben und welche nicht? Wann soll ich Aktien kaufen und wann besser nicht? Wo soll ich sie kaufen, warum ändern sich die Kurse, obwohl im Unternehmen nichts Entscheidendes passiert ist? Das wären nur einmal die wichtigsten der großen »W-Fragen«, die Sie aus der *Sesamstraße* kennen und die in diesem Buch beantwortet werden.

Das Geld »arbeiten« zu lassen und nicht einfach auf die Bank zu legen, dieser Gedanke kam schon in früheren Jahrhunderten auf – ganz konkret im Jahr 1602. Damals entstand die Idee, dass sich Anleger direkt an Unternehmen beteiligen können, ohne den Umweg über die

Fremdfinanzierung via Bank. Als Gegenleistung profitieren sie als Eigenkapitalgeber und Miteigentümer vom Erfolg des Unternehmens. Die ersten verbürgten Aktiengesellschaften finanzierten damit kostspielige und riskante Fernhandelsreisen.

 Die Niederländische Ostindien-Kompanie (Vereenigde Oostindische Compagnie), deren Gründung am 20. März 1602 erfolgte, gilt als erste Aktiengesellschaft. Sie benötigte für ihre abenteuerlichen und gefährlichen Überseefahrten nach Indien und die dortigen Einkäufe einen hohen Kapitaleinsatz. Stürme, Seeräuber, Epidemien an Bord und viele andere Gefahren machten aus jeder Fahrt ein schwer kalkulierbares Wagnis. Daher gründeten Kaufleute sogenannte Wagnisgesellschaften, an denen sich Bürger in Form von käuflichen Anteilsscheinen beteiligen konnten. Allerdings waren die Aktionäre, die damals »Participanten« hießen, dazu verpflichtet, ihre Anteile zehn Jahre zu halten – dann konnten sie entscheiden, ob sie weitere zehn Jahre investiert sein wollten oder nicht. Zusätzlich zu möglichen Kursgewinnen gab es bereits Dividendenzahlungen. Eine Partizipation beziehungsweise Mitsprachemöglichkeit etwa auf einer Art Hauptversammlung gab es allerdings nicht, so weit gingen die Rechte der »Participanten« noch nicht.

In Deutschland waren es vor allem Bergbaugesellschaften, die einen hohen Kapitalbedarf mit dem hohen Risiko verbanden, überhaupt ausreichend Rohstoffe, meist Erz, zu finden. Hier wurden einzelne Genossenschaften oder »Gewerkschaften« gegründet, die Anteile ausgaben, die allerdings nicht Aktien, sondern *Kuxe* genannt wurden. Anfänglich ausschließlich Geschäftspartnern vorbehalten, beteiligten sich später auch Kaufleute oder sogar Klöster daran, außerdem stieg beziehungsweise fiel der Wert der Kuxe je nach Erfolg der Schürfenden.

Tatsächlich an Börsen gehandelt werden Aktien erst seit dem 18. Jahrhundert – während das offizielle Gründungsdatum für »Börsen« weitaus älter ist und mit dem ersten festen Börsengebäude in Brügge aus dem Jahr 1531 verbunden wird. Dort wurden anfänglich aber überwiegend Schuldscheine und Staatsanleihen gehandelt. Aber dazu mehr in Kapitel 2!

Einen gewaltigen Entwicklungsschub der Anlageform »Aktie« und vice versa Gründung von Aktiengesellschaften gab es während der Industrialisierung in der zweiten Hälfte des 19. Jahrhunderts. Man könnte es auch umgekehrt formulieren: Ohne die Idee der Aktiengesellschaft mit ihrer breit gestreuten Finanzierungsform hätte es die Industrialisierung in diesem Ausmaß und in dieser Geschwindigkeit mit Sicherheit nicht gegeben. Und ohne die Risikobereitschaft der Anleger würde es viele technische Entwicklungen, von der Dampfmaschine bis zum Maggi-Brühwürfel, nicht geben.

Nehmen wir das Beispiel Eisenbahnbau als besonders kapitalintensive Branche, die überdies große Auswirkungen auch auf etwa den Bergbau (Kohle) und die Stahlindustrie nahm. Um Hunderte Kilometer Schienen durch oftmals unwegsames Gelände bauen und die Lokomotiven und Waggons kaufen zu können, war sehr viel Kapital notwendig. Schon damals waren die meisten Regierungen notorisch klamm oder investierten ihr Kapital lieber in glänzende Uniformen und glitzernde Waffen. So bildeten sich überall in Großbritannien, Kontinentaleuropa und Nordamerika Eisenbahnunternehmen in Form von Aktiengesellschaften. Bereits zehn Jahre nach der Jungfernfahrt der Adler im Jahr 1835 zwischen Nürnberg und Fürth waren in Deutschland mehr als 2.000 Kilometer Schienenstrecke verlegt, einschließlich des Baus teurer Tunnel und Brücken. Möglich war dies nur durch die Verteilung des Kapitals auf viele Schultern, also mittels Börsengängen. Die Euphorie vieler Anleger von damals glich derjenigen des Börsenhypes um die Jahrtausendwende. Kein Wunder, damals waren Eisenbahnen schließlich auch in etwa so zukunftsweisend – und in großen Teilen der Bevölkerung so umstritten – wie Internetfirmen in den 2000er-Jahren.

Die Beliebtheit von Aktiengesellschaften und die Liebe zur Aktie hielten in Deutschland lange an, wenn dies auch zahlenmäßig einer eher kleinen Gruppe vorbehalten war. Allerdings wurden dieser Liebe durch einige Crashs immer wieder empfindliche Dämpfer versetzt. Wie es zu solchen heftigen Kursrutschen kommt und ob es Vorzeichen gibt, wann sie eintreten könnten, dazu später mehr (siehe Kapitel 6). Für die »Aktienkultur« in Deutschland war das nicht sehr förderlich, da immer dann, wenn viele eher unbedarfte Bürger Aktien kauften, prompt die Kursrückschläge einsetzten.

Der Weg aufs Parkett in drei Buchstaben: IPO

Warum und wie kommt eine Aktiengesellschaft oder ganz allgemein ein Unternehmen überhaupt an die Börse? Warum ist einfach gesagt: Damit Sie Aktien kaufen können, jederzeit und zu einem sekündlich ausgewiesenen Preis. Das »Wie« ist schwerer zu beantworten. Dazu muss das Unternehmen gewisse Voraussetzungen erfüllen, die auch noch von Börse zu Börse verschieden sind. Und auch der Gesetzgeber redet viele Wörtchen mit, schließlich wendet sich das Unternehmen ja nicht nur an professionelle Investoren, sondern auch an Sie als Privatanleger – und für Ihren besonderen Schutz fühlt sich der Staat verantwortlich. Er beziehungsweise seine Repräsentanten wollen schließlich von Ihnen gewählt werden. Nur so viel an dieser Stelle, Sie wollen ja Aktien kaufen und keine Aktiengesellschaft aufs Parkett führen. Vielleicht gäbe es mehr Börsengänge und mehr Aktiengesellschaften in Deutschland, wenn es dafür ein eigenes ... *für Dummies*-Buch gäbe?

Der Sprung aufs Parkett

Meist wird bereits eine Aktiengesellschaft als Unternehmensform gegründet, die dann in einem zweiten Schritt an die Börse gebracht wird. Bei solchen nicht börsennotierten Aktiengesellschaften halten meist die Gründer und ein enger Kreis um sie die Aktien – Sie als Privatanleger kommen da nicht ran. Erst nach einem *Börsengang* oder *Initial Public Offering (IPO)*, wie es im Englischen heißt. Denn ein solcher IPO ist nichts anderes als ein Angebot an die Öffentlichkeit, Aktien eines Unternehmens zu kaufen. Das nennt man in der Sprache der Börsianer allerdings nicht kaufen, sondern *zeichnen*.

In der Zeit des Börsenbooms um das Jahr 2000 gab es fast wöchentlich Meldungen über große und kleinere Börsengänge. Und viele Bürgerinnen und Bürger, die noch nie im Leben eine Aktie besessen hatten, wollten plötzlich in aufstrebende Unternehmen investieren, deren Geschäftsmodelle sie oft nicht verstanden und die sie manchmal auch gar nicht interessierten. So kamen im Jahr 2000 allein an der Frankfurter Börse 142 Unternehmen »aufs Parkett« –

wie es an der Börse noch heute heißt – und sammelten insgesamt fast 27 Milliarden Euro frisches Kapital ein. Man spricht dann – bezogen auf das einzelne Unternehmen – vom erzielten *Emissionsvolumen*.

Leider wirtschafteten nicht alle Unternehmen mit diesem Kapital sehr sinnvoll. Es kam, wie es kommen musste: Die Dotcom-Blase platzte. Das Internet steckte noch in den Kinderschuhen und viele der neuen Firmen wurden nicht erwachsen. Nach dem Crash, dem unerwartet heftigen Einbruch der Kurse, traute sich 2003 kein einziges Unternehmen mehr an die Börse. Als das Vertrauen langsam wiedergewonnen war und sich 2006 schon 30 Unternehmen aufs Parkett schwangen, schlug die Finanzkrise zu, sodass 2008 wieder Sendepause war. Obwohl die Kurse der notierten Unternehmen in den darauffolgenden Jahren, insbesondere 2013, deutlich zulegten, blieben Zahl und Größe von Börsengängen nach wie vor sehr verhalten. In den USA erfolgten mit Facebook, Twitter & Co. einige rasante und für Anleger interessante IPOs, in Deutschland wagten sich Unternehmen wie Osram und Evonik, Zalando und Rocket Internet aufs Parkett.

 Das bedeutet also: Auch wenn Unternehmen Kapital benötigen, können sie nicht einfach an die Börse gehen, es kommt in ganz besonderem Maße auf die herrschende Stimmung an. So manches Mal werden Börsengänge sogar kurzfristig wieder abgesagt, weil sich nicht genügend Interessenten zum Zeichnen der Aktie auftreiben lassen – wenigstens nicht zu dem Preis, den das Unternehmen erzielen möchte.

Die wichtigste Frage für das Management eines Unternehmens wie für den potenziellen Anleger vor einem Börsengang ist die, was die neue Aktie kosten soll. Dem Unternehmen kann sie gar nicht teuer genug sein, weil das Management der festen Überzeugung ist, die Firma sei auf allen Gebieten so herausragend, dass sie ungeheuer wertvoll ist. Der Anleger findet das prinzipiell auch, will das Beste aber zum Schnäppchenpreis haben – spätere Gewinne sehr erwünscht. In einem komplizierten Verfahren legen überwiegend die emissionsbegleitenden Banken – kein Unternehmen kann allein an die Börse gehen, sondern wird meistens von mehreren Banken beraten – nach einem »Marktsounding« den Preis fest. Das heißt, die Banken sprechen mit Investoren und fühlen vor, was diese zu zahlen bereit wären. Meist legt man aber keinen exakten Preis fest, sondern eine Preisspanne (*Bookbuilding-Verfahren*). Als Erfolg gilt dann, wenn der *Emissionspreis*, also der erste Ausgabepreis einer Aktie an der Börse, im oberen Bereich dieser Preisspanne liegt.

 Bei einigen Börsengängen, etwa bei Osram oder auch bei der Britischen Royal Post, gab es den interessanten Fall, dass einige Investoren darüber klagten, der Ausgabepreis sei zu niedrig angesetzt worden, insofern hätten Siemens bei Osram und der britische Staat bei der Royal Post quasi auf Geld verzichtet. Tatsächlich schossen bei beiden Papieren die Kurse, nachdem sie an der Börse notiert waren, anhaltend nach oben, ein Indiz dafür, dass der Ausgabepreis eher niedrig gewählt wurde. Komisch nur, dass die gleichen Investoren im Vorfeld partout nicht mehr hatten zahlen wollen.

Für Sie als Anleger sind Neuemissionen besonders spannend, aber auch gefährlich. Es locken nämlich Gewinne, weil oft am ersten Börsentag der Kurs gleich in die Höhe schnellt. Man nennt diese Gewinne auch *Zeichnungsgewinne*. Wollen mehr Anleger Aktien kaufen, als das Unternehmen tatsächlich ausgibt, sind die Aktien »überzeichnet« – dies gilt als ein wichtiger Parameter für den Erfolg an der Börse. Wobei zwischen dem Emissionspreis, also dem Preis, zu dem die Anleger die Aktie vorab gezeichnet haben, und der *Erstnotiz*, zu der an der Börse tatsächlich gekauft wird, zu unterscheiden ist.

Das Menetekel aus Bonn

Bis heute beeinflusst wohl kaum ein Börsengang die Anlegermeinung in Deutschland oder besser die Haltung zur Aktie so sehr wie der Börsengang der Deutschen Telekom im Jahr 1996. An kaum einem anderen Börsengang kann man aber auch die Fehler von Unternehmen wie Aktionären so deutlich aufzeigen wie hier. Denn die T-Aktie wurde als »Volksaktie« vorgestellt und mit einem Etat von schätzungsweise 100 Millionen D-Mark beworben. Zugpferd war der damals sehr beliebte Schauspieler und Hamburger Tatort-Kommissar Manfred Krug. Sein Spruch zur Aktie: »Das ist der helle Wahnsinn, was die Telekom alles draufhat.« Das klang einfach und überzeugend. Bei der Roadshow – also der Vorstellung von Unternehmen und Aktie bei den Investoren – legten der damalige Telekom-Chef Ron Sommer und seine Manager insgesamt 40.000 Kilometer zurück und klapperten 44 Städte in 16 Ländern von Amsterdam bis Tokio und von Abu Dhabi bis Seattle ab. Ron Sommer besuchte gemeinsam mit dem damaligen Bundeskanzler Helmut Kohl auch die Börse in Tokio. Der Bundeskanzler, völlig überzeugt von der Aktie, empfahl seinem Amtskollegen Ryutaor Hashimoto sogar den Kauf von Telekom-Aktien. Ob der Japaner zugeschlagen hat, ist nicht überliefert.

Der Erfolg stellte sich entsprechend ein: Die Aktie war fünffach überzeichnet. Das heißt, dass gar nicht alle, die eine solche Aktie haben wollten, auch tatsächlich eine bekamen – zum Schluss entschied das Los. Der Kurs schnellte in die Höhe, wie immer, wenn es mehr Nachfrager als Verkäufer gibt. Während der erste Handelspreis an der Börse noch bei 28,50 D-Mark lag, kletterte der Kurs schon am ersten Tag auf 33,90 D-Mark – eine Steigerung um 18 Prozent! Der Börsengang spülte umgerechnet rund 10 Milliarden Euro in die Kassen der Telekom und des Bundes, 350 Millionen Euro erhielten die beteiligten Banken als Provision. Das waren fast alle großen Kreditinstitute, was gleichzeitig den schönen Effekt hatte, dass fast jeder Anleger die Chance hatte, an die Aktie zu kommen. Denn es erleichtert die Zeichnung von Aktien, wenn die Anleger bei einer der Emissionsbanken auch ihr Konto, ihr Depot, eingerichtet haben. Gefeiert wurde der Börsenerfolg spektakulär im Guggenheim-Museum in New York und Liza Minelli sang: »If you can make it there, you can make it anywhere.«

Ein Börsengang ist keine Einbahnstraße, vielmehr sind immer wieder neue Kapitalspritzen durch die Ausgabe neuer Aktien möglich. So eine *Kapitalerhöhung* erfolgte bei der Deutschen Telekom 1999 und konnte noch relativ erfolgreich durchgeführt werden. Auf dem Höhepunkt der Interneteuphorie kletterte der Kurs der T-Aktie auf sagenhafte 104 Euro. Alle Noch-Besitzer von T-Aktien – es sollen über eine Million sein – ärgern sich bis heute, damals nicht ausgestiegen zu sein. Denn schon im Juli 2000 konnte die dritte Kapitalerhöhung nur noch mit 66,50 Euro an den Anleger gebracht werden, danach sackte der Kurs kontinuierlich ab. Der Rücktritt von Ron Sommer im Juli 2002 brachte noch einmal ein Kursplus von vier Prozent und es wurden stets ordentliche Dividenden gezahlt, doch es dauerte bis ins Aktienrekordjahr 2013, bis sich auch Telekom-Aktionäre wieder über steigende Kurse freuen konnten. Im Nachhinein entschuldigte sich Manfred Krug für sein Engagement und räumte in einem Interview ein, dass er als »Strafe« an seinen eigenen Telekom-Aktien festhalte.

Was lernen wir daraus? Eine große Marketingmaschinerie ist noch kein Garant für den nachhaltigen Erfolg eines Unternehmens an der Börse, sondern eher für einen kurzfristigen Hype der Kurse. Ein Blick der Anleger auf Konkurrenzunternehmen oder die Geschäftsentwicklung der Deutschen Telekom hätte durchaus für Skepsis und einen früheren Ausstieg sorgen können. Aber psychologisch – wie in Kapitel 5 noch ausgeführt wird – neigen wir leider alle dazu, an Verlustbringern treulich festzuhalten und uns von den eigentlichen Chancen zu früh zu trennen. Wir vertrauen auch zu gerne dem Rat von Dritten, sogar wenn es nur ein bekannter Filmschauspieler in einem Werbespot ist. Immerhin können wir diesem als Sündenbock dann die Schuld für unsere eigene Fehlentscheidung problemlos zuschustern.

Fünffach überzeichnet war die Telekom-Aktie damals, doch was bedeutet das konkret? Meist haben Privatanleger dabei schlechtere Karten. In diesem Fall werden nämlich zuerst die institutionellen Anleger, also Fondsgesellschaften oder Versicherungen, die einen bestimmten Anteil ihres verwalteten Vermögens in Aktien anlegen, bedient, und erst dann kommen die Normalanleger zum Zuge. Man spricht in diesem Fall von der *Zuteilung einer Aktie*. Oftmals entscheidet das Los, wer wie viele Aktien bekommt.

Noch immer herrscht Börsenflaute

So richtig erholt hat sich die Börsenlandschaft aber noch immer nicht vom Crash 2000 und der Finanzkrise – zumindest was die Zahl neuer Börsengänge angeht. Das Jahr 2013 war für Aktienkurse und Aktionäre eigentlich ein gutes Jahr: Erstmals erklomm der Dax die Marke von 9.000 Punkten. Trotzdem sah es in Sachen Börsengänge mehr als mau aus. Zum Beispiel Evonik, der zugegebenermaßen auf den ersten Blick nicht besonders sexy wirkende Mischkonzern aus Essen, sagte 2012 den angekündigten Börsengang erst einmal wieder ab, weil er seine Aktien einfach nicht an den Mann brachte. So platzierte er die Aktien quasi durch die Hintertür bei institutionellen Investoren, also Banken, Fonds und Versicherungen, und kam im April 2013 mit der Schnapszahl von 33 Euro schließlich aufs Parkett. 2017 wiederholte sich fast schon 2013: Ein sehr gutes Börsenjahr, aber kaum Börsengänge. Immerhin dürfte es für künftige Aktionäre Leckeres zu futtern geben auf den Hauptversammlungen, gingen 2017 noch Delivery Hero und Vapiano an die Börse, nachdem 2016 die beiden Energieriesen RWE und E.ON jeweils eigene Sparten als Innogy und Uniper aufs Parkett gebracht hatten.

Der Börsengang schlechthin im Jahr 2013 fand aber einmal mehr in den USA statt. Der etwas andere Nachrichtendienst Twitter berauschte die Anleger, dagegen war selbst die T-Aktie harmlos. Die harten Fakten in mehr als 140 Zeichen: Die Aktie war 30-fach überzeichnet, der Kurs legte am ersten Tag um 73 Prozent zu und belief sich statt auf 20 US-Dollar (Ausgabepreis) am Ende des Tages auf fast 46 US-Dollar. Insgesamt sammelte Twitter mehr als zwei Milliarden US-Dollar ein. Das Erstaunliche daran: Twitter hatte seit seiner Gründung noch keinen Dollar Gewinn eingefahren – die Anleger setzten demnach auf das Prinzip Hoffnung. Der Börsengang von Twitter war der zweitgrößte Börsengang eines Internetkonzerns in den

USA: vor Google, das 2004 etwa 1,9 Milliarden US-Dollar auf die Waagschale brachte, aber weit, weit hinter Facebook, das 2012 die gigantische Summe von 16 Milliarden US-Dollar erlöste. Das war eindeutig mehr als ein Like!

 Neuemissionen – Börsengänge – üben einen großen Reiz auf Anleger aus, nicht zuletzt wegen der oftmals intensiven Werbe- und Kommunikationsmaßnahmen. Es muss gar nicht Manfred Krug sein, wie seinerzeit bei der Telekom. Vor allem in Hausse-Phasen, also wenn es an der Börse so richtig gut läuft, wird in der vorbörslichen Euphorie der Ausgabekurs, der erste Kurs eines Unternehmens an der Börse, hochgejubelt. Wenn in den ersten Tagen an der Börse viele Anleger das Papier haben wollen, steigt der Kurs weiter. Aber dann wollen viele Anleger Gewinne »mitnehmen« und verkaufen ihre Aktien, also sackt der Börsenkurs erst einmal ab – oft braucht er dann lange, um wieder auf ein Niveau über dem Ausgabekurs zurückzukommen. Insofern lohnt es sich manchmal, Geduld zu haben und die ersten Tage an der Börse abzuwarten.

Grüne Schuhe

Beim Studieren der heute eher selten gewordenen IPO-Meldungen sind Sie vielleicht schon einmal über den Begriff *Greenshoe* gestolpert und haben sich womöglich gewundert: Was soll das sein? Vielleicht ein entfernter Verwandter des legendären ehemaligen Chefs der US-Notenbank Alan Greenspan? Gemeint ist damit schlicht eine sogenannte *Mehrzuteilungsoption*. Kein wirklich schönes Wort, weshalb sich wohl Greenshoe eingebürgert hat. (Wie es zu der Namensgebung kam, erfahren Sie gleich.) Wenn die Nachfrage größer ist als das ursprüngliche Angebot an Aktien eines Unternehmens, können die begleitenden Banken – auch Konsortialbanken genannt – zusätzliche Aktien zum gleichen Preis abgeben, noch bis zu sechs Wochen nach dem Börsengang. Wenn nur wenig Interessenten zeichnen, wird die Mehrzuteilungsoption nicht eingelöst. Sie ist also so eine Art Reservetank, wie früher einmal beim Geha-Füller.

 »Greenshoe« nennt man dieses Konzept nach dem ersten Unternehmen, das es zum Einsatz brachte: die Green Shoe Manufacturing Company. Sie wurde bereits kurz nach dem Ersten Weltkrieg in Boston gegründet und hieß nach dem Gründer, Mr. Green, nicht weil sie ausschließlich grüne Schuhe herstellte. Mr. Green zog sich allerdings 1924 aus dem Geschäft zurück. 1960 ging das Unternehmen an die Börse, samt Mehrzuteilungsoption. Seit 1966 heißt der Schuhproduzent Stride Rite Corporation und hat sich auf Kinderschuhe spezialisiert, ging aber 2007 in die Collective Brands über – gelistet an der New Yorker Börse NYSE bis 2012.

Aktie ist nicht gleich Aktie

Jede Aktiengesellschaft (AG) – börsennotiert oder nicht – hat ihr Eigenkapital in Aktien aufgeteilt, insofern gibt es im Prinzip so viele unterschiedliche Aktien wie es Aktiengesellschaften gibt. In der EU sind es zum Beispiel etwa 9.000 börsennotierte Aktiengesellschaften, in

Japan 2.300 und in den USA 4.200. Am stärksten dürfte derzeit die Zahl kapitalistischer Aktiengesellschaften im sozialistischen China wachsen. Deutschland liegt hingegen weit abgeschlagen, was die Anzahl an börsennotierten Aktiengesellschaften angeht. Es sind hierzulande nur knapp 700 AGs – bei insgesamt fast 4,9 Millionen Unternehmen. Die Welt der Finanzen liebt aber die Auswahl und so gibt es Namensaktien und Inhaberaktien, Stammaktien und Vorzugsaktien, Nennwertaktien und nennwertlose Stückaktien – viele Aktiengattungen. Klingt auf den ersten Blick verwirrend, ist aber ziemlich simpel und bietet Ihnen als Anleger eine Reihe zusätzlicher Möglichkeiten. Selbst wenig überzeugte Autofahrer können zwischen Limousine, Kombi, Coupé, Sportwagen, Geländewagen und Cabrio unterscheiden und sie wissen, dass Kreuzungen eher selten sind – auch wenn Familienväter die Hoffnung auf einen Cabrio-Kombi vielleicht nie endgültig aufgeben werden.

Aktien sind Anteile – wovon eigentlich?

Was gehört dem Aktionär denn nun? Ein »Anteil« am Unternehmen XY ist schließlich ziemlich abstrakt. Gehört dem Inhaber einer Conti-Aktie ein Reifen, einer Daimler-Aktie ein Halogenscheinwerfer, einer Lufthansa-Aktie ein Flug von München nach Düsseldorf? Das wäre ziemlich kompliziert. Vielmehr wird das Grundkapital, quasi die »Ur-Einlage«, durch die Anzahl der Aktien geteilt. Die Gesellschaft muss über ein bestimmtes Grundkapital verfügen. Laut Aktiengesetz, der Fibel für alles rund um das Thema Aktie, muss dieses mindestens 50.000 Euro betragen. Es dürfte allerdings kaum börsennotierte AGs geben, die ein derart geringes Grundkapital aufweisen – es liegt wohl eher im Bereich von mehreren Millionen Euro. »Dickschiffe« wie VW oder Daimler bringen es durchaus auch auf über eine Milliarde Euro Grundkapital.

Dieses Grundkapital wird dann in viele gleich große Stücke zerlegt – die Aktien. Dieses »Zerlegen« kann zum einen prozentual in Form einer *nennwertlosen Stückaktie* erfolgen. Dann steht auf der Aktie, dass man einen bestimmten Prozentsatz am Grundkapital des Unternehmens XY hält. In der Zeitung findet sich hinter einer solchen Aktie oftmals der Zusatz »o. N.«. Möglich wurde dies ab 1998 mit dem damals erlassenen StückAG – das ist nicht die kleine Schwester der Theater-AG in der Schule, sondern das Stückaktiengesetz. Oder auf der Aktie steht ein bestimmter Betrag, dann handelt es sich um eine *Nennwertaktie*. Zur D-Mark-Zeit – als nach Ansicht einiger alles angeblich viel besser war – gab es überwiegend diese Form von Aktien. Sie mussten eine Zeit lang mindestens 50 DM, später 5 DM, betragen und bei einem höheren Wert durch 50 (beziehungsweise 5) teilbar sein. Heute braucht es der Einfachheit halber nur einen Euro – womit sich logischerweise das Problem der Teilbarkeit erübrigt. Seit 1998 sind in Deutschland die einfacher zu handhabenden nennwertlosen Stückaktien erlaubt, und weil das Umrechnen der 5er-Stückelungen aus der D-Mark-Zeit ziemlich krumme Beträge ergab, stellten viele Unternehmen darauf um.

 Für Sie als Anleger ist es im Prinzip Jacke wie Hose, da sich der »Wert« einer Aktie nicht nach dem Nennwert, sondern nach dem Kurs bestimmt. Steigt der Kurs, haben Sie weder einen höheren Anteil am Grundkapital noch ändert sich der Nennbetrag. Beim Kauf und Verkauf gilt ausnahmslos der aktuelle Kurswert. Trotzdem sollte man wissen, was man gekauft hat.

Begrenzt vorzüglich

Viel interessanter für den Anleger ist die Unterscheidung in *Vorzugsaktien* oder *Stammakti-en*. Doch viele Unternehmen geben gar keine »Vorzüge« heraus. Im Kursteil einer Zeitung erkennen Sie Vorzugsaktien an dem kleinen Kürzel »vz« hinter dem Unternehmensnamen. Ob Vorzüge nun wirklich so vorzüglich sind oder ob das »vz« vielleicht doch eher für »ver-zichte« steht, ist Ansichtssache. Bei Vorzugsaktien verzichten Sie als Aktionär tatsächlich auf Ihre Mitspracherechte, genauer auf Ihre Stimmrechte in der Hauptversammlung. Die Unternehmen machen das, weil nicht alle Aktionäre unbedingt mitentscheiden wollen oder weil das Unternehmen selbst nicht möchte, dass alle Aktionäre mitentscheiden. Mal so, mal so. Im Gegenzug für diesen Verzicht erhalten Sie bei einer Vorzugsaktie eine höhere Divi-dende. Obwohl Sie nicht mitstimmen dürfen, werden Sie aber trotzdem zur Hauptversamm-lung eingeladen. Sie können dort also Würstchen oder Veggy-Burger essen und den Reden der Vorstände und Einwänden der stimmberechtigten Aktionäre lauschen und sich ein Bild von »Ihrem« Unternehmen machen. Nutzen Sie eine solche Chance ruhig aus. So gut wie auf der Hauptversammlung kann man den Vorstand sonst nur selten kennenlernen.

 In die Röhre gucken Sie bei Vorzugsaktien allerdings, wenn es für Ihr Unterneh-men einen Kaufinteressenten gibt, wenn es also übernommen werden soll. Den Käufer interessiert dann vor allem die Anzahl der Stimmen. Nach dem Übernah-megesetz von 2002 muss ein Käufer oder Bieter den Aktionären ein Pflichtan-gebot unterbreiten, wenn er bereits mehr als 30 Prozent der Aktien hält. Es gibt aber Ausnahmen. Um die Aktionäre zum Verkauf ihrer Aktien zu bringen, muss der Aufkäufer ihnen ein attraktives Angebot machen, das höher liegt als der ak-tuelle Kurs. Aber eben nur den Stammaktionären, nicht den Vorzügen!

Daraus ergibt sich bereits, was Stammaktien sind: »Normale« Aktien, die den Inhaber dazu berechtigen, auf der Hauptversammlung mit abzustimmen. Sie sind die häufigsten Aktien in Deutschland. Ein Unternehmen kann ausschließlich Stammaktien ausgeben, aber nicht ausschließlich Vorzugsaktien. Auf der Hauptversammlung herrscht allerdings die Geldaris-tokratie, das heißt: Für jede Aktie eine Stimme. Je mehr Aktien ein Investor hält, desto mehr Stimmen hat er demzufolge. Insofern bestimmen hier das Bild vor allem institutionelle In-vestoren, also Profis von Versicherungen, Banken, Fondsgesellschaften oder sogenannter Family Offices, die das Vermögen einer oder mehrerer reicher Familien verwalten.

Die Hauptversammlung: Versammlung der Häupter

Weil Sie Aktien, also Anteile am Unternehmen, besitzen, haben Sie ein gewisses Mitsprache-recht. Äußern können Sie dieses aber nur einmal im Jahr auf der Hauptversammlung. Sie kön-nen natürlich Ihre Unzufriedenheit mit der Politik eines Unternehmens jederzeit zum Ausdruck bringen, indem Sie Ihre Aktien wieder verkaufen. Die Teilnahme an einer Hauptversammlung ist freiwillig, aber durchaus lohnenswert, immerhin können Sie dort die Firmenlenker höchst-persönlich Auskunft über die vergangenen Geschäfte und künftige Geschäftspolitik Rede und Antwort stehen sehen.

Zu den wichtigsten Punkten, über die Sie auf der Hauptversammlung abstimmen können, gehören die Verwendung des Gewinns und die Wahl des Aufsichtsrats. Wie viel Prozent des

Gewinns sollen in Form von Dividenden an die Anleger ausgeschüttet, wie viel sollen im Unternehmen einbehalten werden, um zu investieren? Wie setzt sich das Kontrollgremium des Vorstands zusammen? Das sind Fragen, die auch für Sie als Anleger wichtig sind.

Weitere Details zur Mitwirkung der Aktionäre auf der Hauptversammlung finden Sie in Kapitel 14.

Was ich habe, das gehört mir auch

Als *die* Aktie schlechthin – zumindest in Deutschland – galt lange Zeit die *Inhaberaktie*. Besitzer und Eigentümer (die beiden werden von Juristen ja gerne getrennt) gehen hier Hand in Hand. Also, wer die Aktie besaß, dem gehörte sie auch. Das hatte zu Zeiten, als noch echte Papiere mit – je nach Branche – mehr oder weniger interessanten Bildern darauf ausgegeben wurden, einen Nachteil: Man musste höllisch aufpassen, dass sie einem nicht irgendwie abhanden kamen. Denn waren die »Wert«papiere weg, war die Dividende weg, die möglichen Kursgewinne, die Stimmrechte, die Werte – alles! Aus diesen Zeiten stammt auch der Begriff *Depot*, das man bei der Bank anlegte und in dem die Aktienpapiere zur Sicherheit aufbewahrt wurden. Heutzutage sind Aktien in elektronischen Sammelurkunden erfasst. Darauf befinden sich mehrere Tausend Aktien und Ihre Bank rückt die nicht heraus – es ist also gar nicht mehr möglich, das Aktienklauen!

Für das Unternehmen, das Aktien ausgibt, haben Inhaberaktien einen großen Nachteil: Es kennt seine Eigentümer nicht, weiß also nicht so genau, wer die Aktien im Depot hat. Nur wer eine ziemliche Menge an Aktien besitzt, muss dies bekannt geben. Wen soll es ansprechen und weiterhin vom Unternehmen begeistern? Daraus erfolgte die Erfindung der nächsten Aktiengattung: Namensaktien.

Mit meinem Namen

Sie erinnern sich bestimmt auch noch an diese Kinderbücher, in denen eine Art Stempel angebracht ist: »Dieses Buch gehört ...«. Wir schreiben unseren Namen auf Dinge, um zu zeigen, dass sie uns gehören. In der Bibel reichte noch die reine Benennung aus, um sich die Erde untertan zu machen, heute wollen wir das schriftliche Zeugnis. So ähnlich läuft es bei den *Namensaktien*, denn hier werden die Inhaber automatisch über die Bank in ein elektronisch geführtes Aktienbuch eingetragen. So weiß die AG also genau, wer wie viele ihrer Aktien besitzt. Als Aktionär können Sie so zum Beispiel per E-Mail zur Hauptversammlung eingeladen werden und erhalten bei Interesse alle relevanten Nachrichten des Unternehmens direkt zugesandt. Auf diese Weise können Sie sehr schnell reagieren und handeln. Es gehört zum guten Ton und ist mittlerweile Standard, dass die Aktionäre durch die eigens eingerichteten Investor-Relations-Abteilungen kontinuierlich und glaubwürdig informiert werden. Welche Informationen Investor-Relations-Abteilungen Ihnen als Anleger zukommen lassen (müssen), erfahren Sie in Kapitel 14. In anderen Ländern, zum Beispiel in den USA, sind sogar ausschließlich Namensaktien (*Registered Shares*) zugelassen. Wenn Sie also US-Aktien kaufen, sind das immer Namensaktien und der Informationsfluss ist gewährleistet, auch über den großen Teich.

Genau wie es bei Autos vier- und zweisitzige Cabriolets oder drei- und fünftürige Limousinen gibt, so hat auch die Namensaktie eine Sonderform aufzuweisen: die *vinkulierte Namensaktie*. Ausnahmsweise stammt der Begriff mal nicht aus dem Englischen, was ihn aber auch nicht griffiger macht, sondern aus dem Lateinischen, von »vinculum« für »Band« oder »Fessel«. Die Fessel hat dabei das Unternehmen gelegt, denn diese Aktien dürfen nur mit dessen Zustimmung ge- oder verkauft werden. Damit will man Konkurrenten vom Kauf der Aktien abhalten oder auch unliebsame Familienmitglieder (das soll es ja geben ...). Kaufen kann man eine solche Aktie schon, aber wenn der Emittent, also das Unternehmen, nicht zustimmt, hat man kein Stimmrecht. Häufig ist diese Form der Aktie aber nicht – insofern vielleicht eher eine Art BMW X6, ein SUV-Coupé also, und damit eher selten.

Tabelle 1.1 gibt einen Überblick über die vielleicht etwas verwirrenden Aktiengattungen und wie sie sich unterscheiden.

Nach Art der Übertragbarkeit	
Inhaberaktie	Namensaktie
Ein Eigentumswechsel ist jederzeit möglich.	Die Besitzer sind in ein Aktionärsregister eingetragen.
Nach Art und Umfang der Rechte	
Stammaktie	Vorzugsaktie
Der Aktionär hat alle gesetzlichen Mitspracherechte.	Der Aktionär erhält eine höhere Dividende, verzichtet aber auf Mitspracherechte.
Nach der Beteiligung am Grundkapital	
Stückaktie	Nennwertaktie
Der Aktionär ist mit einem prozentualen Beitrag am Grundkapital beteiligt.	Der Aktionär ist mit einem bestimmten Eurobetrag (mindestens ein Euro) am Grundkapital beteiligt.

Tabelle 1.1: Aktienarten in der Übersicht

Eine sehr häufige, vom Deutschen Aktieninstitut (DAI) in der jährlich erscheinenden Statistik über die Anzahl der Aktionäre eigens ausgewiesene Form der Aktie ist die *Belegschaftsaktie*. Sie hat allerdings den großen Nachteil, dass Anleger nur in den Genuss dieser Aktienart kommen, wenn sie in dem betreffenden Unternehmen arbeiten. In Zeiten, in denen es der demografische Wandel den Unternehmen immer schwerer macht, qualifizierte Mitarbeiter zu bekommen und zu halten, dürften Belegschaftsaktien eher an Bedeutung gewinnen. Für die Mitarbeiter sind sie oft ein zusätzlicher Baustein für die eigene Altersversorgung – und für das Unternehmen ein Mittel zur Mitarbeitermotivation.

Kleine und große Börsenwerte

Eine einfache, für Anleger aber in vielerlei Hinsicht sehr viel bedeutendere Unterscheidung als viele andere ist die nach der Größe des Unternehmens. Die Größe richtet sich dabei nach dem Börsenwert, also der Anzahl der Aktien multipliziert mit dem aktuellen Kurswert. In vielen Zeitungen wird dieser Wert auf der Kursseite explizit genannt, Sie müssen also nicht zum Taschenrechner greifen.

✔ **Blue Chips:** Das sind die Dickschiffe der Aktienwelt, die sich in nationalen oder internationalen Indizes wie dem Dax 30 oder dem Euro Stoxx 50 wiederfinden.

✔ **MidCaps:** Mittelgroße Werte werden so genannt und haben in Deutschland einen eigenen Index, den MDax. Sie bedeuten aber nicht Mittelmaß!

✔ **SmallCaps/MicroCaps:** Die kleineren und kleinsten börsennotierten Unternehmen; Sie finden diese etwa im Frankfurter SDax oder jenseits aller Indizes im Börsensegment Scale in Frankfurt oder in m:access der Börse München gelistet. Als schönes deutsches Wort werden sie noch als Nebenwerte bezeichnet. Daneben sind sie aber nicht, ganz im Gegenteil, oftmals entwickeln sie sich besser als der Markt.

Wer Genaueres zur Zusammensetzung und Entstehung von Indizes wissen will, kann das in Kapitel 8 nachlesen, die Börsensegmente werden in Kapitel 2 näher erläutert.

Warum ist es aber ein Unterschied, ob Sie Aktien eines kleinen oder großen Unternehmens kaufen? Über Blue Chips liegen schon einmal sehr viel mehr Informationen vor, nicht zuletzt weil sie öfter und detaillierter kommunizieren müssen und für Journalisten aufgrund ihrer internationalen, nationalen oder regionalen Bedeutung von Interesse sind. Viele institutionelle Investoren, wie zum Beispiel Versicherungen, dürfen einen großen Teil ihrer Investments nur in solche Indexwerte stecken. Kleinere Werte hingegen sind vor allem in der Region bekannt und wichtig. Aber bei Aktien kleinerer Unternehmen herrscht generell weniger Handel an den Börsen, auch weil die Anleger ihnen die Treue in guten wie in schlechten Zeiten halten. Das hat den Effekt, dass die Ausschläge nach unten stärker sind, wenn schlechte Nachrichten oder die allgemeine Marktsituation dann doch zu Verkäufen animieren. Doch Chance und Risiko sind – wie immer – gleich groß, denn umgekehrt fällt die Steigerung der Kurse auch nach oben heftiger aus als bei großen Werten, wenn es gute Nachrichten gibt. Die *Volatilität*, so nennt man die Häufigkeit des Auf und Ab der Kurse, ist bei kleineren Werten demnach in der Regel höher als bei den großen Standardwerten.

Mantel ohne Degen

Wie sieht nun so eine Aktie aus, was hält man denn in den Händen, wenn man sich zum Kauf entschlossen hat? Nichts. Denn Aktien als schönes Wertpapier, im Fachjargon *effektives Stück*, existieren schon lange nicht mehr. Vielmehr gibt es eine elektronische Urkunde, die sogenannte *Globalurkunde* oder *Sammelurkunde* – und das war's. Wer unbedingt darauf aus ist, erhält für das eine oder andere Papier auch heute noch ein effektives Stück, das Ausliefern kann aber bis zu 100 Euro kosten! Einen Anspruch darauf gibt es schon seit 1994 nicht mehr. Juristisch richtig ausformuliert heißt es dann in der Satzung der jeweiligen Aktiengesellschaft: »Der Anspruch auf Einzelverbriefung der Aktien ist ausgeschlossen.« Ausnahmen sind Unternehmen mit einer besonderen Beziehung zu Aktienfans: Borussia-Dortmund-Aktien beispielsweise gibt es im dortigen Fanshop oder auf der Webseite noch richtig aus Papier, eine »Schmuckaktie« als offizielles Wertpapier.

Ursprünglich bestand eine Aktie aus dem Mantel und dem Bogen. Der *Mantel* war die Aktienurkunde, der *Bogen* das Stück Papier, auf dem die *Kupons* für die Dividende aufgedruckt waren. Um an die Dividende, also den Gewinnanteil, der dem Aktionär ausgezahlt wird, zu kommen, hieß es fleißig schnippeln. Jeder Aktionär musste damals selbst die Kupons schneiden, was ein wenig nach Pleonasmus klingt (also wie der berühmte »weiße Schimmel«), denn »Kupon« kommt von »couper«, französisch für »ausschneiden«. Außerdem befand sich noch ein *Erneuerungsschein* oder *Talon* im Mantel, denn schließlich war auch der größte Bogen einmal leer. Dann erhielt der Aktionär mit dem Talon einen neuen. Mit den Kupons ging man zu seiner Bank und ließ sich die Dividende auszahlen.

Wer ein gutes Stück haben will, um es an die Wand zu hängen, ist heute bei Sammlerbörsen für Scripophilisten besser aufgehoben. Dort wird allerdings nicht mit gültigen Wertpapieren, sondern mit reinen Anschauungsstücken oder Nonvaleurs gehandelt. Weltweit dürfte es mehr als 100.000 solcher historischer Wertpapiere geben. Es gibt sogar ein eigenes Museum mit dem schönen Namen »Wertpapierwelt« in Olten. Wo aber ist Olten ...? (In der Schweiz, für alle, die es interessiert, und zwar so ziemlich in der Mitte.)

Kapitalerhöhung – die Börse ist keine Einbahnstraße

Ein Börsengang ist für das Unternehmen und seinen im Grunde unersättlichen Kapitalbedarf keine Einbahnstraße. Wenn eine Aktiengesellschaft zusätzliches Kapital benötigt, kann es das Grundkapital erhöhen und dementsprechend zusätzliche Aktien herausgeben. Immer wenn das Geld knapp wird, kurzerhand das Grundkapital aufstocken, flugs neue Aktien ausgeben und weiter geht's – so funktioniert es dann aber doch nicht. Vor allem sind solche sogenannten *Kapitalerhöhungen* davon abhängig, ob sich genügend Abnehmer für die neuen Aktien finden. Das heißt, dass das Unternehmen den potenziellen Geldgebern erklären muss, wofür es noch einmal Kapital aufnehmen und was es damit erreichen will. Zufriedene Aktionäre werden dann eventuell erneut in die Tasche greifen – und vielleicht immer und immer wieder. Unternehmen wie Microsoft, BMW, Bayer und SAP sind über viele Jahrzehnte gewachsen, weil sie gute Ideen hatten und ihre Anleger immer wieder überzeugen konnten, weiter in sie zu investieren. Als Anleger können Sie also ganz direkt von Kapitalerhöhungen profitieren.

Ordentlich muss sein

Auch bei Kapitalerhöhungen kann das Unternehmen unter mehreren Varianten wählen. Bei der echten oder *ordentlichen Kapitalerhöhung* fließt dem Unternehmen tatsächlich frisches Kapital zu, es verfügt danach über mehr Eigenkapital. Durch den höheren Eigenkapitalanteil verbessert sich die Bonität des Unternehmens. Und je höher die Bonität, desto leichter erhält es einen Kredit (Fremdkapital) und desto günstiger sind die Kredite. Einer solchen Kapitalerhöhung müssen 75 Prozent der Aktionäre auf der Hauptversammlung zustimmen. Um das Grundkapital zu erhöhen, schüttet die AG für das von der Hauptversammlung »genehmigte Kapital« neue, *junge Aktien* aus. Diese sind meist billiger zu haben als die bereits gehandelten Aktien, denn sie sollen ja bevorzugt unters Aktionärsvölkchen gebracht werden.

Klingt erst einmal nicht übel. Doch wenn Sie bereits Aktien einer solchen Gesellschaft besitzen, sehen Sie plötzlich alt aus: Ihre Aktien sind jetzt weniger wert – außer Sie beteiligen sich ebenfalls am Kauf der neuen Aktien. Das Grundkapital, also der gesamte Unternehmenskuchen, wird schließlich größer und Ihr Anteil bleibt nur dann gleich, wenn Sie ebenfalls kaufen. Das Verzwickte für das Unternehmen: Genau diese »Altaktionäre« müssen die Kapitalerhöhung auf der Hauptversammlung überhaupt erst genehmigen!

Es gilt also, sie zu ködern. Das geht bekanntlich am besten mit Geld – in diesem Fall mit Geld, das versprochen wird, das mit der guten Idee verdient werden soll, deretwegen man diese Kapitalerhöhung braucht. Es werden den Altaktionären einfach junge Aktien »angedient«, auch ein schönes altes Wort. Genauer gesagt erhalten die bisherigen Aktionäre ein *Bezugsrecht* in ihr Depot gebucht zum Erwerb der jungen Aktien. Die Anzahl der Aktien errechnet sich aus dem Verhältnis zum Grundkapital. Wenn also ein Altaktionär bisher zehn Prozent des Grundkapitals kontrollierte, erhält er auch von den jungen Aktien das Bezugsrecht über zehn Prozent. Wenn er sein Bezugsrecht ausübt, bleibt sein Anteil also konstant.

 Sie können Ihr Bezugsrecht ganz einfach ausüben, indem Sie Ihrer depotführenden Bank einen Auftrag dazu erteilen. Sie können aber auch auf Ihr Bezugsrecht verzichten und es an der Börse verkaufen. Das erledigt die Bank meistens automatisch, wenn sie nichts von Ihnen hört. Der Erlös ist für Sie allerdings kein wirklicher Gewinn, sondern meist genau der Ausgleich für Ihren gesunkenen Unternehmensanteil. Denn Ihre Aktien sind ja jetzt weniger wert!

Einfach ist eine Kapitalerhöhung demnach nicht für die Unternehmen – aber wo gibt es schon einfach Geld? Zuerst müssen alle Aktionäre informiert werden – da bieten Namensaktien wieder Vorteile. Dann wollen die einen unbedingt die neuen Aktien haben, die anderen lieber ihre Bezugsrechte verkaufen. Das Aktiengesetz erlaubt jedoch bei einer Kapitalerhöhung von bis zu zehn Prozent des Grundkapitals den Ausschluss dieser Bezugsrechte. Doch auch das hat wieder einen Haken, denn die jungen Aktien müssen dann zu einem Preis in der Nähe des Börsenpreises der alten Aktien angeboten werden. Nicht einfach für die jungen Pflänzchen, sich auf dem rauen Parkett zu entfalten. Bei Ausschüttung der ersten Dividende altern die jungen Aktien rapide und werden zu alten Aktien – mit gleichen Rechten und ab diesem Zeitpunkt auch der gleichen *Wertpapierkennnummer*. Erfolgt dann eine neue Kapitalerhöhung, können wieder problemlos junge Aktien nachwachsen.

 Jedes Wertpapier hat eine eigene Kennzeichnung, die es eindeutig von allen anderen unterscheidet. Vormals war das die *Wertpapierkennnummer* oder *WKN*, die inzwischen von der international gebräuchlichen zwölfstelligen *ISIN (International Security Identification Number)* abgelöst wurde, aber noch immer in Gebrauch ist, sodass meist beide Nummern parallel verwendet werden.

Da Börse aber auch viel mit Psychologie zu tun hat und sich viele denken, dass ein Unternehmen, das mit neuem Kapital weiter wachsen möchte, sicher bald auch höhere Gewinne einfahren wird, steigen bei Kapitalerhöhungen manchmal sogar die Kurse. Hier kommt es auf die »Story« an, also aus welchem Grund eine Kapitalerhöhung durchgeführt wird. Da kommt bei den Anlegern selbstverständlich die Geschichte vom Wachstum in neue Märkte oder von einer neuen, bahnbrechenden Produktentwicklung wesentlich besser an als die

Geschichte von der Umverteilung der Schulden. Letzteres passiert, wenn das Unternehmen mit neuem Eigenkapital Kredite tilgen will, damit das Fremdkapital wieder in halbwegs vernünftiger Relation zum Eigenkapital steht. Das kann schon mal passieren, wenn es in einem Unternehmen nicht gut läuft. In diesem Fall ist jedoch Vorsicht geboten. Klappt es mit der kommunikativen Überzeugungsarbeit und ist die Unternehmensstrategie gut, steigen die Kurse. Dann haben auch die Altaktionäre ohne Bezugsrechte etwas davon.

 Leider läuft es an der Börse mal so, mal so. Eine Kapitalerhöhung kann zu Kursgewinnen führen, aber eben auch zu Kursverlusten. Problematisch sind besonders Situationen, in denen die Aktienkurse insgesamt gerade zu sinken beginnen. Dann orientieren sich Emittenten bei den jungen Aktien bei der Planung noch an älteren und damit höheren Aktienkursen und fallen auf die Nase, weil sie jetzt plötzlich viel zu teuer sind und auf zu wenig Nachfrage stoßen. Immer auf der Hut sein und sich möglichst gut informieren – das ist eine Börsenweisheit, die immer gilt.

Werden die Mittel einer Kapitalerhöhung an einen ganz bestimmten Verwendungszweck geknüpft, spricht man von einer *bedingten Kapitalerhöhung*. Ein solcher Zweck könnte zum Beispiel das Vorbereiten einer Fusion sein, oder die Unternehmensleitung will die Mitarbeiter durch Belegschaftsaktien in größerem Umfang am Unternehmen beteiligen. Die Auswirkungen auf den jeweiligen Aktienkurs hängen hier stark vom Einzelfall ab.

Bei einer *nominellen Kapitalerhöhung* fließt dem Unternehmen kein neues Kapital zu. Es findet einfach eine Umwandlung von Gewinn- und Kapitalrücklagen in Grundkapital statt. Beides sind Begriffe aus dem Rechnungswesen eines Unternehmens und werden neben dem Grundkapital in der Bilanz aufgeführt. Zur *Kapitalrücklage* zählen zum Beispiel das *Aufgeld (Agio)* zwischen dem Nennbetrag von Aktien und dem Emissionskurs. Die *Gewinnrücklage* speist sich aus dem Anteil am Gewinn, der nicht als Dividende ausgeschüttet wird. Gesetzlich sind hier als Sicherheitspolster fünf Prozent des Jahresüberschusses vorgeschrieben, so lange, bis eine Rücklage von insgesamt zehn Prozent des Grundkapitals erreicht wurde. Die Aktionäre bekommen dann neue, zusätzliche Aktien, ohne dass sie dafür etwas bezahlen müssten. Schön, oder nicht? Wenn Sie zum Beispiel zehn Aktien der Firma Linde haben und eine Aktie obendrauf bekommen, würde das Grundkapital um zehn Prozent aufgestockt. Weil Sie nichts für das plötzliche Aktiengeschenk bezahlen müssten, spricht man auch von *Gratisaktien*. Der kleine Haken dabei: Durch diese Umschichtung innerhalb der Bilanz sinkt meist der Aktienkurs, weil sich das Kapital und die Gewinne der Gesellschaft zukünftig auf mehr Aktien verteilen. Wenn es in der Welt der Aktien mathematisch genau zuginge – Gott sei Dank tut es dies aber wie in der richtigen Welt nie –, dann müsste der Kurs so weit fallen, dass Ihre elf Aktien zum Schluss so viel wert sind wie die zehn Aktien zuvor: Mehr Anleger bekommen vom gleich großen Kuchen kleinere Stücke ab.

Eine Kapitalerhöhung richtet sich – wie alles an der Börse – nach Angebot und Nachfrage. Diese werden von vielerlei Dingen bestimmt, vor allem von Erwartungen. Läuft es gut, werden viele Aktien gehandelt, so können auch problemlos junge Aktien auf den Markt gebracht und eine saftige Kapitalerhöhung durchgeführt werden. Leider brauchen Unternehmen aber oft gerade dann besonders dringend zusätzliches Kapital, wenn die Wirtschaft weniger gut läuft und trotzdem investiert werden muss, um sich zu behaupten. Dummerweise spiegeln die Börsen die schlechte Situation meist wider und zeigen sich wenig aufnahmebereit für junge Aktien.

Der angeschlagene ThyssenKrupp-Konzern verschaffte sich durch eine Kapitalerhöhung 2013 etwas Luft. Durch Kostenexplosionen für ein neues Stahlwerk in Brasilien, von dem er sich später wieder trennen musste, und die generelle Überproduktion an Stahl war der deutsche Traditionskonzern ins Schlingern geraten. So gab er für 50 Millionen Euro neue Aktien aus und sammelte in nicht einmal 14 Stunden über 880 Millionen Euro ein – das Grundkapital erhöhte sich um 10 Prozent. Der Ausgabekurs der neuen Aktien hatte bereits einen Abschlag von 2,8 Prozent zum letzten Kurs vor der Kapitalerhöhung. Eine Folge ist, dass die Krupp-Stiftung damit ihre Sperrminorität von 25 Prozent verloren hat, also in Zukunft eine feindliche Übernahme nicht mehr verhindern könnte. Die Reaktion an der Börse war eindeutig: Der Kurs brach um 8 Prozent ein.

Aus eins mach mehr – der Aktiensplit

Stellen Sie sich vor, Sie halten Aktien eines Unternehmens und bekommen plötzlich für jede Aktie drei neue. Toll, eine wunderbare Aktienvermehrung, denken Sie glücklich. Aber was hat das Unternehmen davon – und bringt Ihnen das etwas? Nach einem solchen *Aktiensplit* weist die einzelne Aktie logischerweise einen kleineren Anteil am Grundkapital aus und ist so leichter zu handeln, weil das einzelne Papier weniger kostet. Sie bekommen also nicht das Dreifache, sondern leider nur das Gleiche, durch drei geteilt. Das Kuchenstück wird kleiner portioniert und damit leichter bekömmlich, wenn Sie so wollen. Dies führt zu mehr Umsatz an der Börse, und mehr Umsatz treibt meistens den Kurs in die Höhe. Wenn viele kleine Stücke Kuchen etwas Sahne obendrauf bekommen sollen, brauchen Sie mehr Sahne, als wenn ein großes Stück ein Sahnehäubchen erhält. Man spricht dann auch davon, dass die Aktie optisch billiger wird und so mehr Käufer anlockt. Für Sie als Aktionär rentiert sich das also schon einmal über die Kurse. Aber Sie bekommen im Prinzip auch mehr Dividende, weil Sie diese dann nicht nur für eine, sondern gleich für drei Aktien erhalten. Sie ahnen schon, was jetzt kommt? In der Regel fällt die Dividende auch um ein Drittel kleiner aus – außer das Unternehmen ist generös.

Es gibt auch das Gegenteil, allerdings sehr viel seltener: Der Aktienkurs ist so dramatisch gesunken, dass sich das Unternehmen gezwungen sieht, für viele Aktien nur noch eine neue auszugeben. Damit wollen die angeschlagenen Unternehmen vermeiden, dass ihre Papiere – imageschädigend – zu *Penny-Stocks* werden, also zu Aktien, die nur ein paar Cent kosten. Oft ist die Zusammenlegung mehrerer Aktien ein deutliches Warnsignal, das neue Anleger blenden soll. Einige der einstmals hoch gehandelten Unternehmen des Neuen Marktes, der als Börsenindex für junge, zukunftsweisende Technologieunternehmen nur eine kurze Lebensdauer von 1997 bis 2003 hatte, mussten so handeln, und trotzdem dümpeln bei manchen der überlebenden Firmen die Aktien nach wie vor im Penny-Bereich vor sich hin.

Im Juni 2014 unternahm der US-Kultkonzern Apple einen Aktiensplit im Verhältnis 7 zu 1. Der Wert der Aktie betrug davor etwa 600 US-Dollar, danach also etwa 85 US-Dollar. Für Apple kam noch obendrauf, dass dadurch die Aufnahme in den berühmten US-Börsenindex Dow Jones ermöglicht werden sollte. Denn dieser traditionsreiche Index gewichtet nicht nach der Marktkapitalisierung, sondern richtet sich ausschließlich am Aktienkurs aus. Weil der Apple-Kurs vor dem Split so hoch war, käme der Aktie eine Gewichtung von 8 Prozent zu – sie wäre dadurch deutlich überrepräsentiert und würde den gesamten Index mitziehen. Für Apple war es im Übrigen bereits der vierte Aktiensplit – auch ein Zeichen für Wertsteigerung.

Fusionen und Übernahmen

Kapitalismus ist schöpferische Zerstörung des Alten durch Neues, so argumentierte schon der Ökonom Josef Schumpeter. Wirtschaft ist niemals statisch, sondern ein Prozess, immer in Bewegung. Diese Bewegung ist durch die technischen Möglichkeiten und durch globale Handelsbeziehungen zum Sauseschritt geworden. Unternehmen kaufen andere Unternehmen auf und werden wiederum selbst aufgekauft. Deutschland hatte sich gegen diesen Prozess lange Zeit abgeschottet, denn an vielen Aktiengesellschaften hielten Banken, Versicherungen oder der Staat hohe Anteile, mit denen man unerwünschte Übernahmeversuche – vor allem aus dem Ausland – abblocken konnte. Sie hatten eine sogenannte *Sperrminorität.*

Doch diese Zeiten sind lange vorbei. Einen für viele recht bitteren Vorgeschmack gab die erst feindliche, dann friedlich beschlossene Übernahme von Mannesmann durch das britische Unternehmen Vodafone von November 1999 bis Februar 2000. Einige Jahre später wurde das Dax-Mitglied HypoVereinsbank von der italienischen Unicredit übernommen. Oder die indische Mittal kaufte den traditionsreichen europäischen Stahlkocher Arcelor. Es geht aber auch innerdeutsch: FAG Kugelfischer wurde von Schaeffler geschluckt, bevor sich Schaeffler schier an Continental verschluckte.

Ein Sonderfall sind sogenannte *börsennotierte Familienunternehmen*, bei denen ein Ankeraktionär, oftmals der Gründer oder Mitglieder der Gründerfamilie, über eine Sperrminorität verfügt. Beschlüsse verhindern kann eine solche Minderheit, wenn sie 25 Prozent plus eine Aktie hält. Man denke etwa nur an BMW und die Familie Quandt als Ankeraktionär. Da solche börsennotierten Familienunternehmen oftmals besonders gut abschneiden, gibt es dafür eigene Indizes – mehr dazu in Kapitel 8.

Doch heute mischen längst auch deutsche Unternehmen in der internationalen Szene der Fusionen und Übernahmen, bei *Mergers & Acquisitions (M&A)*, kräftig mit. Wie überzeugend deutsche Unternehmen hier inzwischen auftreten, bewies der Wiesbadener Industriegase-Konzern Linde. Er kaufte nicht nur das britische Konkurrenzunternehmen BOC für 12 Milliarden Euro, sondern trennte sich noch gleich von der Gabelstaplersparte und brachte diese unter dem Namen Kion mit Erfolg an die Börse. Noch ein paar Jahre zuvor galt Linde, das sich nun international The Linde Group nennt und seinen Firmensitz nach München verlegt hat, unter Börsenfachleuten (!) als dringend übernahmegefährdet. Der Spruch »Glaube niemandem an der Börse oder wenn, dann das Gegenteil« hat sich hier auf das Schönste bestätigt. Linde ist ein erfolgreiches Mitglied im Premiumindex Dax 30.

Heuschreckenalarm – wenn AGs gekauft werden

Es sind aber nicht nur Unternehmen, die sich nach Übernahmen und Fusionen umsehen, um sich besser auf den Weltmärkten behaupten zu können. Mehr und mehr fischen in diesem lukrativen Teich auch Finanzinvestoren und reich gewordene Staaten. Diese Private-Equity-Gesellschaften und Staatsfonds haben bei ihren Anlegern riesige Mengen an Geld angesammelt, sodass längst auch die deutschen Blue Chips aus dem Dax auf ihrem Wunschzettel stehen. Manchen Private-Equity-Firmen kommt es nicht auf den langfristigen Unternehmenserfolg an, sie suchen vielmehr kurzfristige Gewinne, die sie an ihre Anleger weitergeben können. Manchmal nehmen sie Unternehmen auch ganz von der Börse, um sie in Ruhe zu sanieren, manchmal auch zu filetieren und dann mit Gewinn zu verkaufen oder zurück an die Börse zu bringen.

Da es in den vergangenen Jahren nur wenige Börsengänge gab – dieser Exit-Kanal den Private-Equity-Unternehmen also verschlossen blieb – und sie sich überhaupt in Zurückhaltung übten, haben sie viel Geld angehäuft. Es bleibt spannend, wo und wie sie es investieren werden. Als Anleger können Sie hiervon durchaus profitieren. Genau: Was haben Übernahmen und Fusionen denn nun mit Ihren Aktien zu tun? Unter Umständen ziemlich viel, denn trifft es das Unternehmen, an dem Sie beteiligt sind, so wird sich erst einmal der Kurs Ihres Papiers kräftig nach oben entwickeln – je nachdem, wie hoch die Kaufofferte des Bieters ausfällt, wie lange sich die Übernahmegerüchte halten oder wie lange die tatsächliche Bieterschlacht dauert. Am Ende könnte Ihre Aktie vom Kurszettel verschwinden – davor sollten Sie sich aber bereits von ihr getrennt haben!

 Wer auf die Aktien der alten Gesellschaft beharrt und sie nicht gegen die Aktien der neuen Gesellschaft umtauscht, geht das Risiko ein, dass sie später von der Börse genommen werden. Besitzt ganz generell ein Käufer mehr als 95 Prozent der Papiere einer Gesellschaft, kann er das sogar gegen den Willen der Altaktionäre durchsetzen (*Squeeze Out*, Zwangsabfindung). Wer hingegen getauscht hat, sollte etwas Geduld mitbringen: In der ersten Zeit nach einer Fusion muss oftmals eine Durststrecke mit eher fallenden Kursen durchschritten werden, bis das neue, noch größere Unternehmen wieder Fahrt aufnimmt. Aber: Schwere Tanker sind schwer zu stoppen, wenn sie einmal laufen!

Wenn zwei sich mögen

Wenn Aktionäre über Bord gehen, landen sie meistens weich, denn es wird ihnen ein finanzieller Rettungsring umgebunden. Jedenfalls bei Fusionen. Denn hier nähern sich im Idealfall zwei etwa gleich starke Partner in aller Freundschaft (zumindest zum Zeitpunkt der Entscheidung für die Fusionierung) und verschmelzen miteinander. Das kann nur gelingen, wenn man sich von Anfang an auf Augenhöhe begegnet. Trotzdem ist es ein schwieriger Prozess, weil jedes Unternehmen seine eigene Firmenkultur mitbringt und die Unternehmen selten exakt gleich stark sind. Zu den größten und bekanntesten Fusionen in Deutschland zählt sicher das Zusammengehen von Thyssen und Krupp – lange Zeit eine Erfolgsgeschichte, in den letzten Jahren allerdings mit starkem Gegenwind.

Fusionen kann man oftmals am Firmen(doppel)namen ablesen, so ähnlich wie bei den früher einmal beliebten Doppelnamen bei Verheirateten. So ganz will keiner auf seine Historie verzichten. Denjenigen, der das Sagen hat, erkennt man meistens daran, dass sein Name zuerst erscheint: DaimlerChrysler, ThyssenKrupp, Karstadt Quelle, BayerSchering Pharma. Dass Fusionen ihre Tücken haben, beweist schon diese kurze Liste: Daimler hat sich von Chrysler wieder scheiden lassen, Karstadt Quelle ereilte die Insolvenz und Bayer gab den Namen Schering ganz auf.

Chryslers Neustart

Nachdem die Ehe DaimlerChrysler auf der Liste der gescheiterten Fusionen ganz oben steht, ist der US-Konzern inzwischen eine neue Liaison eingegangen. Er hat sich mit dem italienischen Fiat-Konzern verheiratet. Spötter hätten noch vor ein paar Jahren vom »Lahmen und Blinden, die zusammengehen« gesprochen, aber Chrysler hat sich aus der Krise herausgearbeitet. 2014 stützten die Amerikaner die Italiener und waren für die in Summe schwarzen Zahlen allein verantwortlich. Die Firmenzentrale von Fiat Chrysler Automobiles wenigstens liegt nicht in Turin und nicht in Detroit – sie soll in den Niederlanden entstehen, der steuerliche Sitz in Großbritannien. Das Steuerrecht macht's möglich. Übrigens, Fiat steht nicht für »Fehler in allen Teilen«, wie in Deutschland gerne kolportiert wird, sondern für »Fabbrica Italiana Automobili Torino«, dann wohl nicht mehr ganz zeitgemäß. Der neue Name freut alle bayerisch-schwäbischen Fußballfans, denn er lautet »FCA«!

Ziele von Fusionen sind selbstverständlich die Stärkung des Unternehmens, die bessere Stellung im Gesamtmarkt, das Heben von Synergien und das dauerhafte Behaupten im globalen Wettbewerb. Das alles sollte – wenn denn alles klappt – langfristig auch dem Börsenkurs zugutekommen.

 Das Aktiengesetz unterscheidet genauer zwischen einer *Verschmelzung durch Neubildung*, wenn beide »alten« Unternehmen untergehen (zum Beispiel die Pharmafirmen Sandoz und Ciba zu Novartis), und einer *Verschmelzung durch Aufnahme*, das heißt nur eines von beiden verliert seine Existenz (zum Beispiel Schering in Bayer). Auf jeden Fall geht die rechtliche Selbstständigkeit der vormaligen Gesellschaften verloren, es existiert juristisch nur noch ein Unternehmen.

Da bei einer Fusion aus zwei ehemals selbstständigen Unternehmen ein neues, drittes entsteht, müssen logischerweise auch neue Aktien ausgegeben werden. Die alten werden eingezogen und jeder Aktionär erhält dafür im Tausch Aktien des neuen, fusionierten Unternehmens. Nun kommt es natürlich selten vor, dass beide Unternehmen an der Börse gleich bewertet sind. Das bedeutet: Die Aktionäre des einen Unternehmens erhalten mehr Aktien der neuen Gesellschaft, die des anderen weniger. Es tauschen dann Aktionäre des Unternehmens A etwa zehn Aktien gegen eine Aktie des fusionierten Unternehmens AB, die des Unternehmens B mit einem doppelt so hohen Börsenkurs erhalten dann nur fünf Aktien von AB.

Nicht jeder gibt sich freundlich

Es geht aber nicht immer nur freundlich zu bei Fusionen. Die Wirtschaft ist eben sehr viel mehr Haifischbecken als Ponyhof. Übernahmen können auch feindlich ablaufen. Denn wer als Aktiengesellschaft an der Börse notiert ist, kann prinzipiell von jedem, der genügend Aktien einsammelt, aufgekauft werden. Und es gibt weltweit agierende Fonds und Unternehmen, die sich genau darauf spezialisiert haben. Dass solche Übernahmen nicht so einfach sind, zeigt das Tagesgeschäft. Grundsätzlich gilt: Je geringer die Börsenkapitalisierung ist, also je niedriger das aktuelle Preisschild an der Börse, desto schwieriger ist es im Ernstfall, die Eigenständigkeit zu behaupten, außer man verfügt über einen dem Unternehmen gewogenen Ankeraktionär, der die Übernahme verhindern kann, wenn er 25 Prozent der Aktien plus eine Aktie hält.

Feindliche Übernahmen (unfriendly takeover) sind für den Bieter allerdings teurer als freundlich ausgehandelte Angebote, denn die Aktionäre erwarten viel Geld, um sich darauf einzulassen. Schreckt auch das den Bieter nicht ab, sucht das in Bedrängnis geratene Unternehmen ein wenig nostalgisch nach einem *Weißen Ritter*. Damit ist ein befreundetes Unternehmen gemeint, das die Aktionäre mit einem noch besseren Angebot locken und damit die feindliche Offerte aushebeln soll. Manchmal gelingt das. 2006 sollte beispielsweise der Berliner Pharmakonzern Schering per feindlicher Offerte von der Darmstädter Merck KGaA übernommen werden. Als Weißer Ritter kam, nachdem er sich anfangs zierte, der Bayer Konzern angetrabt. Trotzdem verschwand Schering ganz von der Bildfläche, aber unter Bayer.

Sag zum Abschied leise Servus

Das Leben ist endlich, auch und gerade an der Börse. Aus den unterschiedlichsten Gründen verschwinden Unternehmen manchmal vom Markt, und die Finanzkrise hat ihr Übriges getan, dass auch sehr bekannte und klangvolle Namen verschwunden sind. Die Gründe sind vielfältig: Konkurs, Zerschlagung, Verkauf, Namens- und Strategiewechsel, seltener die Umwandlung in eine andere Gesellschaftsform.

In der Börsensprache nennt man den endgültigen Abschied eines Unternehmens vom Parkett *Delisting*. Damit wird die Börsenzulassung beendet. Ein Delisting kann aber auch nur bedeuten, dass sich ein Unternehmen von einem ganz bestimmten Börsenplatz zurückzieht. So war es um das Jahr 2000 besonders beliebt, sich auch an der New Yorker Börse NYSE listen zu lassen. Stolz läuteten damals die Vorstandschefs die berühmte Glocke im Börsensaal an der Wall Street – inzwischen haben sich fast alle deutschen Unternehmen von der Wall Street zurückgezogen, weil ihnen das Zweit-Listing in den USA zu aufwendig und zu teuer wurde. Für deutsche Papiere ist weiterhin die Frankfurter Börse ein Muss und für viele auch die anderen deutschen Börsenplätze.

Geht ein Unternehmen in Konkurs, meldet Insolvenz an, haben die Aktionäre wenigstens Anspruch auf eine Beteiligung am Liquidationserlös. Viel ist das meistens aber nicht, und dem gegenüber stehen sehr viele Gläubiger, die ihren Glauben noch nicht ganz verloren haben. Und einige stehen dann doch ein Stückchen weiter vorn – oder oben, um im Bild zu bleiben – als die Aktionäre, zum Beispiel die Beschäftigten, die für ihre geleistete Arbeit

Gestrichen – Delisting

Beim Delisting wird die Börsennotierung von Aktien gestrichen oder die Börsenzulassung beendet. Ein formaler und recht kurzer Akt an der Börse. Die Aktie verschwindet vom Kurszettel. So recht bedacht hat ausgerechnet der Gesetzgeber nicht, dass alles ein Ende haben kann, denn es findet sich im Aktiengesetz kein passender Paragraf dazu!

Seit dem Dritten Finanzmarktförderungsgesetz von 1998 können sich die Unternehmen leichter teilweise oder ganz aus dem Kapitalmarkt zurückziehen. Das ging bisher nur mit der Zustimmung von zwei Dritteln der Stimmen auf der Hauptversammlung. Die Mehrheit der Aktionäre musste also selbst beschließen, dass ihre Aktien in Zukunft nicht mehr existieren!

In einem Urteil des Bundesgerichtshofs von 2013 erleichterte dieser die Durchführung eines Delistings oder Downlistings – also den Abstieg von einem stärker regulierten in ein weniger reguliertes Börsensegment. Seitdem ist es nicht mehr notwendig, dafür überhaupt eine Hauptversammlung einzuberufen, vielmehr kann dies der Vorstand in Eigenregie entscheiden. Das bedeutet, dass die Aktionäre nach einem solchen Schritt ihre Aktien nicht mehr über die Börse veräußern können. Die eigentliche Streichung erfolgt dann durch die Zulassungsstelle, also die zuständige Börse – allerdings ist in den Börsenordnungen festgelegt, dass den Anlegern genügend Zeit eingeräumt werden muss, um sich noch über die Börse von dem Papier zu trennen.

entlohnt werden wollen. Auch Banken oder Lieferanten wollen Geld sehen. Erst dann sind die Aktionäre (schließlich sind sie Miteigentümer) dran. Aber nur der Reihenfolge nach, zeitlich müssen sie noch ein Jahr und einen Tag warten, es könnte schließlich noch ein weiterer Gläubiger auftauchen. Immerhin: An den Schulden wird der Aktionär nicht beteiligt.

Wozu Aktiengesellschaften verpflichtet sind und was sie freiwillig tun

Wer mit seinem Unternehmen an die Börse will und von Ihnen als Anleger Geld haben möchte, der muss dafür erst einmal viel erledigen und vorweisen. Da sind gesetzliche Vorschriften, die zum Beispiel im Aktiengesetz (AktG) festgehalten sind, wie etwa das Mindestgrundkapital von 50.000 Euro. Außerdem muss ein *Prospekt* erstellt werden, der von der Bundesanstalt für Finanzdienstleistungsaufsicht, der BaFin, genehmigt werden muss. Allerdings wird von der BaFin nicht bewertet, ob das Unternehmen gut oder schlecht ist. Sondern nur, ob es alle formalen Anforderungen erfüllt, die der Gesetzgeber vorgibt.

Der Prospekt ist nicht zu verwechseln mit den bunt bebilderten Katalogen, die man aus der Tageszeitung herausschütteln muss. Vielmehr geht es darin um trockene Fakten und Zahlen, Gewinn-und-Verlust-Rechnungen, Bilanzen, Vermögens- und Sachwerte. Er muss öffentlich zugänglich gemacht werden – aber selten wird er intensiv von Privatanlegern gelesen, zu trocken und spröde sind Gestaltung und Wortwahl, für Menschen ohne BWL- oder VWL-Studium kaum verständlich.

Neben diesen gesetzlichen Vorschriften setzen die Börsen noch ihre eigenen Vorgaben obendrauf. Klar, dass ein Weltkonzern, der im Dax gelistet werden will, andere Verpflichtungen erfüllen muss als ein Mittelständler im Mittelstandssegment der Börse München oder Scale der Börse Frankfurt. Mehr dazu erfahren Sie in Kapitel 2. Hintergrund dieser Anforderungen an die Unternehmen ist der Informationsbedarf der Anleger. Denn nur wer informiert ist, kann entsprechend handeln. Damit die Aktiengesellschaften auch an der Börse bleiben dürfen, müssen sie kontinuierlich weiteren Anforderungen entsprechen. Auch diese *Folgepflichten* unterscheiden sich an den unterschiedlichen Börsenplätzen.

Tabelle 1.2 zeigt die wichtigsten Gesetze, die für Aktiengesellschaften gelten, und deren zentrale Inhalte im Überblick. Dies sind alles Vorschriften, die dem Anlegerschutz, also Ihnen, dienen sollen. Denn als Aktionär, der einem Unternehmen vertrauensvoll Geld zum Wirtschaften überlässt, wollen und müssen Sie ausreichend informiert werden.

Vorschriften	Wesentliche Inhalte
Aktiengesetz (AktG)	Aktiengesellschaft, Hauptversammlung, Rechnungslegung
Wertpapierhandelsgesetz (WpHG)	Zulassungsfolgepflichten, Insiderhandel, Strafvorschriften
Börsengesetz (BörsG)	Organisation und Tätigkeit der Börsen, Zulassungsvoraussetzungen
Wertpapierprospektgesetz (WpPG)	Verkaufs- und Zulassungsprospekte, jährliches Dokument
Handelsgesetzbuch (HGB)	Nationale Rechnungslegungsvorschriften, Bilanzeid, Offenlegung der Vorstandsgehälter
Wertpapierübernahmegesetz (WpÜG)	Unternehmensübernahmen und Kontrollerwerb, Squeezeout, Gleichbehandlungsgebot

Tabelle 1.2: Wichtige Gesetze und ihre zentralen Inhalte

Aktiengesellschaften müssen mindestens einmal jährlich ihre Bilanz sowie die Gewinn-und-Verlust-Rechnung veröffentlichen, je nach Börsensegment mehr oder weniger ausführlich. Die meisten tun das im Rahmen einer groß angelegten Bilanzpressekonferenz, in deren Anschluss dann oft noch eine Analystenkonferenz abgehalten wird. Dort verteilen sie dann auch einen – meist ziemlich üppigen – Geschäftsbericht in gedruckter Form. Nach HGB muss im jährlichen Dokument, meist eben in Form eines Geschäftsberichts, bei kleineren Gesellschaften die Bilanz und ein erläuternder Anhang und bei größeren Gesellschaften der vollständige Jahresabschluss einschließlich der Gewinn-und-Verlust-Rechnung, ein Lagebericht und der Bericht des Aufsichtsrats sowie ein Vorschlag und Beschluss zur Gewinnverwendung stehen. Abgerundet wird das Dokument durch den Bestätigungsvermerk des Abschlussprüfers, also einer Wirtschaftsprüfungsgesellschaft.

Mehr Details zu allen kommunikativen Maßnahmen, wie Sie diese Informationen finden und wie Sie sie für Ihre ganz persönliche Anlagestrategie einsetzen, lesen Sie in Kapitel 14.

Was alles wichtig ist

Da aber in der Regel und zur Freude der Unternehmen und Anleger nicht nur einmal im Jahr Neuigkeiten zu verkünden sind, muss eine AG alle tatsächlich kursrelevanten Informationen so schnell wie möglich in Form einer *Ad-hoc-Mitteilung* veröffentlichen. Was nun wiederum kursrelevant ist, ist ein weites Feld, würde Theodor Fontane sagen. Schon deshalb haben sich viele Juristen den Kopf darüber zerbrochen, wann was veröffentlicht wird, und ihre Ideen sind in zahlreiche Gesetzestexte eingeflossen, die wir für Unerschrockene in Kapitel 14 kurz aufführen.

Dem Gesetzgeber war und ist es wichtig, dass Sie als außenstehender Aktionär rechtzeitig über alles Wesentliche informiert werden. Es versteht sich von selbst, dass Unternehmen dazu neigen, positive Meldungen rasch und äußerst umfangreich zu veröffentlichen, negative Meldungen aber hinauszuzögern und so knapp wie möglich abzuhandeln. Menschlich verständlich, für Sie als Anleger aber fatal.

Jetzt können Sie sich also in der Zeitung, in Fachmedien, im Internet, auf der Webseite des Unternehmens informieren und die Ad-hoc-Mitteilungen, Presseberichte oder auch Pressemitteilungen lesen. Das Problem: Bis eine solche Mitteilung verfasst wird und ans Licht der Öffentlichkeit gelangt, vergeht Zeit. Im Unternehmen selbst sind die Fakten aber schon länger bekannt, einige Personen an den Schaltstellen der Macht wissen Bescheid. Das können Vorstände, Mitglieder des Aufsichtsrats, Führungskräfte und ihre Familienangehörigen sein. Sie könnten ihren Wissensvorsprung in bare Münze umsetzen und je nach Faktenlage Aktien kaufen oder verkaufen. Der Anleger wäre der Dumme, denn er hat ja noch keine Ahnung, dass ein neues Geschäftsfeld aufgetan, ein Konkurrent übernommen oder ein Vorstand entlassen wird. Deshalb hat der Gesetzgeber ganz genaue Regeln vorgegeben, wie mit solchen *Insiderinformationen* umzugehen ist. Wer dagegen handelt, kann mit empfindlichen Strafen gemaßregelt werden. Insiderinformationen müssen in Ad-hoc-Mitteilungen gepackt werden, damit sie ins Outback gelangen und somit für die Gesellschaft und die Mitwirkenden ungefährlich werden.

Wichtig ist, dass Ad-hoc-Mitteilungen mit 30 Minuten Vorlauf an die Geschäftsführung der Börsen, an denen die Aktien zugelassen sind, an die Geschäftsführung der Börsen mit Derivaten auf das Papier und an die Bundesanstalt für Finanzdienstleistungsaufsicht (BaFin) mit dem inzwischen etwas altertümlichen Kommunikationsmittel Fax übermittelt werden. Warum? Weil die Börsen im Einzelfall entscheiden, ob sie die Papiere für eine gewisse Zeit vom Handel aussetzen, damit eine möglichst große Anzahl von Anlegern die Chance hat, zu reagieren. Da das Versenden von Ad-hoc-Mitteilungen meist durch professionelle Dienstleister erfolgt, ist dieser Prozess weitestgehend automatisiert. Denn nach Ablauf der halben Stunde müssen die Meldungen zum Beispiel an europaweite Medien und Finanzportale gehen und auf der eigenen Webseite eingestellt werden.

Insider dürfen ihren Informationsvorsprung also nicht nutzen. Sie dürfen aber selbstverständlich in normalen Zeiten, also dann, wenn ihnen keine Insiderinformationen vorliegen, Aktien kaufen und verkaufen. Gerade der Vorstand und die Führungsebene werden oftmals auch in Form von Aktien entlohnt und bauen so ihre Bestände aus. Schon um ihr Vermögen nicht zu sehr in einem Unternehmen gebunden zu haben und damit der wichtigsten Anlegerregel, einer möglichst breiten Streuung des Vermögens, nicht zuwiderzuhandeln, müssen sie hin und wieder Verkäufe tätigen. Aber im Gegensatz zu anderen Anlegern müssen sie ihre Käufe und Verkäufe an die große Glocke hängen, das heißt öffentlich bekannt machen. Inzwischen, muss man sagen, denn in Deutschland gibt es diese Verpflichtung erst seit dem 1. Juli 2002, als sie mit § 15 des Wertpapierhandelsgesetzes eingeführt wurde. In den USA ist dies hingegen seit den 1930er-Jahren gängige Praxis und Verpflichtung. Und weil sie aus den USA kommt, hat sie bisher keinen deutschen Namen: Diese Veröffentlichungspflicht von Insidergeschäften nennt sich *Directors' Dealings*.

 Melden müssen den Handel, egal ob Kauf, Verkauf, Schenkung oder Vererbung, die Insider ab einer Freigrenze von 5.000 Euro pro Jahr. Die vorsätzliche oder leichtfertige Verletzung der Mitteilungspflicht ist eine Ordnungswidrigkeit, die mit einem Bußgeld von bis zu 100.000 Euro belegt werden kann.

Jetzt haben wir uns lang und breit und tief mit den gesetzlichen Vorschriften befasst, noch ganz kurz zu den Anforderungen, die die Börsenplätze stellen – hierzu gibt es aber gleich in Kapitel 2 eine Vertiefung. Hier nur so viel zur Einstimmung: Die Börse Frankfurt verlangt für ihren *Prime Standard* Quartalsberichte (deutsch und englisch), die wiederum mindestens eine Bilanz, eine Gewinn-und-Verlust-Rechnung, eine Kapitalflussrechnung sowie einige weitere Angaben zur Geschäftstätigkeit und zum Unternehmen enthalten müssen. Die Mitgliedschaft im Prime Standard ist wiederum Voraussetzung, um überhaupt in den Genuss einer möglichen Aufnahme in einen der Indizes der Börse Frankfurt, also Dax 30, MDax, TecDax & Co. zu kommen – dazu mehr in Kapitel 8.

Der Zwang zur Quartalsberichterstattung mit der Sorge vor einem möglichen »Abwatschen« des Kapitalmarkts führe zu einer nur auf kurzfristigen Erfolg ausgerichteten Unternehmenspolitik, so die Kritik an der Quartalsberichterstattung. Allerdings – manchmal sind die Firmenlenker (Manager) noch viel mehr auf kurzfristigen Erfolg (Karrieresprung, Boni) aus als die Aktionäre! Besonders schwierig sind Quartalsberichte für Unternehmen, die sehr abhängig von saisonalen Schwankungen sind. Erfahrene Anleger können das aber gut einschätzen.

Gut sein und gut anlegen

Nach so viel Müssen müssen zum Wohle und Interesse der Anleger schaffen Unternehmen auch zunehmend freiwillig Transparenz. Eine – gerne auch marketinggerecht in großen Anzeigen propagierte – Hinwendung gerade zu ökologischen Themen ist unverkennbar. Natürlich nicht aus Altruismus, sondern weil sie im harten Konkurrenzkampf zu anderen Anlageformen und interessanten Aktiengesellschaften Anleger von sich überzeugen wollen. Denn es wandeln sich nicht nur Unternehmen, Produkte und Managementphilosophien, sondern auch die Gesellschaft als Ganzes. Die Anforderungen der Verbraucher steigen. Wer sich genauestens informiert, wo und mit welchen Mitteln seine Lebensmittel hergestellt wurden, und bereit ist, für Güte, Qualität und möglichst wenig unnatürliche Zusatzstoffe einen höheren Preis zu entrichten, der will auch ganz genau wissen, was das Unternehmen und dessen Lieferanten so treiben, in das er sein Geld investiert. Viele Unternehmen haben diesen Trend erkannt und veröffentlichen nicht nur einen Geschäftsbericht mit den harten Fakten, sondern zusätzlich Nachhaltigkeitsberichte und/oder Corporate-Social-Responsibility-Reports – der Unterschied der beiden Reports ist fließend.

Da es gerade unter den kleineren professionellen Anlegern viele gibt, die auch nach sozialen Gesichtspunkten investieren (müssen), wie etwa Stiftungen, Kirchen oder Vereine, spielen diese Veröffentlichungen eine durchaus zentrale Rolle. Diese professionellen oder institutionellen Anleger unterscheiden sich von Privatanlegern in der Regel durch die Höhe ihres Anlagevolumens, das eher im mehrstelligen Millionenbereich angesiedelt ist, und dadurch, dass sie für Dritte anlegen, also gegenüber ihren Auftraggebern jederzeit Rechenschaft ablegen müssen. Nach einer Untersuchung von PricewaterhouseCoopers (PwC) legen inzwischen 87 Prozent der Dax-Unternehmen Nachhaltigkeitsberichte vor. Ob und inwieweit diese tatsächlich gelesen werden und einen signifikanten Beitrag zur Kaufentscheidung von Aktien leisten, ist allerdings umstritten. Der Aufwand ist auf jeden Fall hoch – und der Papierverbrauch leider auch.

Nun lässt sich trefflich streiten, was eigentlich nachhaltig ist und was nicht, und man könnte daraus leicht ein eigenes ... *für-Dummies*-Buch schreiben, das sich im Regal gut neben *Vegan leben für Dummies* machen würde. Was es bereits gibt, ist ein deutscher Nachhaltigkeitskodex, der 20 Kriterien unternehmerischer Nachhaltigkeit aufführt. Im Grunde gibt es drei Aspekte für Nachhaltigkeit in Unternehmen: gute Unternehmensführung (Governance & Ökonomie), die soziale und gesellschaftliche Einbettung des Unternehmens und die Ökologie. Eine Art freiwillige Verpflichtung für Unternehmen stellt der Deutsche Corporate Governance Kodex (DCGK) dar. Hier werden sowohl gesetzliche als auch freiwillige Leistungen der Unternehmen zusammengefasst und von einer unabhängigen Kommission kontinuierlich erneuert. Mehr dazu finden Sie in Kapitel 8.

Einfach nur Aktien – das ist nicht so einfach

Jetzt haben Sie über Aktiengattungen und Kapitalerhöhungen, Fusionen und feindliche Übernahmen und Anlegen mit gutem Gewissen und viele andere Dinge gelesen und denken vielleicht: Was soll das alles? Ich wollte doch einfach nur wissen, was es mit Aktien auf sich hat! Eine durchaus berechtigte Reaktion. Aber das ist genau das Problem, obwohl uns das Wort »Problem« in diesem Zusammenhang nicht gefällt: Wer Aktien kauft, beteiligt sich direkt an Unternehmen und beteiligt sich damit am Wirtschaftsleben.

Während Sie vormals völlig gelassen über gigantische Übernahmeschlachten – verzeihen Sie die militaristische Wortwahl, es wird nicht wieder vorkommen – in Ihrer Zeitung lasen, fiebern Sie jetzt mit, weil Sie die Aktien des einen Konzerns im Depot liegen haben. Eine kleine Notiz, dass ein Unternehmen der Börse Adieu sagte, ließ Sie bisher völlig kalt, lieber lasen Sie im Feuilleton über eine missglückte Theateraufführung in einer 500 Kilometer entfernten Stadt. Ganz anders wird es sein, wenn Sie erst einmal Aktien eines solchen Unternehmens besitzen. Wer Aktien kauft, muss sich informieren – und es sollte ihm wenigstens einigermaßen Freude bereiten. Das Interesse kommt mit dem Wissen, heißt es. Es gibt Fachleute, die behaupten, dass es viel zu teuer sei, eine breite Bevölkerung mit dem notwendigen Finanzwissen vollzupumpen, sodass diese sich selbst um ihre Finanzen und Altersvorsorge kümmern können. Wozu gäbe es schließlich Spezialisten; wer krank sei, gehe schließlich auch zum Arzt und bilde sich nicht selbst zum Chirurgen aus.

Der Vergleich hinkt, nicht nur weil er aus der Medizin stammt. Erstens schadet es nicht, sich vor und nach einem Arztbesuch zu informieren, um besser zu verstehen, was einem eigentlich fehlt und was warum gemacht wird. Zweitens sollen Sie Aktien kaufen und kein Unternehmen lenken, Sie brauchen also kein Diplom in Volkswirtschaft und Betriebswirtschaft, in Controlling und Investmentbanking. Aber ein paar grundlegende Dinge, wie Wirtschaft funktioniert, sollten Sie wissen und vor allem eines nie verlieren: Ihren gesunden Menschenverstand. Solchermaßen gerüstet könnten Sie überlegen, wo Sie Aktien kaufen können – nachdem Sie jetzt einen ungefähren Überblick haben, was sich damit verbindet. Und damit zum nächsten Kapitel gehen.

IN DIESEM KAPITEL

Von versandeten Häfen und den drei
Geldbeuteln

Vom Parkett zum PC

Börsen denken in Segmenten

Von Hamburg bis München – die deutsche
Börsenlandschaft

Es geht auch ohne Börse

Kapitel 2
Aktien kaufen – aber wo?

M it Aktien können Sie sich direkt an einem Unternehmen beteiligen – Ihnen gehört quasi ein Stück davon, verbrieft in einem Papier. Durch den relativ niedrigen Preis haben Sie die Möglichkeit, sich nicht nur an einem, sondern gleich an mehreren Unternehmen zu beteiligen. So können Sie Ihr Risiko streuen. Damit sich diejenigen, die sich von ihren Aktien trennen wollen, und diejenigen, die sie gerne kaufen würden, einfach und unkompliziert finden, wurden eigene Handelsplätze dafür geschaffen: die Börsen.

Wo gehandelt wird, gibt es Rechte und Pflichten für beide Seiten. Weil Aktien heute kein Produkt mehr sind, das man anschauen oder gar anfassen kann, benötigt dieser Marktplatz besonders strenge Regeln – und möglichst noch einen Dritten, der darüber wacht, dass diese eingehalten werden. So entstanden Börsen mit ihren Vorschriften und Regelungen, die bis heute für Transparenz, einen geregelten Ablauf und die börsentägliche Handelsgarantie sorgen sollen. Die unabhängige Handelsüberwachung als eigenständige organisatorische Einheit ist ebenfalls allen Börsen, und nur den Börsen, eigen.

Der Handel an den Börsen mag sich gewandelt haben – der Computer hat Einzug gehalten und die Handelssäle gehören der Vergangenheit an –, aber die festen Regeln sind geblieben. Allerdings kann man sie inzwischen umgehen und außerhalb von Börsen, also außerbörslich, handeln. Dann gibt es allerdings keine unabhängige Handelsüberwachung, die man als Anleger im Zweifelsfall befragen kann, wenn man sich bei einem Kurs nicht gut bedient wähnt. Und wie gut die Kurse tatsächlich sind – gerade außerhalb der regulären Börsenhandelszeiten –, ist auch so eine Sache. Privatanleger sollten hier besser auf Nummer sicher gehen, bei Aktien kleinerer Unternehmen sorgen nur Börsen für ausreichend Liquidität, also dafür, dass Sie Ihre Aktien auch tatsächlich bekommen respektive verkaufen können.

Vom Hinterzimmer zum Internet – eine rasante Geschichte der Börsen

Der Handel auf öffentlichen Marktplätzen ist so alt wie die Arbeitsteilung der Menschen. Du kannst besser jagen, ich kann besser fischen; sie kann besser töpfern, er kann besser Speerspitzen feilen. Anfänglich dominierte der reine Tauschhandel, doch mit der Erfindung des Geldwesens – die ersten Geldmünzen wurden im 7. Jahrhundert vor Christus geschlagen, Papiergeld entwickelte sich in Europa erst im 15. Jahrhundert – entstanden Marktplätze in unserem Sinne. Ware gegen Ware, später Ware gegen Geld, so lautete die Devise.

Kennzeichen von Waren aller Art ist, dass man sie anfassen und betasten, riechen, beäugen und vielleicht auch schmecken kann. Eine Art Frühform des Wertpapiers kam im späten Mittelalter durch das Ausstellen von *Schuldscheinen* auf – sie waren nicht an den Eigentümer gebunden und konnten daher einfach weitergegeben werden. Kaufleute trafen sich zu bestimmten Zeiten und tauschten Schuldscheine aus, das war praktischer, als dicke Geldbeutel hin und her zu schieben. So entstanden erste Börsenplätze – auch wenn man sie damals noch nicht so nannte.

Versandeter Handel

Je mehr Kaufleute aus verschiedenen Ländern und Regionen sich trafen und je mehr Papiere ausgetauscht wurden, desto stärker wurde das Verlangen nach festen, für alle gleichlautenden Regeln. Streit gab es so schon genug. Neben diesen *Usancen* benötigten die Kaufleute aber auch ganz profan befestigte Gebäude, gerade in den nördlichen Handelsmetropolen zerflossen den Händlern sonst die Scheine im Regen. Vorreiter war die damals blühende Handelsmetropole Brügge, die diese Treffen zum Handel von Wertpapieren kurzerhand in das schöne Palais der Kaufmannsfamilie »van der Beurse« verlegte. Diese Familie trug im Wappen drei Geldbeutel (bursa) und gab damit der Börse ihren Namen – die enge Beziehung zwischen Geld und Börse war dabei sicher förderlich. Nachweislich gebraucht wurde der Begriff »Börse« aber erst 1460 in Antwerpen, drei Jahre nachdem der Handel in Brügge eingestellt worden war. Denn im einstmals reichen Brügge war der Handel wortwörtlich »versandet« – die Verbindung zum Meer war nicht mehr schiffbar –, und so wechselten die Kaufleute kurzerhand in die Hafenstadt Antwerpen.

In Antwerpen entstand im Jahr 1531 das erste Gebäude, das ausschließlich dem Börsenhandel gewidmet war, gefolgt von London (1566), Sevilla (1582) und Amsterdam (1608). Da die Marktteilnehmer persönlich, also physisch anwesend sein mussten, bürgerte sich der Begriff »Präsenzhandel« ein – weil das in einem großen Saal auf Parkettboden geschah, nannte man ihn der Einfachheit halber »Parketthandel«. Gut, dass damals keine Teppiche auslagen! Die erste Börse in Deutschland entstand wohl 1450 in Augsburg – 1935 fusionierte sie mit der Börse München zur Bayerischen Börse –, 1558 folgte die Hamburger Börse, die älteste bis heute aktive Börse. Erst 1585 taten sich Frankfurter Kaufleute zur Börsengründung zusammen. Denn die Börsen wurden damals von den Marktteilnehmern selbst, also den Kaufleuten, ins Leben gerufen, um »den Wohlstand« zu mehren, wie es in den Statuten der Münchner Kaufleutestube heißt, die die dortige Börse betrieb. Bis heute gehört die Börse München der Nachfolgeinstitution der Kaufleutestube, dem Münchner Handelsverein e.V.

Handel unter Platanen

Und in Übersee? Am 17. Mai 1792 unterzeichneten 24 Händler aus New York das *Button-wood Tree Broker's Agreement*. Es enthält die ersten Vorschriften für einen geregelten Börsenverkehr an der Wall Street 68, wo damals noch unter Bäumen – offensichtlich Platanen – mit Aktien gehandelt wurde. Die Händler bekamen dabei ihren angestammten Platz auf Lebenszeit zugeteilt! Wichtiger Teil des Abkommens war, dass sich die Händler verpflichteten, mindestens ein Viertel Prozent Provision einzufordern. Gehandelt wurde anfänglich vor allem mit Staatsanleihen aus dem amerikanischen Unabhängigkeitskrieg. Übrigens trafen sich die Händler schon ein Jahr später lieber in einem nahe gelegenen Kaffeehaus statt unter Platanen. Das heutige Gebäude der New York Stock Exchange wurde erst 1903 eröffnet.

Von der Rufbörse zum Computerhandel – Börsen heute

Der Parketthandel kann heute nur noch in nostalgisch-verklärender Rückschau betrachtet werden, denn Präsenzbörsen im eigentlichen Sinne gibt es – wenigstens in Deutschland – nicht mehr. Die Frankfurter Börse hat ihr Parkett endgültig geschlossen und in einen telegenen Büroraum umgewandelt, den die Maklerfirmen nutzen können. Denn diese Börsenhändler handeln an und eventuell eben auch in der Börse, aber sie sind nicht dort angestellt. Die große Dax-Kurstafel sowie die Broker und Banker dienen längst nur noch Fernsehzwecken, um beispielsweise einen »Mister Dax« präsentieren zu können.

Die vielen Spezialisten, so nennt man die Makler heute (abgeleitet vom US-amerikanischen Begriff »specialist«), arbeiten längst ausschließlich via Computer – und prinzipiell eher außerhalb der eigentlichen Börsen in eigenen Handelsräumen. Aus den repräsentativen Börsengebäuden mit eindrucksvollen Sälen entwickelten sich so funktionale Zweckbauten. Die eigentliche Voraussetzung für den Parketthandel, nämlich dass sich die Marktteilnehmer physisch treffen und Geschäfte direkt miteinander abwickeln, indem sie sich merkwürdige Satzfetzen zurufen, ist also längst verschwunden. Schade eigentlich, denn die Börsianer riefen sich ja nicht nur Kauf- und Verkaufsbefehle zu – übrigens per Du, denn umständliche Anreden wären zu zeitraubend gewesen –, sondern tauschten sich auch über künftige Börsenkurse aus.

Börsensäle im Computer

Weil sich die Händler beim Parketthandel die Preise zuriefen, die sie für Papiere zu zahlen bereit waren oder die sie erzielen wollten, wurden Präsenzbörsen auch als »Rufbörsen« bezeichnet. Das Geschäft war mit dem gesprochenen Wort geschlossen – ähnlich wie beim Handschlag auf dem Viehmarkt. Die Händler ordern früher wie heute bei den Börsenmaklern, die inzwischen eher profane Bezeichnungen wie Skontroführer oder Spezialist tragen, entweder stellvertretend für den Kunden (*Kundenhandel*) oder für das eigene Haus (*Eigenhandel*).

Gewissermaßen arbeitet die Börse schlechthin, die New York Stock Exchange (NYSE) oder umgangssprachlich die »Wall Street«, als Präsenzbörse. Doch dieses Relikt dürfte sich ebenfalls über kurz oder lang überlebt haben. Denn auch in diesem traditionsreichen Börsensaal an der Wall Street, der als das kapitalistische Herz Amerikas, ja der ganzen Welt gilt, handeln die Makler seit 2005 mit der vollelektronischen Handelsplattform der NYSE-Tochter Archipelago. Der Handelssaal selbst wird, ähnlich wie in Frankfurt, überwiegend zu medialen Zwecken genutzt.

 In § 2 des Börsengesetzes (BörsG) heißt es: »Börsen sind teilrechtsfähige Anstalten des öffentlichen Rechts, die nach Maßgabe dieses Gesetzes multilaterale Systeme regeln und überwachen, welche die Interessen einer Vielzahl von Personen am Kauf und Verkauf von dort zum Handel zugelassenen Wirtschaftsgütern und Rechten innerhalb des Systems nach festgelegten Bestimmungen in einer Weise zusammenbringen oder das Zusammenbringen fördern, die zu einem Vertrag über den Kauf dieser Handelsobjekte führt.«

Die Juristen kommen zwar mit einem Satz zur Erklärung der Welt der Börsen aus, so richtig verständlich ist die Definition aber nicht. Wichtig ist, dass Börsen eine öffentlich-rechtliche Seite haben mit Hoheitsfunktion, vergleichbar etwa mit Kammern. Die Preisfeststellung der gehandelten Wertpapiere erfolgt auf der Basis von Angebot und Nachfrage am Handelsplatz Börse. Damit Wertpapiere an der Börse gehandelt werden können, muss die Börse sie erst einmal zulassen.

Börsen sind also für zwei ganz wesentliche Bereiche zuständig:

✔ **Primärmarkt:** die Zulassung oder, wenn Sie so wollen, die Geburt von Aktien; die Betreuung der Kapitalnehmer-Seite

✔ **Sekundärmarkt:** der eigentliche Handel, der die Kurse der Aktien bestimmt; die Betreuung der Kapitalgeber-Seite

Xetra – keine griechische Göttin

Xetra ist nicht Heras Schwester und auch keine Geliebte von Zeus. Vielmehr dürfte Xetra zu den bekanntesten rein elektronischen Börsensystemen der Welt zählen. Eingeführt wurde Xetra in einer ersten Version von der Deutsche Börse AG in Frankfurt im September 1997. Über dieses Börsensystem können derzeit über 400.000 Wertpapiere gehandelt werden, darunter etwa 10.000 deutsche und internationale Aktien und mehr als 3.000 Investmentfonds sowie Exchange Traded Funds (ETFs) und Renten. Den Hauptanteil nehmen jedoch mit etwa 360.000 Stück strukturierte Produkte der Frankfurter Zertifikatebörse, vormals Scoach, ein. Vielleicht haben Sie die Werbung der Deutsche Börse AG schon einmal gesehen: Der blaue Stier (der früher grün war) steht für diese Börse, in der es nur Produkte auf Aktien und andere Basisprodukte, aber keine wirklichen Aktien gibt. Xetra hat in Deutschland einen Marktanteil von über 90 Prozent. Dort sorgen sogenannte Designated Sponsors – von der Börse zugelassene Banken und Handelshäuser – für ausreichende Liquidität. Das heißt, sie springen im Falle des Falles ein, wenn Sie eine bestimmte Aktie unbedingt haben wollen, aber niemand da ist, der sie verkaufen möchte, und umgekehrt. Sie machen das auf eigene Rechnung und zu Ihren Gunsten – aber natürlich nicht gratis!

Heute dominiert der Computer- oder elektronische Handel das Geschehen an den Börsen. Vorreiter waren dabei die US-amerikanische Börse *Nasdaq (National Association of Securities Dealers Automated Quotations)* 1971 und die Frankfurter Börse mit ihrem Handelssystem *Xetra (Exchange Electronic Trading)*. Doch Computerhandel ist nicht ausschließlich automatisierter Hochfrequenzhandel, der in Bruchteilen von Sekunden Orders abfeuert. Auch hier gibt es Unterschiede, die gerade für den Privatanleger von Bedeutung sind. So kann man zwischen einem reinen Computerhandel und einem computergestützten oder hybriden Handel unterscheiden.

Beim *reinen Computerhandel* existiert ein vollelektronisches Orderbuch, in das die Kauf- und Verkaufsaufträge der Anleger über die Systeme der Broker (oder wie sie heute auch immer genannt werden) eingestellt und ausgeführt werden. Während des laufenden Handels überprüft das Computersystem mittels eines Algorithmus jede Kauf- und Verkaufsorder und führt sie aus, wenn ein passendes Gegenangebot vorliegt. Ansonsten bleibt die Order bis zur Ausführbarkeit oder der vom Anleger vorab definierten Ablaufzeit im System gespeichert. Treffen Angebot und Nachfrage aufeinander, erhalten beide Parteien eine Ausführungsbestätigung und die jeweilige Bank übernimmt die Abwicklung. Der Deal ist besiegelt, den Handschlag muss man sich allerdings denken.

Die Vorteile eines vollelektronischen Handelssystems liegen auf der Hand:

✔ hohe Transparenz,

✔ geringe Transaktionskosten,

✔ hohe Ausführungsgeschwindigkeit,

✔ örtliche Ungebundenheit.

 Allerdings gibt es auch einen gravierenden Nachteil: Jede Order wird automatisch ausgeführt, ohne Plausibilitätsüberprüfung. Tippfehler oder Ähnliches können so nicht erkannt werden. In Deutschland greifen bei plötzlichen und vehementen Kursausschlägen sogenannte *Volatilitätsunterbrechungen*, die den Handel für kurze Zeit – meist nur wenige Minuten – unterbrechen. Danach stellen Designated Sponsors oder Market Maker die ersten Kurse. Durch diese Maßnahme sollen Extremfälle wie der »Flash Crash« am 6. Mai 2010, als innerhalb kürzester Zeit die Kurse an der New Yorker Börse nach unten rauschten, ausgeschlossen werden. Die US-Börsenaufsichtsbehörde SEC führte nach diesem Vorfall auch eine »Panikbremse« ein, nach der eine Aktie, die innerhalb von fünf Minuten um 10 Prozent fällt, für fünf Minuten vom Handel ausgesetzt werden kann.

Neben dem reinen Computerhandel gibt es einige Systeme, die die Vorteile der IT mit einer »menschlichen Plausibilitätsprüfung« verknüpfen und als *gestützter* beziehungsweise *hybrider Computerhandel* bezeichnet werden. Bei dem System Xontro zum Beispiel, das die einzelnen Regionalbörsen in Deutschland einsetzen, ist der Makler beziehungsweise Skontroführer weiterhin für die Preisfeststellung verantwortlich. Xontro ermöglicht den Handel in allen börsennotierten nationalen und internationalen Wertpapieren – derzeit haben die Handelsteilnehmer zu mehr als 400.000 Wertpapieren Zugang. Das System kann pro Tag über eine Million Orders bei durchschnittlichen Antwortzeiten von unter einer Sekunde verarbeiten.

Das computerunterstützte Entscheidungssystem ermöglicht dem Skontroführer, die an ihn gehenden Orders – da Orders nicht gehen können, spricht man hier von »routen« – in einem elektronischen Orderbuch zu führen, und unterstützt ihn bei der Preisfeststellung. Das System zeigt dem Skontroführer – meist durch rotes oder grünes Blinken – kumuliert alle Kauf- und Verkaufsangebote und ermittelt hieraus den Preis, zu dem der größte Umsatz zustande kommt. Denn das ist ganz kapitalistisch im Sinne von Käufer, Verkäufer, Händler und Börse. Im Gegensatz zu einem vollautomatischen Handelssystem übernimmt beim gestützten Computersystem ein Skontroführer zusätzlich eine liquiditätsspendende Funktion. So kann er selbst als Käufer oder Verkäufer auftreten, als Kontrahent also, wenn zu den Orders kein passendes Gegengeschäft vorliegt. Gerade bei Aktien kleinerer Unternehmen ist es wichtig, eine solche Liquidität zu schaffen – in München beispielsweise steht der Spezialist für bis zu 5.000 Euro pro Aktie parat und sorgt dafür, dass Sie als Anleger nicht auf einer Aktie sitzen bleiben, die sie loswerden wollen, oder dass Sie welche kaufen können, wenn sich sonst keine Verkäufer finden.

Heimatlose Heimatbörsen

Seit Ende der 1990er-Jahre haben alle Kreditinstitute in Deutschland einen direkten oder indirekten Zugang zu den Handelssystemen der Börsen. Jede Bank kann für ihre Kunden Wertpapieraufträge an jede beliebige deutsche Börse leiten. Das Prinzip der *Heimatbörse*, wonach Unternehmen vornehmlich dort ihre Aktien notierten, wo sie ihren Sitz hatten, und Anleger ihre Aufträge dort abgaben, wo sie wohnten, ist weitgehend aufgehoben. Damit wird auch deutlich, dass der Begriff »Regionalbörsen« für alle deutschen Börsen außerhalb Frankfurts nicht mehr zutreffend ist. Allerdings haben die Regionalbörsen noch keinen besseren Namen für sich gefunden, der sich auch bei den Kunden durchgesetzt hätte. Da sich Börsen aber auch als Wirtschaftsfaktor für ihre Region verstehen und versuchen, Unternehmen und Kapital zusammenzuführen, ist der Begriff vielleicht gar nicht so verkehrt.

Das deutsche Börsen-Einmaleins

In keinem Land der Welt gibt es so viele Börsen – Wertpapierbörsen, um genau zu sein – wie in Deutschland. Sicherlich ein Relikt unserer Vielstaaterei und des berühmten Föderalismus. Für die Anleger ist das durchaus ein Plus, denn die Börsen überbieten sich gegenseitig im Unterbieten; Konkurrenz macht eben erfinderisch und belebt das Geschäft. International war und ist in den vergangenen Jahren eher ein gegenläufiger Trend auszumachen: Immer mehr Börsen schließen sich zu internationalen Großbörsen zusammen.

2013 schloss sich die New York Stock Exchange (NYSE) mit der auf Derivate und Energiekontrakte konzentrierten Intercontinental Exchange (ICE) aus Atlanta zusammen. Wer da wen schluckte, Tradition oder Moderne – die ICE wurde erst 2000 gegründet –, war nicht ganz klar. Jedenfalls entstand damit die zweitgrößte Börse weltweit mit einer Marktkapitalisierung an der Börse von knapp 19 Milliarden Euro. Größer ist derzeit nur die Chicago Mercantile Exchange (CME Group), an dritter Stelle liegt die Börse Hongkong, gefolgt von der Deutsche Börse AG in Frankfurt.

Um nur kurz die wichtigsten Zusammenschlüsse aufzuzeigen und der Verwirrung Vorschub zu leisten: Die NYSE hatte bereits vorher die europäische Börse Euronext, die ihrerseits aus einer Fusion europäischer Börsen, vor allem den Börsenplätzen Paris und Amsterdam, hervorgegangen war, übernommen, bevor sie wiederum von der ICE umarmt wurde. Die große US-amerikanische Konkurrenzbörse Nasdaq hat die skandinavische OMX übernommen – bald gehört jeder jedem.

Tatsächlich zählt Größe bei den Börsen, weil die Fixkosten konstant gehalten und mit der hohen Zahl der Orders die Gewinne erhöht werden können. Denn die Gewinne pro Order sind eher marginal, die milliardenschweren Umsätze dürfen darüber nicht hinwegtäuschen.

Deutsch-amerikanische Freundschaft

2011 wollte die Deutsche Börse endlich den Sprung über den großen Teich wagen und sich mit der traditionsreichen New Yorker Börse an der Wall Street verheiraten. Die Verhandlungen zogen sich, doch irgendwann schien endlich alles in trockenen Tüchern zu sein. Der Chef der Deutsche Börse AG, der Schweizer Reto Francioni, freute sich über den gelungenen Deal. Zu früh, wie sich herausstellte, denn die Politik machte nicht mit. Es entstünde damit – nicht bei den Aktien, sondern bei den Derivaten – eine marktbeherrschende Stellung. Die EU-Kartellwächter verboten daher den Zusammenschluss. Eine Art Déjà-vu erlebte die Deutsche Börse bei dem zur Jahreswende 2015/16 gestarteten Versuch, sich mit der britischen Börse London Stock Exchange (LSE) zusammenzuschließen. Auch dieser Zusammenschluss wurde letztendlich von der EU aus Wettbewerbsgründen verboten. Bleibt abzuwarten, wie sich die Deutsche Börse nun positioniert.

Das Dickschiff Frankfurt

Die Deutsche Börse AG in Frankfurt wird ihrem Namen nur zu gerecht, denn sie ist die größte und wichtigste international agierende Börse in unserem Land. Mit über 3.700 Mitarbeitern organisiert sie nicht nur den Börsenhandel, sondern bietet auch Börseninformationen und sorgt für die Verrechnung, Abwicklung und Verwahrung der Wertpapiere nach dem Handel. Unter ihrem Dach befinden sich ganz unterschiedliche, zum Teil eigenständige Unternehmen.

✔ Der Wertpapierhandel erfolgt über die drei Plattformen Frankfurter Wertpapierbörse, Xetra und Tradegate, außerdem über die Terminbörse Eurex mit ihrer Tochter ISE. Im Handel mit deutschen Aktien, so die Deutsche Börse, liegt ihr Anteil damit bei 97 Prozent!

✔ Für Derivate, also komplexe Finanzprodukte, ist die ehemalige Tochter Scoach zuständig, die jetzt unter dem Namen Frankfurter Zertifikatebörse firmiert.

✔ Clearstream dient als Verwahrstelle und Abwickler von Wertpapieren nach dem Handel, denn schließlich verschwinden die Aktien nicht automatisch in den Depots der Anleger.

✔ Die Deutsche Börse ist außerdem IT-Dienstleister für viele andere Börsen, Handelsteilnehmer und Banken. Sie betreibt weltweit über 30 Handelsplattformen.

Tradition und Moderne – wenige Unternehmen dürften diese beiden Elemente so verbinden wie die Deutsche Börse, die sich immerhin auf das Gründungsdatum 1585 zurückführt. Seit Februar 2001 ist die Deutsche Börse AG selbst an der Börse notiert – längst auch ein Mitglied des Dax 30.

Über Xetra ordern große institutionelle Investoren und Hochfrequenzhändler, aber auch Sie als Privatanleger können dies tun. Es kann aber sein, dass Sie bei kleineren Mengen manchmal das Nachsehen haben. Von Nachteil sind die relativ kurzen Handelszeiten und dass ein direkter, persönlicher Kontakt etwa zur Handelsüberwachung bei einem solchen Koloss schwer zu verwirklichen ist.

Die Frankfurter Wertpapierbörse dagegen funktioniert nach dem gleichen Prinzip wie die anderen Regionalbörsen in Deutschland, das heißt, es ist noch ein klassischer Skontroführer in das Handelssystem involviert. Gerade bei kleineren, seltener gehandelten Werten mittelständischer Unternehmen bieten sich die kleineren Börsenplätze mit ihrem computergestützten Handel an.

Die Handelszeiten der Deutsche Börse AG dauern bei Xetra von 9.00 Uhr bis 17.30 Uhr, an der Börse Frankfurt sowie allen anderen Regionalbörsen von 8.00 Uhr bis 20.00 Uhr, nur bei Tradegate, gettex und der Börse Stuttgart von 8.00 Uhr bis 22.00 Uhr.

Die wichtigsten Webseiten der Deutsche Börse AG sind:

✔ www.deutsche–boerse.com

✔ www.boerse–frankfurt.de

✔ www.xetra.com

✔ www.zertifikateboerse.de

Berliner Aufsteiger – Börsen in der Hauptstadt

Ziemlich neu und dafür sehr erfolgreich ins Börsengeschäft stieg die Tradegate Exchange (www.tradegate.de) in Berlin ein. Die ursprünglich reine Handelsplattform zielt auf günstige Ausführungen für Privatanleger ab, denn sie verzichtet auf die sonst übliche Maklercourtage. Erst 2010 erhielt sie das Börsensiegel und ist damit die jüngste Börsengründung in Deutschland. Sie berechnet keine Transaktionsentgelte und handelt bis 22.00 Uhr. Inzwischen hält die Deutsche Börse AG 75 Prozent plus einen Anteil an Tradegate, hat also hier das Sagen. Die restlichen Anteile gehören der Muttergesellschaft Tradegate AG Wertpapierhandelsbank, die bereits 2001 das außerbörsliche Handelssystem Tradegate entwickelt hatte, aus dem 2007 eine außerbörsliche Handelsplattform, eine sogenannte multilaterale Handelsplattform (MTF), entstand. Mehr über solche Handelsplattformen erfahren Sie im Abschnitt »Es muss nicht immer Börse sein« weiter hinten in diesem Kapitel.

Die Makler verdienen bei Tradegate ausschließlich an der Spanne zwischen Kauf und Verkaufskurs. Ob dies Auswirkungen auf diese Spanne, den sogenannten *Spread*, haben könnte, bleibt den Erkenntnissen der Privatanleger überlassen.

WWS ist keine Schwester des WWF (World Wide Fund For Nature, früher einmal World Wildlife Fund), sondern steht für World Wide Stocks und weist darauf hin, dass die Berliner Börse (www.boerse-berlin.de) schon seit Langem auf Auslandsaktien steht. 15.000 Aktien aus 82 Ländern stehen den Anlegern hier mittlerweile zur Verfügung – Aktien stehen also im Mittelpunkt der Berliner Börse, aber auch Fremdwährungsanleihen ergänzen das internationale Angebot.

Gegründet wurde die Berliner Börse 1685 von Kurfürst Friedrich Wilhelm, der seinen Beinamen »Der Große Kurfürst« allerdings nicht dieser Gründung, sondern der erfolgreichen Schlacht gegen die Schweden bei Fehrbellin zehn Jahre davor verdankte. Besonders während der rasch fortschreitenden Industrialisierung des 19. Jahrhunderts erlebte die Berliner Börse eine erste Blütezeit, ebenso in den Roaring Twenties des 20. Jahrhunderts.

Auch an der Berliner Börse rufen sich bereits seit 2006 keine Händler mehr auf dem Parkett Kauf- und Verkaufskurse zu und hasten mit Zetteln umher; die Makler handeln von außerhalb. Seit 2007 sind die Berliner an der EADAY NV beteiligt, besser bekannt unter ihrem Markennamen Equiduct. Noch immer wird Equiduct von der Berliner Börse AG betrieben, mittlerweile aber als Marktsegment unter dem etwas spröden Namen Berlin Second Regulated Market, kurz BSRM. Das hat zur Folge, dass Berlin zwei Handelssysteme betreibt: Xontro – das alle Regionalbörsen nutzen – und die Handelsplattform ETS mit Equiduct, die insbesondere auf europäische Standardwerte ausgerichtet ist. Von den etwa 56 Milliarden Euro Umsatz 2016 entfielen auf Equiduct allein 50,3 Milliarden Euro. Das Wort zum Sonntag gibt es in Berlin immer schon am Freitag und es heißt »Wirtschaftswort der Woche«.

Von Berlin aus begann der Siegeszug des 8-Uhr-Handels, den inzwischen jede Börse – außer Xetra – anbietet. Mit Erfolg, denn noch immer gilt in Berlin die Zeit zwischen 8.00 Uhr und 9.00 Uhr als eine Haupthandelszeit des Tages.

Die Cleveren aus dem Ländle

Die Börse Stuttgart (www.boerse-stuttgart.de) hat bereits früh – im Jahr 1999 – den Boom der Derivate und Zertifikate als Anlageform für spekulativ interessierte Privatanleger erkannt und bietet für diese Werte eine günstige Handelsplattform an. Sie schlägt sich in diesem Bereich wacker im Vergleich zu Frankfurt, und so haben Anleger für Konstruktionen wie Knock-out-Papiere oder Hebelprodukte eine weitere Handelsalternative. Die Derivatebörse der Stuttgarter nennt sich Euwax. Träger der Börse ist seit 2008 die Baden-Württembergische Wertpapierbörse GmbH.

Gemäß ihrem Claim »Die Privatanlegerbörse« haben die Schwaben eine Reihe von Orderzusätzen als Erste eingeführt (mehr zu deren Bedeutung und Anwendung erfahren Sie in Kapitel 7). Das Handelssystem funktioniert auch bei der Börse Stuttgart im Zusammenspiel von Mensch und Computer, nur dass hier die Spezialisten »Quality-Liquidity-Provider« heißen – schließlich kann man im »Ländle« alles, außer Hochdeutsch.

Auf ihrer Webseite bietet die Börse Stuttgart »Tools und Services« für Privatanleger an, so zum Beispiel eigene Suchwerkzeuge, die sogenannten »Finder«, mit denen Wertpapiere schnell und einfach aufgespürt werden können. Bisher waren diese Finder auf Anleihen,

Derivate und Ähnliches ausgerichtet, seit Neuestem gibt es sie auch für Aktien. Anleger können nach Regionen, Ländern, Sektoren und Branchen auswählen, außerdem noch einmal spezifiziert nach Kurs-Gewinn-Verhältnis (KGV) und Dividendenrendite. Wer will, kann sich auch ein eigenes »Trading-Desk« einrichten und sich fühlen wie ein Händler im Handelsraum. Zudem bietet die Börse Stuttgart Seminare für Privatanleger an, und auf Sendung ist sie auch: Mit Börse Stuttgart TV präsentiert sie Interessantes und Aktuelles aus der Welt der Kapitalmärkte.

Der hohe Norden greift in den Westen

Die traditionsreiche Hamburger Börse, gegründet immerhin bereits anno 1558, und die sehr viel jüngere Hannoveraner Börse von 1785 bilden seit 1999 ein Paar und haben den gemeinsamen Namen BÖAG Börsen AG (www.boersenag.de) angenommen, 2017 kam noch die Börse Düsseldorf dazu. Die beiden Nordlichter haben sich insbesondere auf den Handel mit Investmentfonds spezialisiert, wobei der Startschuss 2002 in Hamburg fiel. Früher konnten Anleger diese ausschließlich bei den Fondsgesellschaften selbst, den sogenannten KAGs oder Kapitalanlagegesellschaften, erwerben. Insbesondere bei offenen Immobilienfonds gilt Hamburg als erste Adresse.

So betreiben die Hamburger den zwar außerbörslichen, aber zu börslichen Bedingungen durchgeführten Handel mit geschlossenen Fonds mit der *Fondsbörse Deutschland* (www. zweitmarkt.de). Wer aus dem Käfig eines geschlossenen Fonds – meist für Vorhaben in den Bereichen Windenergie, Film oder Schifffahrt – vorzeitig aussteigen möchte, der kann dies tun, allerdings mit ziemlich hohen Abschlägen. Aber es gibt immer mehr Freunde gebrauchter Fonds, Seiteneinsteiger quasi, und das treibt die Abschläge nach unten, also die Erlöse nach oben. Mehr zur wunderbaren Welt der Fonds lesen Sie in Kapitel 10.

Einen zweiten Schwerpunkt der Hamburg-Hannoveraner-Düsseldorfer bildet die nachhaltige Geldanlage, die insgesamt im Trend liegt. Das Problem: Der Begriff ist eher schwammig definiert und für den Privatanleger ist undurchsichtig, wie »nachhaltig« seine Geldanlage wirklich ist, denn hier sind auch einige Rattenfänger unterwegs, die mit hoher Rendite samt gutem Gewissen Gelder in dubiose Kanäle lenken. Gemeinsam mit der Oekom Research AG hat die Börsen AG daher den Global Challenges Index als eigens gestalteten Nachhaltigkeitsindex aufgelegt, der sich an die künftigen Herausforderungen anlehnt. Näheres dazu erfahren Sie in Kapitel 8, dort werden Indizes genauer unter die Lupe genommen.

Die Rheinländer, Quotrix und der Mittelstand

Die Börse Düsseldorf (www.boerse-duesseldorf.de) führt sich auf die bereits seit 1553 nachweisbare Kölner Börse zurück, während in Düsseldorf selbst sehr viel später, nämlich erst 1853, ein eigener Börsenplatz entstand. Die Nationalsozialisten verringerten dann 1935 die Zahl der Börsen in Deutschland von 21 auf 9 und die Rheinisch-Westfälische Börse in Düsseldorf übernahm de facto die Börsenplätze in Köln und Essen. Seit 2001 firmiert die Trägergesellschaft als Börse Düsseldorf AG, und 2017 schlüpfte sie unter das Dach der BÖAG.

Die Börse Düsseldorf setzt das elektronische Handelssystem *Quotrix* ein, mit dem von 8.00 Uhr bis 23.00 Uhr gehandelt werden kann. Privatanleger zahlen über Quortix weder

Maklercourtage noch sonstige Transaktionskosten der Börse. Als einzige Börse ist die Börse Düsseldorf außerdem TÜV-geprüft, als Basis diente dabei die Dokumentation der Handelsüberwachung.

Mit dem *Mittelstandsmarkt* verfügt Düsseldorf außerdem über ein eigenes Segment für Mittelstandsanleihen, also Unternehmensanleihen (Corporate Bonds) kleinerer und mittlerer Unternehmen, die durch eine niedrige Stückelung von 1.000 Euro auch für Privatanleger von Interesse sind.

Münchner für den Mittelstand

Die Börse München (www.boerse-muenchen.de) ist die öffentlich-rechtliche Wertpapierbörse der Bayerischen Börse AG, die als Träger fungiert. Die Börse München ist aber der nach außen getragene Name für die Börse – wenigstens außerhalb Bayerns. Wie alle anderen Regionalbörsen handelt die Börse München Aktien, Fonds, ETFs, ETCs und Renten aus Deutschland und der Welt. Seit 2015 bietet München mit gettex einen weiteren Handelsplatz an, an dem Anleger ohne Börsenentgelt und Maklercourtage von 8:00 bis 22:00 Uhr eine große Palette an Produkten handeln können. Inzwischen gibt es auf gettex auch über 100.000 Optionsscheine und Zertifikate zu diesen Konditionen. Die Annahme, dass man bayerische Aktien besser in München, schwäbische in Stuttgart und norddeutsche in Hamburg handeln könne, ist eher emotional als rational begründet.

Spezialisiert hat sich die Börse München auf den Privatanleger und den Mittelstand. Mittlerweile können Sie als Anleger direkt über die Webseite der Börse München Aktien kaufen oder verkaufen: Sie werden auf eine Zwischenseite verlinkt, auf der Sie Ihre persönliche Bank – egal ob Sparkasse oder Direktbank – anklicken und dann über die Ordermaske Ihrer Bank handeln können. Als erste Börse gab sich München mit *Max-One* ein eigenes computergestütztes Handelssystem.

Im Bereich Mittelstand ist die Börse München mit dem eigenen Marktsegment m:access aktiv im Primärmarkt, also beim Listing neuer kleinerer und mittlerer Unternehmen an der Börse. Inzwischen wurde dieses Segment auch für Mittelstandsanleihen erweitert. Aber München macht sich auch stark, den Handel mit mittelständischen Märkten zu unterstützen.

Die Münchner Börse gehört seit ihrer Gründung 1830 dem Münchner Handelsverein e.V., in dem wichtige Finanzinstitute, aber auch Unternehmen aus der realen Wirtschaft Mitglied sind. Von der Größe und Bedeutung her ist die Börse München in der deutschen Börsenlandschaft zwar nicht unbedingt mit dem Fußballverein Bayern München zu vergleichen, sondern eher mit dem TSV 1860, mit dem sie in früherer Zeit auch die Vereinsfarben teilte. Mit zahlreichen Veranstaltungen und Informationen auf ihrer Webseite leistet München einen Beitrag zur Finanzbildung.

Das Beste für Sie

Die Finanzmarktrichtlinie Mifid (Markets in Financial Instruments Directive) von 2007 legt fest, dass Wertpapierfirmen – also Banken, Online-Broker und ähnliche Dienstleister – dazu verpflichtet sind, bei der Auftragsausführung das bestmögliche Ergebnis für den Kunden anzustreben. Man spricht hier von *best execution* oder einfach *best ex*. Wie sie dies erreichen, bleibt den Banken zwar selbst überlassen, aber sie müssen ihr Vorgehen offenlegen in Form einer *Best Execution Policy*.

So berücksichtigt beispielsweise die Baader Bank AG als größte Wertpapierhandelsbank in Deutschland bei der Auswahl von Ausführungsplätzen im Sinne der Best Execution Policy grundsätzlich folgende Faktoren:

✔ generelle statische Handelsplatzmerkmale

- Qualität der technischen Anbindung

- Anlegerschutz

- Anzahl Handelsteilnehmer

✔ generelle dynamische Handelsplatzmerkmale

- Kurs

- Wartezeit bis zur Öffnung des Handelsplatzes

- verbleibende Handelszeit bis zur Schließung des Handelsplatzes

- Gebühren der Orderausführung

- Liquidität des Handelsplatzes am letzten Handelstag

✔ Handelsplatzmerkmale pro Finanzinstrumente-Cluster

- Preisqualität

- Ausführungsgeschwindigkeit

- Ausführungswahrscheinlichkeit (Ausführungsgarantien)

- Teilausführungsquote

- Liquidität

 Als Anleger haben Sie also die Qual der Wahl, denn Sie können bei Ihrem Bankberater – oder im Internet – selbst bestimmen, über welchen Börsenplatz Sie gehen. Sie hebeln damit aber auch jede Form der Best Execution Policy aus – denn die dortige Wahl des besten Handelsplatzes ist durchaus Ansichtssache. Genaues Hinsehen lohnt sich, denn wer zum Beispiel mit geringen oder fehlenden Gebühren punktet, der muss sich das Geld, das er verdienen will, woanders holen, zum Beispiel bei den Kursen, bei den Spreads, dem winzigen, aber entscheidenden Unterschied zwischen Kauf- und Verkaufskursen eines Wertpapiers. Manche Börsen bieten Zusatzdienstleistungen, Informationen und Research auf ihrer Webseite an – Surfen auf den verschiedenen Webseiten lohnt sich also. Doch letzten Endes ist es Geschmackssache, handeln Sie dort, wo Sie sich am wohlsten und am besten aufgehoben fühlen.

Jede Börse hat ihre eigenen Schubladen

Die Deutsche Börse in Frankfurt segmentiert die bei ihr gelisteten Aktiengesellschaften nach ganz bestimmten Anforderungen für die Emittenten, also die Unternehmen und ihre Aktien. Für Sie als Anleger ist das eine Art Gütesiegel, an dem Sie sich orientieren können, schließlich ist die Deutsche Börse die führende Börse in Deutschland.

Im Fachjargon spricht man natürlich nicht von Schubladen, sondern von *Börsensegmenten*. Und wie der Name schon vermuten lässt, kann diese Segmentierung jede Börse für sich vornehmen. Allerdings gibt es einen allgemeinen rechtlichen Rahmen dafür, der generell sämtliche Aktiengesellschaften in zwei Kästen unterteilt: den *Freiverkehr* (Open Market) und den *EU-regulierten Markt*.

Der regulierte Markt ist – wie schon der Name sagt – gesetzlich reglementiert und öffentlich-rechtlich organisiert. Die Zulassungsbedingungen sind im Börsengesetz, der Börsenzulassungsverordnung und im Wertpapierprospektgesetz minutiös geregelt. In dieser Form existiert der regulierte Markt erst seit 2007, davor gab es den amtlichen Markt und den geregelten Markt.

Um in den regulierten Markt aufgenommen zu werden, müssen Unternehmen mindestens

✔ seit drei Jahren existieren (und gerne auch weitere drei Jahre),

✔ Eigenkapital von mindestens 1,25 Millionen Euro vorhalten,

✔ mindestens 10.000 Aktien ausgeben, bei einem Streubesitzanteil von mindestens 25 Prozent, und

✔ einen von der Bundesanstalt für Finanzdienstleistungsaufsicht (BaFin) gebilligten Prospekt vorweisen. Darin muss das Unternehmen seine Geschäfte und Ergebnisse offenlegen, also Angaben zu Bilanz, Kapitalflussrechnung, Gewinn und Verlust sowie den Geschäftsaussichten machen. Solch einen Prospekt erstellt das Unternehmen gemeinsam mit einer Rechtsanwaltskanzlei.

Die Deutsche Börse in Frankfurt unterteilt inzwischen in drei Segmente:

✔ **Scale:** In dieses Segment hat die Börse Frankfurt zahlreiche Unternehmen aus dem ehemaligen Entry Standard überführt. Da es sich nicht mehr um eine Art Einstiegssegment handelt, sondern dauerhaft angelegt sein soll, hat die Börse die Bedingungen für Unternehmen, um hier gelistet zu werden, erschwert. Auch Scale gehört zum Freiverkehr, die Regulierung erfolgt also nicht durch die EU sondern durch die Börse. Sie verlangt beispielsweise neben dem Wertpapierprospekt noch eine Historie von mindestens zwei Jahren, eine Mindestkapitalisierung von 30 Millionen Euro sowie 20 Prozent Streubesitz oder mindestens 1 Millionen Aktien in Streubesitz. Von den fünf Kriterien Mindestumsatz von 10 Millionen Euro, positiver Jahresüberschuss, positives bilanzielles Eigenkapital, mindestens 20 Mitarbeiter und ein kumuliertes eingesammeltes Eigenkapital von 5 Millionen Euro müssen mindestens drei erfüllt sein. Außerdem brauchen die Unternehmen, die in Scale gelistet sind, ein eigenes, von der Deutschen Börse vorgegebenes, Research.

✔ **General Standard:** Hier gelten die Anforderungen des Gesetzgebers für den regulierten Markt. Die Emittenten, also die Unternehmen im General Standard, müssen diese Regelungen erfüllen. Das Listing ist, so die Frankfurter Börse, noch immer günstig und eignet sich so vor allem für Unternehmen mit Schwerpunkt auf nationale, vielleicht noch europäische Investoren.

✔ **Prime Standard:** Unternehmen in diesem Segment müssen sehr hohe Transparenzanforderungen erfüllen, der Informationsfluss ist stetig, ausführlich und zweisprachig. Quartalsberichte sind eine Voraussetzung und der Prime Standard ist wiederum Voraussetzung dafür, dass Unternehmen in die Dax-Index-Familie aufgenommen werden können.

Doch nicht nur die große Deutsche Börse neigt zu Schubladen, auch die kleineren Regionalbörsen ziehen einiges aus ihren Schränken, das Emittenten wie Anlegern gefallen soll.

So bietet die Börse München mit dem 2001 gegründeten Segment *m:access* einen eigenen Bereich für mittelständische Unternehmen, die an die Börse gehen wollen. So eine Art Gegenentwurf zum Entry Standard, jetzt Scale, allerdings ein klein wenig älter als der Frankfurter Kollege. Die Unternehmen müssen – oder dürfen, das ist Ansichtssache – einmal im Jahr auf einer Analystenkonferenz Rede und Antwort stehen. Organisiert wird das Ganze von der Börse München.

Die Börse Stuttgart hat als eigenes Segment beispielsweise *Euwax* für exotische Produkte. Das hört sich nach Waikiki-Beach und Drinks mit Hütchen an – gemeint sind damit aber Zertifikate, mit denen Sie beispielsweise darauf wetten können, ob der Dax steigt oder sinkt. Ein weitere Schublade der Stuttgarter ist das Handelssegment *4x*: das Segment, das sich auf den effizienten Handel mit Auslandsaktien fokussiert, gemeinsam mit der Wertpapierhandelsbank Baader. Außerdem gibt es noch die ein wenig nach Asterix 2020 klingenden *Ifx* (für Fondshandel) und *ETF Bestx* für ETFs. Mit *Bondm* subventioniert Stuttgart nicht den künftigen James-Bond-Film, sondern hat ein eigenes Segment für den Handel von Mittelstandsanleihen gegründet – eine Idee, die inzwischen auch die Börsen in Frankfurt, Düsseldorf, Hamburg-Hannover und München aufgegriffen haben.

Die Berliner Börse hat mit *Berlin Second Regulated Market (BSRM)* eine weitere Schublade im Freiverkehr. Hier sind alle europäischen Werte versammelt, die in ihrem Heimatmarkt bereits in einem regulierten Markt gelistet sind und deshalb per se schon hohe Anforderungen an Transparenz erfüllen.

Nicht jeder darf, wie er will – Nuancen in den Usancen

Auch wenn Usance ein schönes Wort ist, inzwischen ist es aus dem Börsenalltag größtenteils verschwunden. Übersetzt heißt es einfach so viel wie Brauch, im Wirtschaftsleben der Handelsbrauch. Usancen haben sich aus dem Verhalten, dem Umgang miteinander entwickelt, ohne dass sie in dickleibigen Gesetzestexten hätten gesammelt werden müssen.

Am ehesten lassen sie sich mit ungeschriebenen AGBs übersetzen – AGBs wiederum sind ungelesene Vertragsvorgaben. Gerade bei Termingeschäften, wenn Liefer- und Zahlungsdatum weit auseinanderfallen, regeln die Usancen, wann welche Leistungen zu erbringen sind und wann welche Zahlungsströme fließen sollen.

Heute hat sich jede Börse eine eigene Börsenordnung gegeben, die sich aber tatsächlich nur in Nuancen unterscheiden – wenigstens für Nichtjuristen. In den Börsenordnungen ist zum Beispiel festgehalten, wer Träger der Börse ist und welche Geschäftszweige die Börse betreibt. Auch über die Organe, wie etwa den Börsenrat oder die Geschäftsführung, gibt es genauere Informationen. Was Unternehmen tun müssen, um eine Börsenzulassung zu erhalten und wie und wer den Börsenpreis feststellt, sind zudem wichtige Abschnitte.

Wichtig für Sie als Anleger könnte die Trägerschaft einer Börse sein: Bei den meisten Regionalbörsen ist dies ein Verein, der in seiner Satzung festlegt, dass den Börsen beispielsweise auch eine wichtige finanzpolitische Bedeutung in der Region zukommt. Großbörsen wie die Deutsche Börse hingegen sind selbst börsennotiert, hier regieren die Anleger und die Gewinnmaximierung steht im Fokus. Das ist interessant, wenn Sie Aktien der Börse kaufen wollen, aber verständlicherweise konzentriert sich eine so aufgestellte Börse vor allem auf Großanleger mit hohen Volumen und international agierende Investoren. Masse statt Klasse, könnte man sagen, denn hier tummeln sich auch Hochfrequenzhändler, die von winzigen Kursunterschieden profitieren. Eine individuelle Betreuung ist da schwierig – aber natürlich garantieren gerade solche international aufgestellten Börsen einen hohen Qualitätsstandard in der Handels-IT.

Noch interessanter ist die Preisfeststellung, die sich vor allem auf den Eröffnungs- und Schlusspreis bezieht. Wörtlich heißt es hier zum Beispiel in der Ordnung der Börse Düsseldorf:

> *Der Eröffnungspreis ist zu Beginn des Präsenzhandels auf der Grundlage der bis dahin dem Skontroführer vorliegenden, für den fortlaufenden Handel geeigneten Aufträge unter Berücksichtigung der allgemeinen Marktlage festzustellen.*

Handeln um des Handelns willen – mit hoher Frequenz

Für den normalen Privatanleger spielt er keine Rolle, oder etwa doch? Die Rede ist vom Hochfrequenzhandel, oftmals in der Presse als einer der Bö(r)sewichte ausgemacht, die Mitschuld an der Finanzkrise tragen. Das Prinzip ist denkbar einfach, die Umsetzung allerdings kompliziert (und teuer), denn sie braucht jede Menge an Investition in Hardware, Software und Brainware. Denn hier wird ein Computer mit den Daten einer bestimmten Handelsstrategie gefüttert und vollzieht dann vollautomatisch die notwendigen Kauf- beziehungsweise Verkaufsoperationen – und zwar in Sekundenbruchteilen.

 Die ersten vollautomatischen Handelssysteme haben die US-amerikanischen Investmentbanken Merrill Lynch und Goldman Sachs Ende 2006 angewandt. Sie replizierten die Strategien erfolgreicher Hedgefonds. Dabei hatten sie nur das winzige Problem, dass diese Hedgefonds natürlich ihre Handelsstrategie niemandem verrieten. Also wurde sie per Computer aus der Performance zurückgerechnet und dann wieder in eine automatische Strategie für die Bank umgewandelt. Damit wollte man mindestens so gut sein wie die Hedgefonds. Deshalb lautet der Fachterminus hier »Return Replication Platforms«. Die Anlage erfolgt mittels Fonds, und diese funktionieren wiederum auf der Basis von automatisch arbeitenden Return-Replication-Algorithmen. Der Legende und aller Wahrscheinlichkeit auch der Wahrheit nach waren die Tüftler hinter den Programmen Physiker aus militärischen Atomprogrammen, die nach Beendigung des Kalten Krieges arbeitslos geworden waren.

Die Hochfrequenzhändler, auch Algo-Trader genannt, verwenden Computercodes, die in einer Sekunde Tausende von Handelsaufträgen (Quotes) an den Handelsplatz schicken, bis der eine darunter ist, bei dem sie zuschnappen. Die Programme oder Algorithmen nutzen dabei den Zugang zu allen erhältlichen relevanten Marktdaten, die sie in das Programm verwursteln. Ziel ist es, durch den Einsatz modernster Technik und IT die Rendite »herkömmlicher« Handelsstrategien zu maximieren. Im Zentrum des Hochfrequenzhandels stehen auch kleinste Arbitragemöglichkeiten zwischen Märkten und Produkten, um im Einzelnen winzige, in der Summe aber große Spread-Gewinne zu vereinnahmen. Bei Algo-Tradern spielt aufgrund der enormen Geschwindigkeit tatsächlich noch die örtliche Nähe zu den Börsenplätzen eine wichtige Rolle, weil sie damit noch einen Tick schneller sind als die Konkurrenz – die im Zweifel mit ganz ähnlichen Modellen arbeitet. Insofern vermieten manche Börsen direkt neben ihrem Zentralrechner Plätze an Hochfrequenzhändler als profitable Zusatzeinnahme. Damit sparen sich Hochfrequenzhändler etwa 100 bis 200 Millisekunden, bis ihre Daten durch die Leitungen zur Börse gelangen. Andere Hochfrequenzhändler, die den Vorteil dieses nahen Zugangs nicht haben, spezialisieren sich auf die Kostenseite, um ein Maximum an Gewinnen einzufahren, und wickeln ihren Handel überwiegend über außerbörsliche Plattformen ab.

Hochfrequenzhandel wird ganz überwiegend von Investmentbanken (oder ehemaligen Investmentbankern in Eigenregie) und darauf spezialisierten Handelsunternehmen betrieben. Die Kosten in IT und Technik sind relativ hoch. Das geschätzte Handelsvolumen dieser Algo-Trader liegt etwa an der New Yorker Börse bei 70 Prozent des gesamten Börsenhandels, an der Deutsche Börse AG bei 40 Prozent und bei Währungen weltweit bei etwa der Hälfte.

Weil der Hochfrequenzhandel inzwischen einen so großen Anteil am Gesamtmarkt ausmacht, haben Marktteilnehmer und Regulatoren die Sorge, dass er den Markt bewegen, also die Kurse in eine gewisse Richtung ziehen könnte. Das lässt sich allerdings nur schwer beweisen und es könnte durchaus auch sein, dass sich die komplizierten algorithmischen Programme gegenseitig aufheben.

Andererseits sorgt der Hochfrequenzhandel auch für eine nie abreißende Liquidität, weil immer Kauf- und Verkaufsoptionen an die Börse geschickt werden – allerdings nur in den Prime-Standard-Werten. So kommt die Mehrheit der wissenschaftlichen Untersuchungen zu dem Ergebnis, dass der Hochfrequenzhandel sich im Allgemeinen eher positiv auf die Effizienz des Preisbildungsprozesses und auf die Marktqualität auswirkt. Das ist ein Vorteil, den auch die Regulierer nicht abstreiten können.

Welche Vorteile bringt also der Hochfrequenzhandel (auch) für Privatanleger?

✔ Die Liquidität insgesamt wird erhöht.

✔ Die Handelbarkeit einzelner Werte verbessert sich.

✔ Im normalen Börsenbetrieb gleichen die Hochfrequenzhändler Spitzen bei den Kursausschlägen aus.

✔ Preisfindung und Markteffizienz verbessern sich.

Aber es gibt auch Nachteile:

✔ Irrationale Kursausschläge vermehren sich.

✔ Da der Hochfrequenzhandel andere stabilisierende Methoden in der »Schönwetterperiode« an den Börsen ins Leere laufen lässt und sich diese Marktteilnehmer vom Handel verabschieden, kann es in schwierigen Marktsituationen zu Erschütterungen wie einem Flash Crash kommen.

Es muss nicht immer Börse sein

Mit der Finanzmarktrichtlinie Mifid, deren Intention eigentlich ein erhöhter Anlegerschutz war, verbesserten sich erst die Möglichkeiten, außerbörsliche Plattformen zu etablieren, an denen auch private Anleger handeln können. Einerseits war tatsächlich mehr Konkurrenz von den Richtlinien-Austüftlern gewünscht, andererseits hatte man nicht damit gerechnet, außerbörslichen und damit wenig transparenten elektronischen Handelsplattformen Tür und Tor zu öffnen. Diese Handelsplattformen, neudeutsch auch *Multifunctional Trading Facilities* oder kurz *MTFs* genannt, wurden meist von Banken gegründet, um den Eigenhandel untereinander abzuwickeln. Sie sind für Sie als Privatanleger insofern nicht direkt interessant.

 In §§ 31ff. Wertpapierhandelsgesetz (WpHG) wurde die Mifid-Richtlinie umgesetzt und die Möglichkeit zur Gründung von MTFs geschaffen. Wörtlich heißt es dort in §§ 31 Absatz 1: »Ein Wertpapierdienstleistungsunternehmen ist verpflichtet, Wertpapierdienstleistungen und Wertpapiernebendienstleistungen mit der erforderlichen Sachkenntnis, Sorgfalt und Gewissenhaftigkeit im Interesse seiner Kunden zu erbringen, sich um die Vermeidung von Interessenkonflikten zu bemühen und dafür zu sorgen, dass bei unvermeidbaren Interessenkonflikten der Kundenauftrag unter der gebotenen Wahrung des Kundeninteresses ausgeführt wird.«

Direkt per Mausklick

Eine noch relativ junge Variante ist der Direkthandel mithilfe eines Online-Brokers. In Deutschland sind hier vor allem Comdirect, CortalConsors, Flatex, ING-Diba und Sbroker aktiv. Näheres dazu und ob und für welchen Sie sich entscheiden könnten, erfahren Sie in Kapitel 3.

 Der Direkthandel ist eine Variante des außerbörslichen Handels, der speziell für private Anleger geschaffen wurde. Er beschränkt sich allerdings auf liquide Titel, im Prinzip also vor allem auf Dax-Aktien. Bei Online-Brokern können Sie jedoch auch über Börsen ordern, sie bieten beide Möglichkeiten.

Die bekannteste außerbörsliche, aber fast wie eine Börse organisierte Plattform für Privatanleger ist Lang & Schwarz, 1996 in Düsseldorf gegründet und inzwischen als AG selbst an der Börse notiert. Lang & Schwarz bietet als Makler Börsen- und außerbörslichen Handel gleichermaßen an, börslich zum Beispiel über die Börsen Frankfurt, Stuttgart (Euwax) und Düsseldorf. In der Europäischen Union sind derzeit 92 Börsen zugelassen (davon sieben durch die FSA – Financial Services Authority, London), und 139 MTF (davon 73 durch die FSA).

 Als Kunde dürfen Sie den Börsenplatz selbst bestimmen und müssen, wenn Sie das nicht wissen, extra darauf hingewiesen werden! Es ist aber nicht festgelegt, dass Sie tatsächlich über eine Börse handeln müssen, es existiert also kein Börsenzwang mehr.

Eigentlich kann es Ihnen doch Jacke wie Hose sein, ob Sie über eine Börse handeln oder außerbörslich – Hauptsache, günstig! Aber: Börsen sind öffentlich-rechtliche Einrichtungen, sie unterstehen den jeweiligen Landesministerien, werden genauestens überwacht und reglementiert und machen alle ihre Trades öffentlich. Sie sind verpflichtet, Handel in allen Arten von Aktien anzubieten, egal ob es sich um Prime-Standard-Aktien mit Millionenumsätzen handelt oder eine kleine Aktiengesellschaft, in der auch einmal über Wochen gar kein Handel stattfindet, weil alle Anleger so an ihren Aktien hängen. Börsen stellen ihre Handelssysteme und ihre umfangreiche und teure IT samt den gut ausgebildeten Mitarbeitern der Handelsüberwachung allen gleichermaßen zur Verfügung. Außerbörsliche Plattformen hingegen konzentrieren sich auf lukrative Aktien großer Indizes.

Grau wie grauenvoll

Gerne ist vom *Grauen Kapitalmarkt* die Rede, wenn wieder einmal eine ganze Reihe von Anlegern auf die Nase gefallen ist. Man spricht von Grauem Kapitalmarkt, wenn der Markt unreguliert ist. Das sollte alle Anleger bereits hellhörig machen – aber die Vertreter des Grauen Marktes fallen mit dieser Tür nur selten ins Haus. Im Prinzip ist der Graue Markt am ehesten mit dem Automarkt am Straßenrand zu vergleichen: Garantien oder gar ein Rückgabeberecht sind dort Fehlanzeige, es kommt auf Ihren persönlichen Sachverstand an, ob Sie den Gebrauchtwagen dort kaufen oder nicht. Es gibt keinen Dritten, bei dem Sie später reklamieren können, wenn das Auto nach 300 Metern den Geist aufgegeben hat. Genauso verhält es sich mit den Finanzprodukten, die Sie am Grauen Kapitalmarkt erwerben: Es gibt keine börsliche Handelsüberwachung, bei der Sie sich beschweren könnten, und im Zweifel bleiben Sie auf dem Produkt sitzen, weil Sie keinen Käufer finden, der es Ihnen wieder abnimmt.

Typische Produkte des unregulierten Marktes sind Beteiligungen, Genussscheine und geschlossene Fonds. Keines dieser Produkte ist – ähnlich wie ein Gebrauchtwagen – per se schlecht. Alle kann man auch ganz offiziell über den Bankberater und die Börse oder direkt per Onlinebanking über Börsen handeln. Als Verkäufer auf dem Grauen Markt hingegen treten Finanzanlagenvermittler auf, es gibt etwa 80.000 von ihnen, die von den örtlichen Gewerbeämtern kontrolliert werden. Genau, das sind die, die unter anderem auch Gewerbescheine für Straßenmusiker und Knöllchen für Falschparker ausstellen. Bankberater werden hingegen von der Bundesanstalt für Finanzdienstleistungsaufsicht kontrolliert, müssen sich in ein Register eintragen, in dem alle Beschwerden über sie gesammelt werden, aufwendige Beratungsprotokolle führen und Produktinformationsblätter ausfüllen. Wenn Sie jetzt meinen, dass da mit zweierlei Maß gemessen wird, ja dann …

 In einem umfangreichen Dossier über den Grauen Kapitalmarkt kam das *Handelsblatt* im Januar 2014 zu dem Ergebnis, dass hier Pleiten eher die Regel als die Ausnahme sind. Statt mitzumachen empfiehlt sich also einfach nur zuzuschauen – zum Beispiel dem Geschehen in dem Film *The Wolf of Wall Street*.

Was denn nun?

Sie können also entweder über Börsen handeln oder außerbörslich. Bei den Börsen fallen für Sie in der Regel minimal höhere Gebühren an, dafür haben Sie aber die Garantie, dass die Kurse und vor allem die Spreads, also die Unterschiede zwischen Kauf- und Verkaufskurs, relativ niedrig sind. Das ist ein wichtiges Qualitätskriterium für Anleger. Außerdem können Sie jede Unklarheit bei der unabhängigen Handelsüberwachung reklamieren. Viele Börsen bieten darüber hinaus noch Extras an, um Sie bei der Auswahl von Wertpapieren und beim Ordern zu unterstützen.

Außerbörslich haben Sie etwas günstigere bis keine (sichtbaren) Gebühren und oftmals längere Handelszeiten. Allerdings gibt es keine Überwachung und oftmals keine Referenzmärkte – Börsen nehmen jeweils den Referenzmarkt mit dem größten Umsatz als Maßstab für ihre Kurse. Wenn Sie Aktien aus den USA kaufen, bildet den Maßstab die Börse in New York oder die Technologiebörse Nasdaq. Sie bekommen demnach Kurse, als hätten Sie direkt in New York gehandelt, zu deutschen Gebühren. Bei Aktien kleinerer Unternehmen kann es außerbörslich überdies zu Liquiditätsproblemen kommen, dass also nicht ausreichend viele Stücke angeboten oder abgenommen werden.

Bei den Börsen haben Sie in Deutschland eine große Auswahl, Sie können zwischen dem Dickschiff Frankfurt und einer Reihe von Regionalbörsen mit je eigener Aufstellung wählen – ein wenig auf deren Webseiten herumzusurfen lohnt sich. Wenn Sie sich für »Ihre« Börse entschieden haben, ist der erste Schritt in Richtung Aktie getan. Doch wie geht es dann weiter?

IN DIESEM KAPITEL

Nichts ohne (m)eine Bank

Von Risikoklassen und Protokollen

Wer noch alles mitverdient

Tag und Nacht handeln

Kapitel 3
Wie komme ich an meine Aktie?

Vor dem Kauf von Aktien gilt es, sich über bestimmte Dinge Gedanken zu machen. Wenn Sie einkaufen, überlegen Sie ja auch, ob Sie zum Supermarkt, zum Tante-Emma-Laden, zum Discounter, zum Ökomarkt oder, weil Sie mal wieder total vergessen haben, rechtzeitig vorzusorgen, zum Späti gehen. Mal werden Sie ausführlich beraten, mal müssen Sie selbst entscheiden; mal stehen die Kosten im Vordergrund, mal die Qualität.

So ähnlich ist es auch beim Kauf von Aktien. Wenn Sie eine ungefähre Vorstellung haben, welche Aktie Sie kaufen möchten – diese Entscheidung nimmt Ihnen kein noch so schönes Buch ab –, stellt sich gleich die nächste Frage: Wo und wie geht das denn überhaupt? Niemand kann einfach an die Börse gehen, mal kurz reinschauen, einem Broker einen Kaufauftrag ins Ohr brüllen und auf diese Weise ein paar Aktien erwerben. Vielmehr ist der erste Schritt, zu einer Bank zu gehen. Wobei Sie das nicht wörtlich nehmen müssen, denn Sie können den »Gang zur Bank« auch ganz gemütlich zu Hause am Computer erledigen.

Das Ein- und Verkaufen, also das Handeln, muss immer über eine Bank laufen – egal ob Hausbank oder Online-Broker. Denn die Börse kann in den wenigen Sekunden, die eine Order benötigt, nicht darüber entscheiden, ob Sie überhaupt das nötige Geld zum Kauf haben. Insofern verwaltet die Bank, oder neutraler, das Finanzinstitut, Ihre Wertpapiere und schickt selbst oder über einen Makler die Orders an die Börse beziehungsweise einen alternativen Marktplatz.

Da die Politik seit der Finanzkrise versucht, alles viel sicherer zu machen, gilt es zwischen dem Bankberater und Ihnen als Anleger eine ganze Menge Papierkram zu erledigen. Das ist lästig und bringt nur zum Teil ein tatsächliches Mehr an Sicherheit. Ausführliche Warnhinweise machen ja auch Spielplätze nicht wirklich sicherer. Da geht der Anlegerschutz dann oftmals so weit, dass er den Anleger vor der Anlage schützt. Einen selbstständig handelnden und denkenden Bürger können sich die Vertreter des Staates offensichtlich nur schwer vorstellen, doch mehr dazu in Kapitel 4. Kein Wunder, dass immer mehr Anleger einfach direkt über eine Internetbank gehen, am liebsten auch noch mobil, von unterwegs.

Selbst ist der Mann – und die Frau

Um Aktien zu kaufen, brauchen Sie zunächst ein *Depot* bei einer Bank. Dieses Depot funktioniert wie ein Konto, denn es ist virtuell (also kein Schließfach, wie der Begriff Depot vielleicht vermuten lassen könnte). Die Bezeichnung Depot stammt noch aus einer Zeit, als die Aktien »echte Stücke« waren und sich die Papiere, die Mäntel, darin stapelten. Wie bei Ihrem Girokonto erhalten Sie in regelmäßigen Abständen, normalerweise einmal im Jahr, einen Kontoauszug, in diesem Fall *Depotauszug* genannt. Sie können ihn auch selbst zwischendurch beantragen, um zu überprüfen, was sich getan hat, sollten Sie vor lauter Handeln mal den Überblick verloren haben. Der Depotauszug enthält ein Verzeichnis mit allen von Ihnen erworbenen Wertpapieren mit Stückzahl, Kurswert und Gesamtwert. Die »depotverwaltende Stelle«, wie wir das Finanzinstitut Ihrer Wahl neutral nennen wollen, übernimmt zudem die Verbuchung der jeweiligen Dividende und zieht für Vater Staat die Abgeltungssteuer ein.

Bei welchem Finanzinstitut Sie Ihr Depot anlegen, ist zumindest hinsichtlich der Verwahrung – man müsste eher von Verwaltung sprechen – egal, hinsichtlich der Kosten allerdings nicht. Sie können entweder zur klassischen Hausbank gehen oder sich eine günstigere Discountbank, eine Direktbank oder einen Discountbroker suchen.

Bevor Sie auch nur eine Aktie kaufen können, müssen Sie zudem Geld in Ihrem Depot haben, denn sonst handelt Ihre Bank – egal ob Filiale oder Discountbroker – nicht für Sie. Erst zahlen, dann kaufen, das ist der normale Weg.

 Natürlich könnten Sie mit 100 Euro gleich ungefähr 100 Penny-Stocks, also Aktien, die weniger als einen Euro kosten, erwerben und stolz in Ihr Depot legen. In der Regel sollten Sie allerdings mit mindestens 5.000 bis 10.000 Euro beginnen und auch nicht unbedingt in die billigsten Aktien investieren. Es kommt weniger auf die Anzahl der Aktien als auf die Qualität der Titel an, aber dazu später mehr. Zudem ist es nicht ratsam, vor lauter Begeisterung gleich Ihr ganzes Geld vollständig in Aktien anzulegen. Es empfiehlt sich, etwas Geld im Barbestand zu haben, um so jederzeit bei interessanten Schnäppchen zuschlagen zu können.

Die Qual der Wahl

Am einfachsten legen Sie Ihr Depot bei Ihrer Hausbank an, der Bank, der Sie vertrauen. Das Vertrauen der Bevölkerung in das Leistungsvermögen der Banker ganz allgemein hat zwar seit der Finanzkrise enorm gelitten – der Ruf des Bankers ist sogar noch hinter den des Politikers zurückgefallen –, aber das Vertrauen in den Berater der eigenen Bank ist viel weniger erschüttert worden. Wenn Sie das Depot bei Ihrer Hausbank einrichten, kann das unter Umständen den Vorteil haben, dass Sie das Depot bei einem Kreditgesuch ganz unkompliziert als Sicherheit verwenden können. Meist gibt es in Ihrer Hausbank auch einen ausgewiesenen Spezialisten für Wertpapiere, der Sie gerne berät. Oder einen, der sich für einen ausgewiesenen Spezialisten hält und sie gerne berät. Allerdings ist diese Beratung nicht gratis, auch wenn es den Anschein macht. Die Hausbank lässt sich diese Dienstleistung durch Depotgebühr und weitere Gebühren bei jedem Kauf und Verkauf von Aktien bezahlen. In Relation zur üblichen Gesamtanlage fallen diese Kosten allerdings recht niedrig aus. Eine klassische Hausbank verlangt bis zu drei Prozent vom Gesamtwert der jeweiligen Transaktion (für Kauf und Verkauf also). Bei einer Discountbank tut's oft schon weniger als ein Prozent. Aber es gibt dort auch keine Beratung – alles kann man auch nicht haben. Wer mit hohen Summen jongliert, kann darüber hinaus einen weiteren Preisabschlag aushandeln. Das ist ja leider oft so: Wer viel Geld hat, dem wird viel erlassen, auf dass er noch mehr Geld hat.

Doch selbst wenn Sie ein Depot bei Ihrer Hausbank eröffnet haben, müssen Sie sich nicht zwangsläufig vor jeder Entscheidung beraten lassen. Sie können selbstverständlich auch online handeln – inzwischen bietet das jede Bank an. So sind Sie Ihres eigenen Glückes Schmied, wenn Sie das wollen. Womöglich verpassen Sie aber auch interessante Investitionschancen, wenn Sie auf das Beratungsangebot Ihrer Bank verzichten. Entscheiden Sie selbst, was für Sie am besten ist.

Die günstigste Variante für Aktienanleger, die keine Beratung benötigen oder wollen, sind zweifelsfrei Direktbanken oder Discountbroker. Sie haben kein flächendeckendes Filialnetz mit hohem Kostenaufwand zu pflegen, ihr Geschäft wird ausschließlich über das Internet abgewickelt. In der Regel spart ein Anleger hier etwa 60 Prozent der Kosten einer »normalen« Bank – abhängig natürlich vom Ordervolumen. Je höher das Volumen, desto geringer die Preise, wir sprachen ja bereits davon: »Mengenrabatt« ist Usus. Bei den Direktbanken scheint der Markt inzwischen fest aufgeteilt zu sein – scheint, weil wir von Ausnahmen berichten werden –, die Angebote unterscheiden sich eher in Nuancen.

Ihre Entscheidung bei der Wahl des passenden Finanzinstituts hängt in erster Linie von Ihren persönlichen Präferenzen ab. Etwa 3,5 bis 4 Millionen Anleger bevorzugen das Handeln über Direktbanken – und das vor dem Hintergrund, dass in Deutschland gerade einmal 4,9 Millionen Bürger in Aktien direkt investiert sind, so das Deutsche Aktieninstitut. Immer mehr ordern inzwischen auf mobilen Geräten online, schätzungsweise ein Drittel aller Kunden. Hier stellt sich die Frage, welche Online-Banken eine einfache und sichere Bedienung auf mobilen Geräten am besten umsetzen – aber letzten Endes ist auch das zum Gutteil eine Geschmacksfrage. Eigene Testseiten wie zum Beispiel www.broker-test.de halten Sie auf dem Laufenden über Kosten, Gebühren und Qualität der Order.

Im Folgenden finden Sie eine kurze Übersicht über die wichtigsten Online-Banken, allerdings ohne Gewähr, denn wahrscheinlich haben wir treffsicher genau die Bank vergessen, bei der Sie unbedingt handeln woll(t)en. Wir geben eine kleine Kurzcharakteristik, ohne uns in Preismodelle zu vertiefen, denn ein aktueller Preisvergleich wäre wahrscheinlich schon wieder veraltet, bevor das Buch erscheint. Die Mühe, sich das optimale Finanzinstitut auszusuchen, können wir niemandem abnehmen, manchmal mögen auch die Benutzeroberfläche oder Zusatztools oder zeitlich begrenzte Sonderangebote die Entscheidung in die eine oder andere Richtung beeinflussen.

Im Internet können Sie selbst mithilfe von Vergleichsportalen übersichtliche Preisvergleiche finden. Auch auf einschlägigen Finanzportalen können Sie sich aktuell informieren. Auf welchen Internetseiten Sie sich sonst noch schlaumachen können, lesen Sie in Kapitel 13.

So unterzog www.finanzen.net, das Onlineportal von *Euro am Sonntag,* beispielsweise 14 Online-Broker einem detaillierten Test, bei dem es nicht nur um die Anzahl und Art von Wertpapieren, sondern auch um die Sicherheit des Onlinehandels, um Ordertypen und -kombinationen, die Einlagensicherheit und natürlich Kosten, Gebühren und Rabatte ging – wobei die Preiskonditionen in den Test von *Euro am Sonntag* nur zu 10 Prozent ins Ergebnis einflossen. Das zeigt deutlich, dass das Handeln über Discountbroker gar nicht mehr so viel mit dem Preis zu tun hat. Der Sieger war, wie so oft, nicht der billigste Anbieter, so viel sei verraten. Ähnlich wie bei anderen Testverfahren kam es darauf an, in allen Kategorien gleichermaßen gut abzuschneiden – es kann also durchaus sein, dass in einer Kategorie, die Ihnen besonders wichtig erscheint, ein ganz anderer besser abgeschnitten hat. Ach so, jetzt wollen Sie noch den Sieger wissen? Es war 2014 comdirect – wie schon in den Vorjahren. Auf www.onlinebrokervergleich.org finden Sie neben dem Vergleich weitere Informationen zu den einzelnen Brokern.

Kommerziell – Comdirect Bank

Die *Comdirect Bank AG* ist nach eigenen Angaben der Marktführer im Online-Wertpapiergeschäft mit mehr als 1,7 Millionen Privatkunden. Mit über 200 Millionen Seitenaufrufen zählt die Webseite der Comdirect Bank (www.comdirekt.de) gleichzeitig zu den meistbesuchten Finanzwebsites in Deutschland.

Gegründet wurde sie 1994 und hat sich seitdem vom reinen Online-Broker kontinuierlich zur Vollbank entwickelt, wie inzwischen fast alle ihre Discountbroker-Kollegen. Das heißt, vom Girokonto bis zum Kredit – nicht nur für Wertpapiere – bekommen Sie dort alles, was online geht. Über Filialen verfügt die Comdirect Bank genauso wenig wie alle anderen Direktbanken. Sie können nicht nur über die Comdirect Bank handeln, sondern auch mit der Comdirect-Bank-Aktie, denn sie ist seit 2000 an der Börse und wird seit 2005 sogar im SDax notiert. Der Name und die Farbe des Schriftzugs lassen es vermuten: Die Comdirect Bank ist eine Tochter der Commerzbank, die über 80 Prozent der Anteile hält. Auch dies teilt sie mit den allermeisten ihrer Online-Bankenschwestern, die als Töchter großer Banken auftreten und damit das Filialbankenwesen in Deutschland weniger kannibalisieren als vielmehr ergänzen.

Ein hübscher Marketinggag der Comdirect Bank war, dass Kunden anfangs eine negative Kontoführungsgebühr erhielten – monatlich wurde dem Konto 1 Euro gutgeschrieben. Gemeinsam mit der Börse Stuttgart betreibt die Comdirect Bank die Stiftung Rechnen, die Lust auf Mathematik machen soll. Gebrauchen können wir das durchaus, wie Studien zu den Rechenkünsten nicht nur der Schüler, sondern auch der Erwachsenen in Deutschland immer wieder beweisen.

Keine Airline – Consorsbank

Die *Consorsbank* (www.consorsbank.de) ist inzwischen die Direktbanktochter der französischen BNP Paribas und damit europaweit aufgestellt. Gegründet wurde Consors von der inzwischen insolventen SchmidtBank in Nürnberg 1994, die das Unternehmen 2001 an die Börse brachte. Obwohl eine Direktbank, bietet sie eine individuelle Kundenberatung durch ihre »Finanzexperten« an. Per Live-Chat, E-Mail-Anfrage oder vereinbarten Telefontermin können Sie bei Bedarf beraten werden: von der Honorar- über die längerfristige Vermögensberatung bis hin zum Wealth Management und einer sicherlich oft hilfreichen und notwendigen Spezialberatung in Sachen Derivate.

Rund 1,1 Millionen Kunden in Deutschland, Frankreich und Spanien zählt die Consorsbank, die lange als Cortal Consors firmierte, mittlerweile. Sie ist ebenfalls längst zur Online-Vollbank ausgebaut worden, das heißt, auch hier gibt es vom Giro- bis zum Tagesgeldkonto alles unter einem Dach. Auf einer umfangreichen Wissensseite können Sie bloggen und chatten und sich mit anderen über Finanzthemen, Anlageerfolge und -misserfolge oder Ähnliches austauschen.

Auch flüssig – DAB Bank

Es gab Zeiten, da war vielen die Dortmunder Aktienbrauerei DAB geläufiger als die DAB Bank (www.dab-bank.de) – das dürfte sich durch eine hohe Werbefrequenz inzwischen geändert haben. DAB steht übrigens für Direkt Anlage Bank – nach Auskunft der Bank gerne auch für »die andere Bank« (das »Dibadibadu« war ja schon anderweitig vergriffen). Die DAB Bank ist auch nicht in Dortmund zu Hause, sondern in München. Gegründet wurde sie bereits 1994 und ist damit nach eigener Anschauung Deutschlands erster Discountbroker. Jetzt firmiert sie als DAB BNP Paribas und gehört, wie die Consorsbank, zu der französischen Großbank.

Die DAB BNP Paribas ist inzwischen ganz auf professionelle Vermögensberater ausgerichtet, während ihre Schwesterbank, die Consorsbank, sich auf die Privatanleger fokussiert.

Einfach besser, oder was? – Flatex

Der Discountbroker *Flatex* (www.flatex.de) wurde relativ spät, erst im April 2006, gegründet, als eigentlich viele dachten, der Kuchen sei bereits verteilt. Trotzdem etablierte sich Flatex mit Sitz in Kulmbach und versuchte das Motto »Einfach, besser, handeln« in die Tat umzusetzen. Inzwischen beläuft sich das betreute Kundenvermögen auf über 2,5 Milliarden Euro. Einen Schwerpunkt stellt der außerbörsliche Handel dar, über den inzwischen etwa eine Million Optionsscheine, Zertifikate, Fonds und ETFs bei mehr als 20 Emittenten gehandelt werden können – für all diejenigen, für die das reine Handeln mit Aktien zu wenig Nervenkitzel bereithält. Im Zentrum stehen bei Flatex aktive und gut informierte Trader, die eigenverantwortlich handeln wollen, ohne sich mit Beratern abzusprechen, und die zur Depotoptimierung gerne auch zu Zertifikaten greifen.

Die Konto- und Depotführung übernimmt bei Flatex die Investments und Wertpapiere AG (biw AG), für Flatex-Kunden selbstredend kostenfrei. Seit September 2013 besitzt die Flatex alpha GmbH, eine Tochter der Flatex Holding AG, auch die Banklizenz. Für Heavy Trader, die ohne den täglichen Kick nicht leben können, gibt es noch die Tochtergesellschaft ViTrade AG (www.vitrade.de).

In der Flatex Akademie können sich Kunden in Webinaren, aber auch in Einzelseminaren und Seminaren vor Ort informieren oder beim Live-Trading Tricks erlernen. Gemeinsam mit dem House of Finance der Goethe-Universität überprüft Flatex, wie erfolgreich Ihre Anlagestrategie über die vergangenen 12 Monate war. Nicht nur die Portfolio-Entwicklung wird dabei nachgezeichnet, sondern auch ob das Risiko Ihres Depots überhaupt Ihrer Risikoneigung entspricht, denn manchmal liegen Welten zwischen der Selbst- und der Fremdeinschätzung.

Dibadibadu – ING-DiBa

Die *ING-DiBa* (www.ing–diba.de) ist die wohl bekannteste Direktbank mit ihrem Aushängeschild Dirk Nowitzki. Alles in allem versammelt die ING-DiBa über acht Millionen Kunden auf ihrer Webseite und auch bei ihr gibt es inzwischen Sparanlagen, Baufinanzierungen, Verbraucherkredite und Girokonten neben dem Kernelement Wertpapierhandel. Das Gründungsdatum der ING-DiBa lässt sich viel weiter zurückverfolgen als bei anderen Online-Banken, nämlich bis ins Jahr 1965, als sie als Bank für Spareinlagen und Vermögensbildung Aktiengesellschaft gegründet wurde, aber natürlich noch weit entfernt von einem Online-Broker war. Ihr Spezialgebiet damals: die Anlage von vermögenswirksamen Leistungen. 1993 wurde sie in Allgemeine Deutsche Direktbank Aktiengesellschaft umbenannt, das Aktienkapital war zu 100 Prozent in der Hand der BGAG, der Beteiligungsgesellschaft der Gewerkschaften. Bis zum Jahr 2003 kaufte die niederländische ING Gruppe sämtliche Aktien der Gesellschaft auf und am 1. Juli 2005 wurde der Name in ING-DiBa AG geändert – mit Hauptsitz in der Bankenmetropole Frankfurt und weiteren Standorten in Hannover und Nürnberg.

Die Konzentration auf einige wenige Produkte, günstige Konditionen und hohe Kosteneffizienz ist nach eigenen Angaben das Erfolgsgeheimnis der Bank. Bereits seit 2006 hat die ING-DiBa ein eigenes Ausbildungsprogramm für Menschen über 50 Jahren gestartet, um diesen den Wiedereinstieg ins Berufsleben zu erleichtern. In 12 Monaten kann man sich hier zum Bankassistent Kundendialog oder Immobilienfinanzierung, IHK-geprüft, ausbilden lassen. Unter »FAIRantwortung« unterstützt die ING-DiBa beispielsweise die ehrenamtliche Arbeit in Vereinen – in einem eigenen Jahresbericht kann dieses Engagement nachgelesen werden.

Die Orderwelt – LYNX

Auch ein eher junges Kind der Branche, erst 2006 in Amsterdam als Online-Broker-Plattform ins Leben gerufen. Seit 2008 bietet *LYNX B.V.* (www.lynxbroker.de) seine Dienste auch in Deutschland an, mit zunehmendem Erfolg. Spezialisiert auf Aktien und Derivate – schon bei Fonds wird es schwierig für Sie, über LYNX zu handeln. Verbunden sind die Kunden hier über das Internet mit den großen Börsenplätzen dieser Welt, in Europa, Nordamerika und Asien – über 100 sollen es inzwischen sein.

Sie als Anleger handeln vom heimischen Schreibtisch aus, also wie die Profis weltweit in Echtzeit – Schlafen wird zur Nebensache. Dazu passt, dass Sie sich eine professionelle Handelsplattform erstellen können, die Ihnen jederzeit deutlich macht, bei welchen Werten Sie eingreifen sollten. Damit Sie Ihren Platz dennoch ab und zu verlassen und vielleicht doch noch Ihren Gesundheitsschlaf finden, bietet LYNX mehr als 40 verschiedene Ordertypen an (mehr dazu in Kapitel 7).

Da LYNX keine Bank ist, lässt es alle Depots von der Interactive Brokers Ltd. führen. Die Depotgebühren entfallen, wenn Sie mindestens 4.000 Euro anlegen oder ein bestehendes Depot übertragen. LYNX ist ein reiner Online-Broker, hier gibt es also tatsächlich keine zusätzlichen Bankdienstleistungen – bisher zumindest. LYNX ist alles in allem wohl für Leute interessant, die nicht nur viel, sondern auch mit hohen Summen handeln.

Kleiner Blaumann – Maxblue

Unter dem Namen *Maxblue* (www.maxblue.de) fungiert das Online-Brokerage der Deutschen Bank. Die Webseite ist betont schlicht gehalten, es gibt aber jede Menge Informationen rund um das Thema Kapitalmärkte und Wertpapiere. Darum geht es schließlich bei Online-Brokern, alle anderen Leistungen gibt es bei der Deutschen Bank.

Voll im Netz – Netbank

Die *Netbank AG* (www.netbank.de) ist weniger ein reiner Discount-Broker als vielmehr eine echte und ausschließliche – nach eigenen Angaben Deutschlands einzige – Internetbank. 1998 wurde sie von sieben Sparda-Banken gegründet, denen man so viel Internetbegeisterung der frühen Stunde kaum zugetraut hätte. Seit 2016 gehört sie zur Augsburger Aktienbank AG mit Sitz in Augsburg. Hier reicht das Angebot vom kostenlosen Girokonto bis hin zu Online-Brokerage über das Netbank Depot. Daneben gibt es auch die Möglichkeit, ein spezielles Depot für Fonds anzulegen. Sie können über alle deutschen Börsenplätze und einige wichtige ausländische handeln. Im Fondsdepot können Sie sich aus über 200 Fonds bedienen und auch in Fondssparpläne investieren.

Mit einem Demo-Depot sollen vor allem neue Anleger gewonnen werden, weil sie hier ganz unverbindlich das Handeln üben können – zu realen Bedingungen im Spiel.

Mehr als ein Finanzportal – OnVista

Bei *OnVista* (www.onvista-bank.de) ist das Finanzportal www.onvista.de wahrscheinlich bekannter als der Online-Broker. Fast 90 Millionen Besucher finden sich pro Monat auf dem Portal ein. Als Online-Broker bietet OnVista ein breites Produktangebot von Aktien, Fonds, Optionsscheinen, Zertifikaten und Anleihen – in unserem Zusammenhang interessieren aber vor allem Aktien und (Aktien-)Fonds. Über das angeschlossene Finanzportal erhalten die Kunden jede Menge Analysetools und Informationen rund um die Börsen.

Die Historie von OnVista ist etwas kompliziert, wir beschränken uns auf die wichtigsten Stationen: OnVista geht zurück auf die Firmatex S.A., die bereits 1997 Privatanlegern den Handel über die Eurex ermöglichte – damals noch per Telefon. 2000 geht Firmatex in Paris an die Börse und verpasst sich ab 2002 den Namen des übernommenen französischen Finanz- und Wirtschaftsportals Boursorama S.A. 2007 erwirbt Boursorama S.A. 77,4 Prozent der OnVista AG, Betreiber des gleichnamigen Finanzportals. 2009 wiederum übernimmt OnVista AG über ihre 100-prozentige Tochter OnVista Bank GmH das deutsche Brokerage-Geschäft von Boursorama. Seitdem gibt es den Online-Broker OnVista im heutigen Sinne.

Sparkassenrot – SBroker

Was Maxblue für die Deutsche Bank ist, ist *SBroker* (www.sbroker.de) für die Sparkassen-Finanzgruppe, wie schon das Sparkassen-S im Logo in aller Deutlichkeit zeigt. Insofern konzentriert sich die SBroker AG & Co. KG ganz auf das Wertpapiergeschäft – den Rest übernehmen die Sparkassen. Sie müssen jedoch kein Kunde der Sparkasse sein, um über den Sbroker Ihr Wertpapiergeschäft laufen zu lassen.

Gegründet wurde SBroker 1999, damals noch ganz unabhängig als Pulsiv AG. 2001 wurde das Unternehmen von der Sparkassen-Gruppe übernommen und kam dann im August des gleichen Jahres auf den Markt.

Die Kunden von SBroker erhalten umfangreiche Marktdaten und Analysen, hier zeigt sich die geballte Kompetenz der Sparkassen im Hintergrund. Der SBroker bietet sogar ein eigenes Starter-Depot für Studenten und Auszubildende an; früh übt sich, wer Meister werden will.

Das Beste aus zwei Welten – 1822direkt

Unter dem etwas merkwürdigen Namen *1822direkt* (www.1822direkt) fungiert die Online-tochtergesellschaft der Frankfurter Sparkasse. Das Beste aus zwei Welten wollen die Frankfurter nach eigenen Angaben ihren Kunden bieten. Ein Depot, Fonds, ein Tagesgeldkonto und ein Girokonto reichen für die Produktpalette. Wie gut das Verhältnis zwischen 1822direkt und Sbroker ist? Fragen Sie besser nicht!

Die 1822direkt GmbH wurde 1996 in Frankfurt durch die Sparkasse ins Leben gerufen. Weil diese ihr eigenes Gründungsdatum auf das Jahr 1822 zurückführt, wurde diese Zahl namensgebend. Die Frankfurter Sparkasse allerdings wurde 2005 von der Hessischen Landesbank, der Helaba Landesbank Hessen-Thüringen, übernommen.

Nun sind wir am Ende unserer kleinen Direktbank-Auflistung angekommen. Bei allen Direktbanken können Sie über die jeweilige Webseite Informationen über Gebühren, Services und beispielsweise Ordertypen (dazu mehr in Kapitel 7) einholen. Vergleichen Sie die Angebote, surfen Sie ein wenig auf den jeweiligen Webseiten und entscheiden Sie sich für diejenige Variante, die Ihren Bedürfnissen am ehesten entspricht. Allgemeine Empfehlungen oder Ratschläge zu erteilen, ist schwierig.

Meist erhalten Sie bereits mit dem Informationsmaterial ein Anmeldeformular, alternativ gibt es dieses auf den jeweiligen Internetseiten. Das Einzige, was Sie brauchen, ist ein gültiger Personalausweis, denn Sie bekommen Ihre Kontounterlagen nur gegen Vorlage des Personalausweises und per Unterschrift ausgehändigt. Manche Broker setzen nach wie vor auf das Post-Ident-Verfahren. In diesem Fall müssen Sie Ihre Unterlagen beim zuständigen Postamt persönlich verifizieren lassen – etwas Altes steckt eben auch immer im Neuen.

Über die Social-Media-Kanäle können Sie sich stets auf dem Laufenden über Ihren Online-Broker halten, wenn Sie wollen – denn alle haben hier einen entsprechenden Auftritt.

Gut beraten, aber von wem und wie genau

In Deutschland sind die »normalen« Banken auf die drei Säulen Privatbanken, Genossen-schaftsbanken und Sparkassen verteilt. Alle bieten mehr oder weniger aufwendige und tief-gründige Beratung an. Einige große Banken haben eigene Research-Abteilungen, die die Entwicklung der Märkte weltweit genau im Auge haben und, nach Branchen ausgerich-tet, Empfehlungen über bestimmte Wertpapiere abgeben. Andere Banken trennten sich aus Kostengründen von ihren Inhouse-Analysten – es gibt auch freie Analysten, die im Auftrag Dritter arbeiten. Sogenannte Chefvolkswirte, so eine Art Guru mit Bankkrawatte, geben Ein-schätzungen über die Zukunft ganzer Regionen, einzelner Länder und Branchen.

Versierte Bankberater beschäftigen sich demnach aktuell und intensiv mit den Chancen und Risiken des Aktienmarkts. Das Problem ist allerdings, dass wegen der überbordenden Bü-rokratie, die die Regulierung nach der Finanzkrise mit sich bringt, viele dieser sehr enga-gierten und versierten Bankberater längst davon Abstand genommen haben, Ihnen ganz be-stimmte einzelne Aktien zu empfehlen. Oft raten sie zu »Aktienkörben«, also Fonds, die dann oftmals von der hauseigenen Fondsgesellschaft stammen. Diese Beratung weg von Einzelaktien und hin zu Fonds hat viele nachvollziehbare Gründe. Ein Fonds ist weniger ris-kant, durch seine breite Streuung sind die Risiken verteilt – die Chancen allerdings auch. Da Fonds von professionellen Managern zusammengestellt und stets auf dem Laufenden ge-halten werden, ist hier ausreichend fremde Expertise vorhanden. So ist die mögliche Haf-tung für eine falsche Beratung für den Berater hier sehr viel überschaubarer als bei einer Einzelempfehlung. Mehr zu Fonds, ihrer Auswahl und wo Sie diese am günstigsten kaufen, finden Sie übrigens in den Kapiteln 10 und 11.

Wir spielen Risiko

Ihr Bankberater ist verpflichtet, mit Ihnen eine *Risikoklassifizierung* durchzuführen. Dabei werden nicht Sie als besonders riskant für den Berater eingeschätzt, oder er für Sie, was ab und zu leider zutrifft, sondern Ihre Erfahrung und Ihr Kenntnisstand in Sachen Wertpapiere werden hierbei abgeklopft. Das Problem: Geben Sie an dieser Stelle zu, dass Sie gerade erst in das Metier einsteigen wollen, können Sie geradezu hören, wie alle Türen, hinter denen interessante Anlagen lauern, mit lautem Klatschen zugeschlagen werden. Das ist in etwa so, als würden Sie sich Ihren ersten Porsche kaufen und der Händler sagt Ihnen: »Also, weil das Ihr erster Sportwagen ist, lassen Sie das Überholen aber bleiben, Sie dürfen auf der Auto-bahn nur die rechte Spur benutzen.« Es ist offensichtlich das Anliegen der Politiker, Sie vor einer guten Geldanlage zu schützen – das nennen diese Politiker dann gerne *Anlegerschutz*.

In der Regel wird in fünf Risikoklassen unterschieden mit den jeweiligen Produkten dazu, wie Tabelle 3.1 zeigt – statt 1 bis 5 kann es auch A bis E heißen.

 Es gilt stets: Je höher das Risiko, desto höher die Chancen – und umgekehrt. Das muss Ihnen bei jeder Geldanlage bewusst sein. Wer mit einem überproportional hohen Zinssatz für sein Anlageprodukt wirbt, der tut das aus einem guten Grund: Sein Geschäft ist riskanter als der Durchschnitt.

Risikoklasse	Anlageklassen
Risikoklasse 1	Geldmarktfonds Europa, Festgeld, Tagesgeld, Termingeld, Pfandbriefe, offene Immobilienfonds in Deutschland und Europa
Risikoklasse 2	Rentenfonds Europa, offene Immobilienfonds Euro-Raum, Anleihen mit hoher Bonität im Euro-Raum
Risikoklasse 3	Währungsanleihen hoher Bonität, Mischfonds, Aktien und Aktienfonds international und Europa, Genussscheine
Risikoklasse 4	Aktien, Aktienfonds, Währungsanleihen mittlerer Bonität
Risikoklasse 5	Optionsscheine, Optionen, Futures, Rentenfonds Emerging Markets

Tabelle 3.1: *Die Risikoklassen der Kapitalanlage*

Aktien stehen demnach in der zweit- und dritthöchsten Risikoklasse, weshalb sie gerne als »Risikopapiere« bezeichnet werden. Fragen Sie einmal Daimler, BMW, BASF oder Bayer, ob sie das auch so sehen! Wer Coca-Cola-Aktien hält, gilt als risikoaffiner Spekulant. Und wenn Ihr Festgeld nicht einmal so viele Zinsen abwirft, wie Ihnen durch die Inflation wieder genommen wird, wie riskant ist es dann wirklich, Ihr Geld so anzulegen? Auch so mancher Inhaber merkwürdiger Genussscheine hätte sein Geld im Nachhinein bestimmt lieber in Aktien direkt investiert. Was auch passieren kann: Eine bestimmte Anlageform kann die Risikoklasse wechseln, also etwa herabgestuft werden – denken Sie nur an griechische Staatsanleihen.

Ihre Risikoklasse wird Ihnen meist durch das Ausfüllen eines mehr oder weniger geistreichen Fragebogens zugewiesen. Ihre Haltung zu Wertpapieren wird dabei von »konservativ« bis »hochspekulativ« eingeschätzt, mit Zwischenschritten wie »risikoscheu«, »risikobereit« und »spekulativ«.

Nicht ohne meinen Anwalt

Eine weitere Hürde bei der Wertpapierberatung durch einen kundigen Banker stellt das *Beratungsprotokoll* dar. Das heißt, der Bankberater muss beim Beratungsgespräch genau Protokoll führen, alles schriftlich fixieren und dann unterschreiben – und zusätzlich jedes Telefongespräch mit Ihnen aufzeichnen. Manche Banken fordern von ihren Kunden, dass sie ebenfalls unterschreiben, vorgeschrieben ist das aber nicht und auch nicht wirklich zu empfehlen. Denn die Beratungsprotokolle können bei möglichen Klagen wegen Falschberatung später vor Gericht zum Einsatz kommen – und da Sie im Regelfall kein Jurist sind, der die (oftmals vorformulierten Bausteine der Bank) auf ihre möglichen Folgen vor dem Kadi abklopfen kann, lassen Sie das besser bleiben. Sie können aber bestätigen, dass Sie ein Protokoll erhalten haben. Notwendig ist ein solches, oftmals von beiden Seiten als unpraktisch empfundenes, Protokoll seit 2010 im Nachklang der Lehman-Pleite und der Finanzkrise. Schließlich waren viele Anleger mit Lehman-Derivaten auf die Nase gefallen, die von einem Tag auf den anderen nichts mehr wert waren. Viele fühlten sich von ihren Bankern, die diese Zertifikate vermittelt hatten, nicht ausreichend beraten, konnten dies im Nachgang aber nur schwer beweisen. Obwohl einige Banken sogar Schadenersatz zahlten, schrieb die Politik ein solches Protokoll vor. Allerdings, wenn bei solch konstruierten Finanzpapieren der Emittent, also der Herausgeber und Schuldner des Wertpapiers, Insolvenz anmelden muss, sind die Papiere logischerweise nichts mehr wert, da nützt auch das Protokoll herzlich wenig.

Im Wortlaut heißt das vom Bundestag im Juli 2009 beschlossene Gesetz kurz und knapp: Gesetz zur Neuregelung der Rechtsverhältnisse bei Schuldverschreibungen aus Gesamtemissionen und zur verbesserten Durchsetzbarkeit von Ansprüchen von Anlegern aus Falschberatung. Alles klar? Manchmal könnte man meinen, Juristen werden nach der Anzahl der Zeichen ihrer Texte bezahlt – dabei ist das nur bei Journalisten so!

Ein Beratungsprotokoll muss im Übrigen nur bei Wertpapierhandelsgeschäften aufgesetzt werden, nicht etwa bei der Beratung zu Festgeld.

In der Regel müssen folgende Kriterien Gegenstand eines Beratungsprotokolls sein:

✔ der Anlass der Anlageberatung

✔ die Dauer des Beratungsgesprächs

✔ die für die Beratung wichtigsten – maßgeblichsten – Informationen über die Person des beratenen Kunden

✔ Informationen über die Finanzinstrumente und Dienstleistungen, die während des Gesprächs behandelt wurden

✔ die wesentlichen Anliegen des Kunden und deren – nicht immer einfache – Gewichtung

✔ alle im Gespräch erteilten Empfehlungen und die wesentlichen Gründe, warum der Berater ausgerechnet diese Empfehlungen ausgesprochen hat

Haben Sie nur telefonisch mit Ihrem Berater gesprochen und konnte Ihnen das Protokoll nicht etwa parallel per Fax übermittelt werden, haben Sie die Möglichkeit, bis zu einer Woche nach Erhalt des Protokolls von dem Geschäft zurückzutreten – allerdings nur wenn das Protokoll Ihrer Meinung nach fehler- oder lückenhaft ist.

Das Beratungsprotokoll hatte viele Anlaufschwierigkeiten, anfangs wurde oft bemängelt, dass die Banken es nicht vorschriftsmäßig und vollständig ausfüllen würden. Die Begründungen seien zu oberflächlich und die Gewichtung werde zu leicht genommen. Es dürfte aber nicht allzu viele Kunden geben, die von ihrem Bankberater eine Doktorarbeit zum Thema erwarten – und auch noch eine, die nicht abgeschrieben wurde. Die Banken umgekehrt beklagen den hohen Verwaltungsaufwand, der dazu führe, dass immer weniger in Einzeltitel und überhaupt in Aktien beraten werde. Viele Kunden sehen das ebenso und vermeiden ein Bankgespräch – was irgendwie auch nicht im Sinne des Erfinders, vulgo der Politik, gelegen haben kann.

Übrigens, die Bundesanstalt für Finanzdienstleistungsaufsicht BaFin, der das Beratungsprotokoll auch zur Beaufsichtigung der Banken sehr wichtig ist, bittet um die Mitwirkung der Kunden, um die Protokolle in Zukunft noch zu verbessern. Dafür hat sie eine eigene Broschüre aufgelegt, die über ihre Webseite zu beziehen ist. Inhalt: Anlageberatung – Was Sie als Kunde beachten sollten. Darin werden diese Fragestellungen behandelt:

✔ Welche Informationen sollen Sie als Kunde dem Anlageberater Ihrer Bank oder Ihres Finanzdienstleisters geben?

✔ Welche Informationen muss der Berater Ihnen geben?

✔ Wie sieht eine typische Anlageberatung aus?

✔ Welche Produkte darf der Anlageberater Ihnen empfehlen?

✔ Warum muss ein Beratungsprotokoll erstellt werden?

✔ Welchen Inhalt muss das Protokoll haben?

✔ Was kann die BaFin für Sie tun?

Mithilfe des Prospekts der BaFin können Sie also Ihr Beratungsprotokoll checken. Gegebenenfalls können Sie sich bei der BaFin über Ihr Institut beschweren, das empfiehlt Ihnen die Bundesanstalt auch. Und was macht die BaFin dann? Nichts. Denn das ist dann Sache der Gerichte. Insofern ist es vielleicht wichtiger, sich Gedanken über die Qualität Ihrer Anlage zu machen als über die Qualität des Berichts über den Entscheidungsprozess zu Ihrer Anlage …

PIBs sind gar nicht lustig

Wohl noch umstrittener als das Beratungsprotokoll sind die im Jahr 2011 eingeführten *Produktinformationsblätter*, kurz PIBs, gerne auch in Analogie zur Medizin »Beipackzettel« genannt. Darauf sollen übersichtlich die Chancen und Risiken einer Anlageform, hier als »Finanzinstrument« bezeichnet, aufgezeichnet werden.

 Das Gesetz dazu wollen wir Ihnen nicht vorenthalten, es heißt: Gesetz zur Stärkung des Anlegerschutzes und Verbesserung der Funktionsfähigkeit des Kapitalmarktes (AnSFuG), was Sie aber nicht mit »An sich Unfug« übersetzen dürfen.

Vorgeschrieben als Inhalt eines solchen Produktinformationsblatts sind auf Anraten des Verbraucherministeriums:

✔ Produktbezeichnung

✔ Produktart

✔ Anbieter/Emittent

✔ Produktbeschreibung

✔ Risiken, also vor allem das Kursrisiko und das Geschäftsrisiko

✔ Emittentenrisiko (dass dieser pleitegehen könnte), Kreditrisiko und eventuell ein Fremdwährungsrisiko

✔ Rendite, zusammengesetzt aus laufenden Erträge und Kursgewinnen

✔ Kosten, aufgeteilt nach bei Erwerb, im Bestand und bei Veräußerung/Kündigung

✔ Verfügbarkeit

✔ Besteuerung

✔ Sonstiges

Als erste Bank führte im Übrigen die ING-Diba ein solches Produktinformationsblatt im Februar 2010 ein. Das Deutsche Aktieninstitut (DAI) bemängelte, dass gerade über kleinere Unternehmen in kleineren Banken keine Produktinformationsblätter vorgehalten würden und insofern über diese auch keine Beratung stattfinden könne. In einer Untersuchung kam das DAI im Jahr 2012 zu dem Ergebnis, dass insgesamt nur 74 Prozent der Banken PIBs für Einzelaktien vorhalten, 98,1 Prozent aber für Investmentfonds.

In der Folge sank der Umfang der Aktienberatung deutlich, so das DAI: 22,1 Prozent der Banken behaupteten, die Beratung habe abgenommen, 14,9 Prozent sagten, sie habe sogar deutlich abgenommen, und 13,8 Prozent gaben an, Beratung finde gar nicht mehr statt.

So ist es nicht verwunderlich, dass nach einer gemeinsamen Studie des DAI und der Deutschen Post DHL aus dem Jahr 2013 die deutschen Aktionäre sich vorwiegend über die Medien und die Wirtschaftspresse über ihre Anlagemöglichkeiten informieren. Das sei der aktuellste, verständlichste und vertrauenswürdigste Informationskanal für Aktienkauf- und -verkaufsentscheidungen. Ganz erheblich an Bedeutung verloren hat die Beratung durch Finanzinstitute und Broker. Hier konnte ein direkter Vergleich zu der Zeit vor der Finanzkrise unternommen werden, weil die Studie gleichlautend bereits 2008 durchgeführt worden war.

Verbrecherkartei

Im nebligen November 2012 trat eine weitere Regulierungsmaßnahme in Kraft, die den Anleger vor falscher Beratung schützen soll: das *Mitarbeiter- und Beschwerderegister*, kurz, aber nicht ganz zutreffend auch »Beraterregister« genannt. Denn hier geht es nicht darum, dass Sie sich in einer Art Telefonverzeichnis den besten Berater aussuchen können, sondern vielmehr darum, dass Sie Ihre etwaige Unzufriedenheit weitergeben können. Die BaFin hat dazu ein eigenes Fachinformationsblatt herausgegeben, wobei dieses »Blatt« stolze 14 Seiten umfasst. Basis ist auch hier wieder das Wertpapierhandelsgesetz, diesmal § 34 d. Im Prinzip geht es darum, dass nur qualifiziertes Personal beraten darf und Sie sich jederzeit beschweren dürfen, wenn Sie der Meinung sind, dass das bei Ihnen nicht der Fall war. Ihre Beschwerden werden nicht nur ernst genommen, sondern auch in einer Datei oder besser einem Register gesammelt – Flensburg lässt grüßen, denn seltsamerweise werden besonders positiv empfundene Beraterleistungen nicht gesammelt.

Die Mindestanforderungen an einen Berater hat der Gesetzgeber erst zum November 2012 genauer definiert, sie beziehen sich sowohl auf die Sachkunde, also das Fachwissen, als auch auf das schwieriger zu definierende Vertrauen. Die Mitarbeiter müssen an die BaFin quasi blanko gemeldet werden, damit diese dann die Beschwerden eintragen kann. Weitergegeben werden müssen nicht nur Informationen über die Anlageberater selbst, sondern auch über die Vertriebsbeauftragten und sogar über die Compliance-Beauftragten, also diejenigen, die dafür sorgen sollen, dass alles mit rechten Dingen zugeht. Die Einzelheiten, gerade mit Blick auf die Sachkunde, können Sie – müssen aber nicht – in der

Wertpapierhandelsgesetz-Mitarbeiteranzeigenverordnung nachlesen. Weil es so schön ist, hier noch die Abkürzung dazu: WpHGMaAnzVO! Als Folge von Verstößen setzt es Verwarnungen, Bußgeldverfahren und sogar Führerscheinentzug, also in diesem Fall eine befristete Beschäftigungsuntersagung.

Wenn Sie viel und oft handeln, bereits über einen gewissen Erfahrungsschatz verfügen und nicht unbedingt einen Bankberater hinzuziehen wollen, können Sie zu einer günstigeren Direktbank oder einem Discountbroker gehen. Wenn Sie Ihr Gesamtvermögen bei Ihrer Hausbank in guten Händen wissen und auch gerne vom Rat eines Experten profitieren möchten und außerdem Ihr Depot eher selten umschichten, sind Sie bei Ihrer Hausbank gut aufgehoben.

Wie geht Handeln eigentlich?

Persönlich vorsprechen müssen Sie auch bei einer Filialbank nicht mehr, nur weil Sie eine Aktie kaufen oder verkaufen möchten und längst über ein eigenes Depot verfügen. Wenn Sie Wertpapiere handeln wollen, rufen oder mailen Sie ganz einfach Ihre Hausbank an. Diese weiß über Ihre Liquidität bestens Bescheid. Sie benennen das Unternehmen, von dem Sie Aktien kaufen oder verkaufen wollen. Um Verwechslungen vorzubeugen, empfiehlt es sich, die *Wertpapierkennnummer (WKN)* zu kennen und/oder ihre internationale Schwester, die *International Security Identification Number (ISIN)*. Denn es gibt nicht nur Unternehmen mit fast gleichlautenden Namen – wie etwa Wacker Chemie oder Wacker Neuson, sondern inzwischen auch viele Produkte rund um eine Aktie. Gibt man an der Börse München zum Beispiel einfach BMW in das Suchfenster ein, zeigt das System zwei Aktien an (Vorzüge und Stämme) und 33 Anleihen.

✔ **Wertpapierkennnummer oder WKN:** Eine sechsstellige Kombination aus Ziffern und Buchstaben, die die Unternehmen ein wenig mitbestimmen können, so war etwa der Lampenhersteller Osram stolz darauf, bei seinem Gang an die Börse 2013 die WKN LED400 zu bekommen. Vergeben wird die Wertpapierkennnummer – und in Deutschland auch die ISIN – von der Herausgebergemeinschaft Wertpapier-Mitteilungen, Keppler, Lehmann GmbH & Co.KG, kurz WM Datenservice. Tabu als Buchstaben sind nur O und I, weil man sie mit der Null und der Eins verwechseln könnte.

✔ **International Security Identification Number (ISIN):** Die ersten zwei Ziffern stehen für das Land, für Deutschland zum Beispiel DE, für die USA US und für die Schweiz CH. Danach folgen zehn Ziffern und/oder Buchstaben.

Kommen wir nun zum Vokabular beim Aktienkauf und -verkauf. Wenn Sie eine Aktie unbedingt sofort haben wollen, zum Beispiel weil Sie gehört haben, dass der Kurs demnächst steigen wird, dann geben Sie dem Banker das Stichwort *billigst*.

Achtung, *billigst* heißt, Sie erhalten die Aktie sofort zum nächsten Kurs, der festgestellt wird – also keineswegs zum billigst möglichen Kurs, der im Übrigen schwer vorauszubestimmen wäre. Denn zum tatsächlich billigsten Kurs einer Aktie würden sich alle wie die Geier darauf stürzen – und sie ganz schnell teuer machen!

Sie wissen ja, das mit den Benennungen in der Börsensprache dürfen Sie nicht immer wörtlich nehmen. Wehe, Sie erhalten einen Brief oder eine E-Mail mit einem absolut sicheren Kurschampion – dann ist meist nur sicher, dass Ihr Geld flöten geht. Aber da sind wir ja noch nicht.

Beim Kauf einer Aktie ist es am besten, wenn Sie eine ganz konkrete Preisvorstellung vor Augen haben und sich Zeit nehmen. Bei anderen Dingen kommt es Ihnen ja meist auch nicht auf die Geschwindigkeit, sondern auf einen fairen Preis an, den Sie meist vor Augen haben.

Setzen Sie darum immer besser ein *Limit*, also einen Preis, bis zu dem Sie bereit sind, die Aktie zu kaufen. Sobald der Aktienkurs dieses Limit übersteigt, ist der Aktienkauf tabu. Die Laufzeit dieser sogenannten *Limit-Orders* können Sie variieren, nach Tagen, Wochen oder Monaten. Üblich ist bis *Ultimo*, also bis zum Monatsletzten. Genaueres zur Entscheidung zwischen den mittlerweile zahlreichen sogenannten *Ordertypen* lesen Sie in Kapitel 7.

Beim Verkauf von Aktien läuft es im Prinzip ähnlich, nur umgekehrt. Hier müssen Sie Ihrem Banker oder Ihrem Online-Broker klarmachen, was Sie wollen. Bevorzugen Sie die schnelle und garantierte Kohle zum gerade aktuellsten Kurs, dann geben Sie den Befehl *bestens*.

 Sie ahnen es bereits: *Bestens* bedeutet hier wieder keineswegs bestens in dem Sinne, dass Ihr Papier zum bestmöglichen Kurs verkauft wird, sondern zum erstmöglichen und zwar auf jeden Fall. Was weg ist, ist weg.

Auch beim Verkauf sollten Sie also wieder ein Limit setzen, und wenn dieser Kurs nicht erreicht wird, einfach abwarten – außer Sie brauchen das Geld sofort, was aber grundsätzlich keine gute Ausgangsposition für Aktien ist.

Sie können also beim Kauf und Verkauf Ihrer Aktien ein Limit setzen – wo gibt es das schon, außer an der Börse? So mancher Ehemann erträumt sich das auch vor jedem Einkaufsbummel mit der Angetrauten … Allerdings, wenn Sie Ihr Limit zu eng setzen, also beim Verkauf eher zu hoch und bei Kauf eher zu niedrig, kann es sein, dass Ihr Auftrag gar nicht ausgeführt wird, aber trotzdem Gebühren anfallen. Andererseits kann bei heftigen Kursausschlägen ein sehr niedriges Limit dazu führen, dass Sie glücklich an günstige Aktien kommen, man spricht dann vom Abstauberlimit!

 Die Aktienmärkte sind durch die Globalisierung, durch die gegenseitigen Abhängigkeiten, sprunghafter geworden, selbst Dickschiffe kommen einmal kurzfristig außer Kurs. Hohe Pendelschläge bei Aktienkursen kommen also in den besten Familien vor. Sie sollten deshalb Ihre Kauf- wie Verkaufsorders immer limitieren, also feste Preisvorstellungen haben.

Nichts ist umsonst – Depot- und andere Gebühren

Die Kosten für den Kauf, Verkauf und das Halten von Wertpapieren sind sehr unterschiedlich und sehr unübersichtlich. Das erinnert ein wenig an Telekomdienstleistungen, bei denen es auch fast unmöglich ist, sich durch den Dschungel der Begriffe und unterschiedlichen

Kostenmodelle zu hangeln und das für einen günstigste zu finden. Der Aktionär zahlt – neben dem ausgewiesenen Aktienkurs – prinzipiell an drei Institutionen:

1. **an die Bank/den Online-Broker**

- 0,1 Prozent bis 3 Prozent Gebühren bei der Bank, wenn er kauft und verkauft

- in der Regel 1/1.000 vom Aktienwert als Depotgebühr pro Jahr plus eine Grundgebühr; Direktbanken verzichten oft auf diese Gebühr

- eventuell zusätzliche Gebühren beim Setzen, Löschen oder Ändern von Limits oder der Anwendung weiterer Ordertypen

2. **an den Börsenplatz, über den Sie handeln**

- Courtage (kann je nach Aktiengattung unterschiedlich ausfallen, da zum Beispiel Dax-Aktien günstiger sind als Nebenwerte)

- Ausnahmen: Tradegate, Berlin und gettex, München verlangen weder Courtage noch Börsenentgelt.

- unterschiedlich hohe Gebühren in Abhängigkeit von der Ordergröße

- den Spread, also den Unterschied zwischen Kauf- und Verkaufskursen, der mal kleiner und mal größer ausfallen kann – je nach Börsenplatz und Handelszeit; gerade abends, wenn die Leitbörse Xetra bereits geschlossen hat, weiten sich die Spreads gerne wie von Zauberhand …

3. **an den Staat**

- In der Regel 25 Prozent Steuern auf die Dividende und den gegebenenfalls erzielten Veräußerungsgewinn. Als Abgeltungs- oder Quellensteuer zieht das für Sie gleich die Bank ab – Sie kommen also nicht in die Bredouille, außer Sie handeln über ein Schweizer Konto (oder die Kaiman-Inseln oder ähnliche Steueroasen).

- Bereits die Aktiengesellschaft zieht von der Dividendenausschüttung 15 Prozent Körperschaftssteuer ab.

Davon abzuziehen wären oftmals zeitlich bedingte Incentives der Banken, wie etwa eine begrenzte Zahl von Frei-Trades oder Gutschriften aufs Konto bei Eröffnung eines Depots.

Focus Money hat im März 2012 einmal bei 20 Wertpapierdepots durchgerechnet, was das alles kosten kann: Bei angenommenen sechs Transaktionen im Jahr von jeweils 3.000 Euro fallen zwischen 35,40 Euro (außerbörslich) und 65,40 Euro (börslich) bis hin zu etwa 200 Euro (einschließlich Depotgebühren) an. Bei 18.000 Euro bewegtem Kapital bedeuten aber selbst 200 Euro gerade einmal etwas über ein Prozent – und das sollte über Kursgewinne plus Dividende eigentlich gut zu stemmen sein. Durch die anhaltende Konkurrenz von Börsen, Banken und Marktplätzen sinken die Gebühren eher, als dass sie in Zukunft steigen dürften. Richtige Trader, die viel handeln, müssen hingegen rechnen und auf das günstigste Preismodell achten.

Immer dabei – Online-Banking

Längst verwischen die Unterschiede zwischen »realer« Filialbank und »virtueller« Online-Bank, denn Sie können bei beiden jederzeit online ordern. Selbst bei einigen Börsen und außerbörslichen Plattformen können Sie längst direkt ordern – dann werden Sie von der dortigen Webseite einfach über Ihre depotführende Stelle, also Ihr Online-Konto, geführt. Inzwischen können Sie zusätzlich über einige Börsenwebseiten – zum Beispiel die der Börse München – oder Finanzportale ordern, Sie werden in München dann beispielsweise über ein Multi-Banken-Log-In (auch ein schöner Name, die Abkürzung MuBaLi hat sich leider nicht durchgesetzt) an Ihre jeweilige Bank, Direktbank, Sparkasse oder Genossenschaftsbank weitergeleitet.

 Eine Folge des grassierenden Online-Bankings ist, dass die Bankfilialen zunehmend ausgedünnt werden. Wenn man dann doch einmal zur freundlichen Bankangestellten will, muss man heutzutage bisweilen weite Wege in Kauf nehmen. In der Stadt mag das noch klappen, auf dem Land wird es gerade für ältere Menschen schon schwerer – mit wem soll man sich noch unterhalten, wenn nach dem Tante-Emma-Laden, der Tankstelle, der Post und der Gaststätte jetzt auch noch die Bank ihre Pforten schließt? Gab es 1995 noch 71.000 Bankfilialen, waren es 2016 nur noch 32.0000 – Tendenz stark sinkend!

Die Münchner HypoVereinsbank setzt jetzt auf die Verbindung von online und offline – Sie bekommen dort einen persönlichen Berater, zumindest virtuell über Ihren PC. Sie haben weiterhin einen festen Ansprechpartner, aber die Filiale kommt quasi zu Ihnen, nicht Sie zu ihr. Das Praktische: Diese Videoberatung per Internet ist nicht an die Öffnungszeiten der Bank gebunden, sondern funktioniert bis 22.00 Uhr.

Das Internet kennt weder Raum noch Zeit

Ein Vorteil der Nutzung von Online-Zugängen zum Depot (sei es bei einer klassischen Hausbank oder bei einer Direktbank) liegt in der Ausnutzung längerer Handelszeiten, denn während die Börsen weiter handeln bis 20.00 Uhr beziehungsweise 22.00 Uhr, sind die Bankfilialen längst geschlossen.

Sind auch die Börsen geschlossen, der Online-Händler aber weiterhin wach, handelt er zwangsweise außerbörslich. Der Handel erfolgt dann im sogenannten *Quote-Request-Verfahren*. Dabei geben Sie in der Ordermaske Ihres Finanzinstituts eine Preisanfrage ein und der außerbörsliche Händler teilt über Ihre Bank einen Kauf- oder Verkaufspreis für die angefragte Menge des entsprechenden Wertpapiers mit. Sie müssen dann innerhalb eines definierten Zeitfensters (etwa sieben Sekunden) entscheiden, ob Sie das Angebot annehmen oder nicht. Eine Gewähr für die Annahme durch den außerbörslichen Händler haben Sie als Anleger allerdings nicht – es kann auch sein, dass er die Ausführung verweigert, zum Beispiel weil sich innerhalb der Annahmezeit der Kurs geändert hat, Sie also die Sekundenregel bis zum Äußersten ausgedehnt haben. Wenn Sie die Aktie jetzt sofort haben wollen, müssen Sie die Kursanfrage erneut starten. Der Vertrag kommt nicht zwischen Ihnen und dem außerbörslichen Händler, sondern zwischen diesem und Ihrer Direktbank zustande, die als Ihr Kommissionär auftritt. Müssen Sie das wissen? Wenn alles glatt geht nicht, ansonsten ist es vielleicht nicht schlecht, Bescheid zu wissen, anstatt sich bloß über den gestellten Kurs zu wundern oder dass es gar nicht geklappt hat, weil Sie zu lange gezögert haben.

Der Trend geht auch eindeutig in Richtung mobiler Anwendungen, das heißt, die Kunden befassen sich dann mit dem Thema Aktien und Depotoptimierung, wenn sie Zeit haben: beim Warten auf den Flieger, im Stau, während der Bahnfahrt. Deshalb setzen immer mehr Banken auf Webseiten, die für alle Ausgabegeräte, egal ob Desktop-PC, Tablet oder Handy, gleichermaßen optimiert sind, bei Online-Brokern ist das schon längst ein Muss geworden. Zusätzlich werden Apps angeboten, die einfach und bequem zu nutzen und sogar noch sicherer sein sollen als Webseiten. Derzeit gehen mehr als 60 Prozent aller Nutzer bereits mobil ins Netz – Tendenz steigend. 2017 gab es in Deutschland 80 Prozent Smartphone-Besitzer und 36 Prozent nutzten ein eigenes Tablet. Auch wenn man in Bussen, Bahnen und Flugzeugen den Eindruck hat, dass 137 Prozent der Bevölkerung Smartphones und 113 Prozent Tablets besitzen!

Bildete Deutschland lange Zeit das Schlusslicht beim Thema Mobile Banking, spielt es jetzt immerhin im Mittelfeld – ob wir zum Stürmer taugen, bleibt abzuwarten. Immerhin 35 Prozent der Befragten (Smartphone-Besitzer) nutzen bereits bei Überweisungen und Ähnlichem ihr Smartphone, insgesamt kommen etwa 15 Prozent aller Kontakte im Online-Banking über mobile Geräte, so eine Umfrage der Unternehmensberatung Bain & Company Anfang 2014. Es gibt inzwischen kaum eine Bank, die nicht mindestens eine App (kostenlos) anbietet. Mittlerweile gibt es sogar eine ganze Reihe von Vergleichen der besten Bank-Apps – wobei Sie wohl eher erst Ihre Bank aussuchen und dann die passende App dazu laden und nicht umgekehrt, aber das muss jeder selbst entscheiden. Zu den beliebtesten Bank-Apps dürfte die der Deutschen Bank zählen, die in drei Jahren mehr als 500.000-mal heruntergeladen wurde, oder die beiden Sparkassen-Apps, die es sogar auf mehr als 2 Millionen Nutzer brachten. Apps, die zum Handeln mit Wertpapieren geeignet sind, sollten mindestens Realtime-Kurse, News, Watch-Lists und Depotbewertungen beinhalten.

Sicher oder nicht?

Natürlich ist Online-Banking eine Sicherheitsfrage. Viele kennen solch merkwürdige E-Mails, in denen meist in schlechtem Deutsch darauf hingewiesen wird, dass man seine Online-Banking-Daten nennen solle, weil irgendwelche abstrusen Änderungsmaßnahmen im Gange seien. Meist erkennt man Phishing-Attacken schon am schlechten Stil und an der merkwürdigen E-Mail-Absenderadresse, die meist sehr wenig mit der eigentlichen Bank zu tun hat. Allerdings lernen auch die Ganoven dazu und so werden die Mails immer professioneller, insofern vergewissern Sie sich in jedem Fall erst bei Ihrer Bank, ob diese tatsächlich eine Mail an Sie geschickt hat, bevor Sie etwas unternehmen.

 Deshalb immer aufmerksam bleiben und auf fragwürdige E-Mails nicht reagieren, sondern besser persönlich bei der Bank nachfragen. So vermeiden Sie den Albtraum: Dass Sie plötzlich ein dickes Minus auf dem Konto sehen, obwohl Sie gar nichts abgehoben haben!

Es gibt die unterschiedlichsten Verfahren, Online-Banking sicher(er) abzuwickeln, das bekannteste dürfte das *TAN-Verfahren* sein, bei mobilen Geräten nennt sich das Ganze dann *mTAN*. Dabei wird dem Nutzer per E-Mail oder SMS (am Mobilgerät) eine sechsstellige, vom Zufallsgenerator erzeugte Zahl zugespielt. Die SMS sollte aber an ein anderes Gerät gesendet werden können als auf dasjenige, auf dem die Transaktion stattfindet, sonst haftet die Bank nicht – hier lohnt ein Blick ins Kleingedruckte, also in die AGBs der Bank. Die Anschaffung eines Zweithandys lohnt sich also. Alternativ kann man einen TAN-Generator bei der Bank erwerben, ein separates Gerät, das die jeweilige TAN ausspuckt.

Das wohl erst im Zuge des massenhaften Missbrauchs von E-Mail-Adressen einer breiteren Öffentlichkeit überhaupt bekannt gewordene Bundesamt für Sicherheit in der Informationstechnik (BSI) hat eine 44-seitige Zusammenfassung über »Mobile Endgeräte und mobile Applikationen: Sicherheitsgefährdungen und Schutzmaßnahmen« verfasst. Beim Lesen geht es einem da ein wenig wie mit den Packungsbeilagen von Medikamenten: Man spürt überall im Körper die ersten Anzeichen auftretender Nebenwirkungen, obwohl man das Medikament noch gar nicht genommen hat.

In jedem Fall ist es ratsam, sich mit den Chancen und Risiken des Internets und der mobilen Anwendungen vertraut zu machen – und die Packungsbeilage des BSI zu lesen. Denn in Zukunft werden wir wahrscheinlich nicht nur unsere Wertpapier- und Bankgeschäfte mobil abwickeln, sondern auch mobil bezahlen – das Smartphone ersetzt den Geldbeutel samt Inhalt.

Kapitel 4
Mother's little helper – Vater Staat

D er Staat trägt einen guten Teil zu unserem Anlegerverhalten bei. Gut ist hier im Sinne von viel gemeint. Er will unser Bestes, aber das ist ein wenig wie bei Helikoptereltern – die lassen ihren Kindern zu wenig Freiraum, um sich zu entfalten. Manchmal scheint uns auch der Staat mit seiner fürsorglichen Belagerung zu erdrücken: Er will unsere Rechte als Anleger schützen und verkompliziert dabei vieles unnötig. Er will das Steuersystem so gerecht machen, dass es jede Ausnahme berücksichtigt, und macht es dadurch so kompliziert, dass wir den Wald vor lauter Bäumen nicht mehr sehen. Und er erlässt permanent neue Gesetze, um auch noch den kleinsten Freiraum zu regulieren.

Doch der Staat, das sind auch wir – wir alle fordern stets neue Gesetze, damit alles reguliert und geregelt ist und wir ruhig schlafen können. Am liebsten wäre es vielen, wenn der Staat die »bösen« Kapitalmärkte an die ganz kurze Leine nähme, damit sie sich kaum noch rühren können. Die jüngste Finanzkrise befeuerte sowohl die Politiker als auch die Wähler darin, noch mehr und noch gründlichere Regulierungen einzufordern – allerdings weiß niemand so ganz genau, wie sich diese gegenseitig beeinflussen werden.

Anlegerschutz schützt vor der richtigen Anlage

Bereits in Kapitel 3 wurde die Sinnhaftigkeit des Anlegerschutzes ausführlich thematisiert, als es um das Beratungsprotokoll, das Produktinformationsblatt und das Mitarbeiter- und Beschwerderegister ging. Ursache all dieser Maßnahmen ist vor allem die Finanzkrise und der Schock und die Schockwelle, den die Lehman-Pleite im September 2008 auslöste. Milliarden mussten innerhalb kürzester Zeit in Banken und Finanzinstitute gepumpt werden, die sich tüchtig verspekuliert hatten. Tausende Anleger verloren ihr Geld, weil sie es beispielsweise in Lehman-Zertifikate gesteckt hatten.

Dass eine international agierende Großbank Konkurs gehen könnte und damit alle von ihr ausgegebenen innovativen Finanzprodukte wertlos würden, das war bis dahin unvorstellbar! Und sofort war klar: So etwas darf sich nicht wiederholen. Die Politik reagierte mit diversen Gesetzesinitiativen, die bereits in Kraft getreten sind oder an denen noch immer eifrig gebastelt wird. Insgesamt wird noch an etwa 40 Gesetzesvorhaben gefeilt und es besteht daher eine nicht ganz unbegründete Sorge, dass niemand ganz genau abschätzen kann, wie diese sich gegenseitig befeuern und welche Wirkung sie letzten Endes überhaupt erzielen können.

Sicher ist jedenfalls: Für einen stabilen Kapitalmarkt braucht es starke Banken und ein stabiler Kapitalmarkt ist die Voraussetzung für eine prosperierende Wirtschaft.

Womöglich empfinden Sie dieses Kapitel als etwas spröde – aber es zeigt die komplizierten Bedingungen auf, und gerade im Vorfeld neuer Gesetzesinitiativen zeigen die Märkte oftmals nervöse Kursveränderungen. Deshalb Augen auf und durch – vielleicht können wir für etwas mehr Klarheit im Regulierungsdschungel sorgen:

- ✔ **Bilanzrechtsmodernisierungsgesetz (BilMoG),** Mai 2009: Hier werden neben vielem, was vorwiegend kleinere Gesellschaften und Einzelkaufleute betrifft, vor allem die Rechte und Pflichten des Aufsichtsrats von (kapitalmarktorientierten) Aktiengesellschaften neu und wesentlich strenger geregelt, damit die Unternehmen im Binnenverhältnis besser kontrolliert werden. Ein unabhängiger Aufsichtsrat soll überdies besondere Kenntnisse in Buchführung, Controlling und Bilanzierung mitbringen.

- ✔ **Gesetz zur Umsetzung der Aktionärsrechterichtlinie (ARUG),** September 2009: Dieses soll zu einer Verbesserung der Präsenz der Aktionäre auf Hauptversammlungen führen und die Rechte der Aktionäre bei der Hauptversammlung stärken. Ein wichtiger Punkt: Sie dürfen als Aktionär eine Hauptversammlung auch online verfolgen. Ob das den Rückgang der Präsenz auf Hauptversammlungen erfolgreich bekämpfen kann, bleibt abzuwarten. Früher konnten Reisekosten zu Hauptversammlungen als Werbungskosten steuerlich geltend gemacht werden – vielleicht wäre das ein Anreiz? Erschwert werden sollen damit aber auch die oftmals nur auf Vergleichszahlungen ausgerichteten, ungerechtfertigten Klagen so mancher Aktionärsvertreter.

- ✔ **Hochfrequenzhandelsgesetz,** Sommer 2012: Der computergestützte Hochfrequenzhandel wurde einer strengeren staatlichen Kontrolle unterworfen, nachdem immer mehr Stimmen laut geworden waren, ihn ganz zu verbieten. Vorgeworfen wird dem Hochfrequenzhandel vor allem, dass er extreme Schwankungen in Krisen noch verstärken könnte – wissenschaftlich erwiesen ist das allerdings nicht. Eher im Gegenteil gibt es eine Reihe von Fachleuten, die ihm sogar eine dämpfende Wirkung attestieren, denn er diene auf jeden Fall als Liquiditätsspender. Das bedeutet, dass sowohl bei Kauf- als auch Verkaufspositionen – wenigstens bei großen Werten – immer ausreichend Liquidität zur Verfügung steht.

- ✔ **European Market Infrastructure Regulation (EMIR):** Sicher das Gesetz mit dem faszinierendsten Namen, doch ganz profan – aber ehrgeizig – soll damit der Handel mit komplizierten Finanzprodukten wie Derivaten außerhalb der Börsen besser kontrolliert werden. Solche Geschäfte dürfen künftig nicht mehr zwischen zwei Parteien abgewickelt werden, sondern es muss ein Dritter als zentrale Abwicklungsstelle eingeschaltet werden. Alle Derivategeschäfte, auch die börslichen, müssen künftig an ein zentrales Register gemeldet werden, damit die Finanzmarktaufsicht überhaupt ermessen kann, wie viele und mit welchen Risiken behaftete Geschäfte abgewickelt werden. Hintergrund ist die Tatsache, dass vor Ausbruch der Finanzkrise in den USA niemand wusste, wie viele solcher konstruierten oder innovativen Finanzprodukte, die sich später als toxisch, also annähernd wertlos erwiesen, im Umlauf waren und welche Summe das tatsächlich ausmachte.

✔ **Marktmissbrauchsrichtlinie:** Sie kreist vor allem um die Themenbereiche Insidergeschäfte und Ad-hoc-Publizität und ist damit eine wesentliche Säule für eine gerechte, aktuelle, transparente und faire Kommunikation zwischen Unternehmen und allen Anlegern. Konkret geändert wurden zum Beispiel die Meldefristen für Aktiengeschäfte von Führungskräften (verkürzt von fünf auf drei Tage) und die Ausdehnung auf Aktiengesellschaften auch außerhalb des regulierten Marktes – was allerdings gerade kleineren und mittleren Unternehmen einiges an zusätzlichem Verwaltungsaufwand abverlangt.

✔ **Gesetz zur Regulierung von Hedgefonds und anderen alternativen Investmentfonds:** Es verlangt von diesen bisher an allen Regulierungen vorbei agierenden Fondsmanagern, eine Zulassung zu beantragen, damit sie überhaupt kontrolliert werden können. Nur dann dürfen sie ihre Fonds EU-weit vertreiben. Manche machen mit, manche verzichten schlichtweg auf den europäischen Markt.

✔ **Finanztransaktionssteuer:** Sie soll die Verursacher der Krise an deren Kosten beteiligen. Allerdings dürften die Banken diese mit Sicherheit an ihre Kunden weiterleiten – insofern trifft es Aktien- und Fondsbesitzer genauso wie Lebensversicherungen und Pensionskassen. Welche Auswirkungen eine solche Steuer letzten Endes auf den Börsenhandel in den beteiligten Ländern haben wird, ist äußerst umstritten, förderlich dürfte sie sich aber keinesfalls auswirken. Erfahrungen aus der Vergangenheit zeigen, dass der Handel in den Ländern, die bereits eine Finanztransaktionssteuer haben, erheblich zurückgegangen ist, nicht zuletzt weil die Kapitalströme international sind und schnell in Länder außerhalb einer Besteuerung umgeleitet werden können. So preschte Frankreich bereits 2012 vor und führte auf den Handel mit Aktien von Unternehmen mit Firmensitz in Frankreich und einem Börsenwert von über einer Milliarde Euro 0,2 Prozent Transaktionssteuer ein. Italien folgte 2013 – doch die Börsen beider Länder mussten Umsatzrückgänge vermelden. Die negativen Wirkungen der Steuer treffen Bürger, die in eine Riester-Rente sparen, genauso wie Unternehmen, die ihre Auslandsgeschäfte hinsichtlich ihrer Währungsrisiken absichern wollen. Zum Glück für die Anlieger kommen die EU-Behörden mit der komplexen Steuer nicht in die Gänge. Vielleicht kehrt auch in Europa wieder Vernunft ein wie einstmals in Schweden: Das Land hatte 1985 die Steuer eingeführt und 1992 wieder aufgehoben, denn der Handel war fast zum Erliegen gekommen und die erhofften Einnahmen aus der Steuer weitestgehend ausgeblieben.

Zu den konkreteren und sehr viel unmittelbarer wirkenden Maßnahmen des direkten Anlegerschutzes zählen Teile aus dem *Gesetz zur Stärkung des Anlegerschutzes und zur*

Verbesserung der Funktionsfähigkeit des Kapitalmarktes von April 2011, außerdem bildet das *Wertpapierhandelsgesetz* die Grundlage. Die Elemente wurden bereits in Kapitel 3 beschrieben, hier noch einmal kurz und knapp:

✔ **Produktinformationsblatt (PiB):** Es muss zu jedem Finanzprodukt – egal ob kompliziert zusammengebaut oder prinzipiell einfach strukturiert wie bei einer Aktie – von der Bank ausgegeben werden. Derzeit berät die EU darüber, ob diese Beipackzettel in Form von »Basisinformationsblättern für Anlageprodukte« europaweit ausgedehnt werden sollen. Diese sollen dann auch nicht von den Banken, sondern von den Emittenten selbst erstellt werden, was zu erheblichen Belastungen gerade kleinerer Aktiengesellschaften führen würde. So sinnvoll ein PiB bei komplizierten Finanzprodukten mit Hebelwirkung – Zertifikate – auch sein mag, bei Aktien geben sie wenig tatsächlich aktuellen Informationswert. Sie wissen dann aber immerhin, dass Sie als Aktionär zum Beispiel ein Kursrisiko (Kurs könnte sinken), Emittentenrisiko (Unternehmen könnte in Konkurs gehen) oder ein Branchenrisiko (die Branche könnte sich schlecht entwickeln) eingehen.

✔ Das **Beratungsprotokoll,** das parallel zu jeder Wertpapierberatung erstellt werden muss und dem Kunden die Sicherheit vermittelt, später gegen erwiesene Fehlberatung klagen zu können. Den normalen Beratungsprozess beschleunigt das Protokoll nicht unbedingt, trotzdem sollten Sie darauf achten, dass es adäquat und richtig ausgefüllt ist.

✔ **Mitarbeiter- und Beschwerderegister:** In ihm werden alle Beschwerden über Berater gesammelt. Positive Urteile in Form von Fleißbildchen gibt es hier aber nicht. Geführt wird das Register von der Bundesanstalt für Finanzdienstleistungsaufsicht (BaFin), die gegebenenfalls auch ein Berufsverbot verhängen kann.

✔ **Risikoklassifizierung:** Hier muss der Berater vorab Ihre Anlageziele, Ihre Kenntnisse zur Welt der Finanzen und Ihre Erfahrungen mit Wertpapieren erfassen, Ihren Anlagehorizont abstecken und Sie in eine von eins (sicherheitsorientiert) bis fünf (hochriskant und -spekulativ) reichende Risikoklasse stecken. Damit er Ihnen überhaupt Aktien empfehlen darf, empfehlen wir, sich eher risikofreudiger zu geben – sonst werden Sie mit festverzinslichen Wertpapieren und bankeneigenen Fonds abgespeist.

✔ **Honorarberatungsgesetz:** Die Überprüfung von provisionsbasierten Beratungsmodellen und die Unterstützung von Honorarberatung stehen im Mittelpunkt des *Honorarberatungsgesetzes.* Immer noch glauben viele Bankkunden, die Beratung bei der Bank sei umsonst, weil sie nichts kostet. Doch die Finanzierung des Betriebs und der Bankmitarbeiter erfolgt unter anderem über Provisionen für die Produkte, die die Berater den Kunden vermitteln, was zu Zielkonflikten zwischen Kundeninteresse und Provisionsinteresse des Beraters führen kann. Anders ausgedrückt: Der Berater wird Ihnen vordringlich Produkte seines Hauses empfehlen, die am meisten Gewinn für das Haus abwerfen. Im Gegensatz dazu muss der Honorarberater Ihnen mit seiner Anlageempfehlung beweisen, dass er sein Geld wert ist.

Weitere Initiativen dienen vor allem dazu, die Finanzmärkte insgesamt besser zu kontrollieren, insbesondere die Banken und bankenähnliche Institute, wie etwa milliardenschwere

Hedgefonds, auch mit mehr oder weniger direkten Auswirkungen auf die Kapitalanlage. Zu den wichtigsten zählen:

✔ **Basel III** oder auf gut europäisch **Capital Requirements Directive IV,** kurz CRD IV: Die Regelung soll den Verschuldungsgrad der Banken und ihre Bereitschaft, hohe Risiken für hohe Renditen einzugehen, einbremsen. Die Hauptforderung: Banken müssen ihre Geschäfte mit mehr Eigenkapital hinterlegen, also mehr eigenes Geld vorhalten, um mit fremdem Kapital spekulieren zu können. Diese Forderungen sollen schrittweise bis 2019 umgesetzt werden, es wird also nicht verlangt, dass die Banken von heute auf morgen mehr Eigenkapital vorhalten müssen. Schließlich müssen Banken dieses erst einmal erwirtschaften. Die Alternative zur Erhöhung des Eigenkapitals ist das Zurückfahren von Fremdkapital in Form einer größeren Zurückhaltung bei der Kreditvergabe – mit allen Auswirkungen für die kreditnachfragende Realwirtschaft.

✔ **Trennbankengesetz:** Es meint nicht, dass Sie sich möglichst bald von Ihrer Bank trennen sollen, sondern dass Banken ab einer bestimmten Größe streng zwischen dem Kreditgeschäft und dem Eigenhandel trennen müssen. Oder, anders formuliert, das »normale« Bankgeschäft vom Investment-Banking abgrenzen müssen, damit nicht die Risiken des spekulativeren Investmentbereichs auf das eng mit der Realwirtschaft verknüpfte Kreditgeschäft durchschlagen. Überlegungen, dass die Gewinne aus dem einen Bereich den anderen unterstützen könnten und dass die Geschäfte nicht immer wirklich trennscharf abzugrenzen sind, spielten hier offensichtlich keine übergeordnete Rolle.

✔ **Finanzmarktrichtlinie II (Mifid 2):** Nicht weil's so schön war, sondern weil es so viele Schlupflöcher und Unstimmigkeiten gab, arbeitete die EU – genauer: das Parlament, der Finanzministerrat und die Kommission – an der Finanzmarktrichtlinie II, kurz Mifid 2 genannt. Darin geht es unter anderem um den Hochfrequenzhandel oder Warenterminengeschäfte, und auch der Anlegerschutz wird wieder großgeschrieben. Nach dieser Richtlinie müssen alle Finanzberater ihre Gespräche mit den Kunden protokollieren oder aufzeichnen – also nicht nur die Bankberater. Auch Telefonate müssen aufgezeichnet werden. Besonderes Augenmerk soll auf die Risikobereitschaft der Kunden gelegt werden. Die Berater müssen ihre Kunden offensiv über Gebühren und Provisionen informieren – denn auch bei der Finanzberatung gibt es nichts umsonst! Eigentlich für 2017 geplant, kam die Mifid 2 Anfang Januar 2018.

Wenn Ihnen jetzt der Kopf schwirrt und Sie eine gewisse Redundanz einzelner Vorschriften bemerkt haben, liegt das nicht an Ihnen, sondern an den Gesetzen. Die Konsequenz all dieser Regelungen und Schutzmaßnahmen ist, dass sich das Geschäft mehr und mehr verlagert, zum Beispiel in den kaum geregelten Grauen Kapitalmarkt, in dem Anleger über Finanzinstitute oder direkt über Unternehmen handeln. Oder die Lust am Handeln über die Börse vergeht Anlegern wie auch Unternehmen, die an die Börse gehen könnten, ganz und gar. Insofern sind künftige Nachbesserungen bereits vorprogrammiert – aber künftige Parlamente wollen sich schließlich auch über Gesetzesinitiativen profilieren können.

Nichts geht ohne Regeln – aber nur mit Regeln geht auch nichts

Es gibt also jede Menge Regeln – und viele von ihnen sind auch absolut notwendig, so viel sei hier noch einmal klargestellt. Die Anhänger der Theorie, dass sich Märkte von selbst regeln, wenn man sie nur in Ruhe machen lässt, haben eine Menge Lehrgeld bezahlt, spätestens seit der Finanzkrise.

Infolge der Banken-, Finanz-, Wirtschafts- und Staatsschuldenkrise ab (spätestens) 2007 wurde eine ganze Reihe von Maßnahmen durchgezogen, die nicht nur die Banken stabilisieren sollten, sondern auch die Haushalte der Länder. So legt der *Fiskalvertrag* fest, dass die Staatsverschuldung in den Eurostaaten reduziert werden soll – einige Länder sind hier bereits mit Erfolg vorangekommen, leider aber nicht alle – und sie sich künftig nicht mehr so stark verschulden dürfen.

Des Weiteren wurde ein umfangreicher *Wachstumspakt* geschlossen – bereits unmittelbar nach der Lehman-Pleite wurden ungewöhnlich schnell Konjunkturprogramme von gewaltigem Umfang aufgelegt, allein in Deutschland waren es 60 Milliarden Euro. Dazu gehörte zum Beispiel die Abwrackprämie, die allerdings »nur« mit 5 Milliarden Euro zu Buche schlug. Vielleicht ist dem ein oder anderen noch der Name des Konjunkturprogramms in Erinnerung: »Entschlossen in der Krise, stark für den nächsten Aufschwung – Pakt für Beschäftigung und Stabilität in Deutschland zur Sicherung der Arbeitsplätze, Stärkung der Wachstumskräfte und Modernisierung des Landes«.

Die Fakten der Krise

Um die Bedeutung und die Heftigkeit der Finanzkrise für die Realwirtschaft noch einmal zu betonen, sei hier an die wichtigsten Fakten erinnert:

✔ Im Februar 2008 billigte der US-Kongress unter Präsident George W. Bush jr. ein Konjunkturprogramm in Höhe von 150 Milliarden US-Dollar.

✔ Der Dax verlor nach dem Zusammenbruch von Lehman Brothers am 15. September 2008 kurzfristig 41 Prozent. Erst an Ostern 2010 erreichte er sein Niveau von vor der Lehman-Pleite wieder.

✔ Die Lkw-Produktion, ein wichtiger Gradmesser für die wirtschaftliche Entwicklung eines Landes und der Welt, ging in Deutschland im ersten Halbjahr 2009 um fast 50 Prozent zurück.

✔ Die Gewinne allein der Dax-Unternehmen gingen 2008 von 72 Milliarden Euro auf 26 Milliarden Euro zurück.

✔ Das Wort des Jahres 2008 lautete »Finanzkrise«, dicht gefolgt von »verzockt«!

Den Banken auf die Finger schauen

Hintergrund für die strengere Aufsicht über die Bankhäuser ist, dass seit der Finanzkrise 2008 insgesamt 592 Milliarden Euro in die Bankinstitute in Euroland geflossen sind – während die USA ihre Banken zwar anfänglich unterstützt hatten, inzwischen aber aus der Rettung sogar einen Überschuss erzielten. Deshalb wurden drei Hebel in Bewegung gesetzt, damit die europäischen Steuerzahler nicht noch mehr Geld in notleidende Banken investieren müssen:

✔ **Bankenaufsicht:** Sie soll über die Europäische Zentralbank (EZB) europaweit zu gleichen Bedingungen erfolgen und deshalb dort gebündelt werden.

✔ **Bankenabwicklung,** auch euphemistisch **Bankenunion** genannt: Was passiert, wenn eine systemrelevante Bank ins Wanken gerät? Soll das Institut durch Staats- und damit Steuergelder aufgefangen oder systemkonform abgewickelt werden? Das Problem ist, dass bis heute kein solcher Abwicklungsmechanismus auf europäischer Ebene aufgesetzt wurde – insofern wird es wahrscheinlich zu einem eher schmerzlichen Learning by Doing kommen, wenn der erste Fall auftritt. In Deutschland gibt es das Restrukturierungsgesetz, in dem bereits Anfang 2011 klare Regeln vereinbart wurden, wie konkursgefährdete Banken saniert oder abgewickelt werden könn(t)en.

Systemrelevante Banken sind all jene Geldinstitute, die aufgrund ihrer Größe ganze Länder und Märkte und vor allem weitere Banken in den Abgrund reißen würden, wenn sie in die Insolvenz gehen müssten. Sie sind »too big to fail« – das heißt ganz simpel: Ihre Rettung ist für den Staat günstiger als ihr Untergang. Denn die Banken sind miteinander vernetzt, leihen sich gegenseitig Geld, sodass die Insolvenz großer Institute ernsthafte Konsequenzen auch für andere Geldhäuser nach sich zieht und daher ein Dominoeffekt entstehen könnte. Es müsste also eher »too complex to fail« heißen. Weltweit haben die G20-Staaten 2012 insgesamt 28 systemrelevante Banken identifiziert.

Der Finanzstabilitätsrat – ein Gremium, das 2009 von den G-20-Staaten ins Leben gerufen wurde und in dem unter anderem Vertreter der Weltbank, der EZB und der EU sitzen – veröffentlicht jeweils im November eine Liste mit allen global systemrelevanten Banken. Unter www.fsb.org können Sie also einen Blick darauf werfen, ob Ihre auch dabei ist. In Deutschland ist es laut November 2017 aber nur die Deutsche Bank, außerdem finden sich hier unter anderem die BNP Paribas, die Bank of America, Credit Suisse, Goldman Sachs, Morgan Stanley, Barclays, UBS und die Bank of China.

✔ **Einlagensicherungsfonds** oder **Bankenabgabe:** Damit soll ein von allen Banken in den EU-Staaten gefüllter gemeinsamer Sicherheitstopf entstehen, als Herzstück der Bankenabwicklung. Hier liegt die Betonung auf »soll«, denn mit Geldern aus diesem Topf – und eben nicht aus den Geldbeuteln der Steuerzahler! – sollen künftig schlingernde Banken gerettet oder abgewickelt werden. Schon seit 2011 zahlen deutsche Banken jährlich etwa 600 Millionen Euro in einen nationalen Fonds ein, jetzt sollen sie etwa dreimal so viel in einen europäischen einzahlen. Insgesamt sollen dort dann 55 Milliarden Euro liegen, 15 Milliarden dürften die deutschen Banken beisteuern. Nun geht es um die Details, das heißt um Fragen wie: Wer soll wie viel zahlen? Und müssen Genossenschafts- oder Volksbanken und Sparkassen genauso viel in die Töpfe zahlen wie

Privatbanken, obwohl sie doch erwiesenermaßen bisher nicht ins Straucheln geraten sind? Man kann es auch anders ausdrücken: Sollen ausschließlich in der Region verwurzelte Institute für Risiken geradestehen, die im internationalen Investment-Banking entstehen? Momentan weigert sich beispielsweise Deutschland, dies zu unterstützen. Denn die deutschen Töpfe sind – nicht zuletzt durch den Sektor der Sparkassen und Genossenschaftsbanken – bestens gefüllt und es ist davon auszugehen, dass der größte Teil davon in den EU-Topf wandern würde. Überhaupt stellt sich die Frage, warum Banken, die gar nicht beim riskanten internationalen Investment-Banking (um es einmal hierauf zu reduzieren) mitmischen, trotzdem in die Bankenabwicklung und den Einlagensicherungsfonds einbezogen werden sollen.

Die Zielsetzung der Finanzmarktregulierung war und ist, die Haftung jenen zuzuweisen, die die Risiken eingegangen sind, und eben nicht auf den Steuerzahler abzuwälzen. Deshalb gilt es, das System zu stabilisieren, die Transparenz zu erhöhen, um bereits im Vorfeld eine drohende Krise ausfindig zu machen, für mehr Gerechtigkeit zu sorgen und die Aufsicht zu verbessern. Alles hehre Ziele, deren Erfolg wir uns alle wünschen – ob die Mittel im Detail dazu beitragen können, steht auf einem anderen, von uns hier nicht weiter beschriebenen Blatt.

Viel Stress – nur für wen?

Ein wichtiges Element, um die Banken auf ihre Solidität zu überprüfen, stellen die sogenannten *Stresstests* dar, denen sie vonseiten der Bankenaufsicht unterzogen werden. Diesen Stresstests werden bestimmte Krisenszenarien mit vorab definierten Parametern zugrunde gelegt und dann wird geprüft, wie die Banken darauf reagieren würden. Es geht also darum, ihre Krisenfestigkeit festzustellen. Die Stresstests sind allerdings in Verruf geraten, als ein von der Weltbank (IWF) entwickelter und 2007 durchgeführter Stresstest im unmittelbaren Vorfeld der Finanzkrise genau jene Produkte als unbedenklich einstufte, die dann als Hauptverursacher der Krise ausgemacht wurden. Auch Lehman Brothers absolvierte diesen Stresstest noch ohne Probleme …

Im März 2010, die Griechenlandkrise war auf einem ersten Höhepunkt angelangt, unterzog die EU erstmals europäische Banken einem Stresstest. Von den 91 getesteten Instituten bestanden damals nur sieben den Test nicht, eine Bank aus Deutschland war, mit Ausnahme der damals noch voll im Umstrukturierungsprozess befindlichen Hypo Real Estate HRE, nicht darunter.

Insgesamt machten die Tests bisher allerdings allen Stress, nur nicht den untersuchten Banken – zumindest in Deutschland. Die hiesigen Banken blieben ganz cool, der Stress folgte für die Überwacher auf dem Fuß in Form von ziemlich spöttischen Kommentaren in den Medien. Denn egal wie sie agiert haben, durchfallen konnte keine Bank. Was einige Pädagogen für das deutsche Schulsystem fordern, nämlich das Sitzenbleiben abzuschaffen, galt hier von Anfang an. Jetzt soll der Stresstest aber angezogen werden und wirklich nur noch den Banken Stress machen. So müssen nun die 128 wichtigsten europäischen Banken – sie sind jeweils in ihren Ländern systemrelevant – nachweisen, dass sie auch nach einer dreijährigen Rezessionsphase noch über ausreichend Eigenkapital verfügen und nicht mit den Milliarden der Steuerzahler gerettet werden müssen. Dazu haben die Stresstester bei den unregelmäßig durchgeführten Tests ein Horrorszenario entwickelt, das einen Rückgang des Bruttosozialprodukts, ein Absinken der Immobilienpreise, Währungsschocks und Zinserhöhungen vorsieht. Trotzdem darf unter einem solchen Szenario die Kernkapitalquote – das sind die eigenen Aktien und die zurückgehaltenen – nicht unter 5,5 Prozentpunkte sinken. Das ist nicht viel und produzierende Unternehmen müssen sehr viel mehr Eigenkapital vorhalten. Banken sind in dieser Hinsicht aber traditionell sehr sparsam – warum, weshalb, wieso gibt's in Kapitel 15.

Die Regelwächter

Wer erlässt und überwacht eigentlich die Regeln, die für die Kapitalmärkte dieser Welt gültig sind? Wie weit reichen die Kompetenzen? Wir versuchen hier einmal Licht ins Dunkel der Zuständigkeiten zu bringen.

Die Bankenoberaufseherin BaFin

Die oberste Aufsicht über die deutschen Banken obliegt, das sagt schon der Name, der *Bundesanstalt für Finanzdienstleistungsaufsicht* oder kurz *BaFin*. Neben den Banken überprüft die BaFin zum Beispiel die Prospekte der Emittenten, die Anleihen herausgeben, auf ihre sachliche Richtigkeit und Vollständigkeit – nicht aber auf ihre Logik, also auf die tatsächlichen Geschäftsaussichten der jeweiligen Unternehmen. Dieser Aspekt hat ihr bereits einiges an Kritik eingebracht. Die BaFin führt außerdem das Beraterregister (Beschwerderegister) und überprüft, ob die Banken die Beratungsprotokolle ordnungsgemäß führen. Die BaFin führt im Falle eines Falles Gespräche mit Beratern, über die Beschwerden eingegangen sind, und kann Geldbußen verhängen oder sogar ein zweijähriges Berufsverbot aussprechen – die Analogie zur Flensburger Verkehrssünderkartei ist also nicht von der Hand zu weisen.

In Summe wird der BaFin oftmals vorgeworfen, sie sei ein eher zahnloser Wächter. Gerade bei den Skandalen des Grauen Marktes, also des unregulierten Kapitalmarkts abseits von Börsen, habe sie mehr als ein Auge zugedrückt oder womöglich gar nicht hingesehen. Sie erinnern sich vielleicht an die Skandale um Prokon, S&K oder die Göttinger Gruppe. Sie kosteten die Anleger Millionen von Euro, aber weder wurden die betreffenden Unternehmen von der BaFin gerügt noch die Anleger gewarnt. Dabei könnte die BaFin »belastende Verwaltungsakte« erlassen – und die machen ihrem Namen alle Ehre. Sie kann nämlich Banken schließen und Vorstände abberufen. Gemacht wurde Letzteres aber noch nie, wenigstens nicht offiziell. Wie viele freiwillige Rücktritte am Ende nicht ganz so freiwillig waren wie verlautbart, steht auf einem anderen Blatt.

Die Bank der Banken: Bundesbank

Die *Deutsche Bundesbank* hat durch die Europäische Zentralbank und die Einführung des Euro viel von ihrer Bedeutung eingebüßt, war sie doch einst die oberste Währungshüterin der starken D-Mark – dennoch ist sie noch immer eine bedeutende Behörde mit über 10.000

Mitarbeitern in 41 Filialen. Sie ist unter anderem für die Bargeldversorgung in Deutschland zuständig, aber auch für den unbaren Zahlungsverkehr. Außerdem ist sie für die Aufsicht aller deutschen Banken – egal ob groß oder klein, Genossenschafts- oder Privatbank – verantwortlich. Insgesamt sind das etwa 2.300 Kreditinstitute, die auf Herz und Nieren, oder genauer auf Solvenz, Liquidität und Risikosteuerungssysteme, geprüft werden.

Da der Bundesbankpräsident Mitglied im Zentralbankrat der EZB ist, wirkt er auch an der Geldpolitik des europäischen Instituts mit. Außerdem setzt die Bundesbank die geldpolitischen Beschlüsse der EZB mit um. Mehr als 50 Prozent des Geldes, das sich die Banken im Euroraum insgesamt bei den Zentralbanken kurzfristig beschaffen – und dafür so gut wie keine Zinsen zahlen – fließt über die Deutsche Bundesbank.

Die Deutsche Bundesbank veröffentlicht eine Menge sehr interessanter volkswirtschaftlicher Zahlen, Berichte und Statistiken zu monetären, finanziellen und außenwirtschaftlichen Themen, auch von der Europäischen Zentralbank. Insofern lohnt ein Besuch der Webseite www.bundesbank.de durchaus zur Beschaffung von Hintergrundinformationen.

Und wer sich nicht nur für das Geldverdienen, sondern auch für die Geschichte des Geldes interessiert: Die Bundesbank betreibt ein eigenes Geldmuseum.

Die Bank des Euro: EZB

Bank und Kontrollbehörde in einem ist die *Europäische Zentralbank*, kurz EZB, mit Sitz in Frankfurt. Der EZB-Präsident ist oberster Aufseher für alle europäischen Banken – keine leichte Aufgabe, denn die Banken sind noch lange nicht über die Finanzkrise hinweg. Die Bankenaufsicht hat die EZB jetzt ganz neu erhalten: Seit dem 4. November 2014 muss sie immerhin 128 in Europa als national systemrelevant anerkannte Banken kontrollieren und einem Stresstest unterziehen – dafür sollten 1.000 Mitarbeiter eingestellt werden, denn bisher gibt es gar keine Aufseher in der Aufsicht.

Hauptaufgabe der EZB ist es aber, sich um den Euro zu kümmern. Preisstabilität und stabile Wechselkurse zu garantieren, das ist die politisch gewollte und volkswirtschaftlich determinierte Aufgabe von Zentralbanken im Allgemeinen. Das war und ist seit der Finanzkrise nicht immer ganz einfach, und die EZB pumpt seitdem sehr viel Geld in die Märkte – was den Aktienengagements und damit den Kursen entgegenkommt. Unter dem Stichwort *Liquidität* ist in Kapitel 6 davon die Rede. Immerhin 17 Länder mit etwa 330 Millionen Menschen vertrauen auf den Euro – und nach wie vor gibt es Länder, die diese Währung unbedingt haben wollen.

Zur Rettung des Euro spannte die Europäische Zentralbank einen ziemlich teuren Rettungsschirm auf mit dem etwas spröden Namen *Europäischer Stabilitätsmechanismus (ESM)*. Wie stabil er tatsächlich ist, muss die Zukunft allerdings erst erweisen.

Die Aufsicht der Aufsicht: European Banking Authority

Die *Europäische Bankenaufsichtsbehörde (EBA)* ist eine unabhängige EU-Behörde, die auch im Bereich der Bankenaufsicht tätig ist. Sie setzt sich für ein effizientes und funktionierendes

Bankensystem ein. Die EBA ist dabei Bestandteil des Europäischen Systems der Finanzaufsicht, kurz ESFS, weitere Säulen dieser Aufsicht und quasi Geschwister der EBA sind die *Europäische Aufsichtsbehörde für das Versicherungswesen und die betriebliche Altersversorgung (EIOPA)* und die *Europäische Aufsicht für Wertpapiere (ESMA)*. Das wäre jetzt allerdings noch viel zu einfach, daher gibt es noch den *Europäischen Ausschuss für Systemrisiken (ESRB)* und den *Gemeinsamen Ausschuss der Europäischen Aufsichtsbehörden*. Man könnte fast meinen, es gibt mehr Aufsichten als Beaufsichtigte. Bedingt ja, Aufgabe dieser europäischen Behörde ist es, den gesamten Binnenmarkt im Auge zu behalten und für eine mögliche Vereinheitlichung der nationalen Regeln zu sorgen. Eine operative Aufsicht im Engeren führt sie nicht durch. Nur weil es so schön ist: Das wichtigste Gremium der EBA ist der »Rat der Aufseher«. Ihr Sitz wurde von London nach Paris verlegt, weil wegen des Brexits alle EU-Behörden aus Großbritannien abgezogen wurden.

Der Hammer aus den USA: SEC

Die Behörde mit den härtesten Bandagen im Bereich des Kapitalmarkts ist zweifelsohne die US-amerikanische *Securities and Exchange Commission*, kurz *SEC*. Von wegen Freiheit und Laissez-faire. Die Behörde mit Sitz in Washington ist ein Kind der Krise, sie wurde 1934 als eine Folge des Börsencrashs von 1929 ins Leben gerufen. Sie überprüft den Handel mit Wertpapieren aller Art und verfügt über legislative, exekutive und judikative Kompetenzen, ist also fast ein kleiner Staat im Staat. Die SEC muss beispielsweise ihr Einverständnis geben, damit sich ein Unternehmen an der New Yorker Börse überhaupt listen lassen kann. Sie gibt sogar detaillierte Formulare dazu heraus, in welcher Form gelistete Unternehmen ihre Jahres- und Quartalsergebnisse kommunizieren müssen. Anders als in Europa haften für alle Angaben im Geschäftsbericht der Vorstandsvorsitzende (CEO) und der Finanzvorstand (CFO) persönlich – sie müssen sogar auf die Bilanz schwören.

Die Macht der SEC bekamen auch schon einige deutsche Firmen zu spüren, wie zum Beispiel Siemens oder die Deutsche Bank, die Ende 2012 immerhin 202 Millionen US-Dollar berappen musste, was – unter anderem – zu einem hohen Verlust im vierten Quartal 2012 führte. Vor allem aber scheuen deutsche Unternehmen die strengen Bilanzierungs- und Haftungsvorschriften in den USA, sodass inzwischen kaum noch deutsche Unternehmen an US-Börsen gelistet sind.

Der große Vorteil der SEC: Sie darf schwarze Schafe auch vor ein Zivilgericht zerren – wohingegen ihr deutsches Pedant, die BaFin, allenfalls Bußgelder verhängen darf. Die SEC kann so millionenschwere Vergleiche durchdrücken. Ein Lied davon singen kann zum Beispiel die US-Bank Goldman Sachs, die 2010 satte 550 Millionen US-Dollar zahlen musste, weil sie ein merkwürdig strukturiertes Finanzprodukt namens Abacus auf den Markt gebracht hatte, wie es quer auch durch die deutschen Zeitungen ging. Die SEC fand das Informationsmaterial aber eher irre- als zielführend – das konnte man zum Beispiel an der deutschen Mittelstandsbank IKB nachvollziehen, die nicht zuletzt deshalb in eine schwierige Schieflage geraten war. Doch auch andere US-Banken büßten für ihr Verhalten im Vorfeld der Finanzkrise: So musste JP Morgan die Rekordsumme von 13 Milliarden US-Dollar hinblättern, wie das *Handelsblatt* im Januar 2014 berichtete.

Im Visier hat die SEC auch den Insiderhandel, hier geht sie derzeit gezielt gegen einige Hedgefonds vor, die diesen für ihre außerordentliche Performance offensichtlich weidlich ausnutzten. Insgesamt verhängte die SEC im Haushaltsjahr 2013 Bußgelder in Höhe von 3,4 Milliarden US-Dollar, wie die Chefin der SEC, Mary Jo White, laut Bericht aus dem *Handelsblatt* vom 17. Dezember 2013 nicht ohne Stolz verkündete.

Nichts ist umsonst – schon gar nicht vom Staat

Der Staat ist immer hungrig nach dem Geld seiner Bürger, das er sich in Form von Steuern holt. Manche Volkswirtschaftler sind sogar der Ansicht, wir würden eher in einem System des Sozialismus leben, und begründen dies mit der hohen Staatsquote, die hierzulande tatsächlich bei etwa 50 Prozent liegt. Das bedeutet, die Hälfte des Bruttosozialprodukts, also unserer gesamten errechneten Wirtschaftsleistung, geht durch die Hände des Staates – Bund, Länder und Gemeinden.

Das *Handelsblatt* hat einmal errechnet, dass eine vierköpfige Familie pro Jahr satte 29.702 Euro Steuern zahlt – von der Einkommensteuer bis zur Luftverkehrssteuer. Die Abgeltungssteuer, welche die Banken gleich vorab vom Depot des Anlegers abziehen, kam dabei mit 411 Euro relativ glimpflich weg; ein weiteres Zeichen dafür, dass wir Deutschen kein Volk von Aktionären sind. Berechnet wurde ganz einfach das jährliche Gesamtsteueraufkommen geteilt durch die Anzahl der Bundesbürger, multipliziert mit vier. Dieses Buch will aber weder Tipps zum Steuersparen noch -vermeiden geben – das ist die Sache von Steuerberatern, der wahrscheinlich einzigen Berufsgruppe neben den Finanzbeamten, die unser hoch kompliziertes Steuersystem erfreut. Wir wollen nur einmal aufzeigen, welchen Anteil am Kuchen sich der Staat in der Regel bei Ihnen abholt.

Seit der Änderung des Steuerrechts 2008 unterliegen alle Einnahmen aus der Aktienanlage, egal ob Dividendenausschüttungen oder Kursgewinne, der gleichen Steuerbelastung und werden direkt von der depotführenden Bank abgezogen. Steuervermeidungsstrategien erübrigen sich seitdem, was wenigstens den Blick freimacht auf die eigentliche Anlagestrategie. Da die Bank direkt an der Quelle sitzt (die für den Staat sprudelt), wird diese Art der Besteuerung auch *Quellensteuer* genannt. Immerhin entfällt damit auch das mühsame Berechnen und Überführen in die Einkommensteuererklärung – außer Sie sind kirchensteuerpflichtig und die Bank hat die Kirchensteuer nicht abgeführt, dann müssen Sie Ihre Erträge in der Einkommensteuererklärung aufführen.

Diese Quellen- oder Abgeltungssteuer beträgt für alle Anleger 25 Prozent – dazu kommen noch der Solidaritätszuschlag und gegebenenfalls die Kirchensteuer. Ohne Kirchensteuer, aber mit Soli beträgt der Satz genau 26,375 Prozent. Die Abgeltungssteuer liegt damit sehr deutlich unterhalb des Spitzensteuersatzes, was vermögende Anleger freut. Sieht man einmal von der Tatsache ab, dass das Geld, das Sie üblicherweise für die Kapitalanlage nutzen, ohnehin aus Ihrem bereits versteuerten Einkommen stammt ... Wer über ein eher geringes Einkommen verfügt und dessen Steuerlast deshalb unterhalb dieses Satzes liegt, hat das Wahlrecht und kann die Gewinne in seiner Steuererklärung angeben. Dann erhält er den niedrigeren Steuersatz. Sehr realistisch ist das aber nicht, denn woher soll dann das Geld zur Aktienanlage kommen?

Außerdem können Anleger Verluste aus Aktienverkäufen mit den Gewinnen aus Aktiengeschäften verrechnen – aber nur mit diesen und nur innerhalb eines Jahres. Sollten nach Abzug der Verluste von den Gewinnen noch Verluste übrig bleiben, können sie diese jedoch nicht von ihrer sonstigen Einkommensteuerlast abziehen. Schade eigentlich ...

Vorsicht ist bei Konten im Ausland geboten, denn ausländische Banken ziehen die Steuer nicht für das deutsche Finanzamt ein und führen sie automatisch ab. Gerade bei Online-Brokern wie LYNX oder FXFlat, die ihren Sitz in Großbritannien haben, ist dies der Fall – oftmals werben diese Institute sogar damit. Immerhin verschafft Ihnen das übers Jahr Liquiditätsvorteile, da Sie ein gutes Viertel Ihrer Gewinne mehr zur Verfügung haben, um sie gleich wieder anzulegen. Nur das Abführen der Steuern sollten Sie nicht vergessen!

Wie fast überall gibt es auch bei der Kapitalanlage einen jährlichen Freibetrag, der derzeit bei 801 Euro liegt, bei Ehepaaren beträgt er das Doppelte. Sie erhalten ihn durch einen *Freistellungsauftrag*, den Sie an Ihre Bank schicken. Da Sie den Freibetrag nicht von einem in das andere Jahr retten können, können Sie eventuell auch Positionen zum Jahresende abbauen, sollten Sie ihn nicht ganz abschöpfen. Selbstverständlich können Sie den Freistellungsauftrag aber auf unterschiedliche Konten verteilen.

Sollten Sie vergessen haben, Ihrer Bank einen Freistellungsauftrag zu erteilen, ist das kein Beinbruch. Sie haben dann aber etwas mehr Arbeit, denn Sie müssen Ihre Kapitalerträge in diesem Fall in Ihrer Steuererklärung angeben und erhalten das Geld dann zurück.

Reisekosten zu Hauptversammlungen, Übernachtungs- und Bewirtungsbelege können übrigens nicht mehr als Werbungskosten abgesetzt werden. Zurzeit wenigstens, das kann sich aber ändern, deshalb ist es vielleicht nicht ganz schlecht, die Belege vorsichtshalber aufzuheben. Man weiß ja nie.

Haben Sie noch Altbestände, also Aktien, die Sie vor 2008 erworben haben? Dann belassen Sie diese möglichst in einem eigenen Depot und legen sich ein neues für Aktien mit späterem Kaufdatum an. Auf diese Weise kommt es nicht zu Verwechslungen oder versehentlichen Verkäufen des Altbestands – denn bei diesem sind die Spekulationsgewinne noch steuerfrei!

IN DIESEM KAPITEL

Mirakel Anleger

Gut tun und gut anlegen

Ohne Ziel kein Erfolg

Heimatliebe und Branchenfaible

Kapitel 5
Wer ist reif für Aktien?

Wer ist reif für Aktien? Das klingt so, als müssten Sie erst ein Reifezeugnis erwerben, um mit Aktien handeln zu können. Das ist natürlich Unsinn und so veraltet wie das Wort Reifezeugnis. Dennoch: Die Kapitalanlage in Aktien setzt eine Reihe von Entscheidungen voraus, über die man sich im Vorfeld Gedanken machen sollte. Aktien sind Teile von Unternehmen und Teile des unbeherrschbaren Treibens, das sich Kapitalmarkt nennt. Selbst wenn Sie Ihre Entscheidungen völlig rational treffen könnten – was Sie nicht können –, wird Ihre Anlage von der Psychologie des Geldes, von den Prozessen, Interessen, Gefühlen der anderen Anleger beeinflusst.

Oftmals reicht es aus, sich bewusst zu machen, welche Gefahren hier lauern, um sie zu vermeiden. Manchmal ist das nicht genug. In diesem Fall bezahlt man – im wahrsten Sinne des Wortes – Lehrgeld. Es geht darum, auch Verluste zu akzeptieren, denn sonst bleiben Ihnen nur das Sparbuch und das Gefühl der Sicherheit, obwohl dort Ihr Geld langsam, aber sicher zerrinnt.

Die Psychologie des Geldes – eine Einführung

Wir Deutschen haben, wenn wir das hier einmal so verallgemeinernd sagen dürfen, kein oder zumindest ein gespaltenes Verhältnis zu Geld. Wir sprechen ungern darüber. Noch weniger gerne befassen wir uns damit. Wir gehen lieber zum Zahnarzt als zum Kundenberater der Bank! Mit der Folge, dass wir alle ziemlich wenig Ahnung haben. Das geht aber nicht nur den Deutschen so, wie ein Test der OECD, der Organisation für europäische wirtschaftliche Zusammenarbeit, illustriert.

Die OECD führte eine Art Mini-Pisa-Test für Erwachsene durch. 1.000 Bürgern unterschiedlicher Länder stellte sie zum Beispiel folgende Aufgabe: Wie viel Zinsen bekommen Sie nach einem Jahr für 100 Euro, wenn der Zinssatz 2 Prozent beträgt? Haben Sie richtig gerechnet? Das Ergebnis lautet: 2 Euro. Eigentlich ziemlich simpel. Dennoch haben sich 36 Prozent verrechnet – mehr als ein Drittel der Befragten! Na, hoffentlich wenigstens zu ihren Gunsten ...

Warum solches Wissen nützlich ist, liegt auf der Hand: Wie sollten Sie sonst einschätzen können, ob Ihr Geld auf dem Sparbuch gut aufgehoben ist? Oder den Zinssatz, den Sie bei der Bank erhalten, mit der Inflationsrate ins Verhältnis setzen? Oder darüber nachdenken, dass die gemeldete Inflationsrate und die tatsächliche Geldentwertung zwei Paar Stiefel sind?

Das allgemeine Unwissen in puncto Geld dokumentiert sich denn auch prompt im Anlageverhalten der Deutschen. Das Geldvermögen der deutschen Haushalte in Höhe von über 5,7 Billionen Euro verteilt sich laut dem Deutschen Institut für Altersvorsorge auf die in Abbildung 5.1 gezeigten Anlageformen.

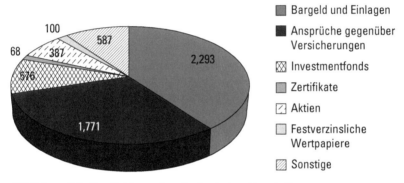

Abbildung 5.1: Das Geldvermögen in deutschen Haushalten
(Quelle: Deutsches Institut für Altersvorsorge, 2016)

Die Aktie ist kein Risikopapier, sie ist ein Chancenpapier. Aber wir Deutschen sehen das Glas lieber »halb leer« als »halb voll«. Wir schätzen die Risiken möglicher Kursverluste als sehr viel größer und gefährlicher ein als die langfristig nachweisbare positive Entwicklung eines Aktiendepots.

Es gibt das berühmte Renditedreieck des Deutschen Aktieninstituts, das Sie sich auf der Webseite des DAI problemlos herunterladen können. Am besten, Sie drucken es in Farbe und möglichst in DIN A3 aus. Man braucht eine Weile, bis man verstanden hat, worum es dabei geht. Und man braucht scharfe Augen. Dann sehen Sie auf einen Blick, wie viele Jahre grün sind und damit eine positive Rendite aufweisen, und wie wenige rot. Das Renditedreieck gibt Auskunft über 50 Jahre Anlage in Dax-Werte. Da es den Dax noch gar keine 50 Jahre gibt, wurde er zurückgerechnet, um auf einen so langen Anlagehorizont zu kommen. Über 50 Jahre Ärger, weil man eben nicht in Aktien angelegt hat! Wer zum Beispiel Ende 1995 Aktien gekauft und bis Ende 2010 gehalten hat, erreichte eine durchschnittliche jährliche Rendite von immerhin 7,8 Prozent. Natürlich ist das im wahrsten Sinne ein Durchschnittswert, denn Sie werden kaum alle 30 Dax-Aktien im Portfolio haben – es ist aber eher unwahrscheinlich, dass Sie ausgerechnet zielgenau immer auf den jeweiligen Loser gesetzt hätten.

Wobei der Blick ausschließlich auf Dax-Aktien durchaus seine Berechtigung hat. Denn obwohl es weltweit rund 5.000 Aktien gibt, beschränkt sich das normale Anlageuniversum eines Privatanlegers auf insgesamt 30 Titel – und unter den zehn beliebtesten Titeln befinden sich ausschließlich Dax-Aktien, fand der Anleger-Verhaltensforscher Andreas Beck heraus.

Gier macht blind

Chancen sehen wir eher bei merkwürdigen und auf den ersten Blick kaum durchschaubaren Finanzprodukten, bei denen wir an unglaubliche Hebelwirkungen glauben (wollen) und unser Geld ganz schnell verzocken. Unsere Augen leuchten vor Gier – doch Gier macht blind. So steckten viele Anleger ihr Geld in typische Steuersparmodelle wie Filmdeals und Hollywood freut sich über so viel *Stupid German Money*. Der deutsche Anleger im Allgemeinen gibt ein zwiespältiges Bild ab: Auf der einen Seite ist er extrem sicherheitsorientiert und legt sein Geld am liebsten aufs Sparbuch oder in Festgeld an – auf der anderen Seite liebt er hochspekulative Anlageprodukte mit Hebelwirkung, Zertifikate zum Beispiel, oder auch Wetten aller Art, insbesondere Fußball- und andere Sportwetten.

Die »dummen Deutschen« und ihr Geld

Der Begriff »Stupid German Money« wurde von den Filmschaffenden in Los Angeles erfunden – kreativ sind sie ja, nicht nur in der Geldbeschaffung. In den 1990er-Jahren ging so viel deutsches Geld – schätzungsweise 10 Milliarden Euro – über den Grauen Kapitalmarkt in Medienfonds, die wiederum in Filme investiert wurden. Der Löwenanteil floss dabei aber nicht in deutsche Filme, für die das Steuersparmodell – die Anleger konnten ihre Einzahlungen in den Filmfonds jahrelang als Verluste vor der Steuer geltend machen, da lange Zeit keine Gewinne zurückflossen – ursprünglich einmal entwickelt worden war, sondern direkt in die USA, genauer: nach Hollywood. Mit den Einspielgewinnen sollten die Fonds dann ihre Rendite erwirtschaften. Doch das birgt ein hohes Risiko, denn nicht jeder Film, in den viel Geld investiert wurde, wird automatisch zum Kassenschlager. Schon gar nicht, wenn das Geld aus anonymen Quellen von Stupid Germans fließt. Diese hatten auch weniger ein Interesse daran, tolle und faszinierende Filme entstehen zu lassen, um die Welt nicht nur reicher, sondern auch interessanter zu machen. Sie wollten vor allen Dingen Steuern sparen.

Steuerersparnis als Anlagemotiv Nummer 1 ist fast immer ein Schuss in den Ofen. Meist sparen Sie sich vor allem deshalb viele Steuern in der Zukunft, weil Ihr Vermögen schlichtweg futsch ist. So ähnlich erging es auch vielen Deutschen mit ihren ach so »lukrativen« Medienfonds. Steuern sparen und gigantische Renditen erzielen ist ein schwieriges Unterfangen. 2005 wurde das Steuersparmodell vom Gesetzgeber ausgetrocknet. Danach verloren viele ihr Interesse an diesen Medienfonds – und versenkten ihre Gelder in anderen merkwürdigen Dingen.

In Film- und Medienfonds investieren nun vor allem Film- und Medienfreunde – und das scheint sich inzwischen wieder zu rechnen, für beide Seiten. Dafür hat sich der Begriff des Stupid German Money ein wenig verselbstständigt und verallgemeinert: Er bezieht sich jetzt auf alle oftmals leicht naiven deutschen Investments in den USA.

Unternehmen hingegen finanzieren mit der Ausgabe von Aktien Innovationen, Expansion, die Zukunft ihrer Beschäftigten und die Zukunft ihres Landes. Es gibt eine enge Korrelation zwischen der Anzahl von Aktiengesellschaften und der Prosperität eines Landes. In Deutschland gilt der Aktionär als böser Spekulant, ja als eine Art Schmarotzer, der die Beschäftigten bis aufs Blut ausquetscht, weil er angeblich nur an kurzfristigen Gewinnen interessiert ist, die zu schnellen Kurssteigerungen führen. Auch Vater Staat sieht den Aktionär als reinen Spekulanten und behandelt ihn – zumindest steuerlich – genauso. Ob Sie eine Aktie zehn Sekunden oder zehn Jahre behalten, hat steuerlich keine Auswirkungen mehr. Der Sinn des Wortes »spekulieren« ist uns abhandengekommen, bedeutet es doch schlicht und einfach, heute Entscheidungen über Dinge zu treffen, die erst in der Zukunft eintreten. Im Prinzip macht auch ein wirklicher Unternehmer nichts anderes. Auch deshalb sind Aktionäre »echte« Unternehmer!

Das Denken, Fühlen und Handeln – oder besser Nicht-Handeln – der deutschen Anleger lässt sich über den Zeitverlauf am besten mit der vom Deutschen Aktieninstitut regelmäßig gemeldeten Zahl der Aktionäre definieren. Nach dem Börsengang der »Volksaktie« der Deutschen Telekom und immer weiter befeuert durch viele Börsengänge von Unternehmen, die irgendwie mit diesem neuen und ganz unvorstellbaren Internet zu tun hatten, kletterte die Anzahl der Aktionäre in Deutschland im Jahr 2000 auf sensationelle 6,2 Millionen »direkte Aktionäre«, also jenseits derer, die nur über Fonds Aktien halten. Doch dann platzte die Dotcom-Blase und die Anzahl der Aktionäre reduzierte sich deutlich. Nachdem es wieder langsam bergauf ging, erfolgte 2008 der nächste herbe Rückschlag infolge der Finanzkrise auf nur noch 3,6 Millionen Aktionäre. Seitdem stieg das Aktionärsbarometer wieder auf – per Ende 2016 – immerhin 4,3 Millionen. Damit sind nicht einmal 8 Prozent der Bundesbürger direkt in Aktien engagiert. Zum Vergleich: In den USA investieren mehr als die Hälfte, nämlich 56 Prozent aller Bürger in Aktien, in Japan 28 Prozent und in Großbritannien 23 Prozent. Immerhin, 2016 stieg die Zahl der in Fonds investierten Anlagen auf 6,3 Millionen.

Gleichzeitig spekulieren deutsche Anleger aber mit Milliardenbeträgen in komplizierteste, sogenannte strukturierte Finanzprodukte, Derivate und Zertifikate. Sie wetten darauf, dass der Dax steigt oder sinkt, dass Aktie X um 3 Prozent in vier Wochen zulegt et cetera. Insgesamt bewegt sich das ausstehende monatliche Volumen von Derivaten bei etwa 100 Milliarden Euro, so der Deutsche Derivate Verband. Wenn wir schon beim Wetten sind: In richtige Sportwetten stecken deutsche Zocker pro Jahr mehr als 3 Milliarden Euro, so die Recherche des *Handelsblatts* aufgrund der Steuerzahlungen der Sportwettenbetreiber – dieser Geschäftszweig verfügt tatsächlich noch über keinen Verband, welch Seltenheit in Deutschland.

Die deutschen Anleger scheinen also seltsame Mischwesen zwischen wettsüchtigen Zockern und risikoscheuen Sparbuchfans zu sein. Aber wo bleiben eigentlich die verantwortungsvollen, vorausschauenden Anleger als Investoren der (besseren) Zukunft?

Seltene Philanthropen

Seit einigen Jahren wächst eine Gruppe von Anlegern, die nicht nur eine ordentliche Rendite erzielen, sondern dies auch mit einem guten Gewissen vereinbaren wollen. Das ist durchaus legitim, denn wer darauf achtet, dass seine Lebensmittel nur biologisch erzeugt werden und von glücklichen Tieren stammen, will aller Wahrscheinlichkeit nach auch sein Geld nicht in Unternehmen investieren, die Rüstungsprodukte herstellen, Kinder für sich arbeiten lassen oder Menschen in ramponierte Fabrikgebäude zwängen. Katastrophen wie die Jahrhundert-Ölpest im Golf von Mexiko, das Reaktorunglück in Fukushima oder brennende Textilfabriken in Pakistan oder Italien tun ihren Teil daran, viele Bürger dementsprechend zu sensibilisieren.

Bei wohl keiner anderen Form der Geldanlage wissen Sie so genau, wo Ihr Geld hinfließt wie beim Kauf von Aktien. Denn Sie können selbst auswählen, in welches Unternehmen mit welchen sozialen, ökologischen und gesellschaftlichen Ansprüchen Sie investieren – die Unternehmen kommunizieren dies längst in eigenen sogenannten Corporate-Responsibility-Reports, Nachhaltigkeitsberichten oder Corporate-Governance-Grundsätzen.

Sie wissen jedoch nicht, in welche Kanäle Ihre Bank Ihr Geld leitet, das Sie ihr per Sparbuch oder Festgeldkonto leihweise überlassen haben und mit dem Ihre Bank arbeitet. Eine Definition, was nachhaltiges Wirtschaften *nicht* ist, lieferte der von der Bundesregierung im Jahr 2001 einberufene »Rat für nachhaltige Entwicklung«:

> *Eine Wirtschaftsweise und eine Konsumkultur, die natürliche Ressourcen vernutzt und sie nach Gebrauch nicht in den Naturkreislauf zurückgibt, sind ebenso wenig zukunftsfähig wie ungerechte Arbeitsbedingungen und unfairer Warenaustausch im Handel.*

Das etwas diffuse Themenfeld der Nachhaltigkeit lässt sich in drei große Bereiche untergliedern, die nicht immer genauso bezeichnet, aber ganz überwiegend so gemeint sind:

✔ **Governance & Ökonomie:** Hier werden Aspekte der Unternehmensführung und des verantwortlichen Wirtschaftens insgesamt berücksichtigt.

✔ **Soziales & Gesellschaft** spiegelt die Verantwortung gegenüber der Gesellschaft, aber auch den eigenen Mitarbeitern gegenüber wider.

✔ **Umwelt & Klimaschutz** behandelt umwelt- und ressourcenschonendes Agieren.

 Der Begriff *Nachhaltigkeit* geht ursprünglich auf die Forstwirtschaft zurück. Der langsame Wachstumsprozess von Bäumen führt bei Raubbau schnell dazu, dass ganze Landstriche entwaldet werden und verkarsten. Noch heute leiden das südliche Spanien, der Libanon und Teile Nordafrikas am Holzhunger der Phönizier, Griechen und Römer für ihre Schiffe. Im Jahr 1713 schrieb Carl von Carlowitz sein Werk *Sylvicultura oeconomica oder haußwirthliche Nachricht und Naturmäßige Anweisung zur wilden Baum-Zucht.* Zugegeben, nicht unbedingt der Reißertitel, aber eben besonders nachhaltig wirkend bis heute.

Das Volumen nachhaltiger Geldanlagen in Europa wächst zwar Jahr für Jahr, der Anteil liegt aber nach wie vor bei nur etwa einem Prozent der gesamten Vermögensanlagen. In der DACH-Region, also Deutschland, Schweiz und Österreich, lagen die Volumina an nachhaltigen Kapitalanlagen im Jahr 2016 bei 420 Milliarden Euro, so das »Forum Nachhaltige Geldanlagen« in seinem Jahresbericht. Interessant sind hier aber vor allem die Wachstumsraten, die sich im zweistelligen Bereich bewegen.

Risikolos sind solche Investitionen jedoch keinesfalls und so manch ein eher graues als grünes Unternehmen lockt Anleger mit Versprechungen in Sachen Ökologie. Zudem hatten gerade die grünen Branchen in den vergangenen Jahren extreme Probleme, weil dieser Sektor in direkter Abhängigkeit vom politischen Goodwill agiert. Wenn Fördertöpfe willkürlich geschlossen werden und Subventionsströme versiegen und nicht rasch genug mit Innovationen gegengesteuert werden kann, wird es schwieriger, sich im internationalen Wettbewerb zu behaupten.

Viele Anleger, die mit Begeisterung in grüne Energien, in Windkraft, Solar- oder Biostrom investiert haben, fielen schmerzhaft auf die Nase. Es gibt kaum einen Bereich, in dem es in den vergangenen Jahren so viele Insolvenzen zu verzeichnen gab wie hier – mit allen negativen Folgen für die Aktionäre: Q-Cells, Solarhybrid, Photon, Windreich, S.A.G. Solarstrom, Aleo Solar, Centrosolar, Prokon, Solar Millennium, Conergy, Solarworld … die Liste der gestrauchelten oder strauchelnden Unternehmen ist lang und wird immer länger.

Auf den Index – aber das Positive

Nun können Sie sich selbstverständlich tagelang in Nachhaltigkeitsberichte versenken und nach interessanten Investments suchen. Sie können aber auch auf die Expertise ausgewiesener Fachleute vertrauen. Diese haben solche Unternehmen in verschiedene Schubladen oder Indizes gesteckt, in erster Linie natürlich um zu überprüfen, ob diese Unternehmen besser oder schlechter performen als andere. Einige dieser Indizes stellen wir in Kapitel 8 dezidiert vor. An dieser Stelle reicht es, wenn Sie wissen, dass es zwei generelle Arten, oder besser, Auswahlprinzipien von Nachhaltigkeitsindizes gibt: das Best-in-Class-Verfahren und das Ausschlussverfahren.

Beim *Best-in-Class-Verfahren* werden jeweils die besten eines bestimmten Töpfchens ausgewählt, die anderen fallen durchs Raster. Beim *Ausschlussverfahren* werden zum Beispiel alle Unternehmen gestrichen, die in irgendeiner Weise Rüstungsgüter, Tabak oder Alkohol produzieren. Das klingt einfacher, als es ist, denn was ist mit einer Zahnradfabrik, deren Zahnräder irgendwann in einem Panzer enden, oder einem Computerchip-Hersteller, dessen Chips am Ende Bestandteil einer Drohne sind? Meist werden auch alle Unternehmen rund um Atomkraft – Erbauer und Betreiber – ausgeschlossen. In unserem Nachbarland Frankreich wären gerade sie hingegen wichtiger Bestandteil von Nachhaltigkeitsindizes, weil sie in Atomkraft investieren, schließlich ist dies eine CO_2-arme Art der Energiegewinnung.

Die zehn wichtigsten Ausschlusskriterien nach der Reihenfolge ihrer Bedeutung in Deutschland sind nach Angaben des Forums Nachhaltige Geldanlagen:

1. Waffen (Handel und Produktion)

2. Tabak

3. Glücksspiel

4. Pornografie

5. Kernkraft

6. Tierversuche

7. Alkohol

8. Kinderarbeit

9. Totalitäre Regime

10. Produktion von Biokraftstoffen aus Lebensmitteln

Inzwischen haben sich auch viele Banken und Finanzinstitute auf diesen Bereich spezialisiert, ausschließlich behandeln ihn nur wenige, die ganz überwiegend extra gegründet wurden. Reine Nachhaltigkeitsbanken sind zum Beispiel:

✔ Ethik Bank

✔ GLS Bank

✔ Umweltbank

✔ Bank Vontobel (Schweiz)

✔ Triodos (Niederlande)

Wie in allen Bereichen gibt es jede Menge Verbände, Vereinigungen und Institute, die deutschland-, europa- und weltweit Informationen sammeln und aufbereiten – hier ein Überblick über die wichtigsten Informationsquellen:

✔ Forum Nachhaltige Geldanlagen FNG

✔ CRIC – Verein zur Förderung von Ethik und Nachhaltigkeit in der Geldanlage

✔ Bildungsinitiative Geld mit Sinn e.V.

✔ Ökofinanz-21 e.V. – Netzwerk für nachhaltige Vermögensberatung

✔ Institute for Advanced Sustainability Studies in Potsdam

✔ European Sustainable and Responsible Investment Forum – Eurosif

✔ The Club of Rome

✔ World Resources Institute, Washington

Das Interesse für nachhaltige Investments steigt, in Deutschland legen laut dem Forum Nachhaltige Geldanlage 77 Prozent der institutionellen Investoren ihr Kapital zumindest teilweise in diesem Bereich an. Stiftungen oder Kirchen etwa sind laut Statut oder Anspruch ohnehin angehalten, sich an den Kriterien nachhaltiger Anlage zu orientieren.

An die Zukunft denken

Ein wichtiger – und von immer mehr Menschen auch als wichtig wahrgenommener – Bereich ist die private Altersvorsorge. In jungen Jahren hört sich das extrem langweilig an.

Tatsache ist aber, dass wir es im Normalfall weder mit den staatlichen Rentenbezügen noch allein mit Lebensversicherungen oder einem Sparbuch mit Minimalzinsen schaffen, die Rentenlücke einigermaßen zu stopfen. Wer nicht vom Staat oder seinen Kindern abhängig sein will oder sehr große Einschränkungen des gewohnten Lebensstandards im Alter hinzunehmen bereit ist, muss in Anlageformen investieren, die zumindest langfristig ein Mindestmaß an Rendite erbringen.

Wissen Sie, welchen Teil Ihres letzten Bruttoeinkommens Sie benötigen, um als Rentner Ihren Lebensstandard halten zu können? Satte 60 Prozent! Haben Sie das einmal mit Ihrem Rentenbescheid verglichen? Richtig, da kommen Sie bestenfalls auf 40 Prozent. Die Mehrheit der Deutschen scheint sich bereits in dieses Schicksal ergeben zu haben, gehen doch mehr als zwei Drittel davon aus, dass sie ihre Ansprüche im Alter herunterschrauben müssen, ermittelte die Bertelsmann Stiftung in einer umfangreichen Studie, die sie im Februar 2013 veröffentlichte. Aber mal ehrlich: Wer will das schon? Hinsichtlich der langfristigen Altersvorsorge könnte beispielsweise mit einem Aktiensparplan viel gewonnen werden, sodass zusätzlich zur Rente Geld im Alter fließt. Näheres dazu erfahren Sie in Kapitel 11.

Eine Frage des Typs – Wer bin ich?

Eine Frage, die nicht nur Ihre Freundin, Ihren Freund, Ihre Gattin oder Ihren Ehemann und letztes Endes vor allem Sie selbst quält, ist die nach der eigenen Persönlichkeit. Wer sind Sie? Wie stehen Sie zu Themen wie Risiko und Sicherheit, Geld und Macht, Sein und Haben? Wir alle empfinden uns als Individualisten in Reinkultur und Typisierungen schätzen wir gar nicht – außer sie sind schick und von Marketingstrategen erfunden. Oder besser gefunden, denn die Typen gab es schon vorher, jetzt werden sie mit verstärktem Interesse an bestimmten Produkten verknüpft.

Bei der Kapitalanlage haben sich drei Grundtypen durchgesetzt, in die die Anleger einsortiert werden. Die beiden extremen Pole dieser Anlegertypen bilden dabei Sicherheit und Risiko.

✔ der sicherheitsbewusste, risikoscheue und konservative Anleger

✔ der neutrale, rational agierende, auf Chancen lauernde Anleger

✔ der risikobewusste, manchmal hasardeurhafte, spekulative Anleger

Eine ganz andere Differenzierung unternahm eine Studie im Auftrag des Deutschen Derivate Verbands aus dem Jahr 2012, die die Anleger danach unterteilte, wie viel Hilfe sie bei der Geldanlage in Anspruch nehmen (in Klammern gleich die Prozentzahl dazu):

✔ reine Beratungskunden (4,0 Prozent)

✔ überwiegende Beratungskunden (12,3 Prozent)

✔ gelegentliche Beratungskunden (24,9 Prozent)

✔ Selbstentscheider (58,8 Prozent)

Inwieweit das den Tatsachen entspricht, steht auf einem anderen Blatt – das Thema Selbstüberschätzung wird in diesem Kapitel noch unter dem Punkt »Psychofallen« behandelt. Befragt wurden hier allerdings ausschließlich Wertpapierbesitzer, also alle, die bereits über ein Depot verfügten, samt Inhalt. Wichtig: Selbstentscheider, so die Untersuchung, sehen eher die Chancen einer Geldanlage und – man darf es ruhig einmal sagen – den Spaß daran! Des Weiteren teilten die Studienherausgeber – die Steinbeis-Hochschule Berlin und das Research Center for Financial Services – die Wertpapierbesitzer nicht nach ihrer Risikoneigung beziehungsweise Risikoaversion ein, sondern nach der Intensität ihres Handelns:

✔ Smart Investor

✔ Active Investor

✔ Easy Trader

✔ Heavy Trader

Man könnte mit interessanten Anlegertypen, in denen Sie sich mehr oder weniger wiedererkennen, Seite um Seite füllen. Eines wird aber schon jetzt deutlich: Es gibt diese Typen niemals in Reinkultur. Vielmehr existiert eine ganze Reihe von Abhängigkeiten: Verfügen Sie über genügend Kapital, um Teile davon sozusagen als »Spielgeld« einzusetzen, werden Sie wesentlich risikogeneigter sein, als wenn Sie für Ihre Altersvorsorge oder das Studium Ihrer Kinder sparen möchten. Sicherlich gibt es Menschen, die eher das Leben auf der Überholspur vorziehen, und solche, die es ruhiger und gelassener angehen und lieber sicher als schnell ans Ziel kommen.

Eine gute Annäherung an Ihre eigene Situation gelingt Ihnen über die drei anfangs holzschnittartig vorgestellten Anlegertypen, also den »Konservativen«, den »Rationalen« und den »Spekulativen«, die als Basis für sehr viele Anlagestrategien vonseiten der Profis dienen. Wenn Sie unsicher sind über Ihr Verhältnis zur Kapitalanlage, zu Risiko und Sicherheit, stellen Sie sich vor der Geldanlage ein paar Fragen. Sie müssen mit den Ergebnissen nicht hausieren gehen, das heißt, Sie können wirklich ehrlich sein zu sich selbst – auch wenn gerade das nicht einfach ist. Für Ihre künftige Anlagestrategie – siehe Kapitel 9 – ist es aber wesentlich, dass Sie sich richtig einschätzen können. Hier ein paar Fragen zur Probe:

✔ Wenn Sie bei »Mensch ärgere Dich nicht« verlieren, ärgern Sie sich dann so richtig?

✔ Fahren Sie mit dem Fahrrad ausschließlich auf dem richtigen Radweg, mit Helm, Leuchtstreifen, die Brust und Rücken überkreuzen, und einer Flutlichtanlage an Helm und Rad?

✔ Übersteigt die Anzahl Ihrer Versicherungspolicen die Anzahl Ihrer Lebensjahre?

Wenn Sie diese Fragen eher bejahen würden, tendieren Sie zum Konservativen – was hier aber ganz und gar nicht politisch gemeint ist!

✔ Wenn jemand im Theater laut »Feuer« ruft, bleiben Sie dann erst einmal sitzen, weil Sie schließlich für die ganze Vorstellung bezahlt haben?

✔ Sie nutzen zwar eine Tank-App mit den billigsten Spritpreisen, rechnen aber trotzdem nach, ob der Umweg in Kilometern die geringeren Benzinpreise wirklich rechtfertigt?

✔ Sie rechnen beim Einkaufen permanent mit und wissen an der Kasse bereits vor dem Kassierer ziemlich genau, was Sie Ihr voller Einkaufswagen kostet?

Wer hier aus vollem Herzen Ja sagt, zählt wohl zu den Rationalen.

✔ Der schnellste Weg zur Arbeit führt nun mal gegen die Einbahnstraße – und den nehmen Sie!

✔ Ein Parkknöllchen kostet nicht wesentlich mehr, als wenn Sie für den ganzen Tag bezahlen würden – und es könnte ja sein, dass gar kein Parkwächter vorbeischaut. Also lassen Sie das mit dem Parkschein bleiben.

✔ Geld macht Sie nicht nervös, vielmehr beruhigt es Sie, denn Sie haben genug.

Wenn Sie dem zustimmen, sind Sie – Sie ahnen es schon – eher ein Spekulant.

 Es gibt nicht den einen, durchgängigen Anlegertyp. Auch wenn Ihr Anlageberater gerne auf einen solchen Typ zurückgreift, um Ihnen dann ein »individuell zurechtgeschnürtes« Paket zu verkaufen. Deshalb sollten Sie vor Ihrer Anlageentscheidung unbedingt ein Ziel formulieren und einen Zeithorizont definieren, in dem Sie das Ziel erreichen wollen.

Spannender ist die Frage, welche Aktien welcher Anlegertyp kaufen und in sein Depot legen sollte. Höchstwahrscheinlich würde der Anlageberater beim Anlegertyp 1 vollständig von Aktien abraten und bei Anlegertyp 3 eher riskantere Produkte wählen. Wohlgemerkt: Riskant für den Anleger, nicht für die Bank! Doch auch bei Aktien gibt es ganz unterschiedliche Risikoeinschätzungen, insofern hier ein paar Tipps, die in die jeweilige Richtung weisen sollen, ohne Ihnen vorzuschreiben oder ans Herz zu legen, in welche Aktie Sie unbedingt morgen – oder übermorgen – investieren sollen.

Der Vorsichtige (Anlegertyp 1)

Da Ihnen Verluste eigentlich ein Gräuel sind, sollten Sie tatsächlich einen größeren Teil Ihres Vermögens nicht in Aktien anlegen – auch wenn ein solcher Rat in einem Buch über Aktien vielleicht ein wenig befremdlich erscheint. Aber auch Sonnenallergiker suchen Rat in einem Reiseführer über die Riviera. Und jetzt kommt das Paradoxe: Gerade weil Sie auf Sicherheit bedacht sind, brauchen Sie Aktien, um eine entsprechende Rendite zu erzielen! Denn wenn Sie ausschließlich auf festverzinsliche, bombensichere Papiere setzen, ist Ihnen nur eines sicher: Sie verlieren Geld aufgrund der niedrigen Zinsen und der viel höheren als offiziell ausgewiesenen Inflationsrate.

Bei Ihnen sollten es vor allem Standard- oder Blue-Chip-Werte sein. Setzen Sie außerdem auf Branchen, die quasi narrensicher, also relativ konjunkturresistent sind. Hier spricht man auch von *defensiven Aktien*. Da wäre zum Beispiel die Nahrungsmittelindustrie zu nennen, in der es viele, auch weltweit agierende Unternehmen gibt. »Gegessen wird immer«, lautet der Hintergedanke dabei – und tatsächlich geben sich einige dieser Konzerne relativ unbeeindruckt vom konjunkturellen Umfeld. Im Prinzip gilt (oder galt) das auch für Versorger, brauchen wir doch immer Energie und selbst in der Rezession benötigen Unternehmen und Privathaushalte Energie, Licht und Wärme. Allerdings unterliegen die großen Energiekonzerne sehr vielen politischen Bedingungen, um nicht zu sagen Launen, was sie ein Stück weit unberechenbar macht. So macht ihnen derzeit die »Energiewende« schwer zu schaffen. In Anbetracht der demografischen Entwicklung der westlichen Staaten empfehlen sich auch alle Branchen, die mit Gesundheit – neudeutsch: Healthcare – im weitesten Sinne zu tun haben. Auch Titel mit einer langen Dividendentradition spielen für Sie eine wichtige Rolle, erhalten Sie so doch zusätzlich fast schon fixe Einnahmen. Letzten Endes sind wahrscheinlich Aktienfonds für Sie eine interessantere Alternative als das Investment in Einzeltitel, weil sie bereits eine wesentlich breitere Streuung aufweisen und dadurch das Risiko mindern.

Ansparpläne sind für Sie ebenfalls eine tolle Sache, bauen sie doch auf den *Cost-Average-Effekt* auf. Was ist das nun wieder? Keine Sorge, das ist schnell erklärt: Sie zwacken jeden Monat eine bestimmte feste Summe von Ihren Einkünften ab und legen diese in Aktienfonds an. Wenn die Kurse gerade gefallen und niedrig sind in einem Monat, bekommen Sie mehr Anteile; sind die Kurse hoch, bekommen Sie eben weniger. Im Durchschnitt profitieren Sie aber davon.

Da es für jede Art von Anleger einen Börsenspruch gibt, passt auch auf Sie (mindestens) einer:

> *Reich wird man nicht durch das, was man gewinnt, sondern durch das, was man nicht verliert.*

Der Coole (Anlegertyp 2)

Sie können gelassen – aber aufmerksam – auf herrschende Trends reagieren und deren Erfolg abwarten. Aber Sie trauen sich durchaus zu, auch einmal gegen den Strom zu schwimmen, weil Sie eine Ahnung vom Geschäftsgebaren eines bestimmten Unternehmens oder den Chancen einer ganzen Branche haben. Sie werden in Dax-Werte, aber nicht nur in Dax-Werte investieren wollen. Sie interessieren sich für viele ausländische Unternehmen, weil Sie Ihr Depot breiter streuen und insgesamt einen größeren Anteil an Aktien in Ihrem Gesamtportfolio haben wollen. Sie kaufen auch Aktien aus zukunftsträchtigen, aber bereits etablierten Branchen, etwa Pharma und Chemie, und wenn Sie zu Fonds greifen, dann als Beimischung und mit ganz bestimmter Ausrichtung, eventuell auf die *Emerging Markets*, also aufstrebende Nationen von Brasilien bis China.

Auch für Sie gibt es einen passenden Börsenspruch, wobei dieser eigentlich unisono über jedem Buch zur Geldanlage in breiten, goldenen Lettern stehen sollte:

> *Nicht alle Eier in einen Korb legen!*

Der Verwegene (Anlegertyp 3)

Wenn Sie genügend Geld auf der hohen Kante haben, sodass Sie mit (relativ) ruhigem Gewissen zumindest zeitweise höhere Verluste einkalkulieren können, dann gehören für Sie auch die Aktien kleinerer, aber wachstumsstarker Unternehmen ins Depot, sogenannte

Small- und *MidCaps*. Diese unterliegen in der Regel einer sehr viel höheren Volatilität, das heißt, ihre Kurse schlagen sowohl nach oben als auch nach unten heftiger aus. Biotechnologie ist eine Branche, die Sie fasziniert, außerdem setzen Sie etwas Risikokapital gerne auf sogenannte Explorer, also Rohstoffunternehmen, die noch auf der Suche nach Rohstoffvorkommen sind – und deren Aktien förmlich explodieren, wenn etwas entdeckt wird, jedoch gegen null tendieren, wenn dies nicht der Fall ist.

Sie sind außerdem kein Typ, der seine Aktien jahrelang im Depot lässt, eifrig die Dividenden einsackt und abwartet. Nein, Sie werden Ihr Depot öfter umschichten, einen Teil der Aktien veräußern, dafür andere zukaufen. Behalten Sie daher als guten Rat diese alte Börsenweisheit immer im Hinterkopf:

> *Hin und Her macht Taschen leer!*

Blick in die Zukunft – Ziele müssen sein

Egal, welchem Anlegertyp Sie sich nun besonders verbunden fühlen, Sie sollten sich vor Ihrem persönlichen »Börsengang« einige grundlegende Gedanken machen – gar nicht unähnlich jenen, die ein Unternehmen durchführen muss, bevor es sich aufs Parkett wagt:

✔ Wie viel Geld kann ich anlegen, wie viel eventuell monatlich noch dazugeben?

✔ Wie lange soll der Zeithorizont ungefähr sein?

✔ Für welche Zwecke möchte ich das Geld anlegen?

✔ Welches Risiko bin ich bereit einzugehen?

✔ Mache ich alles allein oder lasse ich mich beraten?

✔ Wie viel Zeit kann und will ich investieren?

 Bei der Anlage in Aktien sollte es keinen exakt definierten Zeitpunkt geben, eher eine exakt(er) definierte Höhe des Endbetrags.

Setzen Sie sich möglichst genaue Ziele mit Ihrer Anlage. Wie hoch sollte die Rendite sein? Sie könnten sich zum Beispiel vornehmen, in etwa so gut zu sein wie der Dax. Das wäre dann Ihre sogenannte *Benchmark*, die Ihnen zeigen soll, wie Sie abgeschnitten haben. Oder Sie legen fest, dass Sie möglichst vier bis fünf Prozent Rendite pro Jahr erzielen möchten – das ist allerdings anspruchsvoll und selbst professionelle Vermögensberater schaffen das nicht immer, wenigstens nach Abzug der Kosten, die Sie für diese berappen müssen. Aber die fallen bei Ihnen ja weg, insofern ist das über einen längeren Zeitraum durchaus zu stemmen. Aber: Je nach Großwetterlage gilt es, die Zielgrößen entsprechend zu justieren. Daher könnte ein Ziel auch sein, das Vermögen möglichst zu erhalten, also am Ende wenigstens keine Verluste einzufahren.

Außerdem sollten Sie sich Gedanken über Ihre grundsätzliche Depotstruktur nach Anlageklassen machen. Aktien sollten darin einen festen und – sonst würde es dieses Buch nicht geben – nicht zu geringen Anteil ausmachen, aber nicht ausschließlich. Einen Teil sollten Sie als Barreserve verwalten lassen und einen weiteren Teil in sichere, festverzinsliche

Papiere anlegen. Legen Sie ungefähre Prozentzahlen im Vorfeld fest – abhängig von Ihrem Lebensalter, Ihrer Risikoneigung und nicht zuletzt der Höhe Ihres Vermögens.

Psychofallen und wie Sie sie vermeiden

»Die Börse besteht aus 80 Prozent Psychologie«, das sagte schon Altmeister André Kostolany. Ob das nur auf die Börse zutrifft, wagen wir allerdings zu bezweifeln. Unser Kaufverhalten insgesamt ist sehr viel mehr von unserem Bauch geprägt als von unserem Kopf, auch wenn wir das nur sehr ungern zugeben. Erst nach dem Autokauf suchen wir in den unterschiedlichsten Quellen nach stichhaltigen Argumenten, um unsere emotionale Entscheidung wenigstens im Nachhinein rational zu begründen. Versuchen Sie das mal bei jedem Ausstattungsdetail und der Farbgebung! Nun ist die Börse noch sehr viel stärker geprägt vom Herdenverhalten, denn wenn viele Leute bestimmte Aktien kaufen, steigen deren Kurse, wenn viele – aus welchen Gründen auch immer – verkaufen, sinken sie, wie Sie in Kapitel 6 noch ausführlicher erfahren werden. Es gibt einen Dominoeffekt, es herrschen zwei wesentliche, bis zum Ende nicht wirklich schöne Triebe an der Börse vor: Gier und Panik.

Widersprüchliche Nobelpreise

2013 erhielten zwei Wissenschaftler den »Wirtschaftsnobelpreis«, deren Ansichten in Sachen Anlegerphilosophie völlig konträr sind. Wir könnten dies als Streit im Elfenbeinturm der Wissenschaften abtun, doch die Erkenntnisse der Antipoden Eugene F. Fama und Robert J. Shiller berühren direkt die Entscheidungen von Anlegern in aller Welt. Denn entweder heißt es nach Fama: »Der Markt hat immer recht.« Oder: »Der Markt geht in die Irre«, wie Shiller meint. Je nachdem wird der Markt schwächer oder stärker reguliert – mit allen Folgen für die Finanzbranche, die Anleger und die Unternehmen.

Seit den 1960er-Jahren befasst sich Eugene F. Fama mit den Reaktionen von Aktienkursen auf bestimmte Informationen. Wie rasch werden Informationen etwa über Dividenden in die Kurse eingepreist? Dazu untersuchte Fama Aktien an der New Yorker Börse in langer Zeitreihe. Die Ergebnisse belegten seine These über die Effizienz von Finanzmärkten. Weil Anleger rational entscheiden und alle Informationen vom Markt praktisch aufgesogen werden, hat der Markt immer recht. Für Sie als Anleger bedeutet das, sich am besten an umfassenden Indizes zu orientieren, weil Sie den Markt ohnehin nicht schlagen können. Die Politik sollte auf die Selbstregulierungskräfte des Marktes und die Vernunft der Marktteilnehmer vertrauen. Das Problem an Famas Theorie ist die Annahme, dass es keine Blasen gibt. Nun wissen wir aber spätestens seit dem Platzen der Internetblase 2001 und der US-Immobilienblase 2007, dass sie sehr wohl real sind.

Robert J. Shiller wertete ebenfalls Aktienkurse mithilfe von Computerstatistiken aus, kam aber zu anderen Schlüssen. Seiner Meinung nach bewegten sich die Kurse weitaus heftiger, als nach dem »inneren Wert«, den eingepreisten künftigen Dividenden, zu erwarten wäre. Nach Shiller werden die Aktienkurse auch von den Emotionen der Anleger getrieben, von Gier und Angst.

Er zeigt, dass das aus der Massenpsychologie bekannte Herdenverhalten zu einer Abkoppelung der Kurse von den Fundamentaldaten führen kann – zu Blasen eben. Dies geschieht nach bestimmten Mustern. Wer diese zu deuten wisse, könne entsprechend reagieren und die Kräfte des Marktes schlagen.

Vermutlich liegt die Wahrheit irgendwo in der Mitte. Märkte neigen dazu, effizient zu sein. Trotzdem ist der Mensch kein Homo oeconomicus. Man sollte daher hellhörig werden, wenn der Optimismus zu stark überhandnimmt. Dass wenig abgestimmte Regulierungsmaßnahmen Blasen verhindern können, ist eher unwahrscheinlich – Emotionen lassen sich nicht wegregulieren.

Dass es gar keinen Nobelpreis für Wirtschaft gibt, sondern die Schwedische Reichsbank diesen seit 1969 auslobt, soll hier nicht unerwähnt bleiben. Schließlich profitiert eine Bank durchaus davon, wenn unterschiedliche Handelsstrategien eingesetzt werden – verdient sie doch an Gewinnern wie an Verlierern, wie Börsen im Übrigen auch.

Wir sind Menschen und keine Ökonomen

So lächerlich es klingt, aber den Ökonomen musste tatsächlich eher mühsam beigebracht werden, dass wir Menschen sind und wie Menschen handeln – und nicht Ökonomen in Reinkultur. Denn viele betriebswirtschaftliche und volkswirtschaftliche Modelle gingen – und gehen zum Teil immer noch – von einem lupenreinen *Homo oeconomicus* aus. Das bedeutet, all unser Trachten und Streben ist auf Gewinnmaximierung aus. Das hat den Charme für die Ökonomen, dass sich damit Modelle rechnen lassen. Und wer Modelle rechnen und Gleichungen aufstellen kann, dessen Gebaren wird gemeinhin als Wissenschaft betrachtet. Doch ticken wir wirklich so?

Erst als Ökonomen dazu übergingen, tatsächliches menschliches Verhalten zu erforschen, anstatt zu errechnen, und Versuche durchzuführen, anstatt nur Modelle zu kreieren, gelangten sie zu der Erkenntnis, dass wir eher eine Art *Homo ludens* – also spielender Mensch – als ein vernünftiger Mensch oder *Homo rationalis* sind. So entstand der eigene Fachbereich *Behavioral Finance*, zu Deutsch »Verhaltensökonomie«. Diese berücksichtigt die Psychologie der Anleger und versucht so, deren Verhalten zu erklären. Die wichtigsten Grundsätze der Fachvertreter lauten: »Aktienkurse gehorchen dem Zufall« und »Nur wem sein irrationales Handeln bewusst ist, hat eine Chance auf Erfolg«.

Es gibt an der Börse ein paar bekannte Fallen, in die Anleger gerne hineintappen: entweder schon bei der Auswahl der Aktien oder beim Verhalten an der Börse, beispielsweise ob und wie lange eine bestimmte Aktie gehalten wird, obwohl der Kurs in den Keller rutscht. Doch was man kennt, kann man vermeiden!

Verliebt in Sektoren

Wir sind alle Spezialisten, in einer ganz bestimmten Branche kennen wir uns besser aus als in allen anderen. Das ist ganz natürlich und im Grunde können wir auch stolz darauf sein – dumm nur, dass sich diese Sektorenverliebtheit eins zu eins in unserem Depot wider-spiegelt. Die Auswahl der Aktien beschränkt sich vor allem auf die Branche, in der wir tätig sind, und vielleicht noch auf einige wenige, in denen wir zumindest glauben, uns einiger-maßen gut auszukennen. Jemand, der bei einem großen Autohersteller arbeitet, wird sich also zum Beispiel noch bei Zulieferern, in der Mineralölbranche und im Maschinenbau aus-kennen. Ein Banker wird Werte von Versicherungen und Finanzinstituten schätzen.

Für alles gibt es Fachbegriffe, auch für Sektorenverliebtheit: Man spricht vom *Sector Bias*. Bias steht für Verzerrung, ein Wahrnehmungsproblem. Und das ist es auch: Wir sammeln einfach mehr Informationen und wissen mehr über Branchen, in denen wir tätig sind oder die uns – aus welchem Grund auch immer – interessieren. Eigene Expertise einzubringen und Geld vor allem dort anzulegen, wo man sich auskennt, ist natürlich nicht grundver-kehrt. Aber es sollte nicht die alleinige Richtschnur sein. Denn geht es der Branche schlecht, in der Sie arbeiten, verlieren Sie vielleicht sogar Ihren Job und haben ausgerechnet dort noch Ihre Rücklagen angelegt. Diese sind genau jetzt, wenn Sie sie am nötigsten brauchen, eben-falls nur noch wenig wert.

 Legen Sie sich ein breit gestreutes, stabiles Portfolio an, das schlechte Zeiten überbrücken und abfedern kann und Ihnen die Chance einräumt zur Um- oder Neuorientierung.

Wohl zu keiner Zeit war es einfacher, sich auch über gänzlich fremde Branchen zu informie-ren, über das Internet oder die vielen Anlegermagazine, die immer wieder ganze Sektoren und ihre Chancen für Anleger unter die Lupe nehmen.

Home, sweet home

Eng verknüpft mit der Sektorenverliebtheit ist das Heimweh, im Fachjargon als Liebe zur Heimat oder *Home Bias* bezeichnet. Auch Heimatliebe ist an sich nichts Schlechtes. Vie-le Anleger setzen überwiegend auf Aktien und Finanzprodukte aus der eigenen Heimat – selbst Profis und solche, die sich dafür halten. 23 Prozent der in Aktienfonds investierten Gelder werden hierzulande in deutsche Aktien angelegt. Das hört sich nicht nach beson-ders viel an, schließlich ist Deutschland eine der größten Volkswirtschaften und verfügt über jede Menge hoch kompetente, innovative und zukunftsträchtige Kapitalgesellschaf-ten. Doch entsprechend einer weltweit differenzierten Streuung dürfte der Anteil bei höchs-tens 4 Prozent liegen, mit abnehmender Tendenz. So klein sind wir wirklich. Deutsche Ak-tien werden von deutschen Anlegern aber mit Blick auf ihre tatsächliche globale Bedeutung grandios überschätzt. Bei der Einzeltitelauswahl, also bei der direkten Anlage in Aktien und nicht über Fonds, kann eine noch viel eklatantere Übergewichtung deutscher Titel beob-achtet werden: Nach Auswertungen von den Direktbanken Cortal Consors und DAB Bank im Jahr 2014 bewegt sich der Anteil deutscher Aktien in den Depots zwischen 64 und 66 Pro-zent – da Anleger mit Depot bei Hausbanken eher konservativer eingestellt sind, dürfte sich der Anteil aller Anleger eher bei 70 Prozent bewegen. US-Aktien liegen auf Platz zwei mit 15 Prozent – den Rest teilt sich quasi die Welt. Dabei ist doch das wesentliche Element der Geldanlage, es möglichst breit zu streuen, Chancen zu erweitern und Risiken zu vermin-dern. Die Liebe zur eigenen Heimat und dem heimatlichen Depot gehört uns aber nicht al-lein – vielmehr ist sie quasi weltweit vertreten. Ein wirklicher Trost ist das aber auch nicht.

Ein großes und nicht zu unterschätzendes Problem ist: Home Bias lässt sich so herrlich gut begründen! Selbstverständlich kennen Sie die heimischen Unternehmen wesentlich besser als etwa chinesische, taiwanesische oder selbst US-amerikanische. Obwohl Sie inzwischen mit großer Wahrscheinlichkeit mehr Produkte aus China nutzen und besitzen als aus Deutschland. Zudem gibt es keine störende Sprachbarriere und in Ihrer Zeitung lesen Sie auch viel mehr und fundierter über heimische als über ausländische Unternehmen. Sie sind also besser informiert und haben ein größeres Vertrauen in die Zukunft dieser Aktiengesellschaften – warum sollten Sie dann nicht größere Teile Ihres Vermögens dort anlegen? Objektiv gesehen nimmt man aber oft höhere Risiken in Kauf, wenn man nur in den heimischen Markt investiert, als wenn man auch in – dem Gefühl nach wesentlich riskantere – ausländische Märkte geht. Wir unterliegen hier oftmals einem psychologischen Phänomen: der Selbstüberschätzung.

Interregio

Allzu gern wird der Home Bias auf regionaler Ebene noch mit dem Sector Bias verknüpft, herrschen in den Regionen doch oft einzelne Branchen vor, in Baden-Württemberg etwa die Automobilindustrie samt Zulieferern oder die Energieriesen im Ruhrgebiet. Die Münchner DAB Bank wollte diesem regionalen Home Bias 2011 einmal auf die Spur kommen. In einer groß angelegten Studie kam sie zu dem Ergebnis: Anleger investieren bevorzugt in Aktien von Großunternehmen aus ihrer Region. Dazu hatte die Direktbank die Bestände von 450.000 Depots ihrer Kunden ausgewertet. Einen ganz besonderen »Heimatfaktor« erreichte bei dieser Studie der Softwarekonzern SAP: In der Region Rhein-Neckar wies er demnach eine mehr als 3,1-mal so hohe Aktionärsdichte wie im Bundesdurchschnitt auf. Bei keiner anderen deutschen Aktie ist dieser »Heimatfaktor« der DAB-Studie zufolge so hoch. Das mag nicht zuletzt an der großen Anzahl von hoch qualifizierten Mitarbeitern liegen, die in der Region wohnen und (nicht nur) an ihren Belegschaftsaktien festhalten. Auf Platz zwei der beliebtesten Heimataktien folgte die Heidelberg Cement mit einem Faktor von 2,6, den dritten Platz belegt der traditionsreiche Stahlkonzern ThyssenKrupp aus dem Ruhrgebiet mit einem Heimatfaktor von 2,5. Ob das heute allerdings noch der Fall ist, dürfte bei dem letzteren, doch etwas ins Schlingern geratenen Konzern eher unwahrscheinlich sein.

Die merkwürdige Harmoniesucht der Anleger

Heimatliebe und Sektorenverbundenheit wirken sich in Ihrem Depot also in Form von ganz bestimmten Aktien aus. Es gibt noch ein paar weitere psychologische Effekte, die Ihnen bei jeder Aktie begegnen können. Es sind eher Verhaltensgrundmuster, die beim Handeln und Besitzen von Aktien mit ihren Ausschlägen nach oben und unten, mit ihren Gefühlsauslösern von Gier und Panik, leider nur zu häufig auftreten. Gefeit dagegen ist man nur – zumindest einigermaßen –, wenn man sie kennt.

Die Psychologie geht von Urteilsverzerrungen aus. Diese können auf unterschiedliche Art auftreten, bedeuten aber immer, dass der Mensch ein falsches Urteil fällt, weil er etwas nicht richtig wahrnimmt. Bei aller Komplexität sind wir doch ziemlich einfach gestrickt, in uns schlummert noch einiges aus der grauen Vorzeit. Die drei wichtigsten Psychofallen sollten Sie auf jeden Fall kennen und darüber nachdenken, ob sie Ihnen selbst schon einmal untergekommen sind, Sie gar zu der ein oder anderen Verhaltensweise neigen.

Anleger haben sich selbst viel zu gern ...

Es ist wie im richtigen Leben: Wenn Sie zum ersten Mal ein Spiel spielen, gewinnen Sie oftmals. Der Lohn des Naiven. Ähnlich läuft es nicht selten an der Börse. Sie haben lange darüber nachgedacht, wo Sie ein Depot aufmachen und welche Aktien Sie zuallererst kaufen. Sie haben hin und her überlegt und dann endlich zugeschlagen, nachdem der Markt gerade etwas eingebrochen war. Und was passiert? Ihre Aktie läuft und läuft und läuft ... obwohl es gar keine Autoaktie war. Ihre Buchgewinne türmen sich geradezu und Sie fühlen sich schon als neuer Warren Buffett. Was kostet die Welt! Was kann Ihnen jetzt noch groß passieren? Sollten Sie nicht gleich mehr riskieren? Warum nicht in Hebelprodukte, Knock-out-Papiere, Optionen, Futures und andere hoch riskante Papiere investieren, man gehört doch schließlich jetzt zum Inner Circle der Börsen-Cracks. Die Gewinne aus den Aktien sind zwar ganz schön, aber so eine Hebelwirkung multipliziert das Ganze doch gleich noch einmal ordentlich ... Da lockt das schnelle Geld.

Was man dabei gerne vergisst und worüber auch kein noch so tolles Musterdepot hinweghelfen kann: Der psychische Druck solcher Produkte ist enorm. Es geht jetzt immer gleich ums Ganze, um alles oder nichts, nicht in Wochen oder Monaten, sondern in Tagen oder Stunden. Allein Aktien schwanken schon ziemlich und so mancher Blick ins Depot ist schmerzhaft, aber riskante Produkte haben einen wesentlich höheren Ausschlag, und diese Ausschläge haben gänzlich andere Folgen. Riesige Buchgewinne und tatsächliche Verluste sind hier an der Tagesordnung. Sie brauchen, um diesen Stress bewältigen und sich behaupten zu können, ein hohes Maß an Professionalität und Übung.

Die Psychologie spricht hier von *Attributionsfehlern*, neudeutsch: *Overconfidence*, als zentralem Begriff in der Entscheidungsfindung. Das bedeutet, Sie trauen sich zu schnell zu viel zu und wechseln auf ein zu schnelles Pferd, vom Fahrrad auf den Lamborghini sozusagen.

... mögen auch die anderen sehr gern ...

Sich für etwas zu entscheiden, bedeutet in den allermeisten Fällen, sich gleichzeitig gegen etwas anderes zu entscheiden. Das gefällt uns aber gar nicht, denn wir alle mögen es gerne rosarot und harmonisch. Wir wollen uns wohlfühlen, nicht nur im Wellnesstempel. Und weil uns Entscheidungen so schwerfallen und wir uns so gerne wohlfühlen, halten wir einfach an einer einmal gefällten Entscheidung fest. Anleger selektieren daher alle Informationen danach, ob sie ihre Entscheidung unterstützen oder nicht. Zweimal dürfen Sie raten, welche davon der Anleger liest, geradezu verschlingt und als richtig bewertet: natürlich diejenigen, die mit seiner Anlageentscheidung übereinstimmen. Solche positiven Stimmen zu Depotleichen wird es immer geben, denn man ist ja nicht der Einzige, der auf diese Aktie hereingefallen ist. Gegenteiligen Informationen schenkt er hingegen einfach keinen Glauben.

 Machen Sie sich bewusst, dass Sie gegenüber einem Unternehmen und dessen Bewertungen nicht mehr neutral sind, sobald Sie eine seiner Aktien in Ihrem Depot haben. Leider trifft das nicht nur auf die guten Werte, sondern ganz besonders auf die Versager zu.

Das Gebot, sich besonders um die schwarzen Schafe zu kümmern, greift hier nicht, vielmehr müsste das Gebot der Trennung hier herrschen. Wir leben auch mit uns selbst gerne in Harmonie, und sich eigenes Versagen einzugestehen, würde diese doch empfindlich dämpfen. Mit Verlust verkaufen, Buchverluste in tatsächliche Verluste umwandeln – nein danke! Hätten Sie sich jedoch frühzeitig von verlustreichen Papieren getrennt, sich Ihr Versagen eingestanden und die verbliebene Summe in Aktien mit besseren Aussichten investiert, könnte Ihr Depotwert womöglich schon ein Vielfaches betragen.

Um an der Börse zu gewinnen, muss man auch Verluste machen können – und sie ertragen!

Eng verbunden mit dieser Harmoniesucht ist die Psychofalle, dass Anleger Aktien, die im Preis gewaltig gefallen sind, nicht loswerden, sondern im Gegenteil sogar nachkaufen – ist ja gerade so günstig! Voller Hoffnung, dass sie vom Aufschwung dieser Aktie profitieren werden. Manchmal klappt das sogar. Dumm nur, wenn der Aufschwung nie kommt, dann sitzen sie auf ihren vielen wertlosen Aktien, die einen großen Anteil ihres Depots einnehmen.

»Was auch immer geschieht, nie sollst du so tief sinken, von dem Kakao, durch den man dich zieht, auch noch zu trinken«, heißt es bei Erich Kästner. Übersetzt ins Börsenlatein heißt das: Kaufen Sie niemals Aktien nach, nur um sich eine Fehlentscheidung nicht eingestehen zu müssen!

... und sind total verpeilt

Es hat sich schon angekündigt bei Selbstverliebtheit und Harmoniesucht: Wir sind dermaßen verpeilt bei der Anlage in Aktien, dass wir letzten Endes unsere Verliereraktien heiß und innig lieben und uns von unseren Gewinneraktien so schnell wie möglich wieder trennen wollen. Auch für dieses schizophren wirkende Verhalten gibt es einen psychologischen Fachausdruck, er lautet: *Dispositionseffekt.*

Ein mehr als beliebter Börsenspruch lautet: »An Gewinnmitnahmen ist noch niemand gestorben.« Ohne Frage stimmt das. Es ist auch noch kein 100-Meter-Läufer gestorben, der bei 75 Metern aufgegeben hat. Aber hat so einer schon einmal die Goldmedaille gewonnen? Wer permanent zu früh aus dem Börsenzug aussteigt, kommt nie dort an, wo er hinwill. Es gibt seitenlange Begründungen der Psychologie, warum das so ist. Sie kreisen vor allem darum, ob es uns mehr stört, wenn wir bereits als Erfolg wahrgenommene Buchgewinne wieder verlieren, oder es uns mehr erhebt, wenn wir möglicherweise Gewinne weiter erhöhen. Hand aufs Herz: Wenn Sie einmal gesehen haben, welche Gewinne eine Aktie gebracht hat, wären Sie doch auch untröstlich, wenn diese wieder aufgezehrt würden – auch wenn es sich nur um einen kurzfristigen Rücksetzer an den Märkten handelt.

Es ist merkwürdig, aber wir Menschen scheinen so eine Art kleinen Gewinner in uns zu haben, der immer dann ganz laut »Verkaufen!« schreit, wenn unsere Aktien einen bestimmten Wert erklommen haben. Der Zeitpunkt des Losschreiens unterscheidet sich von Anleger zu Anleger und natürlich von der Kurshöhe, die bezahlt wurde, aber dass losgeschrien wird, bleibt Tatsache. Leider.

Wie können Sie sich vor solchen Urteilsverzerrungen schützen? Zum einen wissen Sie jetzt, dass Ihr Urteilsvermögen nicht richtig funktioniert, wenn Sie an der Börse handeln. Zum anderen hilft am besten eine im Vorfeld genau definierte Strategie, an die Sie sich strikt halten – wenigstens eine Zeit lang. Näheres zu möglichen Strategien erfahren Sie in Kapitel 9.

Panik ist das Gegenteil von Gier

Eingangs ging es kurz um die Gier als wichtigem Movens aller Spekulation. Gier gilt als eine der Todsünden, aber man könnte sie auch etwas moderater bezeichnen: als Gewinnstreben. Hat uns dieses Gewinnstreben aber so fest gepackt, dass es zur Gier wurde, folgt leider ein weiteres typisches Fehlverhalten an der Börse: Panik. Die nackte Angst, das Entsetzen, die Massenhysterie, die Massenflucht. Peng! Die Blase ist geplatzt – der Crash ist da. Nicht nur der Freitag ist schwarz.

Es gibt so eine Art Angstkurve der Geldanlage: Sie beginnt mit leichtem Zweifel, der in reine Zuversicht übergeht, die Lust am Gewinn steigert sich zu blinder Gier, es folgt Hochmut über das Erreichte, ein erster Schreck, letzte Hoffnung, völlige Ratlosigkeit, totale Angst, Panik, Reue und Abscheu, wie man so hat reinfallen können. Dieser emotionalen Kurve könnte ein Kursverlauf, der sich in freudigen Zacken erst nach oben und dann in jähen Fluchten nach unten neigt, gegenüberstehen.

Eines sollte Ihnen bewusst sein: Die Geldanlage über die Börse, oder anders ausgedrückt die Geldanlage jenseits von Sparbüchern und festverzinslichen Staatsanleihen allererster Güte, ist eine emotionale Angelegenheit und daher mit tiefen Gefühlen verbunden. Es gibt Forscher, die den Gewinn bei einer Aktienspekulation mit Lustgefühlen beim Sex vergleichen – so weit wollen wir nicht gehen! Aber die Neurowissenschaft und der Computertomograf machen es möglich: Man weiß inzwischen, dass Verluste an der Börse in denselben Hirnregionen verarbeitet werden wie physische Schmerzen oder bedrohliche Situationen. Von Natur aus sind uns drei Handlungsempfehlungen eingeimpft, wie wir mit solchen Situationen umgehen sollen: kämpfen, tot stellen oder fliehen.

Bei Panik lässt sich eine Situation nicht mehr kontrollieren, wir fliehen fast automatisch, unser Denkvermögen lässt nach, wir informieren uns nicht mehr, kommunizieren nicht mehr, sehen der Wahrheit nicht ins Gesicht. Wir denken nur noch an uns selbst, verlieren jegliche Rücksichtnahme. Nicht ohne Grund kommen bei einer Massenpanik eher panische Menschen durch andere panische Menschen ums Leben, und nicht durch die eigentliche Ursache der Panik. Panik ist ansteckend: Wenn einer panisch wird, wird es allmählich auch die Umgebung und deren Umgebung und schließlich die Masse. Danach herrscht erst einmal Schockstarre, die Makler in den Börsen sterben fast vor Langeweile, weil kaum mehr etwas passiert.

Kursverluste als Auslöser von Panik setzen Anleger unter dauerhaften Stress, dem sie sich möglichst rasch entziehen wollen. Wie geht das? Sie verkaufen, sie trennen sich von den Aktien und sind damit den Stress los und können wieder auf- und durchatmen. Das Geld ist dann allerdings auch weg. Die tatsächlich empfundene Erleichterung erstreckt sich leider auch auf den Geldbeutel.

Das Gegenteil von Panik – dieser Abschnitt soll schließlich mit Optimismus enden – ist Euphorie. Auch hier handeln Anleger gerne in Gemeinschaft: Wenn andere kaufen, kaufen sie auch. Sie sind ein Teil des Ganzen. Da ist sie wieder, die Harmoniesucht, und gleichzeitig kann man mit allen anderen mitverdienen.

Ein schwarzer Schwan

Doch Erfolg macht leider ebenso blind wie die Gier. Wer hat denn wirklich das Platzen der Internetblase von 2000 vorhergesagt, wer die Pleite der Lehman-Bank 2008? Ja, es hat einige wenige gegeben, die haben vom sogenannten »schwarzen Schwan« berichtet, also dem Eintreffen eines höchst unwahrscheinlichen Ereignisses. Bekannt gemacht hat den Begriff der Börsenhändler und Autor Nassim Nicholas Taleb. Taleb verwendete ihn bereits für seine Beschreibungen der Finanzkrisen im Jahr 2001, bevor er 2007 ein eigenes Buch mit dem Titel *Schwarzer Schwan* veröffentlichte. Für ihn sind jedoch keinesfalls nur Börsencrashs solche schwarzen Schwäne, er behandelt in diesem Buch vielmehr künstlerische, gesellschaftliche und technische umwälzende Ereignisse unter diesem Terminus. Für ihn steht praktisch die Schönheit des Schwans im Vordergrund.

Die Schlussfolgerungen Talebs für die Börse: Es ist völlig zwecklos, einen schwarzen Schwan vorhersehen zu wollen – weil er schließlich per Definition unvorhersehbar ist. Was aber nicht heißen soll, dass man nicht auf alle Eventualitäten vorbereitet sein sollte. Laut Taleb gibt es positive und negative schwarze Schwäne, und es gilt beide – wenn möglich frühzeitig – zu erkennen und sich entsprechend zu verhalten. Bankern traut er dies aber nicht unbedingt zu. Ob ein schwarzer Schwan positiv oder negativ ist, hänge überdies vom Betrachtungsstandpunkt ab. Was bedeutet das alles nun für den Kauf von Aktien? Daraus erwächst ein – zugegeben eher schizophren erscheinender – Ratschlag: Seien Sie kritisch und begeisterungsfähig zugleich! Seien Sie kritisch und glauben Sie nicht automatisch, dass konservative, seriöse Unternehmen mit einer langen Historie für alle Ewigkeit einen positiven Auftritt hinlegen. Es hat zu viele Pleiten auch höchst seriöser Unternehmen gegeben, denken Sie nur an Grundig, Karmann, MAN Roland, Rosenthal, Karstadt, Quelle, Woolworth Deutschland, Neckermann, Pfaff Nähmaschinen ... Im Gegenzug: Wer hätte Unternehmen wie Apple, Microsoft, Google oder Yahoo zu ihrer Gründungszeit zugetraut, dass sie einmal weltweite Börsenschwergewichte sein werden?

 Die Metapher des schwarzen Schwans geht übrigens schon auf die alten Römer zurück – genauer auf den Lustspieldichter Juvenal, der eine treue Ehefrau als so selten wie einen schwarzen Schwan beschrieb. Da man damals in Europa tatsächlich noch keine schwarzen Schwäne kannte, hielt Juvenal offensichtlich nicht besonders viel von der Tugendhaftigkeit römischer Ehefrauen. Erst 1697 wurden in Westaustralien zum ersten Mal echte schwarze Schwäne gesichtet – seitdem setzte sich die Metapher des schwarzen Schwans für sehr unwahrscheinliche, aber trotzdem mögliche Ereignisse vor allem im angelsächsischen Sprachraum durch.

As times goes by

Wer in Aktien anlegt und weder als Heavy Trader noch als Hochfrequenzhändler unterwegs ist, der braucht einen langen Atem. Er sollte Panik und Gier gleichermaßen aussitzen und auch bei Kursschwankungen zunächst einen kühlen Kopf bewahren. Die Allianz Global Investors haben herausgefunden, dass in den vergangenen 213 Jahren (!) Anleger, die ihr Geld in US-Aktien angelegt hatten, niemals Verluste erzielten, wenn sie diese mindestens 30 Jahre gehalten hatten. Zeit ist Geld, heißt es immer, aber bei Aktien bedeutet es eher: Zeit *macht* Geld. Doch was verursacht nun eigentlich Kursschwankungen? Um die möglichen Ursachen geht es in Kapitel 6.

IN DIESEM KAPITEL

Hausse und Baisse im Wechselschritt

Angebot trifft Nachfrage

Übernahmefantasien und Hexensabbat

Kapitel 6
Warum sich die Kurse ändern

Der Hauptgrund, um Aktien zu kaufen, liegt in der Hoffnung, dass sich die Kurse nach oben bewegen und Gewinne erzielt werden können. Das bedeutet: Hoffnungen und Zukunftserwartungen beeinflussen die Kurse, oder besser, spiegeln sich im Kursverlauf wider. Doch warum ändern sich Kurse überhaupt? Das Prinzip ist denkbar einfach: Wenn mehr Anleger Aktien kaufen als verkaufen wollen, steigen die Kurse – und umgekehrt.

Die entscheidende Frage ist, warum diese verflixten Anleger zu einem bestimmten Zeitpunkt plötzlich oder kontinuierlich kaufen oder verkaufen. Was hat es auf sich mit Stimmungen wie Bullenmarkt oder Hausse und Bärenmarkt oder Baisse? Welche Kriterien beeinflussen die Anleger, sodass sie ihre Entscheidungen treffen beziehungsweise ändern? Und warum passiert das mal schneller und mal langsamer? Gibt es objektive Fakten, die Einfluss auf die Kurse ausüben? Und wie weiß der Makler eigentlich, welchen Kurs er jetzt festsetzt und welchen in zehn Minuten? Und warum verändern sich die Kurse deutscher Unternehmen, wenn in China die Konjunkturlokomotive stottert? So befasst sich dieses Kapitel mit den Faktoren, die die Kurse direkt oder indirekt beeinflussen. Eng damit verbunden sind Indikatoren, die bereits früh darauf hinweisen, dass sich Kurse verändern – und im Zweifel genau dadurch die Kurse ebenfalls verändern. Welche Indikatoren das sind, erfahren Sie in Kapitel 15.

Es gibt nur eine unabänderliche Tatsache an den Börsen dieser Welt: Die Kurse ändern sich stetig. Warum, wie stark und wann genau, das sind die großen, alles entscheidenden Fragen. Man kann eine Fülle von Gründen anführen, warum Kurse abstürzen oder die Börsen ganzer Nationen nach oben zeigen – allerdings nur im Nachhinein. Vorher gilt es, Tendenzen, Trends, Stimmungen, Fakten zu analysieren und fortzuschreiben und zu hoffen, dass sich die Kurse – die Anleger – auch danach richten.

Wie rational ist das denn?

Die Börsenkurse werden von einer Menge rationaler Daten mehr oder weniger beeinflusst. Diese Daten können Sie selbst erheben und auswerten oder auf Profis vertrauen, die dies für Sie übernehmen. Der Nachteil ist, dass es meist bei zwei Analysten drei Meinungen zum Kurs einer Aktie gibt. Wir stellen Ihnen die wichtigsten rationalen Daten vor, ohne auf Vollständigkeit abzielen zu wollen. Einiges dazu finden Sie auch in Kapitel 15, in einem kleinen Grundkurs zur Volkswirtschafts- und Betriebswirtschaftslehre. Die rational oder wenigstens einigermaßen objektiv erhebbaren Daten sind nur das eine, das die Kurse bewegt, und je nach Ansicht erfahrener Börsenprofis stellen sie sogar das erheblich kleinere Wirkungsmittel dar. Der Rest ist Psychologie, nach der Anlegerlegende André Kostolany 80 Prozent, also das oftmals nicht wirklich nachvollziehbare Verhalten des »Herdentiers Anleger«.

Bei der Geldanlage wie im Leben ist es enorm schwierig, Einzelgänger zu bleiben – dafür sind Menschen nicht geschaffen. Wir schwimmen nur ungern gegen den Strom, und wenn wir es tun, empfinden wir es als Last, die Arme werden schwer und der Kopf leer. Lieber halten wir uns in der Gemeinschaft Gleichdenkender und -handelnder auf, am besten von Anfang an, wenn auch nicht unbedingt an vorderster Front, und teilen Erfolge und Niederlagen mit ihnen. Durch das Folgen von Trends verstärken wir den Trend, denn uns folgen weitere – es ist fast wie ein Perpetuum mobile. Durch Social Media sind wir ja ein einzig geselliges Völkchen von »Followern« geworden. So gibt es den altbekannten Börsenspruch: »The trend is your friend ...« Allerdings wird oftmals der zweite Teil weggelassen – und der ist für eine erfolgreiche Aktienanlage unerlässlich: »... but only until its end!«

Bullen und Bären auf dem Parkett

Wichtig für den eigenen Anlageerfolg ist es, diese Trends, allgemeinen Stimmungen, die Einschätzungen der Lage von der Mehrheit der Spezialisten, Fachleute und Anleger, im Fachjargon auch Sentiment genannt, aufzuspüren. Es gibt zwei große Grundströmungen in der Welt der Aktien und der Kapitalmärkte ganz allgemein: *Hausse* oder *Bullenmarkt* auf der einen Seite und *Baisse* oder *Bärenmarkt* auf der anderen. Im ersten Fall bewegen sich die Kurse des betreffenden Marktes beziehungsweise der Märkte im Durchschnitt nach oben. Das bedeutet, dass die Indizes, in denen die wichtigsten Unternehmen zusammengefasst werden, deutlich nach oben zeigen, Punkte gutmachen. Trotzdem können innerhalb eines solchen Index einzelne Werte nach unten weisen, der Index wird aber insgesamt von den positiven Papieren mitgerissen. Es ist also nicht wie in der Seilbahn, wo alle, die einsteigen, nach oben mitgenommen werden. Man könnte es eher mit einem Schlepplift vergleichen: Die meisten zieht er mit nach oben, doch der eine oder andere purzelt vor dem Ziel hinaus.

Von der Hausse zum Hype

Steigt die Euphorie der Anleger in der Hausse weiter und weiter, erleben die Börsen einen *Hype* oder *Boom* – zum Beispiel die hohe Zeit des Neuen Marktes Ende 1999/Anfang 2000. Leider bedeutet ein solcher Hype meistens, dass es nicht mehr lange dauert, bis die Kurse wieder fallen und die Baisse einsetzt. Man spricht in diesem Fall auch von der »Dienstmädchenhausse«, wenn sich die Aktienanlage in breiteste Kreise herumspricht. Dienstmädchen gibt es heute kaum noch, deshalb müsste es vielleicht eher »Bäckerblumen-Hausse«

heißen, denn wenn selbst in solchen Blättchen zum Aktienkauf geraten wird, dann ist das Ende einer Hausse sehr nahe. Um für etwas sprachliche Abwechslung zu sorgen, schreiben Journalisten dann auch gerne von einer Börsenrallye, wenn es rasant weitergeht.

In der Baisse fallen sämtliche Kurse im Durchschnitt – natürlich kann es auch hier einzelne Ausreißer nach oben geben. Manche Unternehmen oder ganze Branchen können sich von solchen negativen Trends abkoppeln. Multipliziert sich die Baisse und trennen sich die Anleger in Panik reihenweise von ihren Aktien, erfolgt ein *Crash*. Der Crash mit der größten Nachwirkung bis heute dürfte der aus dem Jahr 1929 sein, als nicht nur die Kurse nachhaltig purzelten, sondern die Weltwirtschaft insgesamt auf ein niedriges Niveau sank. Am 24. Oktober 1929, im Übrigen ein Donnerstag, kein Freitag, brach Panik aus und die Anleger verkauften an diesem und den folgenden Handelstagen auf Teufel komm heraus – manche Aktien verloren 99 Prozent ihres Wertes. Der Crash löste die »Große Depression« aus, die erst 1932 ihren Höhepunkt hatte. Es dauerte bis nach dem Zweiten Weltkrieg, bis sich die Kurse auf das Niveau von vor 1929 erholt hatten und erst 1959 erreichte der Dow Jones einen neuen Höchststand. Sie sehen also, dass durchaus ein enger Zusammenhang zwischen der konjunkturellen Situation und den Kursen besteht.

Beruhigen sich Kurse kurzfristig auf ihrem Weg nach oben oder unten, legen sie eine Verschnaufpause ein, bevor es weitergeht, setzt eine sogenannte *Korrekturphase* ein. Sie ist in der Regel nur von kurzer Dauer und nicht mit einer *Trendumkehr* zu verwechseln – leider erkennt man das erst in der Rückschau.

Nach oben, nach unten, stark nach oben, steil nach unten – alles ist möglich an der Börse. Es gibt noch einen Fall, den Börsianer allerdings ganz und gar nicht schätzen, und das ist die *Seitwärtsbewegung*. Dann passiert nämlich – gar nichts. Es gibt keinerlei Bewegung, es geht mal ein klein wenig nach oben oder ein kleines bisschen nach unten, aber das war es dann auch schon. Die Anleger sind verunsichert, wissen nicht, was kommt, und warten einfach ab. Trostlos.

Das Tierreich der Börse

Jeder kennt die Skulpturen von Bulle und Bär vor den großen Börsen der Welt, egal ob vor der Frankfurter oder der New Yorker Börse. Dabei steht der Bulle für den Aufwärtstrend: Er nimmt die Kurse sozusagen auf die Hörner und schleudert sie nach oben. Der Bulle ist grundsätzlich optimistisch – ob er das im Tierreich auch ist, wagen wir nicht zu beurteilen. Der Bär symbolisiert demnach das Gegenteil, er ist ein Pessimist durch und durch, der mit seinen schweren Tatzen die Kurse nach unten treibt.

Doch woher kommen diese tierischen Sinnbilder? Niemand kann es genau sagen. Der Legende nach geht das Bild von Bulle und Bär auf das 16. Jahrhundert und den Besuch des spanischen Literaten Don José de la Vega an der Börse in Amsterdam zurück. Ihn soll das Treiben der Börsianer stark an den Stierkampf, hier insbesondere an eine südamerikanische Variante, bei der Bullen gegen Bären kämpfen, erinnert haben. Festgehalten hat er dieses Erlebnis in seinem Buch *Die Verwirrung der Verwirrungen: Vier Dialoge über die Börse in Amsterdam*, das wohl älteste Buch über die Börse. Wir könnten jetzt noch andere Thesen vorbringen, aber wir wollen Ihnen keinen Bären aufbinden – die Legenden gehen ja auf keine Kuhhaut!

Heute stehen vor vielen Börsen der Welt Bullen und Bären in Bronze gegossen und dienen als beliebtes Fotomotiv für Touristen und als Hintergrund für Börsennews. Einen kunsthistorischen Führer über Qualität und Künstler der betreffenden Viecher gibt es unseres Wissens (noch) nicht. Die in Deutschland zweifelslos bekannteste Paarung steht auf dem Börsenplatz in Frankfurt und stammt von dem Tierplastiker Reinhard Dachlauer, zu Ehren der 400-Jahr-Feier der Deutschen Börse gestaltet. Einziger Wermutstropfen: Dem tierischen Paar kam die Börse abhanden, denn sie ist inzwischen im günstigeren Eschborn angesiedelt.

Wie entstehen die Preise?

Der Kurs eines Papiers richtet sich ganz allgemein nach dem Preis, zu dem die meisten Papiere ge- und verkauft werden können. Aber wie wird das herausgefunden? Wie kommt es beispielsweise zu einer *Kursfeststellung* bei exakt 37,32 Euro? Eine der wesentlichen Aufgaben einer Börse ist es, den ordnungsgemäßen Kurs festzustellen. Das wird heute, wo schätzungsweise die Hälfte des Aktienhandels außerhalb von Börsen stattfindet, leider oftmals vergessen. Denn der außerbörsliche Handel setzt sich ganz frech auf die Börsenkurse obendrauf, er nimmt also die Kurse der Börsen als Basis für die eigene Kursfeststellung, ohne sie aber zu beeinflussen. Denn normalerweise verringert sich die Spanne zwischen Kauf- und Verkaufskurs, je mehr gehandelt wird. Mit der Folge, dass die Kurse also insgesamt ein wenig schlechter für die Anleger ausfallen, da eben nur die Hälfte in die Kursermittlung einfließt. Schade, aber wahr, und hier ist ja auch kein Platz zum Jammern.

Ermittelt wird der Börsenkurs der einzelnen Aktie bei den meisten Börsenplätzen nach dem *Auktionsprinzip*. Das heißt, die von den Kunden eingehenden Kauf- und Verkaufsorders werden beim Makler, Orderbuchmanager, Spezialist – oder wie er sich auch immer nennt – in einem Orderbuch nach ihren möglichen Preisen zusammengestellt. Wobei das mit dem Buch nicht wörtlich zu nehmen ist, denn ein solches Orderbuch wird rein elektronisch geführt, vergleichbar mit dem Depot. Die Spezialisten haben sich dabei jeweils auf einige Dutzend Aktien fokussiert – mehr könnten sie bei der Schnelligkeit der Ausführung nicht im Auge behalten.

Eine Ausführung der Orders erfolgt dann zu dem Kurs, bei dem die meisten Stücke umgesetzt werden können, denn der Makler, die Börse und die Wirtschaft wollen das meiste Geschäft machen, altruistische Motive sucht man hier vergebens. Es besteht also das *Meistausführungsprinzip*. Das ist bei der Menge an Orders und Schnelligkeit der Orderausführung keinesfalls trivial und – wie so vieles heute – nicht ohne Computertechnik zu lösen.

Die Gähn AG wird wach

Spielen wir es einfach einmal am Beispiel der fiktiven Gähn AG durch. Die noch relativ junge Aktiengesellschaft hat sich auf Schnarchschienen spezialisiert – eigentlich der Renner, verhindern diese doch unangenehme Geräusche zur Nacht. Leider hat sich das bei den Anlegern, also den Kapitalanlegern wie den Anlegern einer Schnarchschiene, noch nicht herumgesprochen, sodass sich die Börsen- und Unternehmensumsätze in Grenzen halten. Der letzte von der Börse festgesetzte Kurs lag bei 10 Euro. Die Aktie bewegte sich schon einmal bei 15 Euro – das Allzeithoch –, der Schlusskurs des Vortags lag bei 9,50 Euro.

Damit sich Kurse überhaupt bewegen können, braucht es Käufer und Verkäufer. Hier also erst einmal die Käuferseite, auch *Geld-* beziehungsweise *Bid-Seite* genannt:

Ein Käufer (K1) hat in einem Gesundheitsmagazin gelesen, wie toll diese Schnarchschienen funktionieren, und da er das Problem aus Erzählungen seiner Frau kennt – er selbst verschläft es regelmäßig –, sieht er in der Aktie des Unternehmens Kurspotenzial. Er will die Aktie haben, hier und jetzt, und ordert 50 Stück *billigst*. Damit ist nicht etwa gemeint, dass er bis zum Sankt-Nimmerleins-Tag wartet, bis die Aktie auf einen Euro gesunken ist, vielmehr will er sie zum bestmöglichen Preis auf jeden Fall haben – billigst bedeutet also unlimitiert. Hauptsache, die Aktie kommt ins Depot.

Der zweite Käufer (K2) verfolgt seine eigene Anlagestrategie: Er will nicht mehr als 11 Euro bezahlen, weil er die Aktie bei 15 Euro wieder veräußern möchte. So ordert er 70 Stück mit dem Limit von 11 Euro.

Der dritte Käufer (K3) ist Banker im Ruhestand und hat sich die eher dünnen Geschäftsberichte des Unternehmens sehr genau angesehen. Er glaubt, dass die Gähn AG alles in allem bei 20 Euro fair bewertet ist, und als kleiner Warren Buffett kauft er gleich 100 Stück, als vorsichtiger Mensch mit Hingabe zur Nachkommastelle allerdings zum Limit von 10,50 Euro.

Ein vierter Käufer (K4) ist das Family Office einer überaus wohlhabenden Familie, allerdings leidet die Gattin des Familienoberhauptes unter dessen überaus lauter Schnarchmusik zur Nacht. Das Office soll sich mit einer ausreichenden Anzahl von Aktien eindecken, allerdings nicht auf einen Satz, denn das könnte den Kurs des Papiers während der Kaufphase nach oben treiben. So sollen erst einmal 150 Aktien gekauft werden, limitiert mit 10 Euro.

Die Verkäufer wollen nicht mehr

Leider sind nicht alle gleichermaßen begeistert von der Performance der Aktie der Gähn AG, manche finden sie einfach zu verschnarcht. So will Verkäufer 1 (V1) seine Aktien auf jeden Fall loswerden und lieber in der zukunftsweisenden Hotzenplotz SE, ein auf Pfeffersprays spezialisiertes Sicherheitsunternehmen, anlegen, also setzt er kein Limit, sondern verkauft 50 Aktien.

Verkäufer 2 (V2) hat sich in den Kopf gesetzt, mindestens zwei Euro Gewinn pro Aktie zu erzielen, gekauft hatte er sie für 9 Euro. Deshalb setzt er für seine 60 Aktien ein Limit bei 11 Euro.

Verkäufer 3 (V3) braucht 1.000 Euro, um seine Autoreparatur zu bezahlen, und räumt deshalb seinen Aktienbestand leer. Er möchte 90 Stück verkaufen, will aber auf jeden Fall 12 Euro mitnehmen, damit nach Gebühren und Spesen auch wirklich 1.000 Euro übrig bleiben – kann sein, dass er dabei die Steuer vergessen hat, aber das soll ja vorkommen, in diesem Fall zieht sie die Bank gleich für ihn ein.

Verkäufer 4 (V4) ist Mitarbeiter der Gähn AG und Chefentwickler der Schnarchschienen. Er hat die letzten Boni in Form von Belegschaftsaktien erhalten. Jetzt weist sein Depot eine etwas unausgeglichene Struktur auf und er will daher Aktien verkaufen und in anderen Branchen und Ländern zukaufen, um sein Portfolio zu diversifizieren. Er will 50 Aktien zu 10 Euro limitiert verkaufen.

Aus all diesen Kauf- und Verkaufsaufträgen ergibt sich dann ein Orderbuch beim für die Gähn AG zuständigen Makler Harry Hohlmeister wie in Tabelle 6.1.

Kaufaufträge		Verkaufsaufträge	
Stück	Limit	Stück	Limit
K1: 50	billigst	V1: 50	bestens
K2: 70	11 Euro	V2: 60	11 Euro
K3: 100	10,50 Euro	V3: 100	12 Euro
K4: 150	10 Euro	V4: 50	10 Euro

Tabelle 6.1: Das Orderbuch für die Gähn AG

Jetzt ist die Gretchenfrage, bei welchem Kurs der höchste Umsatz gewährleistet ist. Für den Makler Harry Hohlmeister erledigt das der Computer, bei uns tut es der Kopf, denn wir haben ja Zeit. Wie viele Aktien werden bei welchem Kurs gehandelt? Hier bereiten nur kurz die Bestens- und Billigst-Versionen Kopfzerbrechen, aber im Grunde ist es ganz einfach: Sie müssen zwingend bei jedem Kurs berücksichtigt werden, weil sie jeden Preis schlucken.

Kursfeststellung			
Kurs	Mögliche Käufe	Mögliche Verkäufe	Umsatz
10 Euro	K1; K2; K3; K4	V1; V4	
	370 Stück	100 Stück	100 Stück
10,50 Euro	K1; K2; K3	V1; V4	
	220 Stück	100 Stück	100 Stück
11 Euro	K1; K2	V1; V2; V4	
	120 Stück	150 Stück	120 Stück
12 Euro	K1	V1; V2; V3; V4	
	50 Stück	260 Stück	50 Stück

Tabelle 6.2: Die Kursfeststellung durch den Makler

Der Kurs pendelt sich, wie Sie in Tabelle 6.2 sehen, bei 11 Euro ein, denn dort findet am meisten Umsatz statt. Man könnte auch sagen, dass bei diesem Preis am meisten Anleger glücklich sind – sowohl auf der Kauf- als auch auf der Verkaufsseite. In unserem Beispiel liegt der Umsatz bei 120 Stück: Käufer 1 und 2 kaufen für 11 Euro, und alle außer Verkäufer 3 bringen ihre Aktie an den Mann.

In China fällt ein Fahrrad um – und das ist wichtig

Trends und Stimmungen bewegen die Kurse, so viel ist klar. Aber was ist deren Ursache? Es gibt wesentliche kursbeeinflussende Faktoren, die man grob unterteilen könnte in solche, die von außen auf die Unternehmen einwirken (passiv), und solche, die von den Unternehmen selbst beeinflusst werden (aktiv). Fangen wir mit den passiven an – passiv deshalb, weil die Unternehmen diesen auf Gedeih und Verderb ausgeliefert sind. Die passiven Faktoren lassen sich in ökonomische, politische und sonstige Faktoren unterteilen.

Große Ereignisse

Natürlich beeinflusst die Politik durch ihre Rahmensetzung die generelle Begeisterung an der Aktienanlage, die Aktienkultur eines Landes also, es sei nur an Steuern und Regulierungen sowie die nicht immer nutzbringenden Anlegerschutzmaßnahmen erinnert. Außerdem gibt es politische Faktoren, die Kurse kurzfristig bewegen können, beispielsweise Wahlen. In der Regel sind die Kursverläufe in den Wochen vor dem Wahltag eher ruhig, um dann unmittelbar vor dem Urnengang kräftig anzuziehen, das jedenfalls ergab eine Studie, die die vergangenen 14 Bundestagswahlen bis 2013 berücksichtigte. Direkt nach dem Wahltermin fallen die Kurse wieder, um dann nach einigen Wochen erneut anzuziehen. Dabei, so eine andere Untersuchung, sollen die Kurse nach einem Regierungswechsel stärker nach oben gehen, als wenn eine Regierung bestätigt wird – die Anleger erhoffen sich augenscheinlich von neuen Gesichtern eine neue Dynamik, egal um welches Regierungslager es sich handelt. Doch es könnte auch damit zusammenhängen, dass die meisten Wahlen im Herbst, in den ohnehin eher flauen Börsenmonaten stattfinden, während zum Jahresende die Börsenkurse meistens steigen.

Krisen hingegen wirken nachhaltiger auf die Kurse, weil sie meistens nicht schnell gelöst werden können. Wie der Russland-Ukraine-Konflikt zeigte, der eine Börse mit eigentlich steigenden Kursen erst nach unten und dann in die Seitwärtsbewegung riss. Einen typischen Verlauf nahmen die Börsen so im Irak-Krieg 2003: Schon im Vorfeld des Kriegs waren die Kurse wochenlang nach unten gegangen. Als dann tatsächlich der Krieg ausbrach, schnellten die Kurse nach oben – was wieder einmal zeigt, dass Unsicherheiten die Märkte stärker niederdrücken als das tatsächlich eintretende Ereignis. Eine Woche nach Kriegsausbruch im Irak gab es einen Kursrückgang von 5 Prozent, weil klar wurde, dass dieser Krieg länger dauern könnte als vermutet. Zudem war der Ölpreis deutlich gestiegen, obwohl der Irak als Öllieferant gar keine so große Rolle mehr spielte.

Politische Börsen, geprägt von Ereignissen jenseits der Wirtschaft und der eigentlichen Wirtschaftspolitik, haben in der Regel kurze Beine, das bedeutet, dass sich die Kurse meist relativ schnell wieder einpendeln.

Zu den sonstigen Einflussfaktoren zählen zum Beispiel Naturkatastrophen, Terroranschläge, aber auch technologische Revolutionen und Preiserhöhungen für Rohstoffe. Steigen beispielsweise die Ölpreise als wichtiger Indikator, wirkt sich das auf die meisten Branchen, die auf Öl angewiesen sind, negativ aus. Allerdings profitieren andere, wie beispielsweise Unternehmen der regenerativen Energien, in der Regel davon.

Es gibt natürlich auch positive Sachverhalte, die die Kurse nach oben bewegen können, zum Beispiel weltweit übertragene Sportereignisse, die die betreffenden Länder ins rechte Licht rücken oder die beteiligten Branchen von Sportartikel- bis TV-Geräteherstellern pushen.

Geh'n Sie mit, geh'n Sie mit der Konjunktur

Für die Kursentwicklung von ganzen Ländern, Branchen und Unternehmen ist die allgemeine konjunkturelle Lage oder kurz die Konjunktur mitverantwortlich. Auf sie müssen Unternehmen reagieren, sie bestimmt, ob eher Expansion oder Sparen angesagt ist – mit ganz direkten Folgen auf die Unternehmensgewinne und die Kursentwicklung.

> *Geh'n Sie mit, Geh'n Sie mit, Geh'n Sie mit, Geh'n Sie mit, Geh'n Sie mit der Konjunktur, Geh'n Sie mit, Geh'n Sie mit,*

sang Hazy Osterwald schon 1961, und weiter ging es so:

> *Oh, jotto hoh jotto oh, C'est la vie, Oh, jotto hoh jotto oh und ich sehe oh, jotto hoh jotto oh meine Kursgewinne heut. Pinke, pinke, pinke, pinke, pinke, pinke, pinke, pinke, ...*

In unserer heutigen Zeit der Globalisierung und der Vernetzung ist dabei nicht nur die heimische Konjunktur von Bedeutung, sondern auch die Weltkonjunktur, insbesondere die der Wirtschaftsweltmächte USA und China, aber auch Europa und die Eurozone sowie die Emerging Markets, also die Länder, die als Schwellenländer nahe an die westlichen Industrieländer rücken. Sie alle beeinflussen die Gewinne der exportorientierten deutschen Wirtschaft.

Kein neues Gesellschaftsspiel: BRIC

In den vergangenen Jahren erfreuten sich die Emerging Markets oder Schwellenländer steigender Beliebtheit bei immer mehr Anlegern, wiesen sie doch im Vergleich zu den etablierten Märkten atemberaubende Wachstumsraten auf. Um sich diese Länder besser merken zu können, wurden sie mit ihren Anfangsbuchstaben zusammengefasst. Das bekannteste Kürzel ist BRIC und meint Brasilien, Russland, Indien und China. Manchmal kommt auch noch ein S für Südafrika dazu (BRICS-Staaten). Weitere Kürzel sind etwa BRIICS mit zusätzlich Indonesien, BRIKT für Brasilien, Russland, Indien, Korea und die Türkei. Am umfangreichsten ist BRICSAM zu lesen, denn das umfasst dann Brasilien, Russland, Indien, China, Südafrika, die ASEAN-Länder und Mexiko. Das sind gewaltige Märkte, schon allein von der Größe und Anzahl her. Findige Analysten und Fondsgesellschaften suchen immer neue wachstumsstarke und zukunftsträchtige Länder aus, daher werden Sie wahrscheinlich immer wieder neuen interessanten Länder- und Buchstabenkombinationen begegnen.

Da wir gerade im Abkürzungswahn stecken: Emerging Markets werden auch als EMMA abgekürzt, MEA steht wiederum für Middle-East and Africa und MENA für Middle-East and North Africa und NEMA für New Emerging Markets. Vielleicht werden das auch eines Tages Vornamen für Kinder ...

Die Konjunktur setzt sich aus einer Vielzahl gesamtwirtschaftlicher Faktoren zusammen. Das steckt schon im Wort selbst, denn Konjunktur kommt von dem lateinischen Wort *conjunctura*, was so viel bedeutet wie »Verbindung«. Die Verbindung ganz unterschiedlicher Erscheinungen bündelt sich also zu einer Gesamtlagebeschreibung. Die beiden wichtigsten Faktoren mit mehr oder weniger direkter Wirkung auf die Aktienkurse sind die Leitzinsen und die Konjunkturdaten, wie etwa die Arbeitslosenzahlen oder die Inflationsrate.

Die *Leitzinsen*, also diejenigen Zinsen, zu denen sich die Banken Geld leihen, um es dann an Kreditnehmer weiterverleihen zu können, werden von den Zentralbanken vorgegeben. Ein wichtiges Axiom für die Anlage lautet: Sind die Zinsen niedrig, ist das gut für die Aktienkurse. Sind sie hoch, wirkt sich das negativ aus. Konkurrenz belebt eben das Geschäft. Wenn Sie 7 Prozent Zinsen oder mehr auf Ihr Sparguthaben oder auf andere festverzinsliche Anlagen erhalten, würden Sie wahrscheinlich eher nicht darüber nachdenken, ob Sie das höhere Risiko eingehen und in Aktien investieren sollten. Derzeit, also 2018, sind so hohe Zinsen allerdings utopisch – und es gibt wenig Anzeichen, dass sich das in Zukunft grundlegend ändern wird. Die Leitzinsen tendieren derzeit in der Eurozone gegen null und auch in anderen wichtigen Volkswirtschaften ist da wenig zu holen, allenfalls in den USA gehen sie leicht nach oben.

Warum senken die Zentralbanken (auch Notenbanken genannt) den Leitzins überhaupt? Mit den niedrigen Zinsen wollen sie vor allem die Wirtschaft ankurbeln, denn damit erleichtern sie den Unternehmen die Kapitalbeschaffung. Produktion, Lagerung und Vertrieb laufen dann günstiger. Da die Menschen kaum Zinsen für ihr Erspartes bekommen, konsumieren sie lieber, gerne auch auf Kredit. Vater Staat macht es ihnen ja quasi vor. Die Konjunkturlokomotive springt an, das ist übrigens der zweite Grund, warum Aktienkurse bei niedrigen Zinsen steigen. Umgekehrt können die Notenbanken, wenn sie eine Überhitzung der Konjunktur und eine zu hohe Preissteigerung befürchten, die Zinsen anheben und so die Unternehmen in ihrer Entwicklung bremsen. Denn dann werden Kredite und Investitionen teurer und gleichzeitig nimmt die Kaufbereitschaft der Konsumenten spürbar ab.

 Hohe Zinsen sind schlecht für die Aktienmärkte, niedrige Zinsen befeuern die Kurse, insofern spielen die Zinsen und die erwartete Zinsentwicklung eine sehr große Rolle bei der Aktienanlage. Aus diesem Grund fiebern Anleger den Sitzungen der Notenbanken entgegen, auf denen möglicherweise Zinsänderungen bekannt gegeben werden. Notieren Sie sich also am besten die Termine der Notenbanksitzungen und beobachten Sie deren Auswirkung auf die Kursverläufe.

Niedrige Zinsen bedeuten eine Zunahme an Krediten, denn fremdes, geborgtes Geld kostet in diesem Fall fast nichts. Die Schuldenberge in der Eurozone, aber auch in den USA und in Japan sind enorm. Im Verhältnis zum Bruttosozialprodukt, also der gesamten Wirtschaftsleistung einer Volkswirtschaft, beträgt die Verschuldung in der Eurozone durchschnittlich

88,1 Prozent (Stand: drittes Quartal 2017) wobei die Schwankungsbreite der einzelnen Länder zwischen 177,4 Prozent (Griechenland) und 8,9 Prozent (Estland) liegt. Deutschland lag bei 65,1 Prozent. Nach den Maastricht-Kriterien, also der Festlegung, wie viele Schulden ein Land mit dem Euro als Währung haben darf, dürfte die Quote bei höchstens 60 Prozent liegen. Das ist aber nur die eine Seite der Schuldenmisere in der Eurozone – auch die privaten Haushalte und die Unternehmen sind hoch verschuldet und bremsen damit das Wachstum, da der Schuldendienst letzten Endes den Konsum und die Investitionen drückt. Insofern sind länger andauernde Niedrigzinsphasen eher problematisch für die Gesamtwirtschaft – ganz zu schweigen von den Problemen, die zum Beispiel Lebensversicherungen haben, die gesetzlich dazu verpflichtet sind, große Teile ihres Vermögens in festverzinsliche Papiere anzulegen.

Konjunkturdaten geben wichtige Hinweise für die Erwartungen einzelner Branchen und Unternehmen. Sie dienen teilweise als Frühindikatoren, weil sich ihre tatsächlichen Auswirkungen erst in späteren Bilanzen der Unternehmen niederschlagen. Konjunkturdaten liefern gerade auch für die Akteure der Wirtschaftspolitik – die Zentralbanken und die Politik im engeren Sinne – wichtige Daten für ihr Handeln, womit sie wiederum die Unternehmen, aber auch die Kursen beeinflussen. Im Wirtschaftsteil der Tageszeitungen können Sie die wichtigsten Konjunkturindikatoren nachlesen, werden sie dort doch breit ausgeführt und intensiv diskutiert. Wie sich die unbeständige Konjunktur entwickelt und warum es zu den typischen Wellenbewegungen kommt, führen wir in Kapitel 15 in unserem kleinen volkswirtschaftlichen Einmaleins näher aus.

Zu den wichtigsten Konjunkturdaten im Einzelnen zählen:

✔ **Auftragseingänge:** Sie werden monatlich vom Statistischen Bundesamt (Destatis) publiziert. Hier spielt weniger die absolute Zahl eine Rolle als vielmehr die stetige Entwicklung. Höhere Auftragseingänge schieben die Aktienkurse an, niedrigere bremsen sie. Denn nur wer Aufträge hat, hat Arbeit für morgen.

✔ **Investitionsquote:** Sie beschreibt den Anteil der Bruttoinvestitionen am Bruttosozialprodukt. Wie viel der jährlichen Gesamtleistung einer Volkswirtschaft wird in langfristige Wirtschaftsgüter investiert?

 In der Regel beläuft sich diese Quote auf um die 20 Prozent, in Deutschland ist sie allerdings fast schon traditionell niedriger: Sie fiel von 21,2 Prozent im Boomjahr 2000 auf nur 17,2 Prozent im Krisenjahr 2009 und liegt seither bei knapp 20 Prozent – unsere Nachbarländern liegen deutlich darüber.

✔ **Auslastung der Produktionskapazitäten von Unternehmen:** Sie ist ein wichtiger Indikator dafür, in welcher konjunkturellen Situation sich ein Land gerade befindet. Ist sie niedrig, bedeutet das, dass die Unternehmen keine Notwendigkeit sehen, ihre Produktionsmittel auszuweiten und Investitionen zu tätigen. Eine hohe Auslastung lässt darauf schließen, dass auch die Investitionsgüterindustrie sich über hohe Auftragseingänge – siehe oben – freuen darf. Auslastungsgrade unter 70 Prozent gelten als deutliches Signal für eine Rezession, bei nahezu 100 Prozent kann von einer Boom-Phase gesprochen werden, die zusätzliche Investitionen erwarten lässt.

Im Jahr nach der Finanzkrise 2008 ging zum Beispiel die Kapazitätsauslastung der deutschen Automobilindustrie auf rund 60 Prozent zurück. Anfang 2008 hatte sie noch bei über 90 Prozent gelegen. Im gleichen Zeitraum bewegte sich der Dax-Branchenindex »All Automobile Manufacturers« auf einem Tiefpunkt von 61,35 Euro – im Oktober 2008 hatte er noch 113,77 Euro betragen, und im März 2014 bewegte er sich bei etwa 150 Euro.

✔ **Arbeitslosenzahlen:** Sie sind ein Ausdruck der Lage einer Volkswirtschaft. Eine niedrige Arbeitslosenzahl zählt zu den wichtigsten Zielen einer guten Wirtschaftspolitik. So ist es kein Zufall, dass die »Problemzonen« unter den Euroländern allesamt gewaltige Arbeitslosenzahlen aufweisen: Wo nicht investiert und nicht konsumiert wird, da wird auch wenig produziert – und umgekehrt.

Die US-amerikanische Zentralbank Fed richtet ihre Politik des lockeren Geldes, also niedrige Zinsen und ein umfangreiches Aufkaufprogramm von Anleihen, an der Arbeitslosenzahl des Landes aus. Deswegen warten die Anleger weltweit mit Spannung auf die entsprechenden Berichte aus den USA – und hoffen dabei tatsächlich auf die Bekanntgabe hoher Arbeitslosenzahlen, damit die Fed weiter billiges Geld in die Märkte pumpt und damit die Aktienkurse nach oben treibt. Es kommt also immer auf den Zusammenhang an, wie Zahlen für die künftige Kursentwicklung zu deuten sind.

✔ **Konsumneigung:** Sie gibt an, welchen Anteil ihres verfügbaren Einkommens Haushalte konsumieren. Sie misst damit vielleicht sogar den Wohlstand einer Nation, denn was wir ausgeben können, müssen wir logischerweise auch in der Tasche haben – sofern wir nicht den kleinen Umweg über den Kredit gehen, der hier aber nicht gemeint ist. Es gibt sogar eine wirtschaftspolitische Lehrmeinung, die sogenannte nachfrageorientierte Wirtschaftspolitik, die die Erhöhung des Konsums als die eigentliche Konstante für Wachstum und Wohlstand begreift.

Woher wissen Sie aber, wie konsumfreudig Ihre Nachbarn sind, wenn Sie dort kein neues Auto in der Garage sehen? Der wichtigste Index, der unsere Neigung zum Geldausgeben beschreibt, ist der *GfK-Konsumklima-Index*, der monatlich von dem großen Nürnberger Marktforschungsunternehmen erstellt wird. Befragt werden die Verbraucher dabei nach ihren Einkommensaussichten, ihrer Konjunkturerwartung und ihrer Anschaffungsneigung. Je höher dieser ausfällt, desto positiver ist die Stimmung, je besser geht es den Unternehmen, desto freundlicher reagieren die Aktienmärkte mit höheren Kursen.

✔ **Inflationsrate:** Sie gibt die Teuerung, also den Anstieg der Preise an. Die Bekämpfung der Inflation zählt zu den wesentlichen Kriterien einer guten Wirtschaftspolitik – ebenso wie der Einsatz für Vollbeschäftigung und Wachstum. Die Inflationsrate sollte nicht über 2 Prozent betragen, steigt sie stark über diesen Wert, kämpft eine Volkswirtschaft mit einer Inflation, sinkt sie darunter, werden Güter sogar billiger, herrscht Deflation. So schön günstigere Preise für den Einzelnen sein mögen, auch eine Deflation bekommt einer Volkswirtschaft ganz und gar nicht und sollte ein Alarmsignal für Anleger sein, sich in diesen Ländern nicht zu engagieren. Denn bei einer Deflation kaufen die Kunden nicht etwa viele Waren, weil es so günstig ist, sie warten vielmehr ab, bis es noch günstiger wird. Die Unternehmen haben ihre Rohstoffe und Halbfertigprodukte zu noch teuren Preisen eingekauft und müssen ihre Fertigprodukte immer billiger hergeben – es gibt eine Teufelsspirale nach unten.

✔ **Hohe Inflationsraten** sind auf den ersten Blick gut für die Aktienkurse, da Aktien Sachwerte darstellen: Sie investieren in Unternehmen mit Grund- und Immobilienbesitz, Maschinen- und Fuhrpark, materiellen und immateriellen Firmenwerten – und diese behalten ihren Wert beziehungsweise steigen dann mit der Inflation und so ziehen die Kurse mit. So gilt die Anlage in Aktien geradezu als ein Mittel, sich vor inflationären Tendenzen abzusichern. Längerfristig aber sind hohe Inflationsraten eher ungünstig für die Wirtschaft, vor allem kapitalintensive Unternehmen leiden darunter. Da sich die Löhne und Gehälter meist weniger schnell entwickeln als die Preise, üben sich viele Bürger in Kaufzurückhaltung – je höher die Inflationsrate, desto mehr. Anleger profitieren von einer höheren Inflation am ehesten dann, wenn sie möglichst früh auf den Zug aufgestiegen und zu Beginn einer einsetzenden Inflation Aktien erworben haben.

✔ **Exportüberschüsse:** Sie belegen den Erfolg eines Landes und seiner Wirtschaft, denn andere Nationen fragen mehr seiner Güter nach, als es selbst im Ausland kauft – ein Zeichen hoher Wettbewerbsfähigkeit der Industrie. Wer mehr verkauft, als er einkauft, der steht gut da, sollte man meinen. Deutschland gilt als Exportweltmeister – doch das kommt nicht bei allen gut an: So wirft die EU Deutschland vor, diese hohen Überschüsse würden ein wirtschaftliches Ungleichgewicht bedeuten, weil die Binnennachfrage – also Deutsche kaufen deutsche Waren, einmal platt gesagt – im Gegenzug zu niedrig sei. Das führe zu Wettbewerbsverzerrungen zuungunsten der anderen Länder. Das Problem: Wir können der Welt schlecht verbieten, dass sie gerne BMW, Mercedes, Audi oder Porsche kauft – man könnte allerdings dafür sorgen, dass auch die eigenen Bürger sich mehr von den inländischen Produkten leisten können.

✔ **Außenhandelsdefizit:** Das Gegenteil von Exportüberschüssen. Es ist ein eher besorgniserregendes Zeichen für die Beurteilung einer Volkswirtschaft, zeigt es doch, dass die heimische Industrie sich auf dem Weltmarkt nicht behaupten kann.

 Ein aktuelles Beispiel für den Zusammenhang zwischen Exportüberschüssen und Aktienmärkten gab es in China. So schrieb die *Frankfurter Allgemeine Zeitung* am 11. März 2014: »Schwache Exporte lassen die Aktienkurse auf den tiefsten Stand seit fünf Jahren fallen.« Tatsächlich waren die Exporte im Februar 2014 um 18 Prozent gesunken, die Auguren oder Volkswirte hatten hingegen mit einem Anstieg von 7 Prozent gerechnet – und lagen damit knapp daneben. Das freute die Anleger ganz und gar nicht und so gingen die Kurse chinesischer Aktien, gespiegelt im chinesischen Index CSI 300, um 3,3 Prozent zurück.

✔ **Bruttoinlandsprodukt**, kurz BIP: Das BIP ist die Summe oder das Ergebnis der einzelnen Konjunkturdaten, wenn man so will. Die gesamte Wirtschaftsleistung einer Volkswirtschaft wird damit beschrieben, wobei die Wachstumsrate des BIP als Gradmesser für den Erfolg eines Landes gilt, vergleichbar vielleicht mit den großen Aktienindizes. Auch wenn es immer mehr Kritiker dieser Wachstumsideologie gibt, die das BIP vermittelt – ein konziser und aussagekräftiger Gegenansatz, wie die wirtschaftliche Entwicklung eines Landes zu messen wäre, konnte sich noch nicht durchsetzen. Interessant sind beim BIP vor allem die Voraussagen für das künftige Wachstum, die von den verschiedensten Organisationen (etwa der OECD), Unternehmen (Banken und Analystenhäusern) und Staaten unternommen – und in den meisten Fällen immer und immer wieder nach unten korrigiert werden.

Aha, interessant, aber was geht mich das an? Ich will doch bloß Aktien kaufen!, werden Sie jetzt einwenden. Ganz einfach: Unternehmen sind von ihrem Umfeld und den Märkten abhängig, deshalb ist es für Sie als Investor – denn Sie erwerben schließlich Anteile an Unternehmen – wichtig, diese einschätzen zu können, egal ob im Inland oder Ausland.

Immer flüssig – Liquidität

Einen wichtigen Faktor für die Entwicklung der Aktienkurse stellt die *Liquidität* dar. Dieser etwas abstrakte Begriff bedeutet konkret, wie hoch die Geldmenge eines Landes ist. Da wir inzwischen über die Einheitswährung Euro verfügen, betrifft dies nicht mehr uns allein, sondern die gesamte Eurozone. Die Europäische Zentralbank hat nämlich – wie ihr großer Bruder, die US-amerikanisches Fed – nicht nur die Zinsen extrem gesenkt, sondern sie lässt auch die Gelddruckmaschine fleißig rattern. Wenn sich Banken Geld quasi zum Nulltarif leihen und dann damit arbeiten können, tun sie das selbstverständlich in hohem Maße – so fließt mehr und mehr Kapital in die Märkte. Das Kapital muss irgendwohin gelenkt werden, kaninchenartig sucht es sich die interessantesten Vermehrungswege – und Aktien sind eine, aber leider nicht die einzige Art, wie es dies tun kann.

Zusätzlich kauften (und kaufen) die Notenbanken Anleihen der eigenen Staaten und starteten damit ein einzigartiges und umfassendes Konjunkturprogramm. Allein die US-amerikanische Fed zum Beispiel erwarb seit Anfang 2012 monatlich Anleihen in Höhe von 85 Milliarden US-Dollar. Seitdem lebten die Anleger weltweit unter dem Damoklesschwert, wann die Fed das Anleihekaufprogramm zurückfahren würde. Dieses sogenannte *Tapering* begann tatsächlich im Dezember 2013, als der damalige Fed-Chef Paul Bernanke die monatlichen Käufe um 10 Milliarden US-Dollar senkte. Seitdem ging es in weiteren 10er-Schritten abwärts – mit erheblichen Auswirkungen auf die Aktienkurse. Bei der zweiten Absenkung traf es beispielsweise viele Indizes von Schwellenländern. Nun macht sich die Fed Gedanken, die Anleihen von in Summe 4,5 Billionen US-Dollar wieder zu verkaufen – langsam aber sicher.

Kann Flüssigkeit platzen?

Also, Flüssigkeit kann nicht platzen, so viel sei vorangestellt. Aber das Überschwemmen des US-Markts mit billigem Geld durch die Notenbank Fed in den Jahren nach dem Internethype und den Anschlägen des 11. September 2001 halten viele Fachleute für die wesentliche Ursache für das Platzen der US-Immobilienblase 2008. In der direkten Folge mussten viele US-amerikanische Geldinstitute zwangsverstaatlicht werden – und das im Land des freien Marktes – und die Investmentbank Lehman Brothers ging bankrott, ein Brandverstärker für die international auftretende Finanzkrise.

Wie entstand also die US-Immobilienblase? Durch das billige Geld der Fed drängten US-Banken jahrelang ihren Kunden, politisch durchaus gewollt, Hypothekenkredite geradezu auf, und so konnten sich sogar Menschen, die nicht einmal über ein festes Einkommen verfügten, ein Eigenheim leisten (also auf Pump kaufen). Als dann die Zinsen marginal angehoben wurden, folgten die ersten Zahlungsausfälle, die dann einen Dominoeffekt erzeugten: Täglich erhielten die Banken Briefe mit Wohnungsschlüsseln von US-Bürgern, die ihre Hypothekenzinsen nicht mehr bezahlen konnten, und die Banken saßen auf vielen leer stehenden Häusern.

Einer steigenden Geldmenge auf der einen Seite steht aber eine nicht so rasch wachsende Zahl an Produkten gegenüber – das bedeutet, dass für weniger Produkte mehr Geld ausgegeben werden muss oder, anders ausgedrückt, eine steigende Inflation herrscht. Diese hält sich hierzulande zwar derzeit noch in Grenzen, sie liegt unter 2 Prozent – also noch bei einer Marke, die als unproblematisch eingestuft wird.

 Bedenken Sie dabei, dass die *tatsächliche Geldentwertung* durchaus höher ist als die kolportierte offizielle Inflationsrate, denn bei deren Berechnung wird seitens des Staates ziemlich getrickst – ausführlicher können Sie zur Geldmenge in Kapitel 15 nachlesen.

Die Tricks mit dem Warenkörbchen

Den Ausgangspunkt zur »Berechnung« – passender wäre wohl Einschätzung – der Inflationsrate bildet ein ausgetüftelter Warenkorb, in dem alles steckt, was wir Bürger uns wünschen und was wir so brauchen. Allerdings werden nicht in langer Zeitreihe stets die Preise der gleichen Produkte genommen, sonst würde dem mündigen, aufmerksamen Bürger nämlich auffallen, dass die Produkte sehr viel teurer geworden sind, als ihm die Inflationsrate weismachen will. Jeder kennt das: Was früher ein Bierchen im Restaurant in DM gekostet hat, das kostet es heute in Euro plus x. Doch eine Inflationsrate von im Schnitt nicht einmal 2 Prozent schafft beim besten Zinseszinsrechnen und ganz ohne Promille keine Steigerung von inzwischen über 100 Prozent in rund zehn Jahren!

Also greifen die Statistiker bei der Bestückung des imaginären Warenkorbs tief in die Trickkiste, indem sie zum Beispiel besonders teuer gewordene Produkte durch günstigere Surrogate ersetzen: Lag gestern noch teure Butter im Korb, kommt heute billige Margarine hinein – schmiert sich sogar noch besser. Statt Kalbsschnitzel landet Schweinefleisch als unechtes Wiener Schnitzel auf dem Teller.

Ein anderer Trick ist, Qualitätserhöhungen einzuberechnen. Kostet ein Laptop beispielsweise heute genauso viel wie vor zehn Jahren, so kann er dafür aktuell sehr viel mehr Leistung bringen – pro Leistungseinheit ist er demnach wesentlich günstiger geworden. Dumm nur, dass man keinen billigeren Laptop mit geringerer Leistung mehr bekommen kann. Fachleute sprechen in diesem Fall von einem *hedonischen Preisindex*.

Also: Wenn Ihnen die Artikel des täglichen Lebens deutlich teurer vorkommen als die öffentliche Inflationsrate suggeriert, so haben Sie recht – die »gefühlte Inflation« entspricht dem tatsächlichen Wetter! Das bedeutet für Sie aber, dass Kapital, das nicht wirklich arbeitet, stets weniger wird. Denn der Zinssatz, den Sie auf fest angelegtes Geld bekommen, wiegt die gefühlte Inflation bei Weitem nicht auf.

Gewinn gewinnt immer

Zu den wichtigsten betriebswirtschaftlichen oder unternehmensinternen Daten, die die Kurse einer Unternehmensaktie beeinflussen, zählt der *Gewinn* in all seinen Ausprägungen – mehr dazu gibt es in Kapitel 15. Vor allem die Jahresberichte, die meistens im März eines Jahres erfolgen, und die Quartalsberichte, die jeweils zu Beginn eines Quartals über das Vorquartal erscheinen, geben darüber Auskunft und schlagen sich dann in den Kursen nieder. Wobei Quartalsberichte nicht von allen Unternehmen veröffentlicht werden müssen, dazu verpflichtet sind nur Unternehmen im Frankfurter Prime Standard – also zum Beispiel alle Dax-, MDax-, SDax- und TecDax-Unternehmen und solche, die es werden wollen. Mehr zu Dax & Co. gibt es übrigens in Kapitel 8. Doch auf freiwilliger Basis veröffentlichen auch Unternehmen, die nicht im Prime Standard in Frankfurt gelistet sind, Quartalsberichte.

 Notieren Sie sich für Ihre Aktieninvestments den sogenannten Unternehmenskalender – also wann die Jahresberichte und eventuell Quartalsberichte veröffentlicht werden –, denn erstens sind das interessante Zahlen und zweitens dürfte sich im unmittelbaren Umfeld vor und nach der Veröffentlichung der Kurs bewegen, was Sie entsprechend nutzen können.

Es gibt eine relativ enge Verknüpfung zwischen der Entwicklung von Unternehmensgewinnen und dem Verlauf von Börsenkursen – und es ist Vorsicht geboten, wenn diese auseinanderlaufen: Steigen Börsenkurse exponentiell und halten die Gewinne dieser Entwicklung nicht stand, ist das ein (aber nicht das einzige) Anzeichen für einen eventuell bevorstehenden Crash.

 Das *Handelsblatt* überschrieb seine Titelseite am 14. März 2014 mit »Das große Zittern« und hatte dabei die Aktienmärkte in Deutschland im Blick. Auslöser für dieses Zittern sei aber nicht nur die Krise in der Ukraine, sondern vor allem die Gewinnentwicklung der Dax-Konzerne. Nachdem 27 von 30 Gesellschaften ihre Bilanzen vorgelegt hatten, kam heraus, dass sie im Schnitt 8 Prozent weniger Gewinne eingefahren hatten als im Vorjahr. Im gleichen Zeitraum war der Dax aber um 25,5 Prozent gestiegen. Doch nicht nur die Dax-Unternehmen, sondern auch zwei Drittel der 100 größten deutschen Konzerne, die zu diesem Zeitpunkt ihre Zahlen bereits vorgelegt hatten, enttäuschten, weil sie hinter den Erwartungen der Analysten zurückblieben, so das *Handelsblatt*. Das sei der schlechteste Wert seit dem absoluten Krisenjahr 2008, damals waren die Kurse um 40 Prozent gefallen.

Gewinne einzufahren ist die Hauptaufgabe von Unternehmen, doch leider klappt das nicht immer. Die Gesellschaften geben daher *Gewinnwarnungen* aus, wenn sich der Gewinn stark verschmälert hat oder sogar in einen Verlust umgekippt ist. Solche Meldungen mögen Anleger ganz und gar nicht – und watschen die Aktie mit kräftigen Kursabschlägen ab.

Es gibt noch eine weitere missliche Nachricht, die Unternehmen publizieren müssen, nämlich eine *Verlustanzeige* nach § 92 Abs. 1 Aktiengesetz. Wenn ein Verlust so hoch ausfällt, dass sich die Hälfte des Grundkapitals verflüchtigt hat, fällt eine solche Meldung an. In der Folge muss der Aufsichtsrat dann eine außerordentliche Hauptversammlung einberufen, ein weiteres Alarmsignal – es lohnt aber auf alle Fälle, diese zu besuchen, um sich ein genaueres Bild über den Zustand des Unternehmens zu machen.

Am 22. Oktober 2012 musste das Hamburger Solarunternehmen Conergy AG eine Verlustanzeige veröffentlichen und zur außerordentlichen Hauptversammlung einladen. Viel Luft zum Nachgeben hatte die Aktie damals allerdings nicht mehr, sie sank von 0,34 Euro auf 0,32 Euro. Im September 2007 hatte ihr Allzeithoch noch bei satten 466,20 Euro gelegen. Ende 2007 geriet Conergy dann in eine finanzielle Schieflage und musste eine Notfallkapitalerhöhung durchziehen, um liquide zu bleiben. Zudem ließ das Unternehmen von Bilanzfälschung bis Insiderhandel kaum etwas an Unregelmäßigkeiten aus. Im Juli 2013 stellte das Unternehmen schließlich einen Insolvenzantrag, heute bewegt sich der Aktienkurs fern der Wahrnehmung bei 0,01 Euro.

Erleidet ein Unternehmen eine längere oder heftigere Durststrecke in Sachen Gewinn und kippen diese in Verluste um, wird es zum Sanierungsfall bis hin zum Einreichen eines Insolvenzantrags bei Überschuldung. Dabei stürzen die Aktienkurse meistens in den Keller, doch für risikofreudige Anleger bietet ein solches Szenario auch Chancen. Findet sich ein Aufkäufer, der das Unternehmen sanieren will, eventuell sogar erst einmal von der Börse nimmt, um es später wieder mit Erfolg aufs Parkett zurückzubringen? Dann braucht er alle Aktien, die Kurse treibt das nach oben. Oder versucht das Unternehmen selbst die Kehrtwende? Ein erfolgreich durchgeführtes Restrukturierungsprogramm eines Unternehmens kann ein Kaufsignal bedeuten, selbst der Wiederaufstieg nach einer Insolvenz könnte für Anleger einen günstigen Einstieg bedeuten, wenn es dem Unternehmen gelingt, neues Vertrauen bei Kunden und Aktionären zu gewinnen. Da heißt es aber, die Verlautbarung des Unternehmens und die Berichte in der Presse genau zu studieren – und dann bleibt nur zu hoffen, dass es gelingt.

Übernahmefantasien

Wahre Kurstreiber sind Übernahmefantasien, also wenn Gerüchte aufkeimen, Unternehmen A wolle Unternehmen B kaufen. Dann decken sich findige Aktionäre auf die Schnelle noch mit Papieren von A ein, um das Angebot von B abzuwarten, denn das liegt in der Regel immer höher als der aktuelle Kurs – das sieht schon das eigens geschaffene Wertpapiererwerbs- und Übernahmegesetz so vor. Kurstreibend wirken insbesondere feindliche

Übernahmen, weil sich das Unternehmen heftig wehrt und sich damit die Übernahme zumindest verzögert. Bei einer freundlichen Übernahme empfiehlt das Management seinen Aktionären den Verkauf der Aktien, damit das Geschäft klappt. Bei einer feindlichen Übernahme fehlt dieser Segen und so muss der feindliche Käufer sein Angebot erhöhen, damit die Aktionäre wirklich verkaufen und nicht lieber hinter dem Management ihres Unternehmens, das auf Selbstbehauptung beharrt, stehen. Das treibt die Kurse, zumindest solange die Verhandlungen laufen, nach oben. Klappt es dann nicht mit der Übernahme, sinken die Kurse allerdings in den meisten Fällen wieder. So oder so müssen Sie in diesem Falle früher oder später ihre Aktien verkaufen

Das Wertpapiererwerbs- und Übernahmegesetz regelt zum Beispiel, wie lange die Annahmefrist der Aktionäre nach der Abgabe eines Angebots seitens des Käufers sein muss und darf, nämlich mindestens vier und höchstens zehn Wochen. Noch wichtiger sind die Ausführungen zum Mindestgebot. Dieses entspricht mindestens dem gewichteten inländischen Börsenkurs der Aktien während der vergangenen drei Monate vor der Veröffentlichung des Angebots. Damit kann man aber meist keinen Aktionär hinter dem Ofen vorlocken.

Hexensabbat

Einfluss auf die Kurse nimmt zudem eine seltsame Veranstaltung, die viermal jährlich erfolgt und, etwas mystisch anmutend, *Hexensabbat* genannt wird. Dabei schwirren aber keine langberockten Damen auf Besen um den Brocken, vielmehr werden schlicht und ergreifend Terminkontrakte fällig. Der Hexensabbat findet immer am dritten Freitag des dritten Monats eines Quartals statt. An diesen Tagen werden zu ganz bestimmten Zeitpunkten – bei allen Kontrakten auf den Dax zum Beispiel um 13.00 Uhr – die Abrechnungspreise festgestellt, zu denen alle Kontrakte, die an diesem Tag fällig werden, berechnet werden. Diese Verfallstermine sind weltweit an den Börsen einheitlich.

Ereignisse im Unternehmen

Einen guten Überblick über sämtliche Faktoren, die aus dem Unternehmen heraus die Kurse von dessen Aktie beeinflussen können, geben die Vorschriften rund um die Ad-hoc-Pflichten und Insiderinformationen von börsennotierten Aktiengesellschaften. Alle Anleger müssen auf dem gleichen Informationslevel sein, es geht schließlich nicht an, dass Personen innerhalb des Unternehmens – also Vorstände, Aufsichtsräte, Chefentwickler und ihr Umfeld – sich mithilfe von Informationsvorsprüngen Vorteile verschaffen können.

Analystenmeinungen

Um die Gruppe der Analysten im Hinblick auf das Thema Informationsbeschaffung der Profis wird es ausführlicher in Kapitel 14 gehen, denn um Vollblutprofis handelt es sich bei ihnen allemal. An dieser Stelle geht es um ihr wesentliches Hinwirken auf die Veränderung von Aktienkursen.

Was den Kurs beeinflussen kann

Es gibt unendlich viele Dinge, die den Kurs einer Aktie beeinflussen können, hier nur einige:

✔ Veräußerungen von Kerngeschäftsfeldern, Rückzug oder Aufnahme von neuen Kerngeschäftsfeldern

✔ Verschmelzungsverträge, Eingliederungen, Ausgliederungen, Umwandlungen, Spaltungen und andere wesentliche Strukturmaßnahmen

✔ Beherrschungs- und/oder Gewinnabführungsverträge

✔ Erwerb/Verkauf wesentlicher Beteiligungen

✔ Übernahme- und Abfindungs-/Kaufangebote

✔ Kapitalmaßnahmen

✔ wesentliche Änderungen der Ergebnisse des Jahresabschlusses oder der Zwischenberichte gegenüber früheren Ergebnissen oder der Prognose

✔ Zahlungseinstellungen, Überschuldung, Verlust nach § 92 AktG, kurzfristige Kündigung wesentlicher Kreditlinien

✔ Verdacht auf Bilanzmanipulation, Ankündigung der Verweigerung des Jahresabschlussetats durch den Wirtschaftsprüfer

✔ erhebliche außerordentliche Aufwendungen

✔ Ausfall wesentlicher Schuldner

✔ Abschluss, Änderung oder Kündigung besonders bedeutender Vertragsverhältnisse

✔ Restrukturierungsmaßnahmen mit erheblichen Auswirkungen auf die künftige Geschäftstätigkeit

✔ bedeutende Erfindungen, Erteilung bedeutender Patente und Gewährung wichtiger Lizenzen

✔ maßgebliche Produkthaftungs- oder Umweltschadensfälle

✔ Rechtsstreitigkeiten

✔ überraschende Veränderungen in Schlüsselpositionen des Unternehmens (Vorstand, Chefdesigner, Aufsichtsratsvorsitzender ...)

✔ überraschender Wechsel des Wirtschaftsprüfers

✔ wenn ein Unternehmen einen Börsenplatz – einen organisierten Markt – verlassen möchte und nicht noch an einem anderen Platz gelistet wird

✔ Lohnsenkungen oder Lohnerhöhungen, die nur den Emittenten betreffen

✔ Beschlussfassung des Vorstands, von der Ermächtigung der Hauptversammlung zur Durchführung eines Rückkaufprogramms Gebrauch zu machen

Analysten sind entweder direkt bei Banken oder großen Versicherungen als *Buy-Side-Analysten* angestellt und bilden dort die Research-Abteilung, oder sie betätigen sich als *Sell-Side-Analysten* frei und beraten unterschiedliche Großinvestoren. Wirklich merken müssen Sie sich diese unterschiedlichen Bezeichnungen aber nicht. Oftmals verfügen Analysten über einen guten Draht zu Wirtschaftspublikationen (und umgekehrt) und werden dort nach ihrer Meinung zu bestimmten Aktien befragt. Meist haben sie sich auf bestimmte Branchen und/ oder Märkte (Länder) spezialisiert.

Analysten geben, nachdem sie sich durch den Zahlenapparat der Unternehmen gewühlt und vielleicht noch ein Interview mit dem Finanzvorstand geführt haben, über ihre Analyse eine Empfehlung für Anleger. Diese kann *kaufen (buy)*, *halten (hold)* oder *verkaufen (sell)* lauten. Eine solche Bewertung, gerade wenn sie aus einem bekannten Bankhaus stammt, hat natürlich Auswirkungen auf den Aktienkurs, da sich viele Anleger daran orientieren – die Einschätzung erfolgt seitens eines ausgewiesenen Experten, der sich intensiv mit dem jeweiligen Unternehmen beschäftigt hat. Nichtsdestotrotz kann es zu ein und derselben Aktie nicht deckungsgleiche Analystenmeinungen geben, das heißt, auch die Profis sind sich nicht unbedingt immer einig, ob man nun kaufen, halten oder verkaufen sollte. Was Ihnen als Anleger die Entscheidung nun auch nicht gerade erleichtert ...

Rate mal, was da kommt

Einen ähnlichen, vielleicht sogar noch größeren Einfluss als Analysten haben Ratingagenturen mit ihren veröffentlichten Ratings. Ratingagenturen analysieren und beurteilen Unternehmen und deren Finanzprodukte, aber auch Staaten. Bezahlt werden sie in der Regel von den Unternehmen, für die sie das Rating erstellen. Dieses erfolgt in Noten und zeigt privaten wie institutionellen Investoren vor allem die Wahrscheinlichkeit auf, ob das Unternehmen in Zahlungsschwierigkeiten gerät oder nicht. Auf dem Höhepunkt der Finanzkrise sorgten sie dafür, dass ganze Staaten in Zahlungsschwierigkeiten stürzten, weil sie aufgrund stetiger Herabstufungen einen immer höheren Zinssatz aufbieten mussten, um überhaupt noch Anleger für sich zu gewinnen – was dann wiederum ein schlechteres Rating zur Folge hatte. Ein teuflischer Kreislauf und fast eine Umkehrung von Ursache und Wirkung. Ein gutes Rating bedeutet niedrige Kapitalkosten bei Fremdkapital und hohe Kurse bei Eigenkapital.

Seit der Eurokrise wird allerdings die (Über-)Macht einiger weniger Ratingagenturen als problematisch empfunden. Hinzu kommt, dass die großen Drei – Standard & Poor's, Moody's und Fitch – nicht nur über etwa 95 Prozent des Marktes verfügen, sondern darüber hinaus alle in den USA beheimatet sind. Das wirft folgende Frage auf: Wird nicht von den horrenden Staatsschulden der USA abgelenkt, indem der Blick immer wieder auf Europa gerichtet wird? Auch nicht unbedingt vertrauensbildend wirkte, dass viele der in den USA als Schrottpapiere deklarierten intelligenten Finanzprodukte im unmittelbaren Vorfeld der Krise von den Ratingagenturen noch gut benotet worden waren.

Sei's drum, Ratingagenturen sind wichtig, Unternehmen schätzen und brauchen ihre Urteile und Staaten haben sich ihnen zu unterwerfen, denn viele institutionelle Investoren wie etwa Versicherungen dürfen auch Staatsanleihen nur kaufen, wenn sie ein bestimmtes Ratingurteil – Investment Grade genannt – haben. Tabelle 6.3 gibt einen Überblick über die wichtigsten Ratingurteile und was sie bedeuten, wobei wir uns auf Standard & Poor's beschränken, denn die anderen Agenturen gehen ähnlich vor.

Note	Erläuterung
AAA	Schuldner höchster Bonität, das Ausfallrisiko ist sehr gering.
AA+	Sichere Anlage, wenn auch leichtes Ausfallrisiko
AA	Sichere Anlage, wenn auch leichtes Ausfallrisiko
AA–	Sichere Anlage, wenn auch leichtes Ausfallrisiko
A+	Die Anlage ist sicher, falls keine unvorhergesehenen Ereignisse die Gesamtwirtschaft oder die Branche beeinträchtigen.
A	Die Anlage ist sicher, falls keine unvorhergesehenen Ereignisse die Gesamtwirtschaft oder die Branche beeinträchtigen.
A–	Die Anlage ist sicher, falls keine unvorhergesehenen Ereignisse die Gesamtwirtschaft oder die Branche beeinträchtigen.
BBB+	Durchschnittlich gute Anlage. Bei Verschlechterung der Gesamtwirtschaft ist aber mit Problemen zu rechnen.
BBB	Durchschnittlich gute Anlage. Bei Verschlechterung der Gesamtwirtschaft ist aber mit Problemen zu rechnen.
BBB–	Durchschnittlich gute Anlage. Bei Verschlechterung der Gesamtwirtschaft ist aber mit Problemen zu rechnen.
BB+	Spekulative Anlage. Bei Verschlechterung der Lage ist mit Ausfällen zu rechnen.
BB	Spekulative Anlage. Bei Verschlechterung der Lage ist mit Ausfällen zu rechnen.
BB–	Spekulative Anlage. Bei Verschlechterung der Lage ist mit Ausfällen zu rechnen.
B+	Spekulative Anlage. Bei Verschlechterung der Lage sind Ausfälle wahrscheinlich.
B	Spekulative Anlage. Bei Verschlechterung der Lage sind Ausfälle wahrscheinlich.
B–	Spekulative Anlage. Bei Verschlechterung der Lage sind Ausfälle wahrscheinlich.
CCC+	Nur bei günstiger Entwicklung sind keine Ausfälle zu erwarten.
CCC	Hohe Wahrscheinlichkeit eines Zahlungsausfalls oder Insolvenzverfahren beantragt, aber noch nicht in Zahlungsverzug
CCC–	Hohe Wahrscheinlichkeit eines Zahlungsausfalls oder Insolvenzverfahren beantragt, aber noch nicht in Zahlungsverzug
CC	Hohe Wahrscheinlichkeit eines Zahlungsausfalls oder Insolvenzverfahren beantragt, aber noch nicht in Zahlungsverzug
C	Hohe Wahrscheinlichkeit eines Zahlungsausfalls oder Insolvenzverfahren beantragt, aber noch nicht in Zahlungsverzug
D	Zahlungsausfall (Default)

Tabelle 6.3: Ratingbewertung von Standard & Poor's

Die Agenturen bewerten mit ihren Noten die *Ausfallwahrscheinlichkeit*, also die Wahrscheinlichkeit, dass ein Unternehmen in die Insolvenz geht. Bis einschließlich der Note BBB gilt ein Unternehmen oder ein Finanzprodukt noch als Investment Grade. Wie kommen Ratingagenturen zu den Urteilen? Die genaue Methode verraten sie keinem. Klar ist nur, dass sie sich mit den oben beschriebenen Fundamentaldaten der Unternehmen befassen, das Geschäftsmodell im Vergleich zur Konkurrenz analysieren, Risikopositionen ausfindig machen und bewerten und Interviews mit dem Vorstand führen, um sich ein umfassendes Bild zu machen.

Auf und ab und immer wieder – und immer schneller

All die vielen beschriebenen Indikatoren müssen nicht zwangsläufig in eine Richtung laufen. Sie können sich von Branche zu Branche und Land zu Land unterscheiden, politische Konnotationen können positiv, Unternehmensmeldungen negativ ausfallen, Märkte können boomen und ganze Bereiche den Bach hinuntergehen – denken Sie nur an die Probleme des stationären Handels durch die nicht nachlassende Konkurrenzsituation des Onlinehandels. Ersterer hat durch den Siegeszug des Internets Marktanteile verloren, die er so nie wieder gewinnen kann.

Durch die Vernetzung von Unternehmen, Medien und Anlegern, die sich heute zeitnah darüber informieren können, was zurzeit im Unternehmen X in Shanghai oder sonstwo auf der Welt passiert, geraten Kurse immer schneller in Bewegung. Tendenzen wie der Hochfrequenzhandel dürften dies noch einmal beschleunigen, sicher ist das aber nicht. Die Volatilität, die Veränderbarkeit an den Märkten, hat deutlich zugenommen. Das sehen viele Anleger als Risiko an, was es zweifelsfrei ist. Es ist aber auch eine Chance. Wie Sie diese optimal oder wenigstens besser nutzen können, erfahren Sie in Kapitel 7.

Kapitel 7
Aktien kaufen – aber sicher

Sobald Sie sich für bestimmte Unternehmen entschieden haben, deren Aktien Sie kaufen möchten, stellt sich die Frage, wann Sie die Papiere erwerben sollten. Denn bei der Aktienanlage – und das unterscheidet sie von den meisten anderen Käufen – kommt es weniger auf Schnelligkeit als auf den richtigen Zeitpunkt an. Denn dieser ist entscheidend für die Höhe des Preises.

Doch wann ist nun wirklich der bestmögliche Zeitpunkt gekommen? Wie können Sie sicherstellen, dass Sie nicht viel zu teuer einsteigen, was Ihre Gewinne von vornherein einschränkt? Das Gleiche gilt auch beim Verkauf: Wie können Sie sich dagegen absichern, dass Ihre Verluste nicht immer weiter steigen, weil Sie den rechtzeitigen Ausstiegspunkt verpasst haben? Und müssen Sie Kursänderungen, die Volatilität, einfach nur hinnehmen oder können Sie sogar davon profitieren?

Als Anleger wollen Sie natürlich immer möglichst weit unten einsteigen und jeweils am oberen Ende wieder aussteigen, um dann das Spiel von Neuem zu beginnen, sobald der Aktienkurs wieder nachgegeben hat. Es geht also um Timing, Timing und nochmals Timing.

Ordern – aber nur mit Zusätzen

Wenn Sie eine bestimmte Aktie kaufen, verbinden Sie damit für gewöhnlich die Erwartung auf Kurssteigerungen. Natürlich sollte der Kurs jetzt, nachdem Sie das gute Stück gekauft haben, kräftig nach oben gehen, damit Sie die Aktie in absehbarer Zeit mit Gewinn verkaufen können. Doch wer sich kein Ziel setzt, kann es auch nie erreichen, daher sollten Sie diese allgemeine Erwartung oder Hoffnung bereits beim Kauf konkretisieren. Stellen Sie sich dazu folgende Frage: Wie viel Gewinn will ich mit dieser Aktie erzielen, was erscheint mir realistisch und angemessen?

Oft genug machen Aktien aber nicht das, was Sie sich erhofft hatten, und der Kurs fällt zunächst einmal, nachdem Sie zugeschlagen haben. Erst war es beispielsweise der Markt, der nicht so wollte, wie Sie und das Unternehmen dachten, dann wies das Produkt Fehler auf und bekam schlechte Bewertungen, und mit der Aktie geht es im Sinkflug nach unten. Wie lange wollen Sie zuschauen? Oder anders ausgedrückt: Wie viel Geld sind Sie bereit zu verlieren? Auch darüber sollten Sie sich bereits beim Kauf der Aktie Gedanken machen.

Das Interessante und Praktische beim Aktienkauf ist: Sie können beim Ordern – so nennt man Kaufen im Börsenjargon – tatsächlich eine ganze Reihe von Aufträgen abgeben, die Ihre Entscheidung absichern und Ihre jeweiligen Ausstiegspunkte im Vorfeld festlegen. Man nennt dies *Orderzusätze* oder *Ordertypen*. Es sind also Handlungsoptionen; sie legen fest, unter welchen Bedingungen eine bestimmte Order ausgeführt wird oder eben nicht.

Es gibt inzwischen eine große Anzahl von solchen Ordertypen oder -funktionalitäten – zeitweise war es bei den (Direkt-)Banken absolut in, möglichst viele Ordertypen zu entwickeln, um dem Anleger beim Entscheidungsprozess zu helfen. Das war gut gemeint, als zusätzliche Dienstleistung am Kunden. Doch das Problem war: Vor lauter Entscheidungshilfen tat sich der Anleger nun erst richtig schwer, sich zu entscheiden, nämlich, welchen Ordertyp er jetzt auch noch berücksichtigen sollte. Nicht einmal ausgewiesene Heavy Trader stiegen in diesem Ordertypendschungel noch durch. Insofern findet hier bereits eine gewisse Bereinigung und Konzentration auf das Wesentliche statt.

Chancen maximieren und Risiken minimieren – das ist das Credo bei jeder Kapitalanlage, egal ob in »Betongeld«, Rohstoffe oder Aktien investiert werden soll. Allerdings hängt der Zielerreichungsgrad dieser Handlungsmaxime von einer Fülle mehr oder weniger beeinflussbarer Faktoren ab. Zum einen sind das von uns selbst gewählte Einschränkungen, denn wie Sie wissen, entspricht der Mensch im Hinblick auf die Anlage nicht dem Homo oeconomicus, der nach rein rationalen Gesichtspunkten handelt. Emotionale Beziehungen zu einem Unternehmen und seinen Aktien, Restriktionen aufgrund ethischer oder ökologischer Überzeugungen beispielsweise beeinflussen seine Entscheidungen. Hinzu kommt, dass Chancen oft nicht früh genug gesehen und Risiken maßlos unterschätzt werden.

Ordertypen bilden eine Art Hilfsgerüst, Leitplanken vielleicht, die Sie vor dem Graben allzu herber Kursverluste auf der einen Straßenseite und entgangenen Kursgewinnen auf der anderen Straßenseite behüten sollen. Dabei können Sie vier grundsätzliche Leitpfosten einhauen, die Ihre Order in jeweils unterschiedliche Richtungen lenken:

- ✔ Verminderung von Risiken

- ✔ Beschleunigung der Ausführung

- ✔ Diskretion bei der Durchführung

- ✔ die Zeitläufe beherrschen

Bei Ordertypen ist es wie bei so vielen Dingen, zum Beispiel Autos oder Textverarbeitungsprogrammen: Da haben sich die Ingenieure viel einfallen lassen, was vor allem sie selbst begeistert – aber braucht der Anwender das wirklich und kann er überhaupt damit umgehen? Es ist meist besser, sich auf das Wesentliche zu konzentrieren und das dann langfristig richtig zu machen. Gerade als Privatanleger haben Sie wohl kaum die Möglichkeit, permanent vor mindestens zwei Bildschirmen zu sitzen: Der eine zeigt alle relevanten Kurse, der andere sämtliche wichtigen Nachrichten. Daher bieten sich gewisse Automatismen für möglichst viele Eventualitäten gut an. Die wichtigsten Ordertypen, die Sie auf jeden Fall kennen sollten, sind:

✔ billigst

✔ bestens

✔ Limit-Order

✔ Stop-Buy-Order

Am einfachsten, populärsten und am längsten in Gebrauch – so viele Superlative auf einmal – sind *bestens* und *billigst*. Sie sind Ihnen schon in Kapitel 6 über den Weg gelaufen und bereits dort wurde deutlich, dass sie eigentlich das Gegenteil von dem bedeuten, was sie vorgeben. Aber in einem Krankenhaus soll man schließlich auch gesund und nicht krank werden. So manches sollte man einfach nicht allzu wörtlich nehmen. So bedeutet »billigst« unlimitiert kaufen, also zum billigsten erzielbaren Kurs – sofort und ohne irgendeine den Kurs betreffende Einschränkung. Wenn sich für die gewünschte Stückzahl zu diesem Kurs also keine Verkaufsorder im Orderbuch findet, wird sie zu einem höheren Kurs ausgeführt. Bei »bestens« ist es genauso, nur umgekehrt: Sie verkaufen zum nächsten handelbaren Kurs. Der kann, gerade bei weniger liquiden Werten kleinerer Gesellschaften, dann unterhalb dessen liegen, den Sie am Börsenplatz gesehen haben, wenn es dafür keinen Käufer gegeben hat.

Nicht immer ans Limit gehen

Der wichtigste und wohl auch am häufigsten eingesetzte Ordertyp beim Kauf ist die *Limit-Order*. Sie legt den maximalen Preis fest, zu dem Sie die Aktie erwerben wollen. Das Limit liegt in der Regel auf dem aktuellen Marktniveau, weil Sie schließlich nicht mehr bezahlen wollen als den Kurs, den Sie gerade wahrgenommen, im Kurszettel der Zeitung gelesen oder auf der Webseite einer Börse in Echtzeit verfolgt haben.

 Bevor wir weitermachen, ist ein kleiner Einschub nötig, was Stopp und Stop angeht. Die Rechtschreibreform hat uns die Variante Stopp für Stop gebracht – warum, wieso, weshalb, das weiß keiner so recht, und Lektoren wie Leser verzweifeln gleichermaßen daran. Die Engländer sind aber ihrem »stop« treu geblieben, sie lieben es kurz und schmerzlos, was uns im Duden zum Beispiel den Stop-and-go-Verkehr beschert hat. Wir halten es in diesem Buch daher so: In Verbindung mit englischen Wörtern bleiben wir beim Stop, in Verbindung mit nur deutschen Wörtern greifen wir zu Stopp – gemeint ist aber immer dasselbe!

Bei der *Stop-Buy-Order* gibt der Anleger einen Preis oberhalb des gegenwärtigen Kursniveaus vor, ab dem er kaufen will. Wie bitte? Kaufen, wenn die Aktie teurer wird – was soll das denn? Was auf den ersten Blick seltsam erscheinen mag, hat durchaus Methode, denn dahinter verbirgt sich eine bestimmte Strategie: Der Anleger will in diesem Fall sozusagen »auf den fahrenden Zug aufspringen«, aber erst wenn sich dieser auch in Bewegung gesetzt hat – und zwar im Fall von Aktienkursen natürlich nach oben! Er wartet also ab, der Anleger, nicht der Zug, bis es mit der Aufwärtsbewegung losgeht, und partizipiert dann vollautomatisch am Erfolg des Papiers.

Eine Stop-Buy-Order bietet sich zum Beispiel an, bevor ein Unternehmen seine Zahlen präsentiert: Sind diese sehr viel besser als die Analysten erwartet hatten, steigt der Kurs – und Sie sind dabei. Fallen sie hingegen schlechter aus und der Kurs sinkt, bleibt Ihre Order unberücksichtigt. Das ist natürlich auch auf andere Ereignisse ausdehnbar, wie Übernahmegerüchte, das Lancieren eines neuen Produkts … Praktisch, oder?

Ähnlich wird die Limit-Order beim Verkauf verwendet: Hat man sich bereits zum Verkauf einer Aktie entschieden, legt man mit der Limit-Order den minimalen oder Mindestpreis fest, bei dem die Order ausgeführt werden soll. Andernfalls verzichtet man – zumindest für den Moment – auf den Verkauf.

Stop Loss ist kein Actionfilm

Bei der *Stop-Loss-Order* legen Sie fest, bei welchem Kurs Ihre Aktie verkauft werden soll, damit Sie größere Verluste vermeiden. Fällt der Kurs tatsächlich unter den von Ihnen festgesetzten Preis, wird das Papier automatisch und ohne Ihr Zutun verkauft.

 Legen Sie die Stop-Loss-Order am besten bereits beim Kauf der Aktie fest, denn zu diesem Zeitpunkt ist Ihre emotionale Bindung zu dem Wertpapier für gewöhnlich am geringsten. Daher können Sie die Entscheidung, wann »Schluss sein soll«, einigermaßen rational fällen. Wenn Sie erst einmal mit einer Aktie durch dick und dünn, durch Höhen und Tiefen gegangen sind, Hauptversammlungen besucht haben, den Vorstand sympathisch finden und sämtliche Geschäftsberichte im Wohnzimmerregal stehen haben, fällt Ihnen die Trennung sehr viel schwerer.

Wo Sie das Limit setzen, hängt von Ihrem persönlichen Risikoprofil ab: Halten Sie nur einen Verlust von 5 Prozent aus oder gehen Sie sogar bis 10 oder 15 Prozent mit? Es gilt die Regel: Setzen Sie das Limit sehr dicht am Ausgangswert, besteht die Gefahr, dass Sie (zu) schnell ausgestoppt werden, wenn zum Beispiel der Kurs für kurze Zeit fällt, bevor er gleich wieder nach oben geht. Das können nur Sekunden sein. In diesem Fall heißt es für Sie im wahrsten Sinne des Wortes: »Außer Spesen nichts gewesen!«

Stop-Loss-Orders schützen Sie vor allem vor unvorhersehbaren Kursrücksetzern aufgrund von politischen oder außerordentlichen Begebenheiten jenseits der eigentlichen Unternehmensdaten. Stellen Sie sich vor, Sie genießen gerade Ihren Urlaub – ohne Laptop und Internetzugang – und die Kurse Ihrer Aktie brechen unerwartet ein. Ohne eine Stop-Loss-Order trifft Sie das völlig unerwartet und Sie können schlecht reagieren.

 Wie wird eine solche Stop-Order von der Börse ausgeführt? Bei nicht vollautomatischen Systemen (wie etwa Xetra der Deutschen Börse) schaut vor der Ausführung ein Spezialist über die Order, der innerhalb von höchstens 60 Sekunden entscheidet. Der Spezialist hat auf seinem Bildschirm einen eigenen Stop-Order-Observer, in dem alle erreichten Stop-Orders aufgeführt sind. Wird eine Order hier angezeigt, beurteilt der Spezialist, ob die Kursbewegung nachhaltig ist oder nicht. Hält er sie für kurzfristig, löscht er die Order aus dem Observer, hält er sie für nachhaltig, führt er die Order aus. Rutscht der Kurs der aus dem Observer gelöschten Order wieder unter die Stopp-Marke, erscheint er erneut im Stop-Order-Observer und der Entscheidungsprozess beginnt von vorn.

Eine sogenannte Stop-Limit-Order verbindet eine Stop-Order mit einer Limit-Order. Wenn Sie zwar Verluste vermeiden, aber trotzdem noch einen Mindestpreis erzielen wollen, eignet sich dieser Ordertyp. Wenn Sie beispielsweise eine Aktie für 12 Euro gekauft haben und nicht mehr als 2 Euro Verlust verkraften wollen, setzen Sie Stopp bei 10,50 Euro und Limit bei 10 Euro. Sinkt der Kurs bis 10,50 Euro, wird Ihre Order ausgelöst – aber nur wenn mindestens ein Kurs von 10 Euro erzielt werden kann. Sinkt der Kurs weiter und weiter, auf 9 Euro und 8 Euro, wird Ihre Order also nicht ausgeführt. Wenn Sie nicht der festen Überzeugung sind, dass das nur eine temporäre Durststrecke ist, müssen Sie Ihre Entscheidung wohl oder übel neu justieren. Bei einer normalen Limit-Order kann Ihnen immer passieren, dass der Kurs weit unter das von Ihnen gesetzte Limit fällt, weil augenblicklich sehr viel mehr Verkäufer als Käufer am Markt sind und die Kurse nur so purzeln. Limits sind, das sollten Sie immer bedenken, nur Wunschmarken – absolute Sicherheit gibt es an der Börse nicht.

Wenigstens die Typen sind intelligent

Wem das alles zu statisch und unflexibel erscheint, der kann inzwischen eine ganze Reihe von weiterentwickelten Orderzusätzen nutzen, die auch als *intelligente Ordertypen* bezeichnet werden. Ihre »Intelligenz« rührt daher, dass sie auf die jeweiligen Marktbedingungen automatisch reagieren. Sie übernehmen zwar das Mitdenken nicht komplett für Sie, aber zumindest in Maßen sind sie dazu in der Lage, das Börsengeschehen zu beurteilen. Intelligente Ordertypen werden noch nicht bei allen Börsenplätzen und Brokern angeboten. Es lohnt sich also, sich im Vorfeld zu informieren, falls Sie solche Ordertypen gerne nutzen möchten.

Mit den Kursen wandern gehen – Trailing Stop

Bei der *Trailing-Order* – auch »*dynamische Stop-Loss-Order*« genannt – passt sich das von Ihnen gesetzte Limit automatisch der Kursentwicklung an. Je höher der Kurs steigt, desto höher klettert auch die Ausstiegsmarke – und im Prinzip damit Ihr realisierbarer Gewinn. Sie haben dabei die Wahl zwischen einer absoluten oder prozentualen Steigerungsrate.

 Entwickelt sich der Kurs Ihrer Aktie von 29 Euro beim Kauf auf 33 Euro, und lag das Verkaufslimit bei 27 Euro mit einem Abstand von 2 Euro, so wird das Verkaufslimit bei 33 Euro auf 31 Euro nachgezogen. Fällt der Kurs auf 31 Euro, wird automatisch verkauft. Das Limit optimiert sich also automatisch, Sie brauchen Ihr Depot und die Kurse nicht dauernd im Auge zu behalten und profitieren dennoch von Aufwärtsbewegungen Ihres Wertpapiers. Gleichzeitig vermeiden Sie, erst nach einer heftigen Talfahrt unterhalb Ihres Einstiegspreises zu verkaufen.

Nimm zwei

Die *One-Cancels-the-Other-Order* gehört zu den anspruchsvolleren Ordertypen, verbindet sie doch ein bestimmtes Kursziel *(Take Profit)* mit einer Verlustbegrenzung. Wird eines von beiden ausgelöst, wird das andere automatisch gelöscht. Sie legen also beispielsweise fest, bei welchem Kurs das Papier verkauft werden soll, um sich vor Verlusten abzusichern (Stop-Loss-Order), und setzen gleichzeitig ein Verkaufslimit über dem aktuellen Kurs, um vorab definierte Gewinne realisieren zu können.

Ihre Aktie fährt einen ärgerlichen Seitwärtskurs, das heißt, es bewegt sich so richtig nichts. Sie möchten sich daher zu beiden Seiten absichern: Sie wollen Gewinne mitnehmen, wenn sich der Kurs nach oben bewegt, gleichzeitig aber vor Verlusten abgesichert sein, falls das Gegenteil eintritt.

Sie haben Ihre Order bei einem Kurs von 55 Euro aufgegeben, bei 51 Euro setzen Sie das Limit, das bedeutet, in dieser Höhe möchten Sie Ihre Verluste begrenzen und die Position »glattstellen«, wie es heißt. Verkaufen möchten Sie bei einem Anstieg auf 62 Euro, weil Sie diesen Wert für die obere Grenze der Bewertung des Unternehmens halten, zumindest in absehbarer Zeit. Daher setzen Sie hier die Limit-Order für den Verkauf. Jetzt gibt es zwei Varianten:

1. Fällt der Kurs auf 51 Euro, wird die Order in den Markt gegeben, das Papier wird verkauft – und die Limit-Order-Komponente verfällt logischerweise, denn es ist ja nichts mehr da.

2. Steigt der Kurs hingegen auf über 62 Euro, wird die Verkaufs-Limit-Order ausgeführt und die Stopp-Order-Komponente gestrichen.

Wo genau Sie Ihre Aus- und Einstiegsmarken setzen, ist von Aktie zu Aktie unterschiedlich und hängt vor allem von Ihren Einschätzungen über die Zukunft der jeweiligen Papiere ab. Selbstverständlich gibt es in der Literatur und in zahlreichen Zeitschriften rund um das Thema Geldanlage dazu jede Menge Tipps oder komplizierte mathematische Formeln – doch der Markt ist unberechenbar.

 Es bietet sich an, Limits nicht bei geraden Zahlen, sondern stets mit ungeraden Kommastellen zu setzen. Nehmen Sie also nicht 35 oder 40 Euro, sondern zum Beispiel 36,14 Euro oder 39,98 Euro. Bei geraden Zahlen werden sehr viele Limits eingestellt und Sie geraten daher leichter in eine Stop-Loss-Lawine, die den Kurs Ihrer Aktie sehr viel weiter nach unten zieht, als Sie Ihr Limit gesetzt haben. Das kann aber immer passieren – eine Garantie, dass genau zu dem von Ihnen gesetzten Limit eine Transaktion stattfindet, haben Sie leider nie.

Zum Schluss zeigt Ihnen Tabelle 7.1 noch einmal die wesentlichen Ordertypen im Überblick. An dieser Stelle sei noch einmal erwähnt, dass Sie nicht alle bei allen Banken gleichermaßen verwenden können.

Manche Börsen, wie zum Beispiel Tradegate in Berlin oder die Deutsche Börse in Frankfurt, bieten Publikationen über Ordertypen und ihren Gebrauch zum kostenlosen Download oder in Papierform an, die Börse Stuttgart sogar kleine Lehrfilme und eine Broschüre zum Herunterladen – machen Sie einfach Gebrauch davon. Bei Tradegate finden Sie einen Leitfaden unter der Rubrik »Publikationen«, bei der Deutschen Börse geben Sie am einfachsten Ordertypen ins Suchfeld ein und bei der Börse Stuttgart können Sie Ordertypen unter »Tools und Services« entdecken.

Letztlich dienen alle Ordertypen dazu, Sie als Anleger von der Last des permanenten Depotchecks zu befreien und Ihre Entscheidungen nach allen Seiten weitgehend abzusichern. Auf diese Weise sollen typische Anlegerfehler und bekannte, aber oftmals unvermeidliche Psychofallen, etwa zu lange an Verlustbringern festzuhalten und sich von Gewinneraktien zu schnell zu trennen, vermieden werden. Mithilfe von Ordertypen können Sie überdies Ihre Gesamtperformance erhöhen, indem Sie von den volatilen Märkten, also den Ausschlägen in

Ordertypen	Beschreibung	Kauf/Verkauf
billigst/bestens oder	Hier wird die Order schnellstmöglich zum besten verfügbaren Preis durchgeführt.	Kaufen/Verkaufen
Market-Order		
Limit-Order	Der Anleger gibt einen festen Preis bei der Ordererteilung vor, bei dem er kaufen oder verkaufen will.	Kaufen/Verkaufen
Stop-Limit-Order	Hier gibt der Anleger ein Stop-Limit ein, erst bei Erreichen dieses Limits wird die Order im Orderbuch als Limit-Order aufgenommen und durchgeführt.	Kaufen (stop-buy-limit) Verkaufen (stop-loss-limit)
Stop-Market-Order	Wie bei der Stop-Limit-Order, nur dass nach Erreichen des Stop-Limits die Order nicht als Limit-, sondern als Market-Order ins Orderbuch aufgenommen wird.	Kaufen (stop-buy) Verkaufen (stop-loss)
Trailing-Stop-Order	Auch hier gibt der Anleger ein Stop-Limit ein, das sich jedoch automatisch an die Marktentwicklung anpasst.	Kaufen/Verkaufen
One Cancels Other (OCO)	Kombination einer Stop-Order mit einer Limit-Order	Kaufen
Order on Event	Verknüpft die Order mit einem bestimmten Marktindikator, also zum Beispiel mit der Dax-Entwicklung.	Kaufen
All or nothing/All or none (AON)	Hiermit sollen Teilausführungen vermieden werden, weil dabei mehrmals Kosten (Gebühren) anfallen. In den USA üblich, in Deutschland an Börsenplätzen wie etwa München nicht nötig, weil hier die Börse darauf achtet, dass es nicht zu Teilausführungen kommt.	Kaufen
Fill or Kill (FOK)	Wenn nicht die gesamte gewünschte Menge zum angegebenen Limit gehandelt (gefüllt) werden kann, wird der Auftrag gelöscht.	Kaufen/Verkaufen
Good till date (GDT)	Bis zu einem bestimmten, vom Kunden anzugebenden Tag	Kaufen/Verkaufen
Good for day (DAY)	Nur für diesen Tag	Kaufen/Verkaufen
Ultimo	Der Auftrag gilt bis zum Monatsende.	Kaufen/Verkaufen

Tabelle 7.1: Ordertypen und ihre Bedeutung, basierend auf den Angaben der Berliner Börse Tradegate

der Kursentwicklung, profitieren. Allerdings gilt es hier abzuwägen, ob längerfristiges Halten nicht besser funktioniert als häufigeres Handeln, das automatisch zu höheren Gebühren führt. Denken Sie an den bekannten Börsenspruch: »Hin und Her macht Taschen leer!«

Wer oder was Sie beim Thema Anlage sonst noch schützt – oder schützen soll –, darum geht es in Kapitel 8.

IN DIESEM KAPITEL

Der Dax – der Index für Deutschland

Wer darf rein, wer muss raus

Performance oder doch nur Kurse

Die ganze Welt in einem Index

Kapitel 8
Auf einen Blick: Indizes für alle Lebenslagen

Den Dax dürfte in Deutschland so ziemlich jeder einigermaßen an Wirtschaft oder den Nachrichten interessierte Bürger kennen. Kaum eine Nachrichtensendung vergeht, in der nicht über den Dax und seinen derzeitigen Punktestand berichtet wird. Warum ist er eigentlich so wichtig, obwohl es doch nachweislich eher wenige Aktionäre in Deutschland gibt? Was sagt der Dax über die allgemeine Wirtschaftskraft unseres Landes aus – und was bedeutet er für Ihren Aktienkauf?

Der Aktienindex Dax spiegelt die wirtschaftliche Potenz Deutschlands wider, und so existieren für (fast) alle Länder ähnliche Leitindizes. Es ist daher gut, wenn man die wichtigsten kennt, bieten sie doch auf einen Blick interessante Objekte, in die zu investieren sich eventuell lohnen könnte. Wie Unternehmen überhaupt in den Dax kommen, warum sich sein Punktestand kontinuierlich verändert und wie er berechnet wird – das sind weitere Fragen, auf die Sie in diesem Kapitel Antworten finden.

Der Dax und seine Brüder

In vielen Nachrichtensendungen wird aus der Börse – meist der Frankfurter – das Neueste berichtet und zur Veranschaulichung der Lage der aktuelle Dax-Stand genannt. Damit haben wir bereits eine wichtige Funktion, die dieser Index ausübt, ausgemacht: Er gilt als Gradmesser für die Situation der gesamten deutschen Wirtschaft – als Marktbarometer sozusagen.

Tatsächlich stecken im Dax, genauer im Dax 30, die 30 größten Aktiengesellschaften Deutschlands. Und diese wiederum repräsentieren 80 Prozent des in Deutschland zugelassenen Aktienkapitals.

Die Dax-Unternehmen werden auch als *Blue Chips* bezeichnet. Der Ausdruck steht weltweit für die Giganten der Wirtschaft von General Electric über BP bis hin zu Danone, VW und Siemens. Die Bezeichnung kommt aus dem US-Amerikanischen und ist inzwischen fast schon eingedeutscht. Eigentlich stammt der Begriff aus der Welt des Pokers: Blaue Jetons oder »Chips« waren im Casino einst diejenigen mit dem höchsten Wert. Ursprünglich arbeitete das Casino in Monte Carlo mit dieser Farbgebung. Mittlerweile ist in den USA fest geregelt, welchen Wert welche Farbe im Casino haben darf, und da steht Blau für nur noch 10 US-Dollar, den höchsten Wert nimmt Senfgelb mit 20.000 US-Dollar ein. Aber mal ehrlich, würden Sie in senfgelbe Chips investieren?

Jedes Unternehmen, das in den Dax will, muss folgende Kriterien erfüllen:

✔ Es muss im Prime Standard der Deutsche Börse AG gelistet sein, mit allen daran geknüpften Anforderungen in Sachen Transparenz, Jahresabschluss, Kommunikation et cetera.

✔ Es muss zu den 35 börsennotierten Unternehmen mit der höchsten Marktkapitalisierung (aktueller Börsenkurs × Anzahl Aktien) gehören.

✔ Der Börsen- oder Handelsumsatz, also der Umsatz der täglich gehandelten Aktien, muss ebenfalls hoch sein.

✔ Als Basis für die Marktkapitalisierung dient lediglich der Free Float, das sind alle Aktien, die als Streubesitz unter einer Vielzahl von Aktionären verteilt sind. Nicht zum Free Float gehören Aktienpakete ab 5 Prozent aufwärts, egal wem sie gehören.

Am Ende stehen dann 35 Unternehmen mit der höchsten Marktkapitalisierung und dem größten Handelsumsatz zur Auswahl, aus denen dann die 30 größten Dax-Kandidaten bestimmt werden. Die Dax-Wächter aus Frankfurt beobachten aber nicht täglich die Indexzusammensetzung und bauen ihn neu zusammen, wenn sich die Marktkapitalisierung aufgrund steigender oder sinkender Kurse ändert. Vielmehr gibt es pro Jahr vier Termine (jeweils im März, Juni, September und Dezember), an denen ein Wechsel stattfinden kann, und – ähnlich wie in der Bundesliga, nur ist die Saison viel kürzer – Absteiger und Aufsteiger definiert werden. Natürlich kann es zwischenzeitlich zu außerordentlichen Änderungen kommen, wenn etwa ein Unternehmen von der Börse genommen oder aufgekauft wird. Im Gegensatz zur Bundesliga haben es nur zwei Unternehmen geschafft, nach einem Abstieg wieder in den Dax aufzusteigen: Infineon und Continental.

Als Ausgangsbasis für die einmal jährlich im September stattfindende große Dax-Anpassung dienen die sogenannte *Regular-Exit-40/40-* und die *Regular-Entry-30/30-Regel*. Das hört sich komplizierter an, als es ist.

✔ **Regular Exit 40/40:** Ein Indexwert wird ohne Wenn und Aber aus dem Dax geworfen, wenn er entweder beim Börsenumsatz oder bei der Marktkapitalisierung hinter Rang 40 fällt. Da jedoch im Dax 30 immer 30 Unternehmen stecken sollen, gibt es eine Hintertür:

Drei Väter

Aus der Taufe gehoben wurde der Dax im Juli 1988 von gleich drei Vätern: der Börsen-Zeitung, der Frankfurter Wertpapierbörse und der Arbeitsgemeinschaft der Deutschen Wertpapierbörsen. Bis dahin hatte die Börsen-Zeitung bereits seit 30 Jahren einen eigenen Index ermittelt, deshalb konnte der Dax theoretisch auch so weit zurückgerechnet werden. Gestartet ist der Dax beim Punktestand von 1.163,53.

Noch immer ist die Hälfte der 30 Dax-Titel von Anfang an dabei – ein Zeichen für die Solidität und Kontinuität der deutschen Wirtschaft. Es sind auch nicht die Kleinsten, denn sie repräsentieren deutlich mehr als die Hälfte der Marktkapitalisierung. Die »Unabsteigbaren« sind, in alphabetischer Reihenfolge: Allianz, BASF, Bayer, BMW, Commerzbank, Deutsche Bank, Henkel, Linde, Lufthansa, RWE und Volkswagen. Außerdem sind noch Werte seit 1988 im Dax, die durch Fusionen entstanden sind: Daimler, ThyssenKrupp und Eon (vormals Veba und Viag).

Dass es auch die Unabsteigbaren trifft, beweist das Jahr 2012, als zwei Dax-Urgesteine gehen mussten: Metro (vormals Kaufhof) und MAN.

Das Unternehmen fliegt nur hinaus, wenn gleichzeitig ein Aufsteiger lauert, der in beiden Kriterien auf Rang 35 oder höher steht. Eigentlich müsste die Regel also eher 40/35 heißen, aber was soll's.

✔ **Regular Entry 30/30:** Wenn von unten ein Unternehmen stark nach oben drängt und in den Kriterien Börsenumsatz und Marktkapitalisierung Rang 30 oder höher aufweist, wird es in den Dax aufgenommen. Hier muss wiederum die umgekehrte Forderung erfüllt sein, dass ein Indexwert in beiden Kriterien unter Rang 35 gerutscht ist.

Darüber hinaus gibt es noch die »schnelleren« Regeln *Fast Exit 45/45* und *Fast Entry 25/25*: Rutscht unterjährig ein Dax-Mitglied hinter die Position 45, fällt es ohne Gnade hinaus; schiebt sich ein Neuling auf Rang 25 oder besser vor, kommt er auf jeden Fall hinein. Im Dax bleiben aber immer 30 Unternehmen, das heißt, im ersten Fall darf der erste Nachrücker mit hinein, im zweiten fällt der schlechteste Wert hinaus.

Müssen Sie als Anleger diese komplizierten Regeln kennen? Schaden kann es nicht, denn sie können sich auf die Kurse auswirken. Sowohl die Marktkapitalisierung als auch die Börsenumsätze an der Frankfurter Börse sind keine Geheimnisse, sodass schnell Gerüchte entstehen; das eine oder andere Unternehmen rückt in den Dax auf oder steigt ab. Die Deutsche Börse befeuert dies sogar noch, denn sie gibt monatlich eine Rangliste zu den Hauptkriterien Orderbuchumsatz und Marktkapitalisierung heraus. Wenn bei einem Unternehmen über einen Aufstieg in den Dax gemunkelt wird, kann dies kurstreibend wirkend – typisch Börse –, im Übrigen meist so lange, bis der Kandidat dann tatsächlich in den Dax aufrückt. Umgekehrt kann es den Kurs drücken, wenn ein Unternehmen aus dem Index fällt, denn viele institutionelle Investoren oder Fonds sind auf Dax-Werte spezialisiert und verkaufen in diesem Fall automatisch. Insofern eine durchaus spannende Sache, wenn vielleicht auch nicht so spannend wie ein Bundesliga-Auf- oder -Abstieg, bei denen es im Übrigen auch um jede Menge Geld geht.

»Furioser Börsenstart – der Dax ist um 117 Punkte oder 1,27 Prozent gestiegen«, so könnte eine Überschrift in der Zeitung lauten. Was bedeutet das? Sicherlich sind am Vortag nicht *alle* Dax-Aktien um genau 1,27 Prozent gestiegen, vielmehr gibt es immer sogenannte Tops und Flops gleichzeitig, also Aktien, die an einem Tag steigen und andere, die am gleichen Tag fallen. Bei dem obigen realen Beispiel war etwa bei einem einzelnen Wert ein Kursgewinn von fast 3 Prozent zu verzeichnen, andere Aktien wiesen aber zugleich Verluste von bis zu −1,06 Prozent auf.

 Zahlreiche Onlineportale und die Webseiten der Börsen präsentieren aktuell die Flops und Tops der wichtigsten Indizes. Das sind in der Regel die fünf am besten und die fünf am schlechtesten laufenden Papiere. Eine aufgeheizte Boomphase können Sie daran erkennen, dass selbst die Flops zwar schwächere, aber nichtsdestotrotz positive Kursverläufe aufweisen. Im Normalfall sind die Flops aber negativ, selbst bei steigendem Gesamtindex.

Reine Durchschnittswerte helfen aber nicht sonderlich weiter, schließlich gibt es selbst unter den 30 größten deutschen Unternehmen durchaus Größenunterschiede: So bringt es Siemens auf eine Marktkapitalisierung von über 105 Milliarden Euro, während etwa das Medienhaus ProSiebenSat.1 gerade einmal 7,1 Milliarden Euro stemmt. Deshalb werden die Werte zur Berechnung der Veränderung des Dax jeweils nach ihrer Marktkapitalisierung gewichtet. Damit aber nicht ein großes Unternehmen den gesamten Index mitziehen kann, ist diese Gewichtung bei 10 Prozent gekappt – mehr als 10 Prozent darf also kein Unternehmen, so groß es auch sei, einnehmen.

 Sollten Sie nicht alle Aktien aus dem Dax gewichtet in Ihrem Depot liegen haben – und das dürfte der Normalfall sein –, ist es eher die Regel als die Ausnahme, dass Ihre persönliche Depot-Performance von der allgemeinen Dax-Entwicklung abweicht – mal nach oben, mal nach unten, je nachdem wie gut Sie operieren. Es gibt aber auch Produkte, wie zum Beispiel ETFs oder Fonds, die einen ganzen Index abbilden. Mehr dazu gibt es dann in den Kapiteln 10 (Fonds) und 12 (ETFs).

Die Formel zur Indexberechnung – der Dax wird jede Sekunde aktualisiert – lehnt sich an die Indexformel von Laspeyres an, mit der zum Beispiel auch der Preisindex ermittelt wird, also die Veränderung der Preise des Warenkorbs zur Bestimmung der Preisveränderungsrate (auch Inflation genannt). Wenn Sie den Dax unbedingt selbst nachrechnen wollen, können Sie die Formel auf der Webseite der Deutsche Börse AG, die den Indizes vorbehalten ist, nachlesen, unter www.dax-indices.com.

 Wichtig für Sie als Anleger ist, dass Sie mithilfe der Indizes, vor allem über die Dax-Entwicklung, grob ablesen können, in welche Richtung sich die Börsen derzeit bewegen. Meldet der Dax seit Tagen, Wochen und Monaten Zugewinne, so herrscht eine ausgemachte Hausse und Sie können überlegen, ob Sie noch auf den fahrenden Zug aufspringen oder lieber einen ersten Rücksetzer zum Kauf abwarten wollen.

Der Dax, den Sie aus den Nachrichten kennen, ist ein *Performance-Index*. Aber das ist doch jeder Index? Er zeigt die Performance der zugrunde liegenden Aktien, mal ist diese besser, mal schlechter, werden Sie mit Recht einwenden. Hier ist jedoch gemeint, dass auch die Erträge aus Dividendenzahlungen in den Dax einfließen. Er gibt deshalb einen guten Überblick über die tatsächliche Kapitalentwicklung bei einem Investment in Dax-Werte, aber nicht auf die tatsächliche Entwicklung der Kurse. Ohne diese Zuflüsse wäre der Punktestand mehrere 1.000 Punkte niedriger! Der Dax-Index ohne Dividendenberücksichtigung liegt etwa bei nur halb so vielen Punkten wie der Performance-Index und eignet sich besser als Vergleichsmaßstab – als Benchmark – für die tatsächliche Kursentwicklung.

✔ **Kursindex:** Hier fließen ausschließlich die Kursbewegungen der einzelnen Werte ein, meist – nicht immer – gewichtet nach der Größe der Unternehmen in Form ihrer Marktkapitalisierung. Wichtige Kursindizes sind beispielsweise der Euro Stoxx 50, der Dow Jones oder der japanische Nikkei. Diese werden oftmals aber zusätzlich als Performance-Index geführt, dann wird das aber ausdrücklich erwähnt, zum Beispiel der Euro Stoxx 50 Performance.

✔ **Performance-Index:** Ihn treiben zusätzlich zu den Kursbewegungen auch Dividendenzahlungen. Sie beeinflussen deshalb den Index positiv, treiben ihn also fast automatisch Jahr für Jahr weiter nach oben. Der bekannteste Performance-Index ist der Dax.

Daneben ist auch getroffen

Der Dax hat drei Geschwister, wobei sich zwei auf die Größe der enthaltenen Unternehmen und einer auf die Branche bezieht. Mittelgroße Unternehmen (MidCaps) werden im *MDax*, kleinere Unternehmen (SmallCaps) im *SDax* geführt, während technologieorientierte Aktiengesellschaften im *TecDax* enthalten sind. Wobei auch bei TecDax-Unternehmen gilt: Der Dax sticht alles. Das bedeutet, wenn ein technologieorientiertes Unternehmen, wie etwa die Softwareschmiede SAP, groß genug ist, um in den Dax aufzurücken, wird es im Dax geführt – und sonst nirgends.

Nischengrößen: MDax und SDax

Der MDax ist auf den klassischen deutschen Mittelstand ausgerichtet und umfasst insgesamt 50 Unternehmen. Das jedoch erst seit 2003, denn bei seiner Erstzusammenstellung im Jahr 1996 umfasste der MDax noch 70 Unternehmen. Zu den Nischen-Weltmarktführern könnte man Firmen zählen wie die Dürr AG, die Lackieranlagen im schwäbischen Bietigheim-Bissingen baut; die längst nicht mehr nur auf Landwirtschaft und schon gar nicht auf Bayern fixierte BayWa AG aus München; die auf Gläser – vor allem für Medizinprodukte – ausgerichtete Gerresheimer AG oder den Werkzeugmaschinenbauer Gildemeister AG aus Bielefeld.

Der SDax ist quasi eine Liga unter dem MDax angesiedelt, hier finden sich 50 SmallCaps. Aber sowohl MDax- als auch SDax-Unternehmen müssen ebenfalls im Prime Standard der Deutsche Börse AG gelistet sein.

 Beim Handel mit kleineren Werten – und die fangen eigentlich schon bei MDax-Werten an und noch viel mehr bei Werten, die in gar keinem Index sind – wird grundsätzlich weniger Börsenumsatz erzielt. Das bedeutet, dass die Kursausschläge in der Regel größer sind, die Volatilität also höher ist. Es heißt aber auch, dass die Transaktionskosten höher sind, weil die Unterschiede zwischen Verkaufs- und Kaufkurs größer sind. Aus diesem Grund eignen sie sich eher nicht für kurzfristige Strategien.

Familiär an der Börse

Zur erweiterten Dax-Familie zählt noch der *GEX*, der *German Entrepreneurial Index*, der vor allem eigentümergeführte Aktiengesellschaften listet. Unternehmen, die zwar an der Börse gelistet sind, deren Eigentümer jedoch eine Kontrollmehrheit – also mindestens 25 Prozent plus eine Aktie – besitzt und/oder in der Unternehmensleitung mitwirkt, weisen oftmals eine bessere Performance auf. Ein Pendant, das nicht von der Deutschen Börse, sondern von der Hauck & Aufhäuser Bank gemeinsam mit der Baader Bank und der Börse München entwickelt wurde, ist der *HaFix Deutschland und Europa*. Im Gegensatz zum HaFix, der auch Unternehmen wie BMW wegen der Investorenfamilie Quandt umfasst, wirft der GEX alle Unternehmen hinaus, die älter als zehn Jahre sind – er setzt also auf junge Unternehmen. In Anbetracht der derzeit eher spärlichen Börsengänge könnte er damit zum »Aussterben« verurteilt sein.

Wenn Sie noch mehr über Indizes und Formeln zu deren Berechnung wissen wollen: Auf der Index-Webseite der Deutsche Börse AG können Sie einen über 60 Seiten starken »Leitfaden zu den Aktienindizes der Deutsche Börse AG« herunterladen – da bleibt hoffentlich keine Frage offen.

Nach US-Vorbild

Das große Vorbild für den TecDax mit den 30 darin gelisteten Aktiengesellschaften bildete der US-amerikanische Nasdaq, der die wichtigsten US-Technologiewerte vereint. Hierzulande sind aber nur die kleineren und mittleren Technologiewerte im TecDax, da die anderen, wie oben beschrieben, im Dax geführt werden. Im TecDax finden sich aber keinesfalls nur IT-Unternehmen der jüngsten Zeit wie zum Beispiel Xing, sondern auch Urgesteine wie die Jenoptik AG, Drägerwerk oder die auf Biotechnologieunternehmen spezialisierte Beteiligungsgesellschaft BB Biotech.

Ein Manko kleinerer Unternehmen, selbst wenn sie in den Indizes gelistet sind: Es wird viel weniger über sie berichtet. Laut *Handelsblatt* werden Dax-Unternehmen 20-mal häufiger analysiert als MDax-Unternehmen – vom SDax einmal ganz zu schweigen.

Mit grünem Label

Ganz neu in die Dax-Familie kam Anfang 2014 – vielleicht eher als Vetter denn als Bruder – der *DETHIK 30*, der *Deutschland Ethik 30 Aktienindex*. Er vereint die ethisch und ökologisch besten Unternehmen aus der Dax-, MDax- und Tec-Dax-Familie. Wer in den Index kommt, darüber entscheiden Vertreter der Kirchen sowie unabhängige Ökologen, die zusammen einen Ethikrat bilden, nach qualitativen Ausschlusskriterien wie etwa Rüstungsgüter, Pornografie, Alkohol, Tierversuche, Glücksspiel und viele andere. Aus dem Dax schafften es dabei zwölf Unternehmen nicht in diesen ehrenhaften Index, sondern kamen sozusagen auf den Index der (nicht zwölf) Moralapostel. Nicht vertreten sind beispielsweise die deutschen Energieriesen Eon und RWE, weil sie noch immer Atomkraftwerke betreiben oder auch Bayer, weil der Pharmakonzern die Antibabypille vertreibt. Der Sender RTL zum Beispiel – im MDax gelistet – schaffte es nicht in den DETHIK

wegen seines Sendeformats Dschungelcamp und anderer Sendungen. Sollte Ihnen bei der Zeitungslektüre übrigens einmal das Kürzel *HDax* über den Weg laufen, so meint das sozusagen die »Vereinten Dax-Werte«, also Dax, MDax und
TecDax – allerdings ohne den SDax.

So viele Länder – so viele Indizes

Was den Deutschen der Dax, ist anderen Ländern deren jeweiliger Landes- oder Börsenindex. So viele Länder, so viele Börsen, so viele Indizes. Arbeiten wir uns einmal über Europa
und die USA in spannende Länder der Zukunft wie China vor, um wenigstens die wichtigsten Aktienindizes zu nennen.

Europa geht am Stoxx

Im *Euro Stoxx 50* sind die größten europäischen Unternehmen versammelt. Er entspricht
vielleicht der Champions League, denn hier finden sich die potentesten Vertreter des Dax
wie auch anderer europäischer Indizes. Der von der Stoxx Ltd in Zürich 1998 sowohl als Performance- als auch als Kursindex eingeführte Euro Stoxx 50 konzentriert sich rein auf Euroländer – Großbritannien werden Sie also vergeblich darin suchen. Im parallel geführten
Stoxx Europe 50 (Achtung, Verwechslungsgefahr!) sind dann auch britische, schweizerische
und schwedische Unternehmen gelistet. Im Gegensatz zum Dax ist der gewöhnlich verwendete Euro Stoxx 50 aber der reine Kursindex; wenn der Performance-Index gemeint ist, wird
dies in Klammern besonders vermerkt als Euro Stoxx (performance) 50.

Im Euro Stoxx 50 sind derzeit 15 Unternehmen aus Deutschland (aus dem Dax), 17 Aktiengesellschaften aus Frankreich, je sechs aus Spanien und Italien, fünf aus den Niederlanden
sowie je eines aus Irland und Belgien geführt.

Mr. Jones

Der *Dow Jones Industrial Average* bildet die US-amerikanische Wirtschaft ab. Dieser älteste
Index wurde bereits 1896 vom Herausgeber des *Wall Street Journal*, Charles H. Dow, entwickelt. Heute wird der Dow Jones von der Ratingagentur Standard & Poor's in Zusammenarbeit mit Redakteuren des Wall Street Journals betreut. Im Besitz des Index ist aber McGraw
Hill Financial, außerdem halten die CME Group und die Dow Jones and Company, eine Tochter der News-Corporation, Anteile an der Gesellschaft.

Der Dow Jones wird – als wohl einziger Index weltweit – nicht nach der Marktkapitalisierung, also nach der Bewertung des gesamten Unternehmens an der Börse, sondern nach
den einzelnen Börsenkursen bewertet. Deshalb wurden 2013 drei Urgesteine des Dow Jones 30 aus dem Index gekegelt: der Aluminiumhersteller Alcoa, der jeweils die Berichtssaison aus den USA einläutet und von dem deutschen ehemaligen Siemensvorstand Klaus
Kleinfeld geführt wird, die stolze Bank of America und der altgediente IT-Hardware-Konzern Hewlett Packard. Hinein kamen dafür Nike, Goldman Sachs und Visa. Hintergrund
ist die merkwürdige Berechnung nach dem Aktienkurs: Die Bank of America konnte zum

Ausschlusszeitpunkt eine Marktkapitalisierung von 157 Milliarden US-Dollar aufweisen, während es Goldman Sachs nur auf einen Börsenwert von 77 Milliarden US-Dollar brachte. Doch der Kurs der Bank-of-America-Aktie bewegte sich bei 14,60 US-Dollar, während Goldman Sachs bei 165 US-Dollar lag.

Als einziges Unternehmen seit der Gründung des Dow Jones ist nur noch General Electric (GE) unter dem exakt gleichen Namen in diesem Index vertreten. Alle anderen ursprünglich zwölf Unternehmen haben das Zeitliche gesegnet, sind fusioniert oder haben sich umbenannt – und finden sich auch mit neuem Namen nicht mehr im Dow Jones 30.

Aus der Feder einer Ratingagentur

Der *S&P 500* ist mit seinen 500 Unternehmen wesentlich marktbreiter aufgestellt, das heißt, er repräsentiert die US-Wirtschaft wesentlich vielschichtiger als der Dow Jones. Dennoch bewegt sich der S&P 500 eher im Windschatten des großen Alten. Betrieben wird der 1957 gegründete Jungspund von der US-Ratingagentur Standard & Poor's, die ihm auch den Namen verlieh. Im Gegensatz zum Dow Jones gewichtet der S&P genau wie der Dax nach Börsenkapitalisierung und nicht nach dem aktuellen Kurswert, allerdings ist er ein reiner Kursindex. Will man Auskunft über den Performance-Index, muss man sich den *S&P 500 Total Return Index* anschauen.

Den größten prozentualen Rückgang erlebte der S&P nicht am 11. September 2001, sondern am 19. Oktober 1987, dem sogenannten Schwarzen Montag. An diesem Tag fiel er um 20,47 Prozent. Was war geschehen? Es war der erste Börsenkrach seit dem Zweiten Weltkrieg und er erfasste alle Börsen der Welt – auch der Dow Jones stürzte über 20 Prozent ab. Dabei gab es dafür im Grunde keinen »besonderen Anlass«, also keinen Kriegsausbruch, keinen Terroranschlag oder Tsunami. Lediglich die US-Zentralbank Fed hatte wieder einmal die Zinsen angehoben. Die Kurse waren lange Zeit gut verlaufen und übers Wochenende war eifrig spekuliert worden, ob die Bewertungen nicht zu hoch seien. Daher wollten viele gleich am Montagmorgen Aktien verkaufen – und die damals relativ neu eingeführten, aber noch nicht sehr leistungsstarken Computer waren damit hoffnungslos überfordert. Viele Orders konnten so erst verspätet durchgeführt werden. Außerdem waren viele automatische Stopp-Befehle eingegeben worden – damals noch eine totale Neuheit –, die automatische Verkaufsorders auslösten. Und so nahm das Verhängnis seinen Lauf: Ein durch den Herdentrieb der Anleger ausgelöster Computercrash.

Der Dax verläuft meistens im Windschatten des S&P – kein Wunder, bei der Exportorientierung der deutschen Industrie. Insofern bildet der S&P neben allem anderen einen guten Indikator für die Entwicklung des Dax. Sie sollten ihn also ebenfalls im Auge behalten, selbst wenn Sie gar nicht in US-Werte investiert sind.

Die Technologiemacher

Der *Nasdaq Composite* beinhaltet schlicht und einfach alle Werte, die an der Technologiebörse *Nasdaq* in New York gelistet sind. Im Nasdaq Composite sind etwa 5.000 Unternehmen geführt und damit umfasst er alles, was in irgendeiner Weise mit modernen Technologien, IT et cetera zu tun hat. Als Auswahlindex existiert daneben übrigens noch der *Nasdaq 100* mit den 100 größten Werten.

Das Licht der Welt erblickte der Index 1971 beim zarten Stand von 100 Punkten, seinen bis heute unübertroffenen Höchststand erlebte er zu Zeiten des Internetbooms im Jahr 2000, genauer am 10. März, als er bei 5.048,62 Punkten schloss. Dann platzte die Blase und er fiel wieder bis auf 1.114,11 Punkte am 9. Oktober 2002. Wichtig ist, dass der *Nasdaq Composite* ein reiner Kursindex ist, Dividenden also nicht eingerechnet sind. Da Technologieaktien grundsätzlich stärkeren Kursschwankungen unterliegen, gilt der *Nasdaq* als wichtiger Frühindikator für die Gesamtwirtschaft.

Blick nach Fernost

Inzwischen ist Asien nicht nur zu einem wichtigen Importeur für unsere Waren geworden, auch seine Börsen spielen eine immer größere Rolle. Unter den zehn größten Börsen der Welt – bewertet nach dem Handelsvolumen in Aktien – nimmt die japanische Börse in Tokyo den dritten Platz ein, hinter der NYSE und der *Nasdaq*, Shanghai liegt auf Platz 4, Shenzhen auf dem chinesischen Festland hält Rang 5, Hongkong Rang 9 und Korea Rang 10. Frankfurt ist nach Aktienhandelsumsatz nicht unter den größten zehn Börsen vertreten.

Übersetzt in Indizes bedeutet dies, dass der japanische *Nikkei 225*, die chinesischen Indizes, *Shanghai Composite Index*, *Shenzhen Composite Index* und *Hang Seng China Enterprise Index* (HSCEI) aus Hongkong, sowie der koreanische *KOSPI* von großer Bedeutung sind und Ihnen Aufschluss über interessante Werte sowie über die Entwicklung der entsprechenden Länder vermitteln können.

Dass China immer noch mitten im Kommunismus steckt und es mit der freien Wahl der Wahl nicht so ganz ernst nimmt, beweist das etwas merkwürdige Aktien-ABC, das an den chinesischen Börsen herrscht. Denn in China werden A-, B- und keine C-, sondern H-Aktien gehandelt. Für ausländische Investoren spielen – wenigstens bis jetzt – hauptsächlich H-Aktien eine Rolle, die wiederum Chinesen nicht kaufen dürfen. Insofern sind der Hang Seng China Enterprises Index HSCEI von Hongkong und der Shanghai-H-Index für ausländische Anleger relevant. A-Aktien von den Börse in Shanghai oder Shenzhen durften lange ausschließlich von Chinesen selbst gehandelt werden, sie lauten auf Renminbi. Inzwischen dürfen auch qualifizierte ausländische institutionelle Investoren zugreifen – Sie als Privatanleger aber weiterhin nicht. B-Aktien werden in ausländischer Währung gehandelt, in US-Dollar oder Hongkong-Dollar. Sie sind überwiegend nur für Ausländer gedacht. H-Shares schließlich sind Aktien von Unternehmen, die auf dem chinesischen Festland angesiedelt sind, aber in Hongkong gehandelt werden. Sie gelten zusätzlich zu B-Aktien oder auch anstelle von B-Aktien und verlangen von den Unternehmen, nach internationalem Standard abzuschließen. Sie machen weit über die Hälfte des Handels aus, zum Beispiel der Börse in Hongkong. China ist also, wenigstens in Sachen Börse, doch im Kapitalismus angekommen, mit allen Vor- und Nachteilen und gewissen Reminiszenzen an die kommunistische Überverwaltung bei gleichzeitiger Beschränkung.

Um mehr Aufmerksamkeit bei europäischen Investoren zu erzielen, suchen immer mehr chinesische Unternehmen umgekehrt auch die Börsen in Europa heim. Ohne sie hätte es in den vergangenen Jahren vermutlich noch weniger Börsengänge an der Frankfurter Börse gegeben.

Genug ist nicht genug

»Genug ist nicht genug, ich lass mich nicht belügen. Schon Schweigen ist Betrug, genug kann nie genügen«, heißt es in einem Lied von Konstantin Wecker, in dem es darum geht, endlich anzugreifen und etwas zu tun, das er bei einem sommerlichen Konzert in Kloster Banz 2009 Lehman Brothers & Co. (um)gewidmet hat. Wem all diese Länderindizes nicht genug sind, der kann sich den *MSCI-World* vornehmen und darin nach interessanten Einzelaktien graben. Dieser Index umfasst 23 Länder und darin sollen die Unternehmen jeweils etwa 85 Prozent der Marktkapitalisierung abdecken. Wenn es einen Indikator für die Weltwirtschaft gibt, dann ist es der MSCI-World. Er ist aber ziemlich US-lastig, aus dem einfachen Grund, weil dort die großen Konzerne sitzen, die IT- und Finanzriesen wie Microsoft, Google, IBM, Bank of America et cetera. Gestartet ist der MSCI-World 1969 mit gerade einmal 100 Punkten.

Jetzt haben wir uns quer durch die Länder vorgearbeitet. Das Interesse für Indizes ist groß – und durchaus berechtigt. Selbstverständlich haben sich die Index-Erfinder viel einfallen lassen, um noch weitere zu kreieren, ihre Fantasie scheint grenzenlos zu sein. Die Absichten dahinter sind indes nicht wirklich altruistisch, denn mit Indizes kann man viel Geld verdienen, doch dazu später mehr. Gerne genommen werden Branchen-Indizes, die entweder innerhalb einzelner Länder-Indizes oder aber länderübergreifend, ja weltumspannend angelegt sein können. Aber auch für Rohstoffe, Renten, Anleihen und vieles mehr gibt es eigene Indizes.

In der Börsen-Zeitung etwa finden sich die *Global Titans* nach Branchen, die einen guten Überblick über die weltweit größten Vertreter des jeweiligen Sektors bieten. Herausgegeben werden Global Titans auch vom US-Verlagshaus Dow Jones; sie zeigen die Einteilung der Wirtschaft in Branchen – da bleibt kaum ein Wunsch unerfüllt und keine Schublade ohne Etikett.

- ✔ Automobile & Parts
- ✔ Banks
- ✔ Basic Resources
- ✔ Chemicals
- ✔ Construction & Materials
- ✔ Financial
- ✔ Food & Beverage
- ✔ Healthcare
- ✔ Industrial Goods

✔ Insurance

✔ Media

✔ Oil & Gas

✔ Personal & Household Goods

✔ Real Estate

✔ Retail

✔ Technology

✔ Travel & Leasure

✔ Utilities

Auch die Deutsche Börse widmet sich den unterschiedlichen Branchen, sie berechnet neun sogenannte Supersektoren für ihren Prime Standard, außerdem 18 Sektoren und 63 Subsektoren für sämtliche Werte. In den Supersektoren werden dabei nur Aktien berücksichtigt, deren tägliches Handelsvolumen mindestens bei einer Million Euro liegt. Zu den Sektoren zählen zum Beispiel die Branchen Automobile, Banks, Chemicals, Consumer und Media, zu den Subsektoren etwa Chemicals Commodity und Chemicals Specialty sowie Industrial Gases.

Weitere Branchen führt außerdem die *FAZ* auf, die in ihrem Aktienteil in der Zeitung – vielleicht eine aussterbende Gattung – auch eine ganze Reihe eigens entwickelter Indizes wie etwa den FAZ-Index, den FAZ Banken, FAZ Versicherungen et cetera täglich meldet. Insgesamt führt die *FAZ* neben Dax & Co., wobei sie auch sämtliche Einzelaktien aufführt, 30 deutsche, 23 europäische und 27 Indizes aus Übersee auf.

Auch ein gutes Gewissen braucht Orientierung

Nachdem sich nachhaltiges Investieren und eine Anlage mit gutem Gewissen einer immer größeren Beliebtheit erfreuen, wollen viele davon profitieren. Weil es hier noch unübersichtlicher zugeht als bei Ländern oder Branchen und Laien wie Fachleute sich schwertun, die richtigen Werte zu erkennen, übernehmen Spezialisten diese Aufgabe und entwickeln eigene Nachhaltigkeitsindizes. Zu den bekanntesten zählen, neben dem bereits erwähnten DEHTIK der Deutschen Börse:

✔ Der *NAI – Natur-Aktien-Index* der Securvita mit 30 Unternehmen aus aller Welt, die als konsequente Ökovorreiter gelten. Aus Deutschland werden hier zum Beispiel Aixtron (Halbleiteranlagen-Bauer) und Steico geführt, es finden sich hier aber auch etwa Ricoh aus Japan oder Natura Cosmeticos aus Brasilien; mehr unter www.nai–index.de.

✔ Der *RENIXX* mit 20 Unternehmen aus aller Welt, die im Sektor erneuerbare Energien tätig sind, herausgegeben vom Internationalen Wirtschaftsforum Regenerative Energien (IWR) in Münster. Aus Deutschland findet sich hier Nordex, ansonsten etwa Canadian Solar, Plug Power Inc. oder Tesla Motors.

✔ Der *ERIX – European-Renewable-Energy-Index* von der Société Générale mit zehn Unternehmen aus den Bereichen Solar, Wind, Wasser und Bioenergie.

✔ Der *DAX-Global-Alternative-Energy-Index*, denn auch die Deutsche Börse wollte vom Ökoboom profitieren. Hier sind 15 Unternehmen versammelt, davon sechs aus den USA, der Rest aus Europa und Asien (vor allem Japan) – derzeit allerdings nur 14, weil ein Unternehmen in den Prime Standard wechselte und daher hier gelöscht wurde.

✔ Der *UBAI* von der auf Nachhaltigkeit ausgerichteten Umweltbank, der sich auf Unternehmen aus dem deutschsprachigen Raum spezialisiert. Hier dominieren die Wind- und Solarbranche, aber auch die Umweltbank selbst ist vertreten, außerdem etwa Capital Stage, CropEnergies, KTG Agrar, Nordex und PNE Wind, die alle zudem im Auswahlindex *UBAI select* gelistet sind.

Einen eigenen, sehr zukunftsorientieren Nachhaltigkeitsindex entwickelte jüngst die Börse Hamburg Hannover gemeinsam mit der renommierten Nachhaltigkeits-Ratingagentur Oekom Research AG. Der Hintergedanke war, welche Unternehmen sich am besten den sieben wichtigsten Zukunftstrends stellen und an Lösungen arbeiten. Diese sieben Zukunftstrends sind:

1. Klimawandel

2. Nachhaltige Wirtschaft

3. Armutsbekämpfung

4. Trinkwasserversorgung

5. Bevölkerungsentwicklung

6. Verantwortungsvolle Führungsstrukturen

7. Erhalt der Artenvielfalt

Der Index umfasst insgesamt 50 Unternehmen, darunter auf den ersten Blick welche, die man dort nicht vermuten würden, wie etwa Danone, Dassault Systèmes, Geberit AG, Henkel, Linde, Lloyds Banking. Man muss wohl tief im Thema stecken, um das zu verstehen, denn Dassault Systèmes beispielsweise befasst sich zwar intensiv mit Software für Produkt-Lifestyle-Lösungen, ist aber eine Tochter des französischen Luftfahrtkonzerns Dassault Aviation, der vor allem Militärflugzeuge (man denke an die berühmte Mirage) herstellt.

Indizes als Basis für Finanzprodukte

Neben der Orientierungsfunktion haben Indizes aber noch eine weitere Bedeutung: Sie sind für die Herausgeber und Betreiber ein wichtiger Zusatzverdienst. Denn diese lassen sich nicht nur für die Veröffentlichung der Indizes bezahlen, die Indizes dienen darüber hinaus als Basis für die Entwicklung von Finanzprodukten. Fonds, ETFs, Derivate und Zertifikate bedienen sich ihrer als sogenanntes *Underlying*. Das heißt, die jeweiligen Produkte werden um einen Index herumgepackt.

Wenn beispielsweise ETFs oder Fonds passiv gemanagt werden, also ohne aktives Zutun eines Fondsmanagers, benötigen sie eine Richtschnur, an der sich ihre Anlagestrategie ausrichtet – und dazu dienen Indizes. Da die wenigstens Fondsmanager es schaffen, die großen Indizes zu schlagen, ist eine solche Strategie nicht grundlegend von der Hand zu weisen. Die Deutsche Börse zum Beispiel ist Nummer drei in der Vermarktung von Indizes – allein 20 Millionen Futures-Kontrakte und 33 Millionen Optionskontrakte laufen etwa auf den Dax.

Gerade wenn Indizes als Basis für Produkte, zum Beispiel börsengehandelte Fonds – ETFs –, dienen, ist Vorsicht geboten. Man sollte auf jeden Fall wissen, wie der Index gebaut und wie er zusammengesetzt ist. Grundsätzlich sollten Sie als Anleger einen reinen Kursindex von einem Performance-Index unterscheiden können. Da in Letzteren auch die Dividendenausschüttungen eingerechnet werden, verfremdet er die eigentliche Performance nach oben. So richtig dies für die Gesamtrenditeentwicklung auch ist – wir sprachen bereits davon –, gilt der Index als Basiswert, verfälscht ein Performance-Index das Ergebnis.

Wer versucht, seine Anlage möglichst breit zu streuen, also zu diversifizieren – eine der wichtigsten Regeln zur Risikominderung –, und aus diesem Grund auf mehrere Indizes setzt, schafft dadurch oftmals ein nicht auf Anhieb erkennbares *Klumpenrisiko*. Denn gerade die ganz großen Werte tauchen in den unterschiedlichsten Indizes immer wieder auf. Oft genug dominieren einzelne Branchen ganze Indizes – gerade in Ländern, deren Industrialisierung oder Wirtschaft eher einseitig strukturiert ist. Da wäre etwa für Großbritannien der Finanzsektor zu nennen oder Rohstoffunternehmen für Südafrika. Finanzwerte sind beispielsweise im MSCI-World übergewichtet und dominieren zudem den Euro Stoxx; Autowerte sind etwa im deutschen Dax eher übergewichtet, man denke nur an Dickschiffe wie Daimler, VW und BMW, aber auch Zulieferer wie Continental.

Und noch etwas gilt es zu beachten: Selbst wenn etwa beim Dax die großen Gesellschaften auf 10 Prozent gedeckt sind, können einige wenige Unternehmen die gesamte Richtung des Index bestimmen. So weisen die neun größten Dax-Unternehmen Marktkapitalisierungen zwischen 50 Milliarden und in der Spitze knapp 90 Milliarden Euro auf – die dann folgenden Unternehmen bewegen sich zwischen 4,5 Milliarden und 35 Milliarden Euro. Oder anders ausgedrückt: Die neun besten bringen es zusammen auf etwa 641 Milliarden Euro, die restlichen 21 auf 385 Milliarden Euro Marktkapitalisierung.

Fassen wir zusammen, was Indizes leisten:

✔ Sie dienen als Gradmesser für ein Land oder Branchen.

✔ Sie zeigen die wichtigsten Werte eines Landes oder einer Branche auf einen Blick und geben so auch Anregungen für Einzelinvestments.

✔ Sie werden als Basis für Produkte verwendet, die es Anlegern erlauben, mit wenig eingesetztem Kapital in einen gesamten Index zu investieren und von dessen Performance zu profitieren.

Teil II
Anlagestrategien mit Aktien

Um Erfolg bei der Geldanlage zu haben, muss dieser Erfolg erst einmal definiert werden. Was will man mit welchen Mitteln eigentlich erreichen? Dann gilt es, die dazu und zur eigenen Persönlichkeitsstruktur passende Strategie zu wählen und konsequent beizubehalten, auch wenn es kurzfristig einmal nicht so gut laufen sollte. Trendfolge, Fundamental- und technische Analyse sind die Basisstrategien, auf ihnen bauen viele weitere Strategien auf. Ihr Grundgerüst soll in diesem Teil vorgestellt werden. Wer noch unsicher ist, welche Aktien er in sein Depot legen soll, der kann dies auch professionellen Händen überlassen und zu Aktienfonds greifen. Wenn sich ein Fondsmanager Tag und Nacht um Ihren Fonds kümmert, kostet das allerdings entsprechend – nicht immer rechtfertigt die tatsächlich erlangte Rendite diesen Aufwand. Weil Sie bei Fonds aber ganz unterschiedlich agieren können, sowohl was die Einzahlungsmodalitäten betrifft als auch die Auszahlungsformen, eignen sie sich ideal für die private Altersvorsorge.

Wem allerdings Fonds zu viele Kosten verursachen, der kauft sich einen Fonds ganz einfach direkt über die Börse und verzichtet auf das Know-how eines eigenen Managers. Denn diese börsengehandelten Fonds (Exchange Traded Funds oder ETFs) zeichnen einen Index mehr oder weniger genau nach – und fertig. Einfach, aber erfolgreich.

Kapitel 9

Immer schön strategisch vorgehen – Anlagestrategien im Überblick

Strategien, wie die richtigen Aktien gefunden werden können, gibt es wie Sand am Meer. Na ja, eigentlich so viele, wie es Anleger gibt, also zumindest in Deutschland doch nicht ganz so viele. Nur wer sich darüber Gedanken macht, welche Ziele er wie und in welchem Zeitraum erreichen möchte, hat überhaupt Steuerungsmöglichkeiten für die Kapitalanlage. Der Rest manövriert blind durch dichten Nebel.

Prinzipiell können Sie als angehender Aktionär einfach das machen, was die anderen machen, und deren Erfolge – und Misserfolge – teilen. Sie können die Unternehmen, in die Sie investieren wollen, außerdem einer genaueren betriebswirtschaftlichen Analyse unterziehen und aus den so gewonnenen Daten Handlungsanweisungen für Ihre Anlage ableiten. Oder Sie können sich die Kursverläufe der Vergangenheit ansehen, daraus Schlüsse für die Zukunft ziehen und entsprechend Aktien kaufen oder abstoßen.

Trendfolge, Fundamental- und technische Analyse sind die Basisstrategien für die Aktienanlage, auf denen viele andere Strategien aufbauen. Eines vorab: Über jede dieser genannten Strategien könnte man ein eigenes Buch schreiben – und es gibt definitiv mehr als nur eins über jede von ihnen. Dieses Kapitel beschränkt sich deshalb auf das Wesentliche. Es soll Sie in die Lage versetzen, für sich zu entscheiden, welche Strategien überhaupt infrage kommen – und in welche Richtung Sie demzufolge weiter recherchieren sollten.

Hauptsache, man hat einen Plan

Einen Plan zu haben, mit welcher Strategie in Aktien investiert werden soll, ist wichtig. Davor sollten Sie jedoch zuerst ein strategisches Langfristkonzept entwickeln, das Ihren Vermögensaufbau insgesamt betrifft. Welchen Anteil Ihres Vermögens wollen Sie in Aktien anlegen und wie viel Prozent in andere Anlageklassen – neudeutsch: Asset-Klassen? Nicht jeder ist in der Lage, etwa zusätzlich in Immobilien zu investieren. Wichtiger ist zunächst, ein gewisses Vermögen auf Tagesgeldkonten zu bunkern, sozusagen als liquide Notreserve (empfehlenswert sind etwa drei Monatsgehälter). Etwas Gold und Papiere, die auf Rohstoffe bauen, sollten auch dabei sein. Diversifikation, Sie erinnern sich!

Die meisten – von Ihnen als Anleger – gut bezahlten Fondsmanager schaffen es nicht, dauerhaft den Dax zu übertreffen, und zwar nach Abzug der Gebühren und Spesen, die sie für ihr Management erhalten. Das bedeutet, die ach so ausgeklügelte Strategie der Profis führt oftmals nicht zu mehr Gewinnen, als wenn Sie einfach Anteile an sämtlichen Dax-Werten erworben hätten. Denn es ist wahrlich kein Kinderspiel »den Markt« zu schlagen. Das ist letzten Endes ein Grund dafür, warum sich so viele Anleger für ETFs entscheiden und diese Branche als eine der wenigen in der Welt der Finanzen ein Boomjahr nach dem anderen schreibt. Dazu aber dann später mehr, in Kapitel 12.

Können Sie also als ganz normaler Privatanleger mit Ihren Möglichkeiten den Dax schlagen, wenn Sie sich stur und ohne zu zögern an eine bestimmte Strategie klammern? Vielleicht. Versprechen können und wollen wir Ihnen das nicht. Sie können es natürlich gern versuchen und sich den Dax als Benchmark setzen. Das ist anspruchsvoll. Das Wichtigste an jeder Anlagestrategie ist aber, dass Sie überhaupt eine haben. Das bedeutet nämlich, dass Sie sich nicht auf rein subjektive Kriterien verlassen, sondern auf objektive Daten, die Ihnen Handlungsanweisungen geben, an die Sie sich – zumindest über einen definierten Zeitraum hinweg – halten sollten.

Den Dax schlagen

Anfang 2013 testete das Magazin *Börse Online* – damals noch zum Gruner+Jahr-Konzern gehörend – sieben relativ einfache Anlagestrategien daraufhin, ob sie seit 1989 besser oder schlechter als der Dax gelaufen wären, hätte man sie nur konsequent angewandt. Das Ergebnis war eindeutig: Die untersuchten Strategien hätten den Anlegern eine durchschnittliche Jahresrendite zwischen 9,3 Prozent und 17,4 Prozent eingebracht. Die Dax-Performance im gleichen Zeitraum erreichte gerade einmal 7,6 Prozent! Und, das darf man nicht vergessen, in den Zeitraum fiel der absolute Börsenhype von 2000 genauso wie der Crash kurz danach – und der zweite Crash infolge der Finanzkrise.

Sell in May …

Jetzt interessiert Sie natürlich, welche Strategien das waren und welche der Gewinner war. An dieser Stelle greifen wir beispielhaft eine ausgesprochen simple Strategie heraus, deren Erfolg Sie wahrscheinlich nie für möglich gehalten hätten. Es handelt sich dabei um die sogenannte *Sell-in-Summer-Strategie*. Das geht so: Sie kaufen im September und verkaufen im Juli. Was Sie kaufen sollen? Vollkommen egal! Zum Beispiel einen ETF, der den gesamten

Dax abbildet, zugegeben nicht sehr spannend. Allerdings hätte es diesen 1989 noch gar nicht gegeben, muss man fairerweise dazusagen. Im Prinzip können Sie aber fast alles kaufen, denn der August und der September sind in der Regel schwache Börsenmonate, der Juli hingegen ist ein eher guter Monat. In den untersuchten 24 Jahren wäre damit eine Rendite von 14,4 Prozent möglich gewesen. Anders ausgedrückt: Hätten Sie 1989 nach dieser Strategie 10.000 Euro angelegt, wären daraus in den 24 Jahren 253.000 Euro geworden. Hätten Sie nur – wir haben auch nicht!

Die übrigen von *Börse Online* untersuchten Strategien waren schon etwas komplizierter, wie etwa die 200-Tage-Linie als erfolgreichste Strategie mit 17,4 Prozent oder erzielten 466.692 Euro! Weil sie so genial ist, wird diese Strategie etwas später in diesem Kapitel genauer beleuchtet. Auch wenn Sie sich an den Flop-Top-Kennzahlen ausgerichtet hätten, wären es noch 12,9 Prozent oder 185.232 Euro gewesen. Weitere Strategien waren die MACD-Strategie (10,9 % beziehungsweise 118.516 Euro), die Value-Growth-Kennzahlen (10,3 % beziehungsweise 104.294 Euro) und eine Stop-Loss-Verlustbegrenzung (9,3 % beziehungsweise 85.221 Euro) – dazu finden Sie eine kurze Erläuterung am Ende dieses Kapitels.

Hätten Sie sich einfach nur an den Dax gehalten, wären aus Ihren 10.000 Euro immerhin noch 57.318 Euro geworden. Insofern haben Sie nur einen großen Fehler begehen können: nicht in Aktien zu investieren.

Sicherheit oder Wachstum, das ist hier die Frage

Eine sehr zurückhaltende, ganz auf Sicherheit ausgerichtete Strategie ist die Konzentration auf *defensive Aktien*. Es ist der Versuch, jede Form von Risiko auszugrenzen und Kursrückschläge zu vermeiden. Doch wie gelingt dies, was sind defensive Aktien überhaupt und wo findet man sie? Und was kostet am Ende all diese Sicherheit?

 Die Menschen fürchten sich ganz besonders vor extrem unwahrscheinlichen Ereignissen, die aber, wenn sie auftreten, besonders großen Schaden anrichten: Ein berstendes Atomkraftwerk. Ein Meteor, der auf die Erde aufschlägt. Ein Terroranschlag. Eine Invasion aus dem All. Die Bilder aus zahlreichen Katastrophenfilmen haben wir im Kopf. Leider verleitet diese Angst Menschen zu eher irrealen Handlungen. Sie bauen sich Bunker im Garten oder sie vermeiden, wie nach den Anschlägen des 11. September 2001 viele Amerikaner, Flugreisen. Das Problem: Mehr als 1.600 US-Bürger kamen 2001 bei Autounfällen ums Leben, weil sie aus Angst vor einem Terroranschlag kein Flugzeug mehr betreten wollten. Die Angst vor der Katastrophe endet in der Katastrophe – das sollte man auch als Anleger im Hinterkopf behalten. Das alte Sprichwort trifft es genau: Angst ist ein schlechter Ratgeber.

Besser wegducken

»Irgendetwas geht immer« könnte der Leitspruch der Aktionäre sein, die auf defensive Aktien setzen. Ein wenig Dividende, ein kleines bisschen Kurszuwachs, Hauptsache nichts verlieren, das ist die Devise. Tatsächlich gibt es Branchen und Einzelwerte, die einen solchen defensiven Auf-Nummer-sicher-Charakter haben. Das sind vor allen Dingen Aktien, die sich von Konjunkturzyklen nicht sonderlich beeinflussen lassen.

Gegessen, getrunken und geflirtet wird immer, deshalb sind Aktien aus dem Bereich Food und Getränke, aber auch Kosmetik eher defensiv ausgerichtet. Im Prinzip alle Konsumgüter, auf die wir nur sehr schwer verzichten können, auch wenn die Zeiten schlechter sind – also gehören etwa auch Tabak und Alkohol (in Maßen) dazu. Wir werden immer älter und räumen dem langen Leben damit vermehrt Chancen ein, krank zu werden. Deshalb sind Aktien aus dem Gesundheitsbereich hier zu nennen. Allerdings haben Pharma-Aktien einen eigenen, von der Konjunktur unabhängigen Lebenszyklus, denn die Produkte, mit denen Pharma-Unternehmen ihr Hauptgeschäft machen, die Blockbuster, unterliegen einer gesetzlich bestimmten Verfallszeit. Ist diese erreicht, sind billige Substitute, sogenannte Generika, möglich und die Blockbuster gehen stark zurück. Es gibt auch ganze Regionen und Märkte, die als eher defensiv eingeschätzt werden: Good old Europe und insbesondere Deutschland gelten als eher defensiv im Gegensatz zu etwa den Emerging Markets oder auch den USA.

Insgesamt bieten sich defensive Aktien auf jeden Fall als Sicherheitsbeimischung für jedes Depot an. Wer ausschließlich auf defensive Werte setzt, mag vielleicht ruhig schlafen – ob er als reicher Mann aufwacht, darf allerdings bezweifelt werden.

Es kann auch passieren, dass ehemalige Wachstumswerte zu defensiven Werten auf- oder absteigen, das ist Ansichtssache. Hier wären etwa Technologieflaggschiffe wie IBM oder Microsoft zu nennen.

Wachstum kennt keine Grenzen

Wachstum wird in unserer Wohlstandswelt immer häufiger als Wert an sich angezweifelt. Wer schon alles hat, der braucht nicht noch mehr. Leicht vergessen wird dabei gerne, dass keinesfalls überall auf der Welt ein Sättigungsgrad wie bei uns erreicht ist und dass Wachstum auch bedeutet, dass Produkte qualitativ besser werden. Oder würde es Ihnen gefallen, wenn alle Autos auf dem Niveau eines Trabant fahren müssten? Der Umwelt jedenfalls würde das ganz und gar nicht gut bekommen – unserem Rücken wahrscheinlich auch nicht. Also: Wirtschaft braucht Wachstum. Man kann allenfalls die etwas simple Berechnung von Wachstum und Wohlstand anhand des Bruttosozialprodukts mit Skepsis sehen – eine bessere Alternative zum weltweiten Vergleich hat sich aber bislang nicht durchgesetzt.

Wachstumsstrategien richten sich nun speziell an Wachstumsaktien aus – nur, hätten wir diese nicht alle gerne? Großes Wachstum ist aber auch mit hohem Risiko verbunden, denn diese Aktien richten sich auf Branchen und Länder aus, die hier Treiber sind. Oftmals wird gerade noch sehr jungen und relativ kleinen Unternehmen hohes Wachstum unterstellt – ob sich diese Hoffnung letzten Endes bewahrheitet, zeigt sich erst in der Zukunft. Vielen Aktien beziehungsweise Unternehmen sieht man anfangs zudem nicht an, welches Wachstumspotenzial in ihnen schlummert: Microsoft, Google & Co. fanden zur Zeit ihrer Gründung kaum Investoren – schon gar keine professionellen und institutionellen –, dabei hätte man mit diesen Aktien sein Vermögen vervielfachen können.

Zu den Wachstumsbranchen zählen ganz allgemein Technologie, IT- und Internetwerte, aber auch Biotechnologie.

Aktuell setzen viele Anleger auf Unternehmen, die 3D-Drucker herstellen. Diesen wird sogar zugetraut, eine neue industrielle Revolution auslösen zu können. In Zukunft drucken wir unsere Tassen, Teller oder Autos einfach selber. Die Hersteller konnten an der New Yorker Börse inzwischen auf eine Performance von 300 Prozent, wie etwa 3D Systems, oder 200 Prozent, wie Stratasys, in den Jahren 2012 und 2013 zurückblicken. Das bayerische Unternehmen Voxeljet brachte es immerhin noch auf 120 Prozent – an die Börse ging das Unternehmen in den USA. Allerdings ist eine gesunde Skepsis angebracht, ob hier die Entwicklung so weitergeht, da die für die Industrie interessanten 3D-Drucker meist nicht von börsennotierten Unternehmen hergestellt werden. Nichtsdestotrotz ist es ein typisches Beispiel dafür, dass immer wieder neue Branchen nach oben gehievt werden und Anlegerträume zumindest zeitweise erfüllen. Inzwischen ist Ernüchterung eingetreten, Voxeljet beispielsweise ist von fast 50 Euro pro Aktie auf um die 4 Euro Anfang 2018 zurückgefallen. Dafür wird das Thema Blockchain aufs Börsenparkett getrieben – mal sehen, wie lange hier die Euphorie der Investoren anhält.

Wachstumsmärkte werden häufig von Megatrends getrieben und alle Branchen, die diese vorantreiben oder zumindest an ihnen teilhaben, profitieren in besonderem Maße. Der Zukunftsforscher Eike Wenzel machte mit seinem Institut für Trend- und Zukunftsforschung insgesamt 15 globale Megatrends aus – von Digitalisierung über Demografie bis hin zu Mobilität, Tourismus und Lebensstil.

Dennoch geschieht Wachstum nicht von selbst, Erfolg ist eben nicht in Stein gemeißelt. Branchen, die heute boomen, können morgen schon abgehängt werden; Märkte, die einen immensen Aufschwung aufzuweisen hatten, können aus den unterschiedlichsten Gründen plötzlich zu Bremsern werden. Die Entwicklungen sind schwer vorhersehbar und es ist unklar, wer sich am Ende durchsetzt. Erst hörten wir Platten, später Kassetten und CDs, heute geht es via Internet zum MP3-Download. Wird es in Zukunft noch Fernsehprogramme mit festen Zeiten geben? Werden Desktop-PCs von iPads und anderen Tablet-PCs abgelöst? Hier gilt – wie so oft: Information ist alles. Hilfe holen kann man sich als Anleger auch über Fonds, die mit Begriffen wie Growth hantieren und auf die Expertise der Fachleute vertrauen.

Momentchen oder ...

Wachstums- und defensive Aktien sind relativ einfach herauszufiltern, weil auch viele andere Anleger Interesse an diesen Aktien haben und deshalb viel über sie geschrieben wird. Sie machen dann also das, was viele andere auch machen – Sie schwimmen mit den Vorsichtigen oder den Optimisten mit. Man kann auch direkt auf herrschende Trends aufsetzen und sich vom Strom leiten lassen.

Mit dem Strom schwimmen

Eine ebenfalls eher auf Sicherheit abzielende Strategie sind *Trendfolgestrategien*, wie Fachleute es nennen. Ganze Fondskonstruktionen sind auf diesem Prinzip aufgebaut. Es geht darum, stabile, also anhaltende Trends auf den Kapitalmärkten auszunutzen. Schwieriger ist es, diese zu erkennen, denn typische Kennzahlen wie das Kurs-Gewinn-Verhältnis oder

Gewinnentwicklungen helfen hier wenig weiter. Vielmehr bedienen sich die Trendfolger gerne technischer Signale aus der Historie der Börsenkurse – nicht der Unternehmensmeldungen.

Als ein typischer Trend-Indikator gilt so die *200-Tage-Durchschnittslinie*. Diese besagt nicht, wie viele Kilos Sie im Durchschnitt innerhalb der vergangenen 200 Tage zugelegt haben, sondern beschreibt den Durchschnitt der Schlusskurse der vergangenen 200 Börsentage. Wie bereits zu Beginn dieses Kapitels erwähnt, wäre diese Strategie in den vergangenen 24 Jahren die erfolgreichste gewesen. Echte Profis verwenden noch viel mehr Indikatoren mit möglichst komplizierten Namen, um sich noch besser absichern zu können.

Trendfolgestrategien haben allerdings generell das Problem, dass sie erst verspätet auf einen Trend aufspringen – oder besser langsam aufsteigen – und auch bei einer Trendumkehr erst verzögert aussteigen. Schwierig ist die Strategie während Seitwärtsbewegungen, wenn der Markt also ständig in kleinen Ausschlägen nach oben oder unten weist und sich nicht recht entscheiden will. Die Jahre 2012 und 2013 waren beispielsweise nicht besonders erfolgreich für Vertreter dieser Strategie.

Eine eigene Strategie auf Basis der Trendfolge propagiert das Anlegermagazin *Der Aktionär*, TSI genannt. Sie beruht auf dem Konzept der »relativen Stärke«, die auch in anderen Strategien Anwendung findet. So funktioniert das Ganze: Sie kaufen einfach immer die Aktien, die an der Börse gerade besonders gefragt sind, das Teuerste ist Ihnen gerade gut genug. Was bei Autos, Klamotten, Schmuck oder Kunst gilt, kann bei Aktien doch nicht ganz verkehrt sein, so die Devise. Für Loser, also Underperformer, interessieren Sie sich dagegen nicht die Bohne, Billigheimer sind etwas für Aldi & Co. Doch ganz so einfach ist es nun auch wieder nicht. Sie müssen eine wichtige Kennzahl im Auge behalten, nämlich ob der Markt gerade gut läuft oder nicht. Denn nur in der Hausse funktioniert es, quasi auf den fahrenden Zug aufzuspringen. Wenn Sie auf einen stehenden Zug springen, geht das zwar leichter – ist günstig –, aber Sie kommen nicht voran. *Der Aktionär* hat für die Bestimmung des Aktienklimas einen eigenen Index entwickelt, der sich aus einer Vielzahl teils gewichteter Einzel-Indizes weltweit zusammensetzt.

Auf die relative Stärke setzt auch die *Momentum-Strategie*, sie sattelt auf die Besten und Stärksten auf, logischerweise auf die Besten und Stärksten der Vergangenheit. Insofern folgt sie dem Trend der Besten. Sie nutzt dabei Daten der Fundamentalanalyse sowie der technischen Analyse und will auf jeden Fall vermeiden, dass Sie zu Zeiten reiner Seitwärtsbewegungen Aktien ordern. Sie müssen bei dieser Strategie nichts weiter tun, als Aktien zu kaufen, kurz bevor diese überraschend und nachhaltig steigen. Ganz einfach, oder?

 Das Fundament der Momentum-Strategie lieferte der US-Wissenschaftler Robert Levy Ende der 1960er-Jahre mit seiner *Theorie der relativen Stärke*. Er zählte bei 200 Aktien jeweils die Schlusskurse der vergangenen 26 Wochen zusammen und teilte das Ganze dann wieder durch 26, um einen Durchschnittskurs zu erhalten. Viel Fleißarbeit zu Beginn des Computerzeitalters. Jetzt konnte er jeden einzelnen Kurs durch den Durchschnittskurs teilen. Kam dabei eine Zahl größer 1 heraus, war das ein Kaufsignal, war sie kleiner 1, ein Verkaufsignal – sofern man die Aktie überhaupt besaß.

Wenn Sie ein Freund von Tabellenkalkulationsprogrammen wie Excel sind, können Sie (relativ) einfach diejenigen Aktien zusammensuchen, die in den vergangenen Jahren die höchste Rendite erwirtschaftet, also die beste Performance aufgewiesen haben. Wichtig dabei: Sobald eine der Aktien aus den Spitzenwerten herausfällt, muss sie verkauft und durch einen tatsächlich aktuellen Spitzenwert ersetzt werden. Das kostet aber Zeit und Geld, aufgrund der Umschichtungen.

Hey, hey, Wiki

Eine noch relativ neue Form des gemeinschaftlichen Trendfolgens ist es, Social-Media-Plattformen als Börsenparkett zu nutzen. Rasant gewachsen, obwohl noch keine zehn Jahre alt, ist www.wikifolia.com. Hier können Anleger den Strategien anderer Trader folgen und von deren Erfolgen profitieren. Sie kaufen dann keine Aktien oder Anleihen oder Renten, sondern Wikifolia-Zertifikate auf die jeweilige Strategie. Mehr als 15,5 Milliarden Euro sind bereits in diese Zertifikate investiert.

Voraussetzung ist, dass Trader ihre Strategien eins zu eins auf Wikifolia abbilden und damit Follower generieren. Um für sein Portfolio zu werben, muss der Trader aber erst eine dreiwöchige Testphase überstehen und mindestens zehn Follower vorweisen, die sich unverbindlich angemeldet haben und gemeinsam mindestens 2.500 Euro investieren würden. Die Wertpapierhandelsbank Lang & Schwarz sorgt dann für die Zertifikate, die auf die jeweilige Strategie herausgegeben werden. Partner sind etwa OnVista sowie Consorsbank und SBroker.

Alles in allem basieren all diese Modelle auf der ebenso alten wie aktuellen Börsenweisheit »The trend is your friend!«.

Der Robo macht's

Eine ebenfalls noch ausgesprochen junge Art, sein Geld zu vermehren, ist es, nicht gemeinsam mit einem Bankberater oder im stillen Kämmerlein eine Strategie auszufeilen, sondern einen Roboter die beste Anlageform wählen zu lassen. Dieser handelt nach einer – dann doch vom Menschen – ausgeklügelten Strategie, die er bei Bedarf justieren kann. Sein Vorteil: Die Rendite liegt oftmals über einer Anlage in herkömmlichen Fonds und die Kosten sind weitaus geringer, der Computer tut's ja. Überdies setzen die Robo Advisors im Gegensatz zum klassischen Vermögensverwalter meistens ein weitaus geringeres Anlagevolumen voraus. So bewegt sich das durchschnittliche Anlagevolumen in Deutschland bei etwa 15.000 Euro.

Zu den bekanntesten Robo-Advisors in Deutschland zählen Unternehmen mit Namen wie easyfolio, fintego, ginmon, growney, scalable capital oder visualvest. Sie bezeichnen sich als FinTechs, also als IT-Unternehmen, die Finanzdienstleistung anbieten – an den klassischen Banken vorbei oder mit ihnen zusammen.

... oder Dividendchen

Unter *Dividendenstrategien* sind alle Theorien zu verstehen, die die Dividende als Entscheidungsgrundlage für die Anlage definieren. Da die Dividende eine tatsächliche Größe aus dem

Unternehmen ist, könnte man die Dividendenstrategien als Töchter der Fundamentalanalyse bezeichnen.

Viele institutionelle Investoren sehen in der Dividende ein entscheidendes Kriterium für die Auswahl einer bestimmten Aktie – oder für die Trennung von einem Papier. Es kommt ihnen dabei weniger auf die tatsächliche Höhe der letzten Dividendenausschüttung an als vielmehr darauf, wie oft ein Unternehmen Dividenden in der Vergangenheit ausgeschüttet hat, wie oft es die Dividende erhöht hat oder ob es womöglich gar keine Dividende ausschüttet, wobei Letzteres allgemein als Warnsignal und Trennungsgrund für eine Aktie wahrgenommen wird. Da Dividenden in der Regel – leider nicht immer – aus dem erwirtschafteten Gewinn gezahlt werden, lässt eine Folge von Dividendenerhöhungen Rückschlüsse auf eine Reihe von Gewinnerhöhungen zu und ist somit Ausdruck für Solidität sowie Wachstum eines Unternehmens.

 Ursprünglich wurden Dividenden noch in Naturalien ausgezahlt. Erinnern Sie sich noch an die Vereinigte Ostindische Kompanie aus Kapitel 1, die erste wirkliche Aktiengesellschaft, die ihre Gewinne aus Fernhandelsreisen nach Indien erzielte? Sie gab den Aktionären etwas von ihren Einkäufen ab, nämlich wertvolle Gewürze. Damals hoch im Kurs: Pfeffer. Deshalb der damals gar nicht despektierlich gemeinte Name für Aktionäre, die Participanten: Pfeffersäcke!

Nachweislich konnten Anleger, die ihr Depot jährlich so umschichteten, dass sie immer die zehn Werte mit den höchsten Dividendenrenditen wählten, den Dax um zwei Prozentpunkte schlagen. Nach der eingangs erwähnten Untersuchung mit den Top 5 wären es sogar fast 11 Prozent Rendite über die vergangenen 24 Jahre gewesen. Das Angenehme an dieser Strategie ist, dass die Dividendenrendite in den allermeisten Publikationen separat ausgewiesen wird. Diese Strategie konsequent umzusetzen, ist also kein Hexenwerk.

Die Dividendenrendite ist zwar der wesentliche Parameter, aber nicht der einzige und vielleicht nicht einmal der beste Hinweis dafür, ob eine Aktie eine gute Dividendenentwicklung an den Tag legt oder nicht. Da sich die Dividendenrendite aus der Beziehung von Aktienkurs und ausgeschütteter Dividende (oder angekündigter Dividendenausschüttung – je nachdem) errechnet, erhöht sich die Rendite beispielsweise schlagartig, wenn der Kurs einer Aktie sinkt. Per se noch kein wirklich positives Signal. Neben der Dividendenrendite spielt insofern noch eine große Rolle, wie oft in der Vergangenheit Dividenden ausbezahlt wurden und wie oft nicht. Auch interessant ist die Frage, wie oft Unternehmen die Dividende erhöht haben, vielleicht sogar in direkter Folge. Einen Rekord von 60 Jahren kontinuierlicher jährlicher Dividendenerhöhung legte zum Beispiel der US-amerikanische Konzern Diebold aus Ohio vor. 2013 zahlte er – in vier Raten vierteljährlich – insgesamt 1,15 US-Dollar aus, bei einem Aktienkurs von um die 25 Euro. Für Anleger also geradezu eine sichere Bank. Nicht verwunderlich, begann Diebold doch seine Karriere als Hersteller von Tresoren, heute fertigt er Geldautomaten und schloss sich 2016 mit der deutschen Nixdorf zusammen.

Auch die *Dividendenquote* ist ein wichtiger Begriff bei der Dividendenstrategie. Sie beschreibt, wie viel Prozent des erzielten Unternehmensgewinns an die Anleger ausgeschüttet werden. Hier gibt es aber keine einzig wahre Größe, da die Ausschüttungsquote sehr von der Branche und vom wirtschaftlichen Umfeld abhängt. Forschungsintensive Unternehmen sollten sogar einen höheren Anteil am Gewinn einbehalten als etwa reine Dienstleister, denn nur so können sie innovativ am Markt bleiben und langfristig Erfolge feiern.

Eine zu hohe Dividendenrendite ist eher ein Warnzeichen als ein Ausdruck einer hervorragenden Unternehmensentwicklung. Ab etwa 8 Prozent, spätestens aber bei einer zweistelligen Dividendenrendite sollten bei Ihnen die Alarmglocken klingeln, dass eine so hohe Ausschüttung künftig nicht mehr erfolgen kann.

Aktiv oder passiv?

Die Frage lautet eigentlich vielmehr: Fundamental oder technisch? Prinzipiell gibt es nämlich zwei Arten von Strategien bei der Aktienanlage: Die eine beruft sich auf Daten, die direkt aus den Unternehmen kommen und bezieht sich auf diese. Die *Fundamentalanalyse* ist die bekannteste von ihnen und die Aktiva und Passiva der Bilanz des jeweiligen Unternehmens spielen hier tatsächlich eine ganz zentrale Rolle. Im Prinzip ist auch die Dividendenstrategie eher im fundamentalen Bereich angesiedelt, sprudeln doch Dividenden aus den Gewinnen des abgeschlossenen Geschäftsjahres – oder sollten dies zumindest. Die anspruchsvollste Strategie – wir haben sie an den Schluss gesetzt – ist das *Value Investing*, das den Unternehmenswert feststellt und dann vergleicht, ob dieser höher oder niedriger als der derzeitige Aktienkurs ausfällt.

Die technischen Strategien hingegen nehmen Kursdaten aus der Vergangenheit als Basis und unterziehen sie einer detaillierten Analyse, etwa mithilfe der Charttechnik.

Kursverläufe verknüpft mit Unternehmensdaten

Die Fundamentalanalyse nimmt zum einen volkswirtschaftliche Daten wie die Konjunktur, Exportraten, Zinsentwicklung und Staatsverschuldung, und betriebswirtschaftliche Daten als Ausgangsmaterial für die Bewertung einzelner Unternehmen und ihrer Aktien. Insofern helfen uns hier die betriebswirtschaftlichen Fakten weiter, die Sie bereits in Kapitel 6 kennengelernt haben, da sie die Kurse beeinflussen – und gerade deshalb die Basis für eine mögliche Strategie bilden.

Um sich als Fundamentalanalyst selbst zu beweisen, sollten Sie in der Lage sein,

✔ Bilanzen,

✔ Gewinn-und-Verlust-Rechnungen und

✔ Kapitalflussrechnungen

zu lesen. Über das Internet können Sie diese Daten heute einfach über die jeweiligen Webseiten der Unternehmen, meist im Investor-Relations-Bereich, herunterladen und im gemütlichen Kämmerlein studieren.

Selbstbewusst nennt sich die Fundamentalanalyse auch einfach Wertpapieranalyse und vertraut oder baut dabei auf eine Reihe von Kennzahlen aus den Unternehmen. Herausragend sind dabei das *Kurs-Gewinn-Verhältnis* und das *Kurs-Buchwert-Verhältnis*, denn die Kunst der Wertpapieranalyse ist es, Daten des Wertpapiers – also Kursverläufe – mit Daten des Unternehmens zu verknüpfen und daraus die hoffentlich richtigen Schlüsse zu ziehen.

Klare Verhältnisse

Das Kurs-Gewinn-Verhältnis oder KGV kann einfach errechnet werden, wenn die nötigen Daten vorhanden sind. Im Idealfall wird der aktuelle Kurs durch den prognostizierten Gewinn je Aktie geteilt – oft dient jedoch der tatsächlich erzielte Gewinn des abgelaufenen Geschäftsjahrs als Basis. In vielen Publikationen wird diese Kennzahl bei den Aktienkursen ebenfalls angezeigt, das erspart Ihnen das Rechnen. Übersetzt man die Kennzahl in Worte, bedeutet sie: Wie viele Jahre muss ein Unternehmen diesen Gewinn erwirtschaften, um den aktuellen Börsenwert zu rechtfertigen? Wer das KGV als wichtige Kennzahl interpretiert, glaubt also fest daran, dass der Aktienkurs und der Gewinn eines Unternehmens miteinander zu tun haben, also korrelieren. Deshalb gilt ein niedriges KGV als deutliches Kennzeichen dafür, dass eine Aktie unterbewertet ist.

Dass Aktienkurse keinesfalls ausschließlich an den Gewinn von Unternehmen gekoppelt sind, beweisen allerdings Unternehmen, die an den Börsen sehr hoch bewertet werden, obwohl sie noch gar keinen Gewinn erzielen. Gerade bei Börsengängen aus den Bereichen IT, Internet oder jüngst Social Media scheint dies eher die Regel als die Ausnahme zu sein. Als Hilfsmittel nimmt man dann das *Kurs-Umsatz-Verhältnis* oder *KUV* zur Hand – aber manchmal sind selbst die Umsätze eher bescheiden und entsprechen kaum der Börsenbewertung. Das Problem eines KGV, das auf dem anvisierten und nicht dem tatsächlichen Gewinn basiert, ist, dass die Gewinnprognose verfehlt werden kann – und zwar in beide Richtungen.

Beim Kurs-Buchwert-Verhältnis, kurz KBV, wird das Eigenkapital des Unternehmens ins Verhältnis zum Aktienkurs gesetzt. Wie bewertet die Börse den Einsatz des Eigenkapitals dieses Unternehmens? So in etwa könnte die Übersetzung lauten. Ist dieser Wert kleiner 1, bedeutet das im Klartext, dass der Substanzwert eines Unternehmens, also alle Werte abzüglich der Schulden, höher ist als der Börsenwert. Würde das Unternehmen verkauft, würde der Verkäufer mehr Geld dafür erhalten, als an der Börse tatsächlich gezahlt wird.

Tabelle 9.1 zeigt die wichtigsten Kennzahlen auf einen Blick.

 Es sollte nie nur eine einzige Kennzahl zur Bewertung und Entscheidung, ob ge- oder verkauft werden soll, zurate gezogen werden. Kennzahlen untermauern Strategien oder dienen als Hilfsmittel – nicht mehr und nicht weniger.

Allerdings spielt sich das Leben nicht innerhalb von reinen Kennzahlen ab, und zur Bewertung eines Unternehmens gehört mehr als Zahlen aus Bilanzen und Gewinn-und-Verlust-Rechnungen, die vergangenheitsorientiert sind. Wichtig für die künftige Entwicklung sind jedoch auch Dinge wie

✔ die Ausgaben für Forschung und Entwicklung (total und in Prozent) sowie gegebenenfalls die Zahl der Patente,

✔ das Ansehen, der Erfolg der gegenwärtigen Produkte und welche etwa noch in der Pipeline sind, soweit darüber bereits berichtet wird,

✔ die Qualität des Managements, eventuell auch, wie lange es schon einen guten Job macht,

Kennzahl	Berechnung	Beschreibung	Größe	Signal
Kurs-Gewinn-Verhältnis (KGV)	$\dfrac{\text{Kurs einer Aktie}}{\text{Gewinn je Aktie}}$	Sagt aus, ob die Aktie günstig oder teuer bewertet ist – im Vergleich zu anderen Aktien aus derselben Branche.	< 10 > 10	Kaufen Verkaufen
Kurs-Umsatz-Verhältnis (KUV)	$\dfrac{\text{Kurs einer Aktie}}{\text{Umsatz je Aktie}}$	Wird besonders bei Unternehmen eingesetzt, die noch keine Gewinne erzielen, was gerade bei Börsenneulingen vorkommt. Schließlich investieren Börsianer in die Zukunft.		
Kurs-Buchwert-Verhältnis (KBV)	$\dfrac{\text{Kurs einer Aktie}}{\text{Buchwert je Aktie}}$	Wie bewertet die Börse den Einsatz des Eigenkapitals eines Unternehmens?	< 1	Kaufen
Price-Earnings-Growth-Ratio (PEG)	$\dfrac{\text{KGV}}{\text{Wachstumsrate}}$	Verhältnis von Preis zu Wachstum (Gewinnsteigerung)	< 1 > 1	Kaufen Verkaufen
Kurs-Cashflow-Verhältnis (KCV)	$\dfrac{\text{Kurs}}{\text{Cashflow / Aktie}}$	Der Cashflow-Vergleich bietet sich an, wenn internationale Aktien miteinander verglichen werden sollen, weil der Cashflow relativ einheitlich berechnet wird. Kann auch bei Verlusten angewandt werden.		

Tabelle 9.1: Kennzahlen im Überblick

✔ die Mitarbeiter, ihre Qualifikation und ihre Reputation,

✔ der Markenname, das Image des Unternehmens,

✔ die Stellung zur Konkurrenz im eigenen Land und international,

✔ die Anzahl der Kunden oder die Qualität der Kunden bei Investitionsgüterunternehmen.

Hilfreich zur Beurteilung eines Unternehmens anhand der Fundamentalanalyse ist es, wenn Sie dessen Hauptversammlung besuchen – Voraussetzung ist dann allerdings, dass Sie bereits mindestens eine Aktie erworben haben, sonst dürfen Sie nicht rein. Dort bekommen Sie nicht nur den Geschäftsbericht zum Selbststudium mit, sondern auch noch die entsprechenden Ausführungen des Vorstands dazu und können erleben, wie er sich den kritischen Fragen der (Groß-)Aktionäre stellt.

 Wie der Name schon sagt: Ein gutes Fundament bietet die Fundamentalanalyse auf jeden Fall und sollte, gerade bei größeren Investments in ein einzelnes Unternehmen, zumindest zusätzlich zu anderen Strategien, zum Einsatz kommen.

Interessante Kurven und unmusikalische Charts

Ein technischer Analyst interessiert sich vor allem für eines: Kurven! Allerdings denkt er dabei weder an Rennwagen noch an Supermodels. Seine wichtigste Waffe ist vielmehr männlich oder sächlich, nämlich das oder der Chart. Gemeint ist damit die Darstellung des Kurvenverlaufs von Aktien in der Vergangenheit. Denn Chartanalysten sind der festen

Überzeugung, dass in den Kursen bereits alle Informationen verarbeitet sind, weshalb der Kursverlauf am genauesten darüber Bescheid gibt, wie sich die betreffende Aktie oder der Index entwickelt. Obwohl eine typische Dax-Kurve eher wie eine Zickzacklinie aussieht, spricht man dennoch von Kurven und nicht von Zacken. Doch es gibt tatsächlich nicht nur diese Zacken, sondern sogar Kerzen, die uns den Weg in die Zukunft von Aktienkursen und zu vielversprechenden Investments leuchten sollen. Deshalb hier kurz vorab die wichtigsten Chartarten oder besser Darstellungsformen, damit Sie ein wenig vom Kauderwelsch der technischen Analysten verstehen lernen.

Auf Linie

Der wohl bekannteste Chart für die Kursentwicklung einer Aktie ist der *Linienchart*. Hier wird auf der x-Achse der Zeitverlauf, auf der y-Achse der jeweilige Kursverlauf angezeigt. Wichtig: Es sind immer die Schlusskurse, die angezeigt werden – außer man beschränkt sich auf einen Tageschart, der Auskunft darüber gibt, wie sich der Kurs innerhalb der Handelszeiten verändert hat. Sie kennen sicher die typische Dax-Kurve, sie wird in den Börsennachrichten oft im Hintergrund eingeblendet, quasi als Fieberkurve für die Entwicklung der deutschen Wirtschaft. Allerdings mit gegenteiligen Vorzeichen: Ausschläge nach oben sind selbstverständlich positiv und können nur für heißgelaufene Telefone beim Ordern stehen, während Kurven nach unten Pessimismus und schlechte Kursverläufe widerspiegeln. Einen Kursverlauf im Linienchart zeigt Abbildung 9.1.

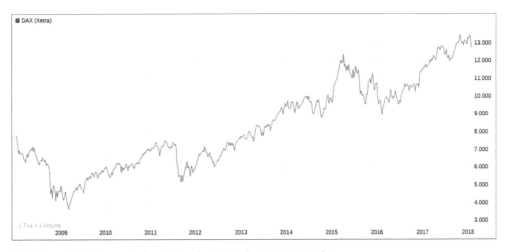

Abbildung 9.1: Kursverlauf im Linienchart (*Quelle: www.ariva.de*)

Der Vorteil eines Liniencharts ist die Einfachheit und Übersichtlichkeit der Darstellung. Selbst ein Laie erkennt sofort, ob diese Aktie in der Tendenz nach oben geht, sich nicht entscheiden kann (also seitwärts verläuft) oder mehr oder weniger stark fällt. Auf vielen Webseiten können Sie weitere Kursverläufe als Benchmark zu Ihrer Aktie aufrufen und haben so schnell einen direkten Vergleich: Läuft die Aktie Ihrer Wahl beispielsweise parallel zum Dax oder zu einem Branchenindex – oder doch eher konträr? Wichtige Fragen für die Zusammensetzung Ihres Depots. Sie können auch zwei Aktien miteinander vergleichen und sich grün und schwarz ärgern, in die falsche investiert zu haben – oder sich ins Fäustchen lachen, wenn Sie mit Ihrer Anlage richtig liegen.

Probleme bereitet der Linienchart, wenn Sie sehr kurze Zeitverläufe, ein oder mehrere Tage etwa, untersuchen möchten. Das ist schwer zu erkennen – in diesem Fall ändern Sie einfach die Chart-Darstellung, hin zur Kerze zum Beispiel.

Balken wie Kerzen

Gerne verwenden Chartanalysten *Kerzen-* oder *Candlestick-Darstellungen*, gerade um kürzere Zeiträume zu untersuchen. Schon im 17. Jahrhundert haben japanische Reishändler mit solchen Kerzendarstellungen operiert. In der Regel ist ein Candelstick-Chart sogar zweifarbig: eine grüne Kerze steht für eine Aufwärtsbewegung, eine rote für den Sinkflug. Sehen Sie einen solchen Chart in Schwarz-Weiß-Abdruck, was ja vorkommen soll, dann ist bei steigenden Kursen die Kerze weiß, bei sinkenden gefüllt. Jede Kerze besteht aus zwei Dochten und der eigentlichen Kerze. Praktisch eine Kerze, die man oben und unten anzünden kann, nicht sehr logisch. Bei einer grünen Kerze bedeutet der Kerzenboden den Eröffnungskurs, das obere Kerzenende den Schlusskurs, der untere Docht gibt den zwischenzeitlichen Tiefstkurs an und der obere Docht den zwischenzeitlichen Höchststand.

Bei einer roten Kerze ist es logischerweise umgekehrt, hier bildet der Eröffnungskurs das obere Kerzenende und der Schlusskurs das untere Ende. Wenn eine Kerze fast keinen Körper aufweist, also fast nur aus Docht besteht und so eher an ein Kreuz als an eine Kerze erinnert, bedeutet dies, dass Eröffnungs- und Schlusskurs dicht beieinander lagen. Wenn zusätzlich die Dochte nicht besonders lang sind, bedeutet das, dass insgesamt wenig Bewegung in dem Papier war. Auf gut Japanisch nennt sich eine solche Kerze auch *Doji*, ein Beispiel sehen Sie in Abbildung 9.2.

Abbildung 9.2: Kursverlauf im Candlestick-Chart (*Quelle: www.ariva.de*)

Der *Balken-Chart* lehnt sich eng an den Candlestick-Chart an, ist aber noch einfacher gestrickt. Auch die Balken sind grün für steigende und rot für fallende Kurse gekennzeichnet und weisen ein Häkchen oben rechts für den Schlusskurs und ein Häkchen für den Eröffnungskurs auf – beim grünen Balken unten links und wieder umgekehrt beim roten. Logisch, dass demzufolge die obere Spitze des grünen Balkens den Höchst- und der Boden den Tiefstkurs markiert. Wie so ein Balkenchart aussehen kann, sehen Sie in Abbildung 9.3.

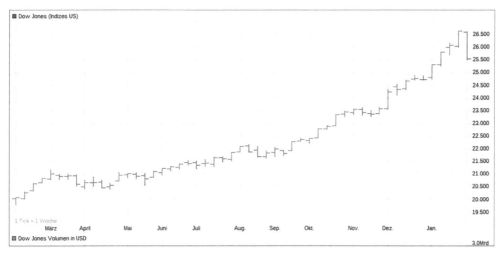

Abbildung 9.3: Kursverlauf im Balken-Chart (*Quelle: www.ariva.de*)

 Ein Balken-Chart liefert also nicht mehr und nicht weniger Informationen als ein Kerzen-Chart. Die einen finden diese Form wesentlich übersichtlicher, die anderen stehen mehr auf die Candlestick-Darstellung. Es ist wohl letzten Endes eher eine Geschmacks- oder Gewohnheitssache.

Schiffe versenken

Eher selten vertreten ist eine Chartform, die auf den ersten Blick eher an ein Spielfeld für Schiffe versenken erinnert als an eine seriöse Börseninformation. Gemeint ist der *Point-and-Figure-Chart*. Hier gibt es keine Zeitachse, sondern nur eine Art von Säulen (Kolumnen), die aus roten Kreisen oder grünen Kreuzen bestehen. Auf der y-Achse sind Kurse eingetragen. Ein neues X oder O wird erst eingetragen, wenn ein bestimmter Schlusskurs überwunden oder unterschritten wurde. Damit von einem roten Kreis (fallenden Kursen) auf ein grünes Kreuz (steigende Kurse) und damit auf eine neue Kolumne gewechselt wird, muss eine im Vorhinein festgelegte Gegenbewegung erfolgen. Diese könnte man beispielsweise bei 5 Prozent festlegen.

Der größte Vorzug des Point-and-Figure-Charts liegt darin, dass sehr anschaulich Trendwenden abgelesen und damit Handlungen ausgelöst werden können. Also immer wenn von einer Kreuz- auf eine O-Säule gewechselt wird, spricht das eher für Verkaufen, und wenn ein O aufs Kreuz gelegt wird, spricht das für Kaufen. Dabei muss man drei Säulen im Blick haben: Sind die erste und die dritte Säule Aufwärtsbewegungen, also Kreuze, und die mittlere eine Abwärtsbewegung, also ein Kreis, spricht das für Kaufen, wenn die erste Säule nicht mehr Bewegungen nach oben zeigt als die zweite Säule nach unten und gleichzeitig die dritte Säule die erste um mindestens eine Kurseinheit überbietet. Hört sich kompliziert an, ist aber Gewöhnungssache. Der Nachteil ist, dass man es sich eigentlich selbst basteln muss, da es in den wenigsten Fällen auf Webseiten erhältlich ist. Wie so etwas aussehen kann, zeigt Abbildung 9.4.

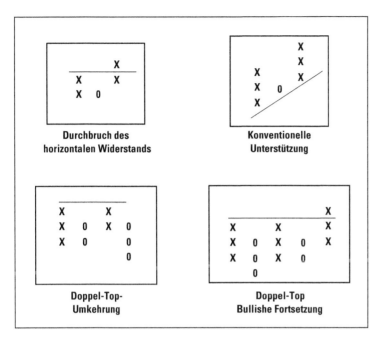

Abbildung 9.4: Kursverlauf im Point-and-Figure-Chart (*Quelle: Barbara Rockefeller, Technical Analysis for Dummies, Wiley Publishing, Inc., Indianapolis, Indiana, USA*)

Aus dem Kaffeesatz lesen

Egal welche Chartform nun die Grundlage bildet, das Ziel des technischen Analysten ist es, aus den Kurven (Zacken) der Vergangenheit mit grafisch-technischen Mitteln den Kursverlauf der Zukunft zu prognostizieren. Die Linien oder Kerzen geben Ihnen so Auskunft für Wendepunkte, Trends, Trendkanäle, in denen sich die Kurse bewegen, oder Korrekturphasen, das heißt kleinere Bewegungen innerhalb eines Trends. Gesprochen wird dabei von *Indikatoren* und *Chartformationen*, die in die Zukunft weisen. Es ist an der Zeit, Ihnen die wichtigsten Indikatoren, die bei der Chartanalyse zum Einsatz kommen, nahezubringen.

Kehren wir zum simplen, aber übersichtlichen Linien-Chart zurück. Dessen Verlauf zeigt unterschiedliche Bilder, die wiederum Anlass zur Interpretation bieten. Aus der Ferne erinnert das ein bisschen an Sternbilder: Sternformationen wurden früher mithilfe der Fantasie zu Bildern zusammengesetzt. Reisende früherer Zeiten haben diese als Orientierung für ihre Fahrten verwendet. Die Chart-Techniker sprechen hier tatsächlich ebenfalls von Formationen. Sie lernen nun die vier interessantesten »Chart-Sternbilder« kennen.

Ein normaler Kursverlauf während einer Hausse-Phase, wie Sie ihn in Abbildung 9.5 sehen, schlängelt sich in Zacken nach oben, immer wieder kommt es zu Rücksetzern, der Kurs geht wieder nach unten, um dann wieder umso stärker zu steigen und dann wieder zu fallen. Die jeweils oberen Zacken werden in der Chartanalyse als *Widerstand* bezeichnet, die unteren als *Unterstützung*. Beim Widerstand ist der Verkaufsdruck kurzfristig stärker als der Kaufdruck, bei der Unterstützung umgekehrt der Kaufdruck stärker als der Verkaufsdruck. Immer wenn ein oberer Widerstandspunkt beim nächsten Ansturm überwunden wird, geht der Chart-Techniker davon aus, dass sich der Aufwärtstrend fortsetzt. Wird allerdings eine Unterstützungslinie nach unten durchbrochen, ist das ein Zeichen für einen Abwärtstrend.

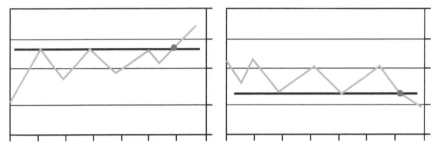

Abbildung 9.5: Typischer Kursverlauf mit Widerstand und Unterstützung

Die einfachste und aussagekräftigste Linie innerhalb der Charttechnik ist die *Trendlinie*. Sie wird zum Beispiel einfach durch die jeweils ansteigenden Unterstützungspunkte – also die unteren Wendepunkte – gezogen. Da man im Prinzip durch zwei Punkte immer eine Linie ziehen kann, sollte die Trendlinie mindestens drei Punkte umfassen, um aussagekräftig zu sein, wie in Abbildung 9.6.

Abbildung 9.6: Trendlinie mit mindestens drei Unterstützungspunkten (*Quelle: www.ariva.de*)

Fügt man an den oberen Widerstandspunkten eine weitere Trendlinie ein, die parallel zur unteren verläuft, erhält man einen *Trendkanal*. Dieser kann ein Zeichen dafür sein, dass sich die Märkte innerhalb dieses Kanals bewegen – und man entsprechend zum Beispiel seine Stop-Loss-Positionen setzen kann. Wie ein aufsteigender Trendkanal aussieht, zeigt Abbildung 9.7.

Mit Köpfchen!

Zwei wesentliche Dinge will der Chart-Techniker mit Zirkel und Lineal erforschen: Geht es an den Börsen so weiter wie bisher oder kommt eine Trendwende nach unten oder oben? Kaufen, halten oder verkaufen – der ewige Dreiklang der Aktienanlage. Die bisher

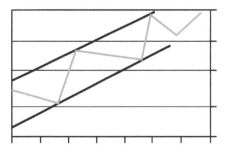

Abbildung 9.7: Aufsteigender Trendkanal

aufgezeigten Chart-Formationen zeigen eher die Trendentwicklung auf, fehlen noch die Umkehrformationen. Diese sagen Ihnen, dass Sie dringend handeln müssen – kaufen oder verkaufen, nicht jedoch halten. Sehr bekannt – zumindest in Kreisen von Aktienanalysten – ist die *Kopf-Schulter-Formation*. Ihnen ist die vielleicht aus dem Theater bekannt, wenn vor Ihnen jemand sitzt, dessen Kopf Ihnen permanent die Sicht auf die Bühne verdeckt und Sie ständig über seine linke oder rechte Schulter starren müssen. Die Formation gibt es als Kopf-Schulter-Gipfel, die einem Dreizack ähnelt, wobei der mittlere Zacken, der Kopf, am höchsten, die beiden Hochs davor und danach aber niedriger sind. Was sagt das nun dem Fachmann? Er setzt an den untersten Punkten der Schultern eine Trendlinie oder Nacken- linie an und verbindet sie. Schließt nun der Markt, die Aktie, unterhalb der Nackenlinie, ist die Formation vollendet – und die Trendumkehr eingeleitet. In Abbildung 9.8 ist eine solche Nackenlinie einer Kopf-Schulter-Gipfel-Formation und damit ein eindeutiges Verkaufs- signal zu erkennen. Hängt der Kopf niedriger zwischen den Schultern, wird die Trendlinie an den Schultergipfeln gezogen und man spricht von Kopf-Schulter-Boden. Durchstößt dann wiederum der Kurs die Nackenlinie, ist das ein Anzeichen für einen Aufwärtstrend und da- mit ein Kaufsignal – wenigstens für den Charttechniker.

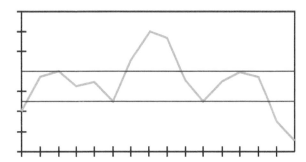

Abbildung 9.8: Kopf-Schulter-Formation

Obwohl Techniker, sind der Fantasie des Chartanalysten hier offensichtlich kaum Grenzen gesetzt und er spricht gerne noch von Doppel- oder Dreifach-Tops, von Doppel- oder Drei- fach-Boden, von Untertassen und Spikes als Umkehrformationen. In fallenden, steigenden und symmetrischen Dreiecken hingegen erkennt er Fortsetzungsformationen.

Es ist kein Zufall, dass der Begründer der technischen Analyse, Charles H. Dow, auch der Erfinder des ersten Index, des Dow Jones, ist. Er schrieb sehr anschau- lich über Kursverläufe im *Wall Street Journal*, dessen Mitherausgeber er war. Das

Interessante an der technischen Analyse ist, dass sie sich nicht nur auf Aktien anwenden lässt, sondern im Prinzip auf alles, was Kurven schreibt. Also Rohstoffe, Währungen, Fonds, ETFs …

 Gerade für die Chartanalyse, aber auch für einige andere der beschriebenen Strategien, gibt es heutzutage Software-Tools, die Ihnen die wichtigsten Arbeiten abnehmen und mit deren Hilfe Sie fast schon spielerisch Erkenntnisse gewinnen können. Viele typische Finanzwebseiten bieten ebenfalls Tools für die Chartanalyse an. Auch die Basis der Chartanalyse, also die Kursdaten, präsentieren heute viele Finanzportale und auch Börsen – umsonst und in Echtzeit!

Zur technischen Analyse existiert nicht nur eine schier unüberschaubare Menge an Literatur, es gibt auch die VTAD – die Vereinigung Technischer Analysten Deutschlands e.V. mit natürlich eigener Webseite www.vtad.de. Der Verein ist in neun Regionalgruppen unterteilt und veranstaltet für seine Mitglieder beispielsweise kostenlose Seminare, außerdem veröffentlicht er Artikel zum Thema.

Umgekehrt geht's auch

Es gibt sie ja in allen Bereichen diese typischen Quertreiber, Querulanten und Neinsager, die immer mit dem Kopf gegen die Wand rennen und absichtlich gegen den Strom schwimmen. Bei der Geldanlage könnten sie sich richtig austoben, denn hier gibt es eine eigene Strategie, die darauf ausgerichtet ist, immer das Gegenteil von der Masse zu tun – die Umkehrstrategie.

Eines ist sicher: Diese Strategie erfordert Mut. Denn Sie konzentrieren sich dabei auf die Flops, die rot markierten Aktien aller Finanzwebseiten, und hoffen, dass diese unterschätzten Perlen plötzlich – wie durch ein Wunder – durch die Decke gehen. Eine konkrete Anwendung der Strategie wäre etwa, die fünf Dax-Werte zu kaufen, die im vergangenen Jahr am schlechtesten abgeschnitten, also die schlechteste Performance aufgewiesen haben. Nach einem Jahr werden die Werte dann verkauft und wieder die fünf mit der miesesten Performance herausgepickt. Allerdings sollten Sie die Aktien oder besser die Unternehmen dahinter einer Prüfung unterziehen, damit Sie nicht in Pleitekandidaten investieren, die mehr oder weniger vor einer Insolvenz stehen. Denn sonst kann diese Strategie gründlich schieflaufen und Ihnen die jeweils höchste Flop-Performance bringen.

Bereits im Jahr 2005 kam die Stiftung Warentest zu dem Ergebnis, dass diese Konzentration auf die Flops ein Megaflop war. Allerdings wandten die Tester eine beschleunigte Strategie an, sie kauften nämlich die schlechtesten drei Aktien des Vormonats und hofften auf eine schnelle Kurserholung. Es empfiehlt sich bei dieser Strategie dann doch, ein wenig hinter die Kulissen zu schauen und zu erforschen, welche Hintergründe solche Kursniedergänge haben. Wenn dann die eine oder andere Aktie im Vorhinein aussortiert wird, könnte sich das Ergebnis der Strategie vielleicht verbessern.

Auf die inneren Werte kommt es an

In der Theorie ist das Value Investing denkbar einfach: Liegt der innere Wert eines Unternehmens unter dem Börsenwert, kaufen Sie; liegt er darüber, verkaufen Sie. Oder wie es der

Meister des Value Investing, Warren Buffet, einmal erklärte: »Kaufe einen Dollar, aber zahle nur 50 Cent.« Das Problem ist nur: Wie zum Teufel soll man den inneren Wert eines Unternehmens herausfinden? Hier bieten sich zum einen Daten der Fundamentalanalyse an; insofern ist das Value Investing eine Art Krönung der Fundamentalanalyse.

Das Value Investing widerspricht der von einigen Wirtschaftswissenschaftlern aufgestellten – aber nicht wirklich bewiesenen – These, dass der Markt immer recht hat und dass alle Ideen, Hoffnungen und tatsächlichen Werte eines börsennotierten Unternehmens bereits im Börsenkurs eingepreist sind. Wer daran glaubt, ist bei der technischen Analyse sehr viel besser aufgehoben, denn diese zieht ihre Schlüsse direkt und ausschließlich aus den Kursverläufen der Vergangenheit. Allerdings muss man an der Stelle ein bisschen einschränken, denn genauer müsste es lauten: Value-Investoren glauben nicht daran, dass der Markt immer recht hat – und die Betonung liegt dabei nicht auf recht haben, sondern auf *immer*. Denn im Prinzip lebt der Value-Investor sogar davon, dass der Markt dazu tendiert, recht zu haben, aber kurzzeitig danebenliegt und ihm somit die Chance gibt, zuzuschlagen und abzuwarten, bis die Marktmeinung sich im Börsenkurs widerspiegelt. Sinnvoll hält der Value-Investor nur so lange an einem Papier fest, wie er der Überzeugung ist, dass diese beiden Ansichten nicht deckungsgleich sind. Value-Investoren glauben also, dass der Markt nicht immer die wahre Bedeutung eines Unternehmens erkennt, aber dass er zumindest dazu tendiert, dies zu tun.

Einer der Väter des Value Investing ist der über 80-jährige Warren Buffett. Mit seinem Beteiligungsunternehmen Berkshire Hathaway aus Omaha sucht er die Perlen auf dem Kapitalmarkt und kauft eifrig zu. Er ist inzwischen zum Beispiel an American Express, Coca-Cola, IBM, Moody's, Munich Re, Tesco oder der *Washington Post* beteiligt. Wer an die Strategie des alten Mannes glaubt, kann es ihm ja nachtun. Bis jetzt steigerte er jedenfalls den Kurs der Aktie seines Unternehmens Berkshire Hathaway auf inzwischen über 260.000 Euro – sie ist damit die teuerste Aktie der Welt. Ob das in Zukunft so weitergeht? Das weiß leider keiner. Aber Buffet hat eine Berkshire Hathaway Aktie ausgegeben, und die gibt es schon für 175 Euro.

Oftmals fokussieren sich Value-Investoren auf kleinere und mittlere Unternehmen, weil diese nicht so sehr im Fokus der Analysten stehen und damit größere Bewertungsspielräume aufweisen. Haben die Value-Investoren erst einmal den Wert eines Unternehmens berechnet, vergleichen sie ihn mit dem Aktienkurs, und nur wenn dieser sehr deutlich darunter liegt – Fachleute sprechen von mindestens 40 Prozent –, kaufen sie. Im Prinzip ist die Value-Investing-Strategie eine Mischung aus Fundamentalanalyse und antizyklischem Handeln, denn es wird in Unternehmen investiert, die genau durchleuchtet werden, die aber vom Markt übersehen wurden.

Was es sonst noch gibt

Die Fantasie von Anlegern und Anlageberatern ist grenzenlos. Deshalb treiben am Baum der Anlagestrategien noch viele Blüten.

✔ **Nebenwertestrategie:** Auch eine Art Value-Strategie, aber ausgerichtet auf kleinere und mittlere Unternehmen, ist die *Nebenwertestrategie*. Da hier generell weniger Umsatz an den Börsen zu verzeichnen ist, reagieren diese Aktien schneller und heftiger auf

Meldungen. Das erhöht das Risiko, aber auch die Chancen. Die meisten Indizes, die kleinere und mittlere Werte beinhalten, schlagen aber den Dax konsequent. Wer sich nicht zutraut, hier die richtigen Werte selbst herauszufinden: Es gibt einige Fonds, die sich darauf spezialisiert haben, und es gibt eigene Publikationen, wie das *Nebenwertejournal*, die sich ausschließlich diesen Werten widmen. Denn ansonsten treten diese Unternehmen eher nicht in Erscheinung, weder in der Berichterstattung noch von sich aus.

✔ **MACD-Strategie:** Sie erbrachte im *Börse-Online*-Test immerhin fast 11 Prozent Rendite. Der Name ist weder von McDonald's inspiriert noch von der Zeitschrift *MAD*. Die vier Buchstaben stehen vielmehr für den Trendfolgeindex MACD (Moving Average Convergence/Divergence), der auf Deutsch »Indikator für das Zusammen-/Auseinanderlaufen des gleitenden Durchschnitts« lautet, was auch nicht verständlicher ist. Erstmals vorgestellt wurde er 1979 von Gerald Appel. Man kann damit Aufwärts- und Abwärtstrends ablesen, aber auch die Stärke des jeweiligen Trends aufgrund des Abstands zwischen dem MACD und der Nulllinie bestimmen.

✔ **Low-Volatility-Strategie:** Diese Strategie geht davon aus, dass Aktien, die eine geringere Schwankungsbreite in den Kursen aufweisen als der Durchschnitt, sich auch in Boomphasen besser entwickeln und in Baisse-Zeiten weniger stark abstürzen. Insofern stellt sie eine Art Sonderform der Defensivstrategie dar.

✔ **Markenstrategie:** Manchmal stehen Markenaktien im Zentrum der Investorentätigkeit, es gilt also vor allem in Aktien mit starken Marken zu investieren. Da starke Marken meistens ein erfolgreiches Wirtschaftsmodell widerspiegeln und sich weltweit auf treue Kunden verlassen können, die mit Leidenschaft zu ihrer Marke stehen, performen diese Aktien auch überdurchschnittlich, so die Meinung. Es gibt eigene Marken-Rankings wie etwa die Liste der wertvollsten Marken der Welt der Marktforschungsinstitute Millward Brown und Interbrand, an denen sich Strategen ausrichten können. 2017 stand an erster Stelle der wertvollsten Marke beispielsweise Apple, gefolgt von Google, Microsoft, Coca-Cola, amazon und Samsung. Sie sehen schon: Eine solche Investmentstrategie dürfte ziemlich USA-lastig ausfallen, denn auch auf den Plätzen 6 und 7 befanden sich mit General Electric und McDonald's zwei US-Marken. Auf Platz 8 brachte es immerhin Samsung aus Korea und auf Platz 10 stand Toyota aus Japan.

Anstatt Ihnen zu raten, welche der Strategien nun für Sie ideal ist, hier eine Warnung, was definitiv keine richtige Strategie ist:

✔ sich auf »Tipps« von Freunden, Bekannten oder Börsenbriefe verlassen. schon gar nicht auf bombensichere ...

✔ auf Penny-Stocks setzen, also auf Aktien, die weit unter einem Euro kosten, weil darin angeblich ein ganz außergewöhnliches Kurspotenzial stecken soll, und weil sie »günstig« erscheinen

✔ auf Wetten und Hebelprodukte setzen, weil damit in ganz kurzer Zeit sehr viel Geld verdient werden kann

Kapitel 10

Fonds – mit Vertrauen auf die Kunst der Profis

D as Risiko so breit wie möglich streuen, sich aber trotzdem auf bestimmte Themen fokussieren und den Rat eines erfahrenen Fachmanns zu vergleichsweise günstigen Konditionen einholen – das ist das Grundprinzip von Fonds. Wer sich (noch) nicht zutraut, selbst Aktien auszuwählen und zu kaufen, der ist hier ganz gut aufgehoben. Denn mit Fonds können Sie nicht nur in ganz unterschiedliche Aktien investieren, Sie können auch über verschiedene Anlageklassen – Aktien, Renten, Anleihen, Immobilien – streuen.

Allerdings beschränken wir uns in diesem Buch auf Fonds, die nur oder zumindest auch Aktien enthalten. So begeisternd das Prinzip von Fonds auch ist, sie haben an Bedeutung verloren, weil es inzwischen andere Instrumente gibt und vor allem in Krisenzeiten auch die Fachleute – also die Fondsmanager – oftmals nicht halten konnten, was sie versprochen hatten.

Faszinierend – die Guten ins Töpfchen

Wir wissen nicht, wie Mr. Spock sein Geld anlegte und wie findig die Vulkanier dabei waren – aber die Idee mit den Fonds hätte ihm wahrscheinlich ein »Faszinierend!« entlockt. Denn sie ist so einfach wie durchschlagend: Das Risiko so breit wie möglich zu streuen mit relativ wenig Kapital. Erstens sollten Sie ohnehin nach Branchen und Ländern streuen – Deutschland sollte so zum Beispiel nur einen Teil Ihres Depots ausmachen –, und zweitens sollten Aktien an sich auch nicht Ihr gesamtes Kapital beanspruchen. Das ist kaum abzubilden und wer das Risiko wirklich auf viele Schultern verteilen will, für den war lange Zeit das Thema Fonds die einzige ernsthafte Alternative. Noch immer zählen Fonds zur beliebtesten Anlageklasse der Deutschen – es gibt inzwischen rund 7.000 Fonds, in die etwa 1 Billionen Euro investiert sind.

Ein weiterer Vorteil, der für Fonds spricht, ist, dass nicht jeder so viel Zeit investieren will und kann, wie es ein aktiv selbst gemanagtes Depot verlangt. Also lassen wir den Fachmann walten, der packt ein ganzes Bündel der seiner Ansicht nach besten Aktien zusammen, klebt ein Etikett darauf, das da etwa heißt »Growth weltweit« oder »Growth Europa« oder »Grün Global«, und zerteilt dieses wiederum in viele kleine Anteile, die Sie erwerben können. Manche können unendlich viel Geld einsammeln (*offene Fonds*), manche sind gedeckt (*geschlossene Fonds*). Fertig ist der Fonds, jetzt muss nur noch jährlich der Gewinn entweder an Sie ausgeschüttet oder aber wieder in den Fonds gesteckt (thesauriert) werden.

Der Profi wird Fondsmanager genannt und ackert ordentlich, damit der Fonds Gewinne einfährt. Denn er packt nicht nur einmal das Beste der Klasse zusammen und lässt die Werte dann bis in alle Ewigkeit ruhen, sondern er tauscht ständig Nieten gegen Gewinner aus. Manchmal allerdings läuft es auch umgekehrt, dann fahren Fonds Verluste ein, das Fondsvermögen schrumpft, und Sie bekommen höchstens entschuldigende Briefe statt Ausschüttungen. Normalerweise bleibt ein Teil des Fonds auch immer als Bargeldanteil – die sogenannte *Cash-Quote* – bestehen, damit der Manager schnell handeln kann, wenn sich ihm eine Chance auftut. Sind die Märkte unsicher und er weiß nicht, wohin sie tendieren, erhöht er die Cash-Quote. Allerdings darf er nur im Rahmen des Etiketts des Fonds agieren: Wenn also Growth Europe darauf steht, muss er in europäische Wachstumsaktien investieren und kann nicht etwa nach Japan, Korea oder Südamerika ausweichen, wenn es dort brummt, während in Europa nichts vorwärtsgeht.

Die Konstruktion

Ein Fonds ist wie ein Topf, in den viele Anleger Geld werfen, mit dem dann der Fondsmanager einkaufen geht. Er muss sich dabei an gewisse Regeln halten – wie etwa an das Etikett, das auf dem Topf steht. Angestellt ist der Fondsmanager bei einer Kapitalanlagegesellschaft oder KAG, an die die strengen Richtlinien einer Bank gestellt werden. Festgeschrieben sind diese Regeln im Kapitalanlagegesetzbuch oder KAGB. Der Fondsmanager darf zum Beispiel nicht mehr als 5 Prozent des Gesamtfonds in eine Einzelaktie stecken, das heißt, in jedem Aktienfonds sind mindestens 20 unterschiedliche Aktien eingesammelt. Die Anleger erhalten, abhängig von der eingezahlten Summe, Fondsanteile. Das Fondsvermögen gilt als Sondervermögen und bleibt selbst dann erhalten, wenn die Gesellschaft pleitegeht.

Ein weiteres »Konstruktionsmerkmal«, wenn Sie so wollen, ist die Art, wie der Fonds Sie mit Geld versorgt. Kursgewinne, Dividendenzahlungen, Zinsen, Mieten bei Immobilienfonds können Ihnen entweder einmal jährlich ausgeschüttet oder thesauriert werden. Letzteres ist die häufigere Variante und hat eine Art Zinseszinseffekt, weil der Fondsmanager so mit immer größeren Summen operieren kann.

Bleibt die Frage, was Ihr Fondsanteil eigentlich wert ist. Dazu wird einfach die Summe des Fonds durch die Anzahl der Fondsanteile geteilt – fertig. Sie können Ihren Fondsanteil jederzeit zu diesem Preis von der Fondsgesellschaft zurückkaufen und diese muss Ihnen den Anteil abnehmen.

Keine Wahl ohne Qual

Super, denken Sie jetzt vielleicht. Wenn es Ihnen schwerfällt, selbst Aktien auszuwählen, ist die Sache mit den Fonds doch perfekt! Doch auch Fonds gibt es inzwischen wie Sand am Meer, also müssen Sie auch hier letzten Endes eine Auswahl treffen. Das kann Ihnen niemand abnehmen. Wichtig ist, dass Sie sich darüber klar werden, in was Sie generell investieren wollen: Wachstum, Märkte, Branchen, Themen – immer das gleiche Lied. Viele Börsen bieten auf ihren Webseiten sogenannte Fondsfinder an; bei der Börse München zum Beispiel können Sie unter den Kriterien Fondsgesellschaft, Fondstyp und Anlageschwerpunkt auswählen. Fondstypen sind etwa Aktien- oder Immobilienfonds und Anlageschwerpunkte sind nach Ländern und Kontinenten gestaffelt. Dann können Sie weiter in Top- und Flop-Listen nach den Fonds mit der besten Performance, der höchsten Rendite suchen. Lassen Sie sich nicht täuschen, wenn der und der Fonds die und die Benchmark um so und so viel übertroffen hat. Solche Benchmarks werden oft deshalb gesetzt, damit der Fondsmanager seine Ausschüttung erhält. Doch wenn schon die Benchmark ins Minus läuft, Ihr Fonds sie zwar übertrifft, aber trotzdem ebenfalls im Minus ist, erhält der Manager zwar seine Ausschüttung, Ihnen und vor allem Ihrem Vermögen hilft es aber gar nichts.

Sie können zudem auf bestimmte Herausgeber von Fonds abzielen, weil Sie hier Präferenzen setzen. Die wichtigsten Herausgeber von Fonds sind meistens gekoppelt an beziehungsweise Töchter von Bankhäusern:

✔ DWS ist die Fondsgesellschaft der Deutschen Bank.

✔ Union Investment ist die Fondsgesellschaft der Genossenschaftsbanken sowie der Volks- und Raiffeisenbanken.

✔ Allianz Global Investors (früher Dit und DBI, seit 2009 gehört auch noch die Cominvest dazu) ist eine Tochter des Versicherungs- und Bankenkonzerns Allianz.

✔ Pioneer Investments (früher Activest) gehört zur Unicredit (der italienischen Mutter der deutschen HypoVereinsbank).

✔ Deka bietet Fonds für die Sparkassen an.

✔ Meag ist die Vermögensgesellschaft der Münchener Rück und ERGO.

Doch die wirklich kapitalkräftigen Fonds mit schier unendlichem Geldvermögen kommen aus den USA. Im Durchschnitt ist das Geldvermögen US-amerikanischer Fonds mehr als viermal so hoch wie in Europa. Viele Gesellschaften aus diesen (und anderen) Nationen bieten ihre Fonds auch auf dem deutschen Markt an, meist über eigene Töchter in Deutschland. Zu den größten ausländischen Fondsgesellschaften zählen:

✔ ABN-Amro Asset Management aus den Niederlanden

✔ AIG Global Investment Fund Management (Switzerland) Ltd. aus Zürich

✔ Black Rock Merrill Lynch Investment Managers aus New York

✔ BNP Paribas Asset Management aus Paris

✔ Carmignac Gestion S.A. aus Luxemburg

✔ Crédit Suisse aus Zürich

✔ Fidelity Funds aus Luxemburg

✔ Franklin Templeton Investments aus San Mateo in Kalifornien

✔ HSBC Global Investment Funds aus London

✔ Julius Bär aus der Schweiz

✔ Société Générale Asset Management aus Paris

✔ Sarasin Investmentfonds AG aus Basel

✔ Threadneedle Investment Services Ltd. aus London

✔ UBS Fund Management aus der Schweiz

Nicht nur in der Boutique

Die Voraussetzung dafür, dass Sie in irgendeinen Fonds investieren können, ist – ebenso wie beim Aktienkauf – ein Depot. Die Wege, die Sie dann einschlagen können, sind ähnlich, aber nicht ganz identisch wie bei Aktien. Ursprünglich konnte man Fonds nur bei den Kapitalanlagegesellschaften kaufen, die die Fonds herausgaben. Inzwischen können Sie aber diese Wege einschlagen:

✔ direkt über die Fondsgesellschaft

✔ über Ihre Hausbank

✔ über unabhängige Fondsvermittler oder Vermögensberater

✔ über die Börse

✔ über Discountbroker

✔ direkt über das Internet, zum Beispiel unter www.fondsvermittlung24.de

Alle Vertriebswege haben ihre Vor- und Nachteile, die sich überwiegend nach dem Anteil an Beratungsleistung und der Höhe der Kosten richten. Genaueres über die Kosten und wie Sie diese am besten in den Griff bekommen, erfahren Sie in Kapitel 11.

Banken vertreiben selbstverständlich am liebsten ihre eigenen Produkte – Sie werden sich auch bei einem BMW-Vertragshändler schwertun, einen Mercedes-Neuwagen zu bekommen. Und wie schon des Öfteren erwähnt, gibt es bei der Bank, wie in jedem anderen Geschäft auch, selten etwas umsonst: Auch bei Fonds gibt es einen saftigen Aufschlag, der

Ihnen um die Ohren saust und gleich einmal 5 Prozent ausmacht. Das muss die Rendite erst einmal wieder einfahren! Diesen lästigen Aufschlag können Sie zumindest reduzieren, indem Sie beim Discountbroker oder direkt über das Internet zuschlagen. Ganz können Sie sich diesen *Ausgabeaufschlag* sparen, wenn Sie über die Börse(n) kaufen. Hier fallen lediglich die Bankgebühren und eine geringe Courtage für den Makler an.

 Die meisten und vor allem die wichtigsten Fonds werden auch an der Börse gehandelt – und täglich werden es mehr. Hier sind die Preise günstiger als bei den Banken. Die Banken verlangen einen Ausgabeaufschlag, den sie sich mit der Investmentgesellschaft teilen. An der Börse fällt der Ausgabeaufschlag weg und Sie können noch weitere Vorteile beim Ordern nutzen, weil Sie genauso wie bei Aktien mit Orderzusätzen handeln können.

Die Besten ins Töpfchen – aber welches sind die Besten?

Der größte Vorteil von Fonds liegt darin, dass den Fondsmanagern das gesamte Universum an Aktien zu Füßen liegt. Sie werden zudem von den Unternehmen und deren Investor-Relations-Abteilungen besonders hofiert, weil sie das notwendige Kapital haben, um ordentlich zu investieren. Und wer den ganzen Tag nichts anderes macht, als die besten Aktien zu suchen, der muss doch auch fündig werden, so die Grundthese.

Damit Sie wissen, was in dem Fonds alles steckt und stecken darf, an dem Sie sich beteiligen, muss die Investmentgesellschaft eine Art Gebrauchsanweisung dazu verfassen und veröffentlichen. Diese Richtlinien erklären die generelle Zusammensetzung auch nach Anlageklassen, also ob etwa Aktien und Renten gemischt werden und wenn ja, in welchem Verhältnis. An diese Konditionen muss sich der Fondsmanager auf jeden Fall halten. Im Rahmen der Richtlinien ist der Fondsmanager völlig frei, aber wir wären ja nicht in Deutschland und in der Finanzbranche, wenn es nicht auch noch gesetzliche Regelungen für die Zusammenstellung von Fonds gäbe – und noch einige mehr, aber dazu später mehr. Der Anteil einzelner Aktien innerhalb eines Fonds ist gesetzlich begrenzt, je nach Fondsart auf fünf bis zehn Prozent.

Auch bei Fonds können Sie je nach Inhalt und Ausrichtung in unterschiedliche Risikoklassen gehen: Ein Fonds, der ausschließlich in Emerging Markets investiert, ist logischerweise mit mehr Risiko behaftet als ein Fonds, der etwa nur in Deutschland investiert. Der Anlageschwerpunkt von Fonds mit der besten Performance im Jahr 2017 lag beispielsweise bei polnischen Aktien mit einer durchschnittlichen Rendite von 32 Prozent. Hätten Sie es riskiert? Erst danach kamen Aktien Greater China mit 31,4 Prozent und Deutsche Nebenwerte mit 28,6 Prozent – so analysierte es www.fundresearch.com. Für Energie-Aktien war 2017 ein schlechtes Jahr, sie verzeichneten ein Minus von 15,8 Prozent – das höchste Minus jedoch fuhren Aktien Pakistan mit minus 31,5 Prozent und Aktien Goldminen mit minus 49,4 Prozent ein.

 Natürlich gibt es auch für Fonds einen eigenen Verband, der Informationen und Statistiken auf seiner Webseite für Interessierte bereithält: den Bundesverband Investment und Asset Management e.V. oder kurz BVI. Er setzt sich aus den großen Fondsgesellschaften zusammen, die ihn tragen – erwarten Sie deshalb nicht unbedingt Neutralität. Mehr Informationen finden Sie unter www.bvi.de.

Das ABC der Fondswelt

Wie eingangs erwähnt, beschränken wir uns hier ausschließlich auf Fonds, die zumindest einen Aktienanteil haben.

Aktienfonds

Am Anfang war der Aktienfonds, könnte man sagen. Hier investiert der Fondsmanager in ganz unterschiedliche Aktien und versucht so, das für Sie bestmögliche Aktiendepot zu schaffen und permanent zu perfektionieren. Doch seit den jüngsten Aktien-Crashs kurz nach der Jahrtausendwende und der Finanzkrise flüchteten die Anleger aus dieser etwas einfach gestrickten Art der Fondszusammensetzung. Nach dem Vermögen – 340 Milliarden Euro 2016 – stehen Aktienfonds allerdings nach wie vor ganz oben auf der Beliebtheitsskala, so der BVI in seiner Statistikreihe.

Nun ist Aktienfonds ein großes Wort und hilft wenig bei der Auswahl des richtigen Fonds. Deshalb wird innerhalb von Aktienfonds beispielsweise nach Regionen (Deutschland, Europa, Asien, USA, Emerging Markets) und/oder nach Branchen unterschieden. Da gibt es Fonds mit Luxusaktien oder Biotechnologie-Papieren oder Mobilitätsunternehmen. Je nach Größe der Aktiengesellschaften, die der Manager für seinen Fonds auswählen will, unterscheidet man in Blue Chips, MidCaps oder SmallCaps. Gerade mittelständische Unternehmen, auch als Nebenwerte bezeichnet, bringen oftmals mehr Rendite ein, allerdings bei höherem Risiko.

Branchenfonds

Branchenfonds sind eine Untergattung der Aktienfonds und richten sich auf eine bestimmte Branche aus, also einen speziellen Industriezweig, wie etwa Maschinenbau oder Chemie, oder einen ganzen Wirtschaftssektor, wie etwa Finanzen. Besonders beliebt sind typische Wachstumsbranchen wie Biotechnologie und Medizintechnik, Logistik oder Rohstoffe, neuerdings vor allem Robotik und Cyber Security, aber auch defensive Branchen wie Nahrungsmittel. Nicht zu vergessen die immer beliebter werdenden Fonds, die in Umwelt-, Ökologie- oder Nachhaltigkeitsthemen (Sustainability) investieren. Das sind zwar keine Branchen an sich, sondern eher Themen, werden aber dennoch bei den meisten Fondsfindern mangels anderer Alternative im Branchenbereich angesiedelt. Die Abgrenzung zwischen Branchen- und Themenfonds ist fließend – es geht schließlich um die günstigste Geldanlage und nicht um die einzig richtige Schubladenetikettierung.

Branchenfonds unterliegen größeren Kursschwankungen als breiter angelegte Produkte, da viele Branchen zyklisch verlaufen und daher die Aktienkurse diese Wellenbewegungen mitmachen. Allerdings verlaufen die Entwicklungen weltweit oftmals nicht zeitgleich, so kann der Fondsmanager bei globalen Branchenfonds wenigstens etwas gegensteuern.

 Branchenfonds sind, wie alle monothematischen Fonds, riskanter, weil der Fondsmanager bei Konjunktureinbrüchen oder anderen branchenspezifischen Problemen nicht angemessen reagieren kann. Er kann allenfalls die Cash-Quote erhöhen (also Bargeld halten) und aus Aktienengagements zeitweise herausgehen – was aber nicht im Sinne des Erfinders ist. Geht es der Branche schlecht, sind dem Fondsmanager die Hände gebunden. Er hat keine Möglichkeit, in andere Papiere umzuschichten, sondern muss auf Zeit setzen und den Zyklus aussitzen. Wenn Sie also in Branchenfonds investieren wollen, dann möglichst nur in weltweit aufgestellte – und nicht ausschließlich, sondern nur als Depotbeimischung. Außerdem sollten Sie Ihre Anlage anhand eines Zeithorizonts und nicht an einem bestimmten Zeitpunkt ausrichten.

Dachfonds

Wie der Name schon sagt, wird unter dem Dach dieses Fondstyps wiederum in andere Fonds investiert. Es handelt sich genau genommen also um einen »Fonds-Fonds«, treffender ist demnach die englische Bezeichnung »fund of funds«! Die ersten Dachfonds kamen in Deutschland kurz vor der Jahrtausendwende auf den Markt, weil sie überhaupt erst seit April 1998 hierzulande rechtlich zulässig waren.

Die Idee dahinter ist, dass die Streuung proportional ansteigt, wenn schon in gestreute Produkte, also andere Fonds, die sogenannten Sub- oder Ziel-Fonds, investiert wird. Das bietet eine attraktive Rendite zu einem ziemlich geringen Risiko. Denn wenn einmal der eine oder andere Fonds schwächelt, wird er von anderen mit überdurchschnittlicher Performance wieder aufgefangen – so zumindest die Idee. Einen Haken hat die Sache jedoch: Bei Dachfonds fallen zusätzliche Gebühren an, denn Sie als Anleger müssen zwei Mal zahlen: für die im Fonds versammelten Fonds und für den Dachfonds selbst. Klar, sowohl die einzelnen Fonds werden aktiv gemanagt als auch der Dachfonds, wobei die Fondsmanager Einzelwerte auswählen, der Dachfondsmanager die Fonds.

Hedgefonds

Bei kaum einer Anlageform gehen die Meinungen so weit auseinander und fliegen die Emotionen hoch wie bei Hedgefonds. Denn diese investieren in alles, was irgendwie Geld bringt: Aktien, Anleihen, Rohstoffe, Devisen, Nahrungsmittel, Bankkredite, Private Equity (Unternehmensbeteiligungen), Energie, Zinsen, Derivate … der Fantasie der Fondsmanager sind hier keine Grenzen gesetzt. Auch bei der Kapitalausstattung liegen die Grenzen sehr weit oben, was diesen Fonds eine große Macht einräumt. Sie würden sich wie Banken aufführen, ohne jedoch reguliert zu werden wie diese, heißt es oftmals. Und wenn von »Schattenbanken« die Rede ist, sind damit oft Hedgefonds gemeint. Insgesamt gehen die Mittel der Hedgefonds auf die 2-Billionen-US-Dollar-Grenze zu – einzelne Hedgefonds haben eine Größe von mehr als 50 Milliarden US-Dollar.

Hedgen heißt, auf jede Situation reagieren und sich absichern zu können. Hecke oder Einfriedung bedeutet das englische Wort »hedge« im eigentlichen Sinne. Dazu ist jedes Mittel, jede Anlagevariante und jedes Finanzierungsinstrument recht. Dahinter steht großes Vertrauen in die Fähigkeiten der Fondsmanager, die mit allen Wassern gewaschen sind. Die Gebühren sind deshalb relativ hoch, denn neben dem hohen Ausgabeaufschlag fallen noch die Managementgebühr und eine nicht unerhebliche Gewinnbeteiligung des Herausgebers an.

Die Idee für den Hedgefonds stammt von Alfred W. Jones, der 1949 seinen Investoren ein Investment anbot, das sich unabhängig von den klassischen Aktien- und Anleihenmärkten entwickeln und als Alternative in jedes Portfolio passen sollte. Er operierte dabei mit *Leerverkäufen*, das heißt, er verkaufte Aktien leer – also Aktien, die er gar nicht besaß –, um sie später für einen höheren Preis zu verkaufen. Mit den Erlösen der Leerverkäufe kaufte er wiederum andere Aktien, auf deren Kurssteigerungen er setzte.

Hedgefonds setzen tatsächlich alle Hebel in Bewegung, um ihr – und damit Ihr – Vermögen zu mehren. So hebeln sie das eingesetzte Kapital noch zusätzlich, das heißt, sie vervielfachen das eingesetzte Kapital durch die Aufnahme von Fremdkapital. Daher rühren auch der Vergleich zu Banken und der Begriff der Schattenbanken, denn vor allem Banken setzen ein Vielfaches ihres Eigenkapitals für Finanzgeschäfte ein. Angefangen hat Jones seine Karriere als Zahlmeister auf einem Passagierdampfer, bevor er Vizekonsul in Berlin wurde, promovierte, als Journalist arbeitete und den ersten Hedgefonds erfand. Noch immer existiert die A.W. Jones Company in New York als erfolgreicher Hedgefondsanbieter.

Der große Vorteil von Hedgefonds besteht darin, dass sie in Zeiten der Hausse überperformen, in Bärenjahren aber immer noch zumindest bestandserhaltend wirken. So hat eine Studie der Deutschen Bank ergeben, dass von insgesamt 69 untersuchten Quartalen Hedgefonds auf der Basis einer weltweiten Anlage in 50 Quartalen eine positive Performance und nur in 19 Quartalen eine negative, durchschnittliche Performance erzielt haben.

Indexfonds

Indexfonds orientieren sich, wie der Name schon sagt, an einem bestimmten Index, hierzulande oft am Dax oder dem europäisch ausgerichteten Euro Stoxx. Indexfonds sind preiswert, weil kein aktiver Manager dahintersteht, sondern sie nur passiv gemanagt werden, und sehr leicht zu verstehen. Eine Variante davon sind Exchange Traded Funds oder ETFs; um diese geht es dann in Kapitel 12 detaillierter.

Die Fondsgesellschaft muss bei dieser Art von Fonds nur bei der erstmaligen Zusammenstellung das Portfolio entsprechend dem vorgegebenen Index nachbilden und reagieren, wenn der zugrunde liegende Index verändert wird. Daher fallen die Gebühren sehr moderat aus. Da die Mehrheit aller Fondsmanager Leitindizes meist nur schwer schlägt, vor allem wenn man alle Gebühren einrechnet, sind Indexfonds oft eine gute Wahl.

Länderfonds

Viele Fonds, insbesondere Aktien-, aber auch Rentenfonds, richten ihr Augenmerk auf bestimmte wachstumsstarke Länder, wobei sich diese Länderfonds nicht unbedingt an politischen Landesgrenzen orientieren, sondern oftmals ganze Wachstumsregionen in einen Topf werfen – wir sprachen schon im Rahmen von BRIC-Staaten und anderen Buchstabenkombinationen davon. Besonders beliebt sind verständlicherweise boomende Länder und Regionen, also Emerging Markets oder Schwellenländer, wie etwa Asien, Teile Südamerikas oder auch Osteuropa.

Ähnlich wie bei Branchen- oder Themenfonds kann auch hier der Fondsmanager nicht auf andere Länder ausweichen, sollten in dem Zielland beziehungsweise der Zielregion negative Einflussfaktoren die Oberhand gewinnen. Das Risiko von Länderfonds steigt also umso mehr, je politisch instabiler die Länder in Summe sind. Aktuelle Konflikte zwischen der Ukraine und Russland oder der Syrienkrieg zeigen, wie instabil dies oft sein kann – die russische Börse hatte lange Zeit fast alle Börsen der Welt abgehängt.

Zielsparfonds

Mithilfe eines Zielsparfonds können Sie mit möglichst hoher Rendite und geringem Risiko auf einen bestimmten Zeitpunkt hinsparen, so werben die Fondsanbieter. Zielsparfonds werden erst seit 2006 aufgelegt. Gemeinsam ist ihnen eine Art (Mindest-)Verfallsdatum, bis zu dem die versprochene Rendite erwirtschaftet sein soll. In welche Fonds dabei investiert wird, ob in Aktienfonds (so von der US-Investmentgesellschaft Fidelity) oder in Dachfonds (so von der Deka), spielt keine Rolle. Je näher der Zeitpunkt der Auszahlung rückt, desto konservativer agieren die Fonds. Zielsparfonds sind – wie der Name schon sagt – auf bestimmte Zeitpunkte ausgerichtet. Typische Auszahlungszeitpunkte sind etwa 2020 oder 2025, oder wann auch immer.

Üblicherweise operieren Zielsparfonds mit Ausgabeaufschlägen von 3,5 Prozent bis 5 Prozent und Verwaltungsgebühren von 1 Prozent bis 1,5 Prozent, lassen sich die erreichte Garantie also durchaus honorieren. Bisher können sich die Renditen der Zielsparfonds sehen lassen, sie erreichten Werte um die 20 Prozent. Allerdings wurde bisher überwiegend in Aktienfonds investiert – und während einer Aktienrallye Gewinne einzufahren, ist nicht wirklich schwer. Da es noch keine längere Beobachtung für Zielsparfonds gibt, bleibt abzuwarten, wie die Fondsmanager auf fallende Aktienmärkte reagieren.

Zielsparfonds sollen vor allem für die Altersvorsorge eingesetzt werden und eignen sich auch für monatliche Einzahlungen.

Geschlossene Veranstaltung

Eine besondere Form der Fonds, die wir der Vollständigkeit halber vorstellen wollen, sind *geschlossene Fonds*. Im Gegensatz zu den bisher genannten Publikumsfonds, also Fonds, die für Sie als Privatanleger gedacht und konzipiert sind – auch wenn selbstverständlich auch professionelle Anleger hier das Geld ihrer Klienten anlegen können –, waren die geschlossenen Fonds einst ausschließlich für die Profis bestimmt. Und das war auch gut so, denn sie sind nicht ungefährlich.

Ihr Grundprinzip ist, dass nicht wie bei den Publikumsfonds unendlich Geld eingezahlt werden kann, sondern dass sie bei Erreichen einer bestimmten Summe gedeckelt, also geschlossen werden. Mit einem solchen Fonds sollen meist bestimmte Projekte finanziert werden, zum Beispiel ein Schiff, ein Windpark oder der Bau einer oder mehrerer Immobilien. Sie sehen schon: Aktien haben da keine Chance.

Für Privatanleger waren sie vor allem aus steuerlichen Gründen interessant, um Geld zu parken, weil sie sehr lange in den Fonds einzahlen, ein Schiff sehr lange gebaut wird und erst einmal nur Kosten verursacht und keine Gewinne einfährt, die beim Anleger als Rückflüsse ankommen. Wenn es dann endlich so weit ist und das Schiff auf Jungfernfahrt geht, ist der Anleger vielleicht in Rente und hat einen günstigeren Steuersatz. Blöd nur, wenn dann eine Konjunkturflaute herrscht und das Schiff im Hafen dümpelt und niemals Gewinne einfährt. Dann hat der schlaue Anleger zwar viele Steuern gespart – aber sein Geld ist auch weg. Pech gehabt. Denn als Einzahler in einen geschlossenen Fonds werden Sie zum Mitunternehmer – mit allen Risiken und Nebenwirkungen. Insofern ist hier äußerste Vorsicht geboten!

Zulassung gibt's nicht nur beim TÜV

Wie sieht es nun mit den Regelungen rund um die Fonds aus? Es gibt, wie bereits erwähnt, zahlreiche Richtlinien, an die sich die Herausgeber von Fonds halten müssen. Die Investmentgesellschaften, genauer die Kapitalanlagegesellschaften, die die Fonds herausbringen oder auflegen, müssen vor allem das Fondsvermögen als Sondervermögen einzeln ausweisen. Das ist zu Ihrer Sicherheit als Anleger gedacht: Geht das Unternehmen in die Insolvenz, wird verkauft oder löst sich anderweitig auf, bleibt das Vermögen des Fonds unangetastet, sie behalten Ihr Geld auf jeden Fall.

Des Weiteren unterliegen die Kapitalanlagegesellschaften in Deutschland und Europa dank der EU noch einer ganzen Reihe anderer strenger Vorschriften und müssen hohe gesetzliche Auflagen erfüllen – Tendenz steigend. So müssen in Deutschland Kreditinstitute von der Bundesanstalt für Finanzdienstleistungsaufsicht zugelassen sein, um Bankengeschäfte durchführen zu können. Die BaFin übt aber auch laufend die Kontrolle über die Fonds und die Fondsmanager aus, denn jeder neu aufgelegte Fonds muss von ihr genehmigt werden.

Für jeden Fonds muss die Kapitalanlagegesellschaft außerdem ein Depot bei einer anderen Bank anlegen, damit ihr eigenes Vermögen und das Sondervermögen strikt getrennt sind.

Außerdem muss sie ein Grundkapital von mindestens 730.000 Euro aufweisen (was per se nicht viel ist, wenn man berücksichtigt, dass schon einzelne Fonds ein Vermögen von über einer Milliarde Euro aufweisen können).

Fondsmanager dürfen die Mittel, die ihnen die Anleger zur Verfügung stellen, nicht beliebig verwenden. Zum einen schreibt ihnen die Fondsart vor, in was sie investieren dürfen. Ein Fonds für Auto-Aktien darf eben nur Auto-Aktien enthalten, auch wenn die gerade in den Keller fallen sollten. Zudem ist im Gesetz vorgegeben, wie viel prozentual in ein einzelnes Investment investiert werden darf. So müssen in jedem in Deutschland zugelassenen Fonds mindestens 16 Positionen, also etwa 16 verschiedene Aktien oder Immobilien, enthalten sein.

Gebündelt finden sich diese Vorschriften in dem im Januar 2004 von der Bundesregierung erlassenen »Gesetz zur Modernisierung des Investmentwesens und zur Besteuerung von Investmentvermögen«, kurz Investmentmodernisierungsgesetz.

Eine EU-Richtlinie mit dem abenteuerlichen Namen Ucits III hat die Rechte der Fondsmanager etwas erweitert. Soll vorkommen! Sie dürfen seitdem für ihre Fonds auch zu Derivaten greifen. Das soll die Konkurrenzfähigkeit der Fondsidee gegenüber den rasch wachsenden Derivaten und Zertifikaten stärken. Auch innerhalb eines Fonds dürfen die Manager nun breiter streuen und in Aktien, Renten, Geldmarktpapiere, Fondsanteile und Derivate investieren. Zum besseren Vergleich der Fonds müssen alle Kosten und Gebühren in der Total Expense Ratio veröffentlicht werden.

Kein Raumschiff – Ucits III

Schon im Jahr 2002 gab die EU die Richtlinie Ucits III heraus, die von den einzelnen EU-Mitgliedstaaten in nationales Recht umgesetzt werden musste. In Deutschland brauchte man dafür etwa vier Jahre und bis März 2007 mussten alle Fonds auf Ucits III umgestellt werden. Um die Sache zu erleichtern und auch für Laien verständlicher zu machen, heißt die deutsche Vorschrift nicht Ucits III, sondern Ogaw III. Was sich anhört wie die Namen von Klingonenherrschern oder Raumschiffen ferner Galaxiebewohner, steht relativ simpel für:

✔ Undertakings for Collective Investments in Transferable Securities, also kurz Ucits

✔ Organismus für gemeinsame Anlage in Wertpapieren, kurz Ogaw

Wichtiger als merkwürdige Akronyme ist natürlich, was die neuen Richtlinien besagen. Vor allem haben die Fondsmanager mehr Freiheiten bei der Zusammenstellung ihrer Fonds gewonnen, so dürfen sie nun auch zu Derivaten greifen, um die Rendite zu erhöhen. Bis jetzt durften Derivate rein zu Absicherungszwecken, also etwa gegen Währungsrisiken, eingesetzt werden. Wichtig für Privatanleger: Neben den umfangreichen bisherigen Fondsprospekten voll von unverständlichem Fachchinesisch und Pseudo-Business-Englisch, müssen jetzt vereinfachte, leichter verständliche Prospekte aufgelegt werden.

Fondsgesellschaften müssen außerdem für jeden Fonds Jahres- und Halbjahresberichte herausgeben, wie börsennotierte Aktiengesellschaften auch, die wiederum von unabhängigen Wirtschaftsprüfungsgesellschaften testiert, also überprüft und abgenommen werden müssen.

Fonds oder nicht Fonds?

Wir haben schon anfangs viel Konjunktiv gebraucht mit Blick auf die »Idealanlageform« Fonds. Denn sie hat viel von ihrem Glanz verloren, seitdem es einfachere und wesentlich günstigere Varianten gibt. Das beweisen auch die Zahlen des Deutschen Aktien Instituts, die einen langsamen, aber stetigen Abfluss aus Fonds belegen. Sie haben ihre Vorteile, aber eben auch Nachteile.

Ihre Vorteile als Fondsanleger sind:

✔ eine riesige Auswahl verschiedener Fonds,

✔ eine breite Streuung und damit ein geringeres Risiko,

✔ ein professionelles Management,

✔ hohe Transparenz, da Fondsgesellschaften Monats- oder Halbjahresberichte herausgeben.

✔ Die Kursschwankungen fallen insgesamt geringer aus als bei einzelnen Papieren.

✔ Ein Totalverlust ist nahezu ausgeschlossen, da das Kapital der Fonds in eigenständige Unternehmen ausgelagert ist und unabhängig von einem möglichen Konkurs der Kapitalanlagegesellschaft unangetastet bleibt.

✔ Die Nutzung der Arbeitnehmersparzulage ist möglich.

✔ Fonds können börsentäglich gekauft oder veräußert werden.

✔ In Fondssparpläne kann man bereits mit einer sehr geringen monatlichen Summe einsteigen.

Aber es gibt auch Nachteile:

✔ Die Kosten und Gebühren sind relativ hoch.

✔ Trotz professionellen Managements heißt es nicht, dass Fonds besser performen als der Markt.

✔ Das häufige Umschichten durch den Fondsmanager kostet weitere Gebühren.

IN DIESEM KAPITEL

Kein Kost-Verächter (cost average)

Wieder ans Geld kommen

Auch ohne Zusatzkosten

Ratings und Rankings

Kapitel 11
Planung ist (fast) alles

D urch die Vielzahl von Fonds ist quasi für jeden Geschmack etwas dabei. Aufgrund ihrer Konstruktion verteilt sich zwar das Risiko, trotzdem ist die Auswahl nicht einfach. Und wenn Sie sich entschieden haben, kommen ähnlich wie beim Aktienkauf weitere Fragen auf: Wo kaufen Sie Ihre Fonds? Was müssen Sie dafür bezahlen? Wann wollen Sie das Geld zurückhaben – denn jede Kapitalanlage hat das Ziel, sich dadurch irgendwann etwas Bestimmtes leisten zu können. Wollen Sie das Geld lieber auf einen Schlag oder vielleicht als monatliche Zuzahlung? Fonds eignen sich auch ideal für die Altersvorsorge, was selbst Vater Staat erkannt hat und Ihnen deshalb etwas zuschießt.

Über Ratingagenturen wird mitunter gelästert – doch ihre Hauptaufgabe ist es, Finanzprodukte auf ihr Risikoprofil hin zu überprüfen. Das kann für Sie ein weiteres wichtiges Entscheidungskriterium sein.

Nicht alles auf einmal

Wenn Sie nicht auf einen Schlag eine größere Summe erben oder im Lotto gewinnen, haben Sie wahrscheinlich selten so viel Kapital zur Verfügung, dass Sie breit streuen und in viele Einzelaktien und mehrere Fonds auf einmal investieren könnten. Doch monatlich eine gewisse Summe beiseitelegen, das geht bei vielen, bei Ihnen sicher auch. Das funktioniert längst nicht mehr nur ausschließlich mit Sparbüchern, sondern eben auch mit Fonds über einen Fondssparplan.

Meist gibt es die Möglichkeit, einmal eine größere Summe in Fonds einzuzahlen, Sie können aber auch monatlich kleinere Beträge wählen oder beides. Dafür haben die Emittenten eigene Fondssparpläne entwickelt. Natürlich nicht ganz uneigennützig, denn so können sie sehr viel mehr Anleger für ihre Fondsidee gewinnen. Sie müssen sich noch nicht einmal auf eine bestimmte Summe festlegen und diese dann immer weiter einzahlen, sondern können diese maximal flexibel und formlos nach unten oder oben anpassen. Allerdings verlangen dafür manche Fonds extra Gebühren, man sollte es sich also vorher überlegen und nicht jeden Monat wechseln. Prinzipiell sind aber beide Seiten – die Bank, die Kapitalanlagegesellschaft – flexibel bei der Ausgestaltung der Vertragsbedingungen eines Fondssparplans.

Die wesentlichen Eckpunkte sind:

✔ die Höhe der regelmäßigen Zahlungen

✔ der Zeitpunkt der Zahlung (meist monatlich oder vierteljährlich)

✔ die Zeitspanne, über die angespart werden soll, und/oder die Summe, die mit dem Fonds erreicht werden soll

Sie lassen die vereinbarten Beträge abbuchen und die Fondsgesellschaft wandelt Ihre Einzahlungen in Fondsanteile um. Sie profitieren dann auch von der Wiederanlage der jährlichen Ausschüttungen.

Lieblingskost (cost average)

Beim Fondssparplan ergibt sich nicht nur der positive Effekt, dass Sie mit einer kleinen monatlichen Summe einen guten Erfolg erzielen können, es kommt noch etwas Besonderes dazu: der *Cost-Average-Effekt*. Noch so ein Fremdwort, das Ihrem Bankberater glänzende Augen verleiht. Dahinter verbirgt sich die Tatsache, dass Sie zwar monatlich immer den gleichen Betrag in den Fonds einzahlen, die Fondsanteile aber schwanken – gerade bei einem Aktienfonds beispielsweise je nach der Kursentwicklung. Das heißt, Sie bekommen je nach Fondsentwicklung entweder mehr Anteile für Ihr Geld oder weniger.

 Ein einfaches Beispiel: Angenommen, Sie kaufen jeden Monat 100 Aktien eines bestimmten Unternehmens. Der Kurs beträgt im ersten Monat 50 Euro, im zweiten 40 Euro und im dritten 60 Euro. Dann haben Sie nach drei Monaten 300 Aktien und haben dafür insgesamt 15.000 Euro ausgegeben.

Nehmen wir jetzt den Cost-Average-Effekt: Jetzt kaufen Sie umgekehrt jeden Monat für 5.000 Euro Aktien, egal bei welchem Kurs. Dann erhalten Sie nach unserem Beispiel im ersten Monat 100 Aktien, im zweiten Monat 125 Aktien und im dritten Monat 83 Aktien. Nach drei Monaten besitzen Sie also 308 Aktien und haben ebenfalls 15.000 Euro ausgegeben!

Würde jetzt im vierten Monat der Aktienkurs auf 70 Euro steigen, betrüge der Wert Ihres Aktiendepots im Fall 1 immerhin 21.000 Euro und Sie hätten damit einen (Buch-)Gewinn von 6.000 Euro – im Fall 2 aber 21.560 Euro und damit einen (Buch-)Gewinn von 6.560 Euro.

Gerade bei einer langfristigen Geldanlage mit regelmäßigen Einzahlungen können zeitweise niedrige Aktienkurse zusätzliche Chancen bedeuten, weil Sie dann fürs gleiche Geld mehr Aktienanteile erhalten und bei wieder zunehmenden Kursen vermehrt profitieren können.

Der Staat hilft mit – aber nicht bei jedem

Besonders gut kann ein regelmäßiger Sparplan funktionieren, wenn Sie den Staat gleich mit zur Kasse bitten. Mit vermögenswirksamen Leistungen (VL) legt der Arbeitgeber für Sie staatlich gefördert Geld an. Pro Jahr werden mit Stand 2017 maximal 400 Euro gefördert, das heißt, wenn Sie selbst 400 Euro anlegen, zahlt Ihnen der Staat noch seit April 2009 20 Prozent (das entspricht 80 Euro) pro Jahr für maximal sechs Jahre dazu. Danach ist der Fonds noch ein Jahr lang gesperrt, erst nach dieser Sperrfrist können Sie das Geld abrufen. Allerdings sind Sie bei der Wahl der Fonds nicht ganz frei, sondern müssen darauf achten, ob sie auch eine VL-Zulassung besitzen. Welche das sind, können Sie jederzeit bei Ihrer Bank oder Sparkasse erfragen oder auf der Webseite des BVI (www.bvi.de) abrufen.

Manche Arbeitgeber übernehmen die 400 Euro pro Jahr, die sie zahlen müssten, im Übrigen komplett. Wenn es weniger ist, sollten Sie die Differenz bis zur 400-Euro-Marke selbst tragen, um den vollen Förderbetrag auszuschöpfen. Einen kleinen Haken gibt es bei den vermögenswirksamen Leistungen dann doch: Es gelten Obergrenzen für das Einkommen, damit Sie überhaupt in den Genuss der Förderung kommen. Momentan liegen diese bei Alleinstehenden bei 20.000 Euro und bei zusammen Veranlagten bei 40.000 Euro zu versteuerndem Jahreseinkommen, also ohne Sonderausgaben und Werbungskosten. Sie müssen die vermögenswirksamen Leistungen auch bei Ihrem Finanzamt mit der Einkommensteuererklärung beantragen.

 Wo Sie Ihre Fonds erwerben, ist vor allem eine Preisfrage – gerade bei Fondssparplänen mit monatlichen Zahlungen kommt es für das Gesamtergebnis sehr auf die Gebühren an. Depotgebühren und Ausgabeaufschläge sollten tunlichst vermieden werden. Das funktioniert am besten über Online-Broker und über die Börse, wobei hier nicht überall alle Fonds angeboten werden.

Selbst für ein entspanntes Alter sorgen

Ein sorgenfreies und vor allem gesundes Leben im Alter kann Ihnen niemand garantieren. Statistisch gesehen werden wir aber immer älter und damit verlängert sich die Zeitspanne zwischen Erwerbsleben und Tod. Das Verhältnis zwischen Einzahlungszeit in die gesetzliche Rentenkasse und der Auszahlungszeit der Rente verschlechtert sich dadurch – eine Rentenlücke entsteht. Die staatliche Rente allein wird demnach bei vielen nicht ausreichen, um im Alter den gewohnten Lebensstandard aufrechtzuerhalten. Manchen droht im schlimmsten Fall sogar die Altersarmut.

Besonders geeignet für die private Altersvorsorge sind Fondssparpläne. Das hat sogar Vater Staat verstanden und greift daher bei einigen unter die Arme. Sie haben die Möglichkeit, während Ihrer Arbeitszeit monatlich in den Fonds einzuzahlen und dann einen Auszahlmodus zu wählen. Wollen Sie zu einem bestimmten Zeitpunkt, also etwa mit 65 Jahren, den vollen Betrag ausgezahlt haben, um sich einen Alterssitz auf einer spanischen Insel zu kaufen – oder wollen Sie die Auszahlung über die Jahre hin strecken und so einen zusätzlichen Verdienst einstreichen?

Bei der monatlichen Auszahlung, der sogenannten *Zusatzrente*, können Sie wiederum zwischen zwei Varianten wählen – dann aber nicht mehr. Sie können zu einer Rente mit Kapitalverzehr oder einer mit Kapitalerhalt greifen. *Kapitalverzehr* bedeutet, dass die gesamte eingezahlte Summe Monat für Monat bis zu einem bestimmten Zeitpunkt völlig verzehrt wird. Dadurch haben Sie eine ziemlich hohe monatliche Summe zur Verfügung, die aber ab einem bestimmten Zeitpunkt nicht mehr fließt. Beim *Kapitalerhalt* bleibt der Kapitalstock erhalten, Sie bekommen monatlich lediglich die über die Jahre hinweg erwirtschafteten Gewinne und Zinsen ausgezahlt. Ihr Konto bleibt also gefüllt und vielleicht können sich auch noch Ihre Erben daran erfreuen!

 Bei der Altersvorsorge sollten Sie bei der Auswahl der richtigen Fonds den langen Zeithorizont einkalkulieren, was auch bedeutet, dass Sie möglichst früh anfangen sollten, fürs Alter zu sparen, auch wenn man in jungen Jahren darüber nicht gerne nachdenkt. Setzen Sie auf Fonds, denen Sie eine langfristige positive Entwicklung zutrauen und nicht auf Modeprodukte, die morgen schon wieder verrauchen können, auch wenn dies kurzfristig zulasten der Rendite geht. Meist wird zu Beginn der Sparphase überwiegend in Aktien, in der späteren Sparphase in die sichereren Renten investiert, um nicht kurz vor der Auszahlung Verluste hinnehmen zu müssen.

Inzwischen hat auch der Staat eine ganze Reihe von Sonderfonds entwickelt oder besser zugelassen, die sich ausschließlich für die Altersvorsorge nutzen lassen. Sie verbergen sich hinter den zwei Buchstabenkürzeln AS und VL, die aber nicht für Fußballvereine stehen. Seit 1998 dürfen Kapitalanlagegesellschaften sogenannte *AS-Fonds*, einfach *Altersvorsorge-Fonds*, auflegen. Logischerweise sind sie als Zielfonds aufgesetzt, weil Sie damit auf ein bestimmtes Ziel, nämlich die Altersvorsorge, die ab einem bestimmten Zeitpunkt einsetzen soll, ansparen. Thematisch sind es Mischfonds, die in Aktien, offene Immobilienfonds und Anleihen investieren und sich nach relativ strengen Vorgaben richten müssen – schließlich sollen Sie im Alter zusätzliches Kapital zur Verfügung haben. Da diese Art von Fonds aber nicht staatlich gefördert wird und sie ab 2013 nicht mehr neu aufgelegt werden, sind sie eine aussterbende Gattung. Eine Sonderform von Fonds erfüllen außerdem noch die Anforderungen an vermögenswirksame Leistungen und werden so vom Arbeitgeber und staatlich gefördert.

Mit der *Riester-Rente* hat der Gesetzgeber 2001 unter dem damaligen Arbeitsminister Walter Riester Bank- und Fondssparpläne auf eine Stufe mit Rentenversicherungsprodukten gestellt. Für Deutschland war das ein ganz enormer Fortschritt. Den Kern von Riester-Fonds stellt eine Kapitalgarantie für die eingezahlten Beiträge dar, die dann eine lebenslange Auszahlungsphase sicherstellen. Wenn Sie bereits vor dem 60. Lebensjahr von Ihrer Riester-Rente profitieren möchten, müssen Sie auf die staatliche Förderung verzichten, die setzt erst ab 60 ein. Vater Staat zahlt beispielsweise bis zu 154 Euro im Jahr. Das wäre aber viel zu einfach. Den vollen Förderbetrag bekommen Sie nur, wenn Sie Eigenbeiträge von mindestens 4 Prozent Ihres Einkommens (des Vorjahresbruttoeinkommens), höchstens aber 2.100 Euro leisten. Wenn Sie weniger sparen, werden die Zulagen gekürzt. Derzeit gibt es außerdem noch für jedes kindergeldpflichtige Kind, das vor 2008 geboren wurde, eine Extrazulage von 185 Euro, für später geborenen Nachwuchs sogar 300 Euro pro Kind.

Die Fondsgesellschaften bieten Riester-Fonds an, die überwiegend auf Aktien- und gegen Laufzeitende vermehrt auf Rentenbasis agieren. Sollte die garantierte Rückzahlung aus dem Angesparten nicht möglich sein, deckt die Investmentgesellschaft die angefallene Lücke aus Eigenmitteln. Gerade zu Zeiten der Finanzkrise mussten die aktienbasierten Fonds große Kurseinbrüche verbuchen.

 Sie haben wahrscheinlich über die Einführung einer *Finanztransaktionssteuer* gelesen. Das soll so eine Art Umsatzsteuer auf Finanzprodukte werden, also jeder Aktienkauf wird extra besteuert. Da Fonds immer wieder aktualisiert und umgeschichtet werden, würde dann immer diese Steuer anfallen. Eine wissenschaftliche Untersuchung hat ergeben, dass die geplante Finanztransaktionssteuer bei einer Riester-Rente den Anleger genauso viel kostet, wie er vom Staat bekommen würde. Linke Tasche, rechte Tasche, kann man da nur sagen.

Bei einer *Fonds-Police* legt die Versicherung das Geld Ihrer Lebens- oder Rentenversicherung nicht selbst in Grundstücke, Immobilien, Aktien oder anderen Werten an, deren Wertsteigerung sie – dann teilweise – an Sie zurückgibt, sondern in einem Fonds. Es handelt sich dabei also um einen ganz normalen Investmentfonds, dem die Gesellschaft den Mantel einer Lebens- oder Rentenversicherung übergezogen hat. Warum sie das macht? Die Renditen aus den Fonds fließen Ihnen voll zu und landen nicht als stille Reserven in den dicken Bilanzen der Versicherungsgesellschaften. Das ist Ihr Vorteil. Wie bei typischen Lebensversicherungen wandert von Ihrer monatlichen Summe an die Versicherungsgesellschaft allerdings ein Teil in die Verwaltungsgebühren, ein Teil sichert das Risiko der Gesellschaft ab und nur ein weiterer, dritter Teil fließt direkt in den Fonds. Diese Kosten werden von den Versicherungsgesellschaften allerdings nicht aufgeschlüsselt, Sie müssen sich mühsam durch Beispielrechnungen quälen. Die Mindestanlagezeit von Fonds-Policen liegt bei 15 Jahren; müssen Sie vorher aussteigen, können Sie deutlich Geld verlieren und müssen auch noch – wenn Sie vor zwölf Jahren aussteigen – deutlich Steuern nachzahlen.

Money, money, money

Nun sind Fonds mit all ihren Vor- und Nachteilen schön und gut. Sie haben aber nicht um der lieben Fonds willen in Fonds investiert, sondern um Ihretwillen: Sie wollen schließlich irgendwann einmal Geld sehen, um sich einen oder am besten mehrere Wünsche zu erfüllen. Tatsächlich können Fondsanteile jederzeit – zum Beispiel auch über die Börse – verkauft werden, außer es handelt sich um spezielle Altersvorsorgefonds. Allerdings empfiehlt es sich, sich vorab zu informieren, wie Ihr Fonds gerade steht. Manchmal kann es sinnvoll sein, etwas abzuwarten und vielleicht sogar eine Zwischenfinanzierung über die Bank einzuschieben, wenn der Fonds gerade im Keller steht. Den jeweiligen Rücknahmepreis Ihres Fonds können Sie börsentäglich bei Ihrer Fondsgesellschaft abrufen, dort tagesgenau, an der Börse immer aktuell.

Vorgeschrieben ist der Verkauf zum Net Asset Value. Auf Deutsch bedeutet das, es wird das gezahlt, was tatsächlich drinsteckt, also der echte Inventarwert. Sie profitieren damit vom jeweiligen Kursniveau der Einzelkomponenten in Ihrem Körbchen-Fonds beziehungsweise erleiden bei einem Kursrutsch eben Verluste, die Sie eventuell aussitzen sollten.

Auch bei Fondssparplänen stehen Ihnen alle Optionen während des Sparens und beim Verkauf zur Verfügung:

✔ Sie können über einen von Ihnen gewählten Zeitraum weniger oder gar nichts einzahlen.

✔ Sie können monatlich mehr einzahlen oder eine einmalige größere Summe einfließen lassen.

✔ Sie können relativ rasch das Angesparte zu Bargeld machen.

Aufschläge gehen daneben

Die meisten Investmentfonds werden aktiv gemanagt und diese Aktivitäten eines oder mehrerer Fondsmanager kosten logischerweise Geld. Insofern müssen Sie von der versprochenen oder tatsächlich erreichten Rendite abziehen, was nicht in Ihre Taschen, sondern in die der Fondsgesellschaften geht. Es hat durchaus einen Grund, warum Banken Ihnen so gerne ihre eigenen Fondskonstruktionen im Beratungsgespräch anbieten – sehr viel lieber als die mühsame und komplizierte und nach der Finanzkrise unnötig überbürokratisierte Auswahl von Einzelaktien.

Zur Beurteilung der Kosten von Fonds nehmen sich Sie am besten die *Total Expense Ratio* oder TER vor. Das hört sich erst einmal kompliziert an, bedeutet aber einfach die Gesamtkostenquote des Fonds. Hier werden die Gehälter für die Fondsmanager genauso eingerechnet wie die Kosten des IT-Systems. Die TER ist keine freiwillige Angelegenheit, sondern sie muss gesetzlich vorgeschrieben ausgewiesen werden. Damit können Sie sehr gut einen Vergleich mit anderen Fonds durchführen. Das Dumme ist nur, dass damit noch keinesfalls alle Kosten gedeckt sind.

Wie hoch darf die TER nun aber sein? In der Regel liegt sie bei deutschen, aktiv gemanagten Aktienfonds zwischen 1,0 und 2,5 Prozent. Laut Lipper-Fitzrovia, einem Research-Unternehmen und Erfinder der TER, liegt der Durchschnitt in Deutschland bei 1,5 Prozent.

Die Zusammensetzung der Total Expense Ratio wird von den Gesellschaften nicht gerne offensiv verkündet, in den jährlichen Rechenschaftsberichten zu den Fonds – auch diese sind verpflichtend – finden Sie sie aber aufgeschlüsselt.

Die tatsächlichen Gebühren eines Fonds setzen sich in der Regel zusammen aus:

1. Ausgabeaufschlag

2. Managementgebühren

3. Depotgebühren

4. Erfolgsgebühr

5. Ordergebühr

6. Verwaltungsgebühr

Ausgabeaufschlag

Im Gegensatz zum Tennis gibt es den Aufschlag bei Fonds nur einmal zu Beginn. Er honoriert quasi die Beratungs- und Vertriebskosten für die Fondsgesellschaften – denn auch der Bankberater, dem Sie nichts direkt bezahlen, kostet die Bank Geld und damit im Endeffekt auch Sie. Damit Ihnen dieser Ausgabeaufschlag aber gar nicht so ins Gesicht fällt, berechnet er sich aus dem Unterschied zwischen dem höheren Ausgabekurs Ihres Fonds und dem niedrigeren Rücknahmekurs am Ende – die Differenz ist der *Ausgabeaufschlag* und wird deshalb auch in alter Bankenmanier *Agio* genannt. Der Ausgabeaufschlag beträgt bei Aktienfonds in der Regel etwa 5 Prozent und fällt immer an, wenn Sie den Fonds über die Kapitalanlagegesellschaft direkt oder bei Ihrem Bankberater kaufen. Wenn Sie über einen Online-Broker gehen, reduziert sich dieser Aufschlag in der Regel, über die Börse entfällt er.

Damit Sie die Katze nicht im Sack kaufen, muss der Ausgabeaufschlag im Verkaufsprospekt genannt sein. Wenn Sie 10.000 Euro in einen Fonds anlegen – was keine unrealistische Summe ist –, sind 5 Prozent immerhin 500 Euro. Es gibt auch Fonds, die konsequent auf einen Ausgabeaufschlag verzichten (und dies auch bewerben), aber dafür ist dann oft die jährliche Managementgebühr höher. Das kann bei langen Laufzeiten nach hinten losgehen.

Managementgebühren

Womit wir bei der Managementgebühr wären, die Sie für jeden aktiv gemanagten Fonds jährlich zu entrichten haben. Selbst wenn Ihr Fonds in einem Jahr nur Miese eingefahren hat, wird Ihnen diese Gebühr für die Arbeit des Fondsmanagers abgezwackt. Das ist misslich, aber er hat ja auch gearbeitet. Trösten Sie sich mit dem Gedanken, dass Sie in Jahren, in denen Ihr Fonds besonders gut performt, auch nicht mehr bezahlen – zumindest was die Managementgebühren betrifft. Sie betragen in der Regel um die 2 Prozent.

Depotgebühren

Wie bei jeder Einzelaktie benötigen Sie auch beim Fondskauf ein Depot bei Ihrer Hausbank, der mit der jeweiligen Fondsgesellschaft liierten beziehungsweise empfohlenen Bank – meist die Mutter der Fondsgesellschaft – oder bei einer Direktbank. Dementsprechend unterschiedlich fallen die Depotgebühren aus. Sie werden jährlich erhoben und ihre Höhe richtet sich nach dem Volumen der deponierten Fonds und den Preisstrukturen der Bank. Auch hier gilt: Je höher das Volumen, desto größer der Verhandlungsspielraum – und entsprechend niedriger die Kosten. Ganz sparen können Sie sich die Depotgebühren bei Online- oder Direktbanken, es gibt auch Depotgebührenvergleiche im Internet, zum Beispiel auf www.bankenonline.org.

Erfolgsgebühr

Jetzt wäre es ja zu dumm, wenn Ihr Fonds sich extrem gut entwickeln würde – und die Fondsgesellschaft hätte gar nichts davon, außer Sie als zufriedenen Kunden. Deshalb ist in die meisten Fonds eine Erfolgsgebühr eingebaut. Es wäre natürlich am einfachsten, wenn sich diese nach einer bestimmten Rendite ausrichtete, meist wird aber ein Vergleichsmaß-stab, eine Benchmark, zu Hilfe genommen.

 Wenn Ihr Aktienfonds den Dax um zwei Prozent schlägt, fällt eine Erfolgsge-bühr an – und die kann gerne einmal 20 Prozent vom Erfolg betragen. Kompliziert? Wenn Sie 10.000 Euro angelegt haben, der Dax um 8 Prozent performte, Ihr Fonds aber um 10 Prozent zulegte, dann bedeutet das eine Erfolgsprämie von 20 Prozent auf 2 Prozent, also 200 Euro (2 Prozent von 10.000 Euro) mal 20 Prozent = 40 Euro.

In der Regel liegen die Erfolgsgebühren zwischen 15 Prozent und 25 Prozent – es gibt aber auch Fonds, die ganz darauf verzichten.

Inzwischen ist laut BaFin eine Erfolgsgebühr nur zulässig, wenn der Fonds über die vergangenen fünf Jahre hinweg positiv performt hat. Bisher hatten die Fondsgesellschaften Erfolgsgebühren jährlich eingefordert. Folgte auf ein sehr schlechtes Jahr ein sehr gutes, musste der Anleger zahlen, ohne seine Verluste ausreichend kompensieren zu können. Aufgrund der neuen Regelung legen Fondsgesellschaften daher ihre Fonds gerne in Luxemburg auf – da entfällt diese lästige Regel nämlich.

Ordergebühr

Die Ordergebühr fällt keinesfalls direkt an der Börse an – beziehungsweise nicht nur direkt an der Börse. Auch die Bank lässt sich die Order von Ihnen bezahlen, die sie ausführt. Erst dann kommen die börsenplatzabhängigen Entgelte wie die Börsenplatzgebühr und die Maklercourtage hinzu.

Verwaltungsgebühr

Ausnahmsweise keine zusätzliche Gebühr, sondern nur eine andere Bezeichnung für den Betrag, den der Fondsmanager tatsächlich erhält. Sie ist in der Regel niedriger als die Total Expense Ratio und wird deshalb in den Prospekten der Emittenten gerne hervorgehoben, während die TER ins Kleingedruckte rutscht.

Auf die Kostenbremse treten

Natürlich sollten Sie unnötige Kosten vermeiden. Ihnen wird nichts geschenkt, warum sollten Sie es dann tun? Sie können die Gebührenlast tatsächlich drücken, indem Sie etwa Ihren Fonds über die Börse, bei einer Online-Bank oder bei Discount-Banken und -Fondsvermittlern erwerben und sich damit den Ausgabeaufschlag sparen. Wir haben bereits in Kapitel 2 ausführlich über die Vorteile von Discountbrokern und Direktbanken gesprochen. Diese Vorteile, nämlich die geringeren Kosten – beispielsweise bei den Depotgebühren – funktionieren natürlich genauso bei Fonds. Auch die Ausgabeaufschläge verringern sich beim Kauf über eine Online-Bank, manche verzichten sogar ganz darauf. Aber auch hier ist Vorsicht geboten: Gerne wird ein solcher Verzicht bei den Fonds eingeräumt, bei denen Sie eine höhere jährliche Managementgebühr bezahlen müssen – irgendwie und von irgendwas wollen Banken immer leben. Je länger die Laufzeit, desto teurer würde diese Variante dann für Sie.

Weder Banker noch Discounter

Neben den klassischen Banken und den günstigeren Discountbrokern und Direktbanken haben sich in den letzten Jahren mehr und mehr freie Fondsvermittler etabliert. Sie bieten inzwischen eine große Zahl in Deutschland zugelassener Fonds ohne Ausgabeaufschlag an. Ob bei der einmaligen Anlage oder bei einem Fondssparplan, Sie kommen so um die Ausgabeaufschläge herum. Manche Fondsvermittler erstatten sogar die Depotkosten. Doch wie kann das funktionieren? Sind Fondsvermittler heimliche Altruisten, die ausschließlich Gutes tun wollen und auf eigenen Verdienst verzichten? Natürlich nicht.

Fondsvermittler können so günstig anbieten, weil sie wie die Discountbroker auf jegliche Beratung verzichten, ihre Dienstleistungen ausschließlich über das Internet anbieten und oftmals mit den Kapitalanlagegesellschaften zusammenarbeiten. »Freie« Fondsvermittler sind also oftmals gar nicht so frei.

Der Verdienst für die Fondsvermittler – denn niemand arbeitet gerne umsonst – funktioniert dabei so: Die Fondsgesellschaften zahlen den Finanzdienstleistern, den Vermittlern ihrer Produkte, Bestandsprovisionen je nach Umfang der Depots. Diese Provisionen teilen die Finanzdienstleister mit den freien Fondsvermittlern, schließlich haben sie ein Interesse daran, dass die Depots wachsen, um möglichst hohe Provisionen einzufahren. Die freien Fondsvermittler geben wiederum einen Teil von diesen Provisionen an ihre Kunden weiter, damit sie viele neue Kunden einwerben können und die Provisionssumme insgesamt wieder steigt. Die Fondsgesellschaften holen sich am Ende die gezahlten Provisionen indirekt von den Anlegern mittels der Managementgebühren wieder zurück.

Manchmal gleichen Finanzgeschäfte einem Perpetuum mobile: Je mehr mitspielen, desto mehr profitieren davon – und trotzdem ist es für Sie als Endnutzer noch am günstigsten! Dass dabei die Fondsvermittler nicht ganz frei agieren, sondern vielleicht vordringlich die Fonds anbieten, bei denen sie die höchsten Provisionen absahnen, lassen wir einmal unerwähnt ...

Zu den größten freien Fondsvermittlern zählen die Internetplattformen

✔ www.Fondsvermittlung24.de,

✔ www.Fondspower.de (Tochtergesellschaft von Fonds Select Worpswede),

✔ www.Fondsdiscount.de (gehört zur Wallstreet-Online-Gruppe) und

✔ www.Happyfonds.de (Tochter von Dima 24).

Weil Fondsvermittler eigentlich wie Banker arbeiten, werden sie inzwischen auch stärker reguliert. Grundlage bildet das Gesetz zur Novellierung des Finanzanlagenvermittler- und Vermögensanlagerechts und die Finanzanlagevermittlungsverordnung. Ganz so streng wie bei den Bankern ist der Gesetzgeber dann doch nicht: Er verlangt zwar eine offizielle

Erlaubnis zur Ausübung des Berufs, eine Registrierung und einen Sachkundenachweis durch die IHK mit dem schönen Titel Finanzanlagefachmann IHK, aber die Kontrolle findet über die Gewerbeämter statt und nicht etwa über die BaFin.

Warum nicht gleich über die Börse?

Sehr viele Fonds können inzwischen auch an der Börse gehandelt werden, aktive wie passive. Zu den passiven, die sich einen Index zum Vorbild nehmen, kommen wir in Kapitel 12, wenn es um diese Exchange Traded Funds oder ETFs geht. Der größte Vorteil beim Kauf von Fonds über die Börse(n) liegt darin, dass Sie keinen Ausgabeaufschlag bezahlen müssen. Für die Börsen ist dieser Aufschlag vielmehr die Differenz zwischen dem Geld- und dem Briefkurs, also der Spread. Dieser liegt aber meist bei gerade einmal 0,5 Prozent, gerne auch darunter.

Ein weiterer Vorteil beim Kauf und Verkauf von Fondsanteilen über die Börse: Diese stellt kontinuierlich Kurse während der Handelszeiten, Fondsgesellschaften nur einmal täglich. Sie können außerdem Ihre Fondsanteile in das gleiche Depot stecken, das Sie eventuell schon für den Aktienhandel eingerichtet haben – damit entfallen auch diese Kosten für den Fonds.

Bei Fondssparplänen fahren Sie allerdings in der Regel über die Bank oder die KAG besser – in diesem Fall ist der Kauf über die Börse eher aufwendig.

Alle Börsenplätze bieten auf ihren Webseiten ausführliche Informationen über die gehandelten Fonds an. Sie finden dort also die Fonds aller KAGs und nicht nur diejenigen, die Ihre Bank im Portfolio hat. So können Sie nach Herzenslust vergleichen.

Faire Bewertung durch Dritte

Bei dieser riesigen Auswahl an Fonds kann es nicht schaden, den Rat eines Dritten zu beachten, der den ganzen Tag nichts anderes macht, als Unternehmen und Produkte daraufhin zu untersuchen, ob sie pleitegehen oder nicht beziehungsweise wie hoch die Wahrscheinlichkeit dafür ist. Das ist die Aufgabe der Ratingagenturen, wie bereits in Kapitel 6 beschrieben.

Jeder Fonds besitzt ein Rating, das seine Vergangenheit beleuchtet, aber auch das aktuelle Management bewertet. Quantitative Zahlen spielen also eine ebenso wichtige Rolle wie qualitative Daten und Zukunftsperspektiven. Reines Zeugnis und Beurteilung, könnte man sagen. Die Ratingnoten unterscheiden sich allerdings etwas von denen, die Sie bereits in Kapitel 6 kennengelernt haben. Durchgesetzt haben sich hier vor allem die Sternchen der größten Ratingagentur Standard & Poor's, aber es gibt noch jede Menge weiterer Varianten. Wird ein Fonds mit drei oder vier Sternen bewertet, dann hat er in den drei oder vier vergangenen Jahren bei der Rendite gut oder sehr gut abgeschnitten. Dann folgt wieder die Buchstabenformation. Allein die Tatsache, dass ein Fonds überhaupt einem Rating unterzogen worden ist, ist ein Qualitätskriterium.

 Die Bewertung von Fonds durch Ratingagenturen sagt immer nur etwas über die bisherige Entwicklung der Fonds aus. Auch ein sehr gut gemanagter Fonds mit hervorragender Rendite kann in der Zukunft schieflaufen – eine Garantie bieten diese Ratings also nicht! Sie dienen dennoch als Orientierungshilfe.

Die wichtigsten Ratingagenturen und ihre Bewertungsskalen sind:

✔ **Feri Trust Gesellschaft für Fondsanalyse, Managerselektion und Portfolioberatung mbH** mit der Beurteilungsskala A (sehr gut), B (gut), C (durchschnittlich), D (unterdurchschnittlich), E (schwach) fürs Rating. Ein A oder B bedeutet dabei, dass der entsprechende Fonds über einen Zeithorizont von fünf Jahren eine stabile, überdurchschnittliche Performance mit relativ niedrigem Risiko aufwies.

✔ **Finanztest** gewichtet in stark überdurchschnittliche, überdurchschnittliche, durchschnittliche und unterdurchschnittliche Fonds.

✔ **FondsConsult Research AG** mit 1, 2, 3, 4, 5 als Premium Quality-Rating

✔ **Fitch Deutschland GmbH** mit AM1, AM2, AM3, AM4, AM5 für normale Fonds und REAM1, REAM2, REAM3, REAM4, REAM5 für offene Immobilienfonds

✔ **Moody's Deutschland GmbH** mit Aaa, Aa, A, Baa, Ba, B für die Fonds-Qualität und MQ1, MQ2, MQ3, MQ4, MQ5 für die Investment-Manager-Qualität

✔ **Standard & Poor's Fund Services GmbH** kennzeichnet mit *****, ****, ***, **, * als Fund Stars und AAA, AA, A für das Fund Management Rating sowie S1, S2, S3, S4, S5, S6 als Volatilitätsrating. Entscheidungskriterien zur Beurteilung sind für Standard & Poor's die 3-Jahres-Wertentwicklung und die Beständigkeit der Performance im Vergleich zu den Wettbewerbern. Auch die Schwankungsbreite, die Volatilität, entscheidet über das Abschneiden des Fonds gegenüber der Konkurrenz.

Faire Vergleichsmöglichkeiten für Anleger

Die Kapitalanlagegesellschaften sind nach dem Investmentgesetz dazu verpflichtet, Anleger über das Risikomanagement und die Risikomanagementmethoden aufzuklären. Die Auskunftspflicht der Gesellschaften umfassen dabei:

✔ die Wertentwicklung von Beginn an in Prozent

✔ die durchschnittliche jährliche Wertentwicklung in Prozent

✔ Angaben über das Rating (soweit vorhanden)

✔ Darstellung der Währungsrisiken, wenn es sich um ausländische Werte im Fonds handelt, die nicht in Euro gehandelt werden. Wie hoch der Anteil dieser ausländischen Werte im Fonds ist, muss dabei ebenfalls offengelegt werden.

✔ Risiko-/Performance-Ziffern, vor allem der Value-at-Risk-Ansatz über das Marktrisiko des Fonds – die Kennzahl erklären wir gleich im Anschluss.

✔ Zu jedem Fonds muss ein Prospekt erstellt werden, der diese Auskünfte beinhaltet.

✔ Außerdem müssen halbjährliche und jährliche Berichte herausgegeben werden.

Der altehrwürdige (seit 1940 agierende) Fondsanbieter Franklin Templeton Investments weist für alle seine Fonds drei Risikokennzahlen aus: eine Risikoklassifizierung in fünf Stufen, den Anlagehorizont und die Gesamtkostenquote (TER). Bei den Risikoklassen und dem Anlagehorizont reicht die Auswahl von »sehr hoch« mit einem Anlagehorizont von bis zu sieben Jahren bis hin zu »sehr gering« mit einem Anlagezeitraum von unter drei Monaten. In die Bewertung fließen dabei die dreijährige Volatilität (Kursschwankungsbreite über drei Jahre hinweg), das Risiko der Anlageklasse, der Diversifikationsgrad des Fonds, das Risiko der Anlageregion, der maximale Verlust auf Basis rollierender Zwölf-Monats-Zeiträume und das Währungsrisiko mit ein.

Hier, wie versprochen, nun die Erklärung zur *Value-at-Risk-Betrachtung*. Sie gibt Auskunft über das Marktrisiko einer Geldanlage, eines Fonds. Diese Marktrisiken stellt sie allerdings nur quantitativ dar. Das Ergebnis gibt für einen Fonds den potenziellen künftigen Verlust (bezogen auf den Marktwert) an, der unter normalen Marktbedingungen für eine vorgegebene Haltedauer und eine vorbestimmte Wahrscheinlichkeit (Konfidenzniveau) nicht überschritten wird. Ein sehr kursstabiler Fonds, wie etwa ein Geldmarktfonds, weist einen Value-at-Risk-Wert von 0 auf.

Regeln bei der Anlage in Fonds

Fonds gelten zwar langfristig als sicher, aber auch hier können herbe Verluste eingefahren werden. Gerade deshalb sollten Sie vor allem in einen längeren Zeithorizont investieren und außerdem die gleichen Grundregeln beachten wie bei der Anlage in Einzelaktien:

✔ Setzen Sie nie auf einen einzigen Fonds.

✔ Streuen Sie verschiedene Fondstypen (ausländische und inländische Aktien, Groß- und Kleinunternehmen, verschiedene Branchen).

✔ Achten Sie auf die herausgebende Fondsgesellschaft und deren Erfahrung.

✔ Fonds sind ganz überwiegend für die langfristige Geldanlage gedacht.

✔ Vergleichen Sie Gebühren und Ausgabeaufschläge.

✔ Auch bei Fonds können Sie Geld verlieren, wenn Sie zu früh aussteigen (müssen).

✔ Mit einem Fondssparplan können Sie mit kleinen, regelmäßigen Beträgen den (fast) maximalen Effekt erzielen.

Kapitel 12

ETFs – Vertrauen in die Gunst des Marktes

Wenn die meisten Fondsmanager es ohnehin kaum schaffen, regelmäßig wichtige Indizes wie etwa den Dax zu schlagen, warum dann nicht gleich in einen Index investieren? Wenn sich niemand um den Fonds laufend kümmern muss, warum dann dafür bezahlen? Ein so einfaches Konstrukt könnte doch eigentlich direkt über die Börse ge- oder verkauft werden, es weiß doch jeder, was drinsteckt. Bleibt die Frage: Wie bildet man einen Index nach? Kauft die Fondsgesellschaft die Aktien in dem Verhältnis, wie der entsprechende Index berechnet wurde – oder tut sie bloß so?

Die Antworten auf all diese Fragen münden in einer sehr interessanten und inzwischen ausgesprochen beliebten, aber noch relativ jungen Anlageform: den börsengehandelten Indexfonds, besser bekannt unter ihrem englischen Namen Exchange Traded Fonds oder einfach ETFs. Das Interessante: ETFs eignen sich sowohl für einen auf langfristige Dauer ausgerichteten Vermögensaufbau als auch für kurzfristige Handelsstrategien. Ja, selbst auf sinkende Kurse kann spekuliert und Hebelwirkungen eingesetzt werden. Was ETFs nun genau sind und was Sie als Anleger zu diesem Thema wissen müssen, darum geht es in diesem Kapitel.

Für wenig Geld ganz viel Aktie

Wer grundsätzlich der Meinung ist, dass Aktienkurse tendenziell steigen – und die Vergangenheit bestätigt das ja überwiegend –, aber die Auswahl und Beobachtung von Einzelaktien zu kompliziert findet und gleichzeitig den hohen Kostenaufwand von herkömmlichen Fonds scheut, für den sind *Exchange Traded Fonds* wie geschaffen. Immer mehr Anleger greifen zu dieser einfachen Form der Kapitalanlage. Im Grunde muss man dafür nur wissen, was ein Index ist und sich entscheiden, in welchen man investieren möchte – die Bandbreite von

Indizes haben Sie in Kapitel 8 bereits kennengelernt. In nur zehn Jahren kletterte das weltweit in ETFs angelegte Vermögen von etwa 200 Milliarden Euro auf 2 Billionen Euro, allein in Europa sind es Stand 2017 etwa 670 Milliarden Euro.

Eigentlich schade, dass bei all diesen Erfolgen nach wie vor ein relativ großer Anteil der Privatanleger – im Gegensatz zu institutionellen Anlegern – mit dem Begriff ETF wenig bis nichts anzufangen weiß. 35 Prozent aller ETF-Orders an der Deutschen Börse kommen über Privatanleger mit nur 5 Prozent des Ordervolumens. Schon bezeichnend, dass fast zwei Drittel der Orders und 95 Prozent des Ordervolumens dieser doch so einfachen und eigentlich auf die speziellen Bedürfnisse des Privatanlegers zugeschnittenen Finanzkonstrukte ausgerechnet von Investoren erworben werden, die nichts anderes tun als zu investieren! Zum Vergleich: In den USA verteilt sich das ETF-Volumen zu gleichen Teilen zwischen Privatanlegern und institutionellen Investoren.

Einen Index möglichst genau nachzeichnen und das zu möglichst geringen Kosten – das ist das Credo von ETF-Käufern. Denn wenn Sie den Dax tatsächlich selbst exakt abbilden wollten, müssten Sie 30 unterschiedliche Aktien kaufen, noch dazu in einem ganz speziellen Verhältnis zueinander, da die Werte nach der Marktkapitalisierung gewichtet sind. Das ist für Otto Normalanleger kaum zu schaffen – oder nur unter erheblichem Aufwand. Spezialisten tun genau das und lassen Sie mittels eines ETFs teilhaben.

Die beliebtesten ETFs lauten auf Aktien(indizes), derzeit etwa 80 Prozent – die restlichen 20 Prozent haben ganz überwiegend Anleihen zugrunde gelegt. Es gibt inzwischen aber auch ETFs, die auf Rohstoffindizes abzielen – nicht zu verwechseln mit ETCs, die direkt Rohstoffe abbilden, doch dazu später mehr –, sowie Nachhaltigkeits- oder Ethik-ETFs, die sich insbesondere für Stiftungen anbieten. Laut Weltverband der Börsen (WFE) existierten im ersten Halbjahr 2017 über 10.400 ETFs weltweit. An der Frankfurter Börse können inzwischen 1.000 ETFs gehandelt werden.

Entstanden sind ETFs weder in den USA noch in Großbritannien, sondern in Kanada. Hintergrund war der Schwarze Montag, der 19. Oktober 1987, der den Wunsch auslöste, ein möglichst einfaches, einigermaßen krisenresistentes Produkt zu entwickeln. In New York war der ETF Nummer eins das *Standard & Poor's Depositary Receipt* oder kurz SPDR, mit Start am 29. Januar 1993. Weil das etwas spröde klang, ging es unter dem Namen Spider an den Markt, damals vor allem an institutionelle Anleger. Es dauerte zehn Jahre, bis um 2000 auch in Europa ETFs angeboten wurden. So gab es an der Frankfurter Börse zwei auf den Euro Stoxx 50.

Daneben kann aber auch in ganze Strategien investiert werden, in Rohstoffindizes, Geldmarktpapiere, in Staats- oder Unternehmensanleihen, doch dazu später mehr.

Sein oder Nichtsein

Herausgeber von ETFs können entweder tatsächlich die Werte des Indizes physisch kaufen – oder sie tun nur so als ob. Letzteres bezeichnet man als »synthetisch«.

✔ **Physische ETFs** werden auch als *replizierende ETFs* bezeichnet, denn sie bilden exakt den vorgegebenen Index ab. Sie kaufen beim Dax also 30 Dax-Papiere, beim Euro Stoxx die 50 europäischen Werte, beim S&P 500 die 500 US-Papiere und so weiter. Das ist mühsam – der MSCI-World-Index umfasst 6.000 Einzelwerte! – und nicht ganz billig, denn es muss laufend aktualisiert werden, aber reell. Im Körbchen ist das drin, was draufsteht.

Als Sonderform von physischen ETFs gelten *physisch optimierte* Fonds. Vor allem bei Indizes mit vielen Einzeltiteln, zum Beispiel der S&P 500 oder der MSCI-World-Index, wird nur eine repräsentative Auswahl, eine Art »Best-of«, genommen. Die können sich dann aber auch anders als der Gesamtindex entwickeln.

✔ **Synthetische ETFs** heißen auf Neudeutsch *Swap-ETFs*. Hier schließt der ETF-Herausgeber mit einer beziehungsweise meistens mehreren Banken einen Vertrag ab. Dieser besagt, dass die Bank Ihr Geld so anlegt, als hätten Sie direkt in den Index investiert. Die Performance ist also identisch. Im Fonds selbst lagern ähnliche, aber nicht die gleichen Papiere wie im vorgegebenen Index und die Bank erhält die Erträge aus diesem Wertpapierkorb. Läuft dieser besser als der Index, fährt die Bank zusätzliche Gewinne ein; läuft er schlechter, muss sie nachschießen – ihr Risiko.

Da die Kosten für die exakte Abbildung des zugrunde liegenden Index entfallen, sind synthetische ETFs etwas günstiger als replizierende. Auch bei der Auswahl der Indizes sind diese ETFs sehr viel freier, weil sie auch solche nachzeichnen können, deren Aktien schwer handelbar sind.

Synthetische ETFs sind jedoch in die Kritik geraten, da sie in ihrer Zusammenstellung etwas komplizierter und auch riskanter sind als »echte«, also physische ETFs. Was passiert zum Beispiel, wenn eine Bank als Vertragspartner in Zahlungsschwierigkeiten gerät? Dieses Risiko wird dadurch minimiert, dass die Verträge der ETF-Herausgeber mit mehreren Instituten geschlossen werden. Manche Anleger haben allerdings ein grundsätzliches Problem, Körbchen zu kaufen, in denen nicht das drin ist, was draufsteht. Das ist nachvollziehbar, denn ein wesentlicher Vorteil von ETFs gegenüber Fonds ist schließlich der, dass Sie jederzeit genau wissen, in was Sie investiert haben.

Auf die Basis kommt es an

Neben den bereits in Kapitel 8 erwähnten, überwiegend auf der Marktkapitalisierung beruhenden Indizes, denen manche Fachleute ein zu hohes Klumpenrisiko attestieren, gibt es speziell für ETFs auch noch

✔ **Indizes, die alle Werte darin gleich bewerten,** zum Beispiel der Euro Stoxx 50 Equal Weight oder der S&P 500 Equal Weight. Sie bedienen sich bekannter Indizes und rechnen dann die Gewichtung wieder heraus.

✔ **Indizes, die versuchen, alternative Gewichtungskonzepte umzusetzen,** wie etwa die RAFI-Indizes. Das Research Affiliates Fundamental Indexing, das sich hinter dieser Abkürzung versteckt, wurde erst 2005 von Robert Arnott und Jason Hsu entwickelt. Hier erfolgt die Gewichtung nach fundamentalen Daten wie etwa Umsatz, Cashflow, Dividendenrendite oder Kurs-Buchwert-Verhältnis.

Da ETFs insgesamt eine sehr junge Anlageklasse sind, gibt es keine Langzeituntersuchungen, welche Index-Arten auf lange Sicht am erfolgreichsten sind. Wahrscheinlich trifft am ehesten die Devise zu: je einfacher, desto besser. Inzwischen gibt es viele Herausgeber von ETFs – Tendenz steigend –, auch wenn die ein oder anderen sich zusammentun. Die größten Emittenten von ETFs (nach dem Alphabet, nicht nach der Größe) sind:

✔ Amundi, ein Zusammenschluss von Crédit Agricole und Société Génerale, ist in Deutschland erst seit 2010 auf dem Markt

✔ Comstage, eine Tochter der Commerzbank

✔ db X-trackers, das Label der Deutsche Asset & Wealth Management (DeAWM), einer Tochter der Deutschen Bank und in Deutschland einer der größten Herausgeber von ETFs

✔ DekaBank als Sparkassentochter bietet seit 2008 ETFs an

✔ EasyETF, eine Tochter der BNP Paribas, eher Anbieter ausgefallenerer ETFs

✔ ETF Securities aus London, inzwischen von Wisdom Tree übernommen

✔ iShares, Tochter von Blackrock – Blackrock ist der eindeutige Marktführer mit einem Anteil von etwa 50 Prozent

✔ Lyxor Asset Management ist eine Tochtergesellschaft der französischen Société Générale

✔ RBS Market Access-ETFs von der Royal Bank of Scotland

✔ Source

✔ UBS

✔ Vanguard

Ganz umsonst ist auch nichts

Auch ETFs gibt es nicht umsonst, leider. Die Emittenten wollen für ihre Mühe der Zusammenstellung und Erfindung neuer ETFs entlohnt werden. Ob es wirklich so viele verschiedene ETFs braucht, wie es derzeit schon gibt, steht auf einem anderen Blatt. Dennoch, von den Gebühren normaler Fonds sind diejenigen für ETFs immer noch weit entfernt.

✔ Generell fallen weder Ausgabeaufschläge noch Rücknahmegebühren bei vorzeitigem Verkauf an – das sind bei einem normalen Fonds schon einmal etwa 5 Prozent des Anlagevolumens.

✔ Verwaltungsgebühren machen deutlich unter 1 Prozent aus. Hier gilt die Faustregel: Je exotischer der ETF ist, desto höher die Gebühr. In der Regel sollte sie bei bekannten

Indizes als Grundlage zwischen 0,15 und 0,55 Prozent liegen. Inzwischen gibt es auch komplexe Strategien, die hinter einem ETF liegen, dann können die Gebühren schon einmal nahe 1 Prozent kommen.

✔ Auch bei ETFs wird die Total Expense Ratio (TER) angegeben, in der dann etwa noch Lizenzgebühren für die Anwendung auf einen Index eingepreist sind oder auch Marketing- und Werbeausgaben für den ETF.

✔ Wenn Sie mit ETFs handeln wollen wie mit Aktien – also öfters ordern –, spielt der Spread, der Unterschied zwischen Kauf- und Verkaufskurs, eine größere Rolle. Je liquider der ETF ist, desto niedriger ist er. Bei einem ETF in den Dax oder den Euro Stoxx zahlen Sie zum Beispiel weniger als für ausgefuchste Schwellenländerindizes. Bei liquiden Werten liegt der Spread in Frankfurt beispielsweise bei etwa vier Basispunkten – das sind gerade einmal 0,04 Prozent!

 Für eifrige Trader spielen sogar die Tageszeiten eine Rolle: Die Spreads von ETFs sind, wie bei Aktien, immer dann am niedrigsten, wenn der jeweilige Heimatmarkt geöffnet ist. ETFs auf US-Aktien sollten Sie also eher später am Tag, ETFs auf asiatische Aktien früh am Tag ordern.

Es gibt durchaus Unterschiede zwischen den einzelnen ETF-Gesellschaften – vergleichen lohnt sich also! Da die Produkte relativ simpel sind, sollten auch die Vergleiche nicht schwerfallen.

Was ist mein ETF wert?

Nach so vielen Ausführungen zu den Kosten ist es an der Zeit, auf die Haben-Seite zu wechseln: Wie können Sie nachverfolgen, was Ihr ETF gerade wert ist? Dazu veröffentlichen die Börsen im Minutentakt den *indikativen Nettoinventarwert*, nach dem englischen *Indicative Net Asset Value* auch abgekürzt *iNAV* genannt. Der Name klingt komplizierter, als das Ganze ist. Da es selbst bei so transparenten Fonds wie ETFs nicht ganz einfach ist, in jeder Minute exakt zu wissen, wie hoch die Summe sämtlicher Einzelwerte ist, wird ein Näherungswert errechnet, in dem die einzelnen Kurse im Portfolio ebenso berücksichtigt werden wie das Barvermögen, und das wird dann durch die Anzahl der Fondsanteile geteilt. Doch kompliziert? Nein, keine Sorge, der Computer übernimmt ja das Rechnen – Sie können den Wert bequem jederzeit abrufen, zum Beispiel auf der Webseite der Fondsgesellschaft oder einer Börse.

Sie kennen bereits den Unterschied zwischen Performance-Indizes, in welche die ausgeschütteten Dividenden eingerechnet werden, wie etwa beim Dax, und reinen Kursindizes, bei denen das nicht der Fall ist. Was bedeutet das aber für die Anlage in einen ETF? Im ersten Fall nehmen Sie die Wertsteigerungen des Index durch die Auszahlungen der Dividenden einfach mit und profitieren so von der Ausschüttungsmoral der Unternehmen. Im zweiten Fall erhalten Sie die Dividenden anteilig ausgeschüttet oder – eher die Regel – die Dividendenausschüttungen fließen in den ETF. Das bedeutet dann, dass sich der Kurs des ETFs im Laufe der Jahre überdurchschnittlich zum Index entwickelt. Aber das ist ja kein Schaden für Sie.

Manchmal ist es besser, nichts zu tun

Ein wesentliches Kennzeichen von ETFs ist, dass es keinen aktiven Fondsmanager gibt. Das Zauberwort heißt »passiv« und in diesem Fall ist diese Faulheit tatsächlich Geld wert. Denn dadurch vermeiden Sie die Kosten eines Fondsmanagers, der sich für seine Dienstleistungen meist königlich entlohnen lässt – ohne Gewähr, ob diese für Sie überhaupt einen Mehrwert bringen. Die Dienste von Fondsmanagern braucht ein ETF also nur zu Beginn, wenn es darum geht, den Index als Basis möglichst exakt nachzubilden.

Tatsächlich gibt es bis heute fast ausschließlich passiv gemanagte ETFs. Das bedeutet aber im Umkehrschluss, dass niemand in schlechten Zeiten gegensteuert. Ihr ETF wächst mit dem Markt und fällt mit dem Markt – auf Gedeih und Verderb. Insofern gelten auch für ETFs die gleichen Regeln wie beim Kauf von Aktien, denn ein passives Produkt bedeutet noch lange nicht, dass Sie als Anleger passiv sein dürfen!

✔ Möglichst nicht auf einen ganz bestimmten Verkaufszeitpunkt angewiesen sein.

✔ Möglichst langfristig investiert bleiben.

✔ Auch bei ETFs sollte breit gestreut werden – die Auswahl ist inzwischen groß genug.

✔ Da ETFs über die Börse gehandelt werden, können und sollten Sie die gleichen Orderzusätze anwenden wie beim Kauf von Aktien. Geben Sie zumindest Limits ein.

✔ Vermeiden Sie Klumpenrisiken, die sich in manchen Indizes ballen können.

✔ Vermeiden Sie ETFs, deren Fondsvermögen relativ niedrig – also kleiner 20 Millionen Euro – ist, denn diese unterliegen der steten Gefahr, geschlossen zu werden. Das Fondsvermögen in Euro wird jeweils ausgewiesen.

 Als Anleger heißt es also auch bei ETFs nicht Füße hochlegen, sondern aktiv informieren. Es gibt inzwischen eigene, ausschließlich auf ETFs ausgerichtete Publikationen wie zum Beispiel das monatlich erscheinende *Extra Magazin*, das sämtliche ETFs auflistet, oder das in Zusammenarbeit mit der Deutschen Börse und Focus Money quartalsweise herausgegebene *ETF Magazin*.

Oder doch ein bisschen handeln?

Tatsächlich existieren auch aktiv gemanagte ETFs, allerdings sind diese hierzulande noch selten. Hinter ihnen verbirgt sich zwar ein aktives Management, das sich aber eng an einem Index ausrichtet. Außerdem, auch hier typisch ETF, legt das Management alle Entscheidungen offen, sodass Sie immer Bescheid wissen, was sich gerade in Ihrem ETF so tut. Während bei typischen, passiven ETFs der Manager nur dann den Fonds umschichtet, wenn sich auch im zugrunde liegenden Index etwas verändert hat, reagieren bei den aktiven ETFs die Manager auf aktuelle Entwicklungen und verändern öfters die Werte innerhalb des Fonds. Bestandteile eines solchen gemanagten ETFs können Aktien oder wiederum ETFs sein. Solche Baukasten-ETFs liegen voll im Trend, lässt sich so doch eine noch breitere Streuung der Kapitalanlage durchführen. Selbstverständlich sind auch diese ETFs jederzeit zu aktuellen Kursen an den Börsen handelbar.

Erst in letzter Zeit kommen immer mehr Dach-ETFs auf den Markt. Hier fassen Manager auf der Basis einer ausgewählten Anlagestrategie unterschiedliche ETFs unter einem Dach zusammen. Meist sind hier die Gebühren höher, manche verlangen sogar eine zusätzliche Performance-Gebühr, ähnlich wie bei Publikumsfonds. Bei Dach-Fonds agieren die Manager also aktiv mit passiven ETFs.

Spare, spare ...

Mit ETFs können nicht nur die wesentlichen Strategien der Aktienanlage angewendet werden, sondern Sie können sich auch in Form eines Sparplans mit monatlich relativ niedrigen Einzahlungen ein Vermögen mittels ETFs aufbauen. Erwerben können Sie diese Sparpläne beispielsweise bei Online-Brokern oder Direktbanken wie etwa der ING-Diba oder Consorsbank. Anfangs waren die Gebühren dafür relativ hoch, wegen des monatlichen Orderns, inzwischen hat sich das aber gelegt. Insofern bieten ETFs eine ideale Plattform für einen breit gestreuten und daher risikoarmen, langfristigen Vermögensaufbau.

Fast wie Derivate

Das Besondere an ETFs ist, dass Sie damit ähnlich agieren können wie sonst nur mit Derivaten. Ohne jetzt allzu sehr in die Tiefe gehen zu wollen, was Derivate genau sind – Spötter behaupten bis heute, dass die EU-Politiker und Funktionäre, die über die Regulierung von Derivaten bestimmen, nicht verstehen, was sie da eigentlich regulieren sollen. Nur so viel: Diese oftmals komplizierten Produkte haben zwei Eigenschaften, die sie so überaus populär machen.

1. Sie können gehebelt werden und damit den Einsatz potenzieren.

2. Anleger können damit auf steigende wie auf fallende Kurse setzen.

Beides ist auch mit einer Reihe von ETFs möglich, allerdings wesentlich risikoärmer als mit Derivaten. Allerdings auch nicht mit astronomischen Gewinnaussichten, aber doch mit durchaus realistischen. Was ist damit genau gemeint und vor allem wie funktioniert das?

Den Hebel in der Hand

Während ein normaler ETF einen Indexfonds eins zu eins abbildet, wenden Anleger bei gehebelten Fonds einen Hebel an, sodass sie den Index beispielsweise 1:2 nachzeichnen. Steigt also beispielsweise der Dax um 4 Prozent, steigt der ETF um 8 Prozent. Im Englischen wird dieser Hebel »leverage« genannt. Bevor Sie jetzt in Begeisterungsstürme ausbrechen und sofort Ihr Hab und Gut investieren: Das Gleiche gilt natürlich auch umgekehrt – ebenso wie bei Derivaten allgemein. Sinkt der Dax um 4 Prozent, verliert Ihr ETF 8 Prozent.

Gehebelt werden ETFs überwiegend mit dem Faktor zwei, seltener mit Faktor drei. Trotzdem verdoppelt das Ihre Gewinnaussichten nicht auf den Cent genau, denn für diese ETFs fallen separate Finanzierungskosten für den Hebel an. Das ist nur logisch, denn im Grunde setzen Sie nur zur Hälfte Eigenkapital ein. Für die andere Hälfte, das Fremdkapital, müssen

Sie Zinsen berappen. Es gibt eben nichts geschenkt in der Welt der Finanzen. Der Zinssatz richtet sich in der Regel nach Vorbildern mit so schönen Namen wie EONIA (Euro Over Night Index Average) oder LIBOR (London Interbank Offered Rate).

Es gilt noch zu beachten, dass sich die Veränderungen bei Hebel-ETFs immer auf den Vortageskurs beziehen. Der Startpunkt für die Berechnung des gehebelten Index ist also immer der abendliche Schlusskurs des Vortags. Über längere Zeiträume hinweg verwässert sich ein solcher Hebel von zwei, weil Verluste nicht durch einen gehebelten Rückgewinn wieder vollständig kompensiert werden können. Das alte Lied – genauso wie bei Aktien: Um einen Verlust von 10 Prozent ausgleichen zu können, muss Ihre Anlage um mehr als 10 Prozent steigen – weil 10 Prozent von 90 nur 9 und nicht 10 sind. Das verstärkt sich naturgemäß mit einem Hebel: Verluste von 10 Prozent an einem Tag schlagen sich in Verlusten von 20 Prozent nieder. Und um von 80 wieder auf 100 zu kommen, reicht keine 20-prozentige Steigerung, sondern Sie benötigen gleich eine um 25 Prozent!

 Hebel-ETFs sind etwas für risikofreudige und ausgefuchste Anlegertypen und sollten immer nur möglichst kurzfristig eingesetzt werden. Sie eignen sich insbesondere in Zeiten, die einen klaren Trend aufweisen, da sich kurzfristige Verluste extrem negativ auswirken. Setzen Sie also dafür ausschließlich Ihr Spielgeld aufs Spiel! Die meisten ETFs, die einen Hebel verwenden, erkennen Sie an dem Wort »leverage« oder »lev« im Wortstamm.

Shorty tut es auch

Während alle Aktionäre mit Leichenbittermiene durch die Straßen wandeln und sinkenden Kursen hinterhertrauern, selbst glücklich und gelassen in die Zukunft zu blicken, weil man vom Leid der anderen profitiert – ein Traum. Wahr wird er nicht nur mit komplexen Finanzinstrumenten oder noch komplizierteren Termingeschäften, sondern auch mit ETFs. Denn einige von ihnen können nicht nur *long* eingesetzt werden – so nennt der Börsianer es, wenn er auf steigende Kurse setzt. *Short* hingegen ist die Bezeichnung dafür, auf sinkende Kurse zu setzen. Zum Vergleich: Wenn Sie beim Fußball (oder einer anderen Sportart) auf den Verlierer setzen und gewinnen, hilft das dem Verlierer herzlich wenig – Ihrer Barschaft schon!

Im Grunde funktioniert ein solcher ETF genau gegenteilig zum zugrunde liegenden Index. Fällt also der Dax um 10 Prozent, steigt der ETF ungefähr um 10 Prozent. Natürlich gilt das auch für den umgekehrten Fall. Steigt der Dax wider Erwarten, fällt Ihr ETF um den gleichen Faktor. Wie läuft das nun aber bei der Fondsgesellschaft ab? Diese kauft in diesem Fall tatsächlich keine Aktien des Basis-Index, sondern führt Leerverkäufe durch. Ein großes und oftmals als böse verstandenes Wort. Dabei bedeutet es schlicht und einfach, dass die Fondsgesellschaft für den betreffenden ETF Aktien verkauft, die sie gar nicht besitzt, sondern sich nur geliehen hat, und später zurückkauft, in der Hoffnung, dass die Kurse gefallen sind. Sie schaut also ebenfalls in die Röhre, wenn die Kurse tatsächlich gestiegen sind.

Auch hier beziehen sich wie beim Leveraged ETF die Kursveränderungen immer auf die Vortagesbewertung und insofern laufen auch hier der ETF und der Index stetig auseinander.

Da Märkte langfristig eher steigen als sinken – wäre es nicht so, würde sich dieses Buch über Aktien erübrigen –, eignen sich Short-ETFs wirklich nur für kurze Zeit, wenn die Märkte gerade in einer Abwärtsbewegung sind oder als Absicherung, als eine Art Versicherung, wenn Kurse plötzlich fallen.

Der Produktkorb vergrößert sich

Weil ETF so ein schöner Begriff war und so einprägsam, und die Idee so überzeugend, folgten gleich noch weitere börsengehandelte Produkte, die alle das »Exchange Traded« gemeinsam haben und unter der Überschrift Exchange Traded Products (ETPs) firmieren.

Als Privatanleger können Sie vom Boom in Rohstoffe entweder profitieren, indem Sie einfach Rohstoffaktien kaufen. Das sind entweder Aktien von Unternehmen, die Rohstoffe suchen (sogenannte Explorer) und deshalb extrem risikobehaftet sind, weil stets die Gefahr besteht, dass nichts gefunden wird. Oder Aktiengesellschaften, die bereits seit Langem und mit Erfolg Rohstoffe abbauen. Sie können selbstverständlich auch in ETFs investieren, deren Basis Rohstoff-Indizes sind. Sie können auch in komplizierte Finanzprodukte auf Rohstoffe investieren – diese sind allerdings ebenfalls mit hohen Risiken verbunden und eher etwas für Profis. Selbst Rohstoffe zu kaufen und zu horten ist wohl eher schwierig und beschränkt sich meist auf den Öltank im Keller, den Sie möglichst im Sommer volltanken, wenn das Heizöl günstig ist – und dann trotzdem einen Nachschlag mitten im Winter brauchen, wenn der Preis gerade ganz oben ist. Natürlich können Sie, etwa im hauseigenen Tresor, Goldbarren oder Silber horten – bei anderen interessanten Rohstoffen oder etwa seltenen Erden ist das jedoch nicht möglich.

Hier kommen *Exchange Traded Commodities (ETC)* ins Spiel. Damit können Sie als Anleger ganz direkt in Rohstoffe investieren – ohne den Umweg über Aktiengesellschaften oder Zertifikate. Der Preis oder Wert des ETCs setzt sich aus den Einzelwerten des Körbchens zusammen. Darin könnte zum Beispiel eine Auswahl wichtiger Industriemetalle liegen. Meist sind ETCs physisch besichert, das heißt, der Emittent hinterlegt in der einen oder anderen Form den Rohstoff. Geht er in Konkurs, erhalten Sie den Gegenwert ausgezahlt – in Geld natürlich, nicht in Naturalien. Das bedeutet aber auch, dass diese Werte nicht zu einem Sondervermögen zählen, das unabhängig von der Situation des Emittenten weiter existiert.

Die beliebtesten ETCs sind auf

✔ Edelmetalle (Gold, Silber),

✔ Industriemetalle (Kupfer, Nickel),

✔ Energieträger (Öl, Gas, Kohle),

✔ Agrarrohstoffe (Zucker, Weizen, Kaffee)

ausgestellt. Das macht deutlich: Wer mitspielen will, sollte fundierte Kenntnisse rund um Rohstoffe mitbringen. Welche Rohstoffe werden von welchen Branchen besonders nachgefragt und wie dürfte die Entwicklung der kommenden Jahre aussehen? Ändert sich das Verbraucherverhalten, gerade bei den Agrarrohstoffen, aber auch bei den Energieträgern?

Da die Zusammenstellung und physische Lagerung der Rohstoffe mehr Aufwand bedeuten, sind meist auch die Kosten etwas höher – im Schnitt liegen sie bei etwa 0,65 Prozent.

Inzwischen können ETFs auch auf Strategien ausgerichtet werden. Diese *Exchange Traded Notes* (ETN) knüpfen sich zum Beispiel an die Wertentwicklung bestimmter Marktindikatoren. Hierzulande sind diese Produkte noch relativ selten, häufiger findet man sie in den USA. Sie können im Prinzip an alles geknüpft werden, was nicht mit Rohstoffen zu tun hat, und stellen eine Art Erweiterung von ETCs dar.

Pro und Kontra ETF

Zum Schluss noch einmal kurz und knackig die Vorteile von ETFs:

✔ Sie können mit einer Order in einen ganzen Markt investieren.

✔ Die Kosten sind wesentlich niedriger als bei Fonds.

✔ ETFs sind absolut transparent, Sie wissen zu jeder Zeit, welche Werte sich darin befinden.

✔ Ihnen stehen alle Instrumente des börslichen Handels zur Verfügung.

✔ Sie können jederzeit kaufen und verkaufen und sich zu jeder Zeit über den aktuellen Wert informieren.

✔ Sie können zu niedrigen Kosten breit streuen und damit Ihr Risiko mindern.

✔ Sie können ETFs prinzipiell für die gleichen Anlagestrategien nutzen wie Aktien.

✔ ETFs haben keine bestimmte Laufzeit, Sie können sie also halten, solange Sie wollen.

✔ Da die Fondsanteile Sondervermögen darstellen, behalten die ETFs ihren Wert, auch wenn das emittierende Unternehmen insolvent werden sollte.

Nun gut, es gibt nichts ohne Risiken und Nebenwirkungen, auch nicht ETFs:

✔ Kurse können immer sinken, also auch Indizes – das allgemeine Marktrisiko müssen auch Besitzer von ETFs tragen.

✔ Es besteht ein Wechselkursrisiko bei ETFs, die Anleger in Euro kaufen, deren Werte aber auf ausländische Währungen lauten. Das kann im Falle des Falles die Gewinne auffressen – aber auch Verluste lindern helfen kann.

✔ Der ETF bildet einen Index mitunter nicht ganz genau ab, außerdem werden noch die Gebühren, so gering sie auch sind, abgezogen. Diese Abweichung wird als Tracking Error bezeichnet.

✔ Bei Swap-ETFs kann es zum Ausfallrisiko eines Kontrahenten kommen – allerdings darf kein Kontrahent mehr als 10 Prozent des Nettoinventarwerts für sich beanspruchen.

✔ Physisch replizierte Fonds unterliegen oftmals der Versuchung, die Wertpapiere, die sie zwecks Abbildung eines Index tatsächlich erworben haben, an andere Interessenten zu verleihen, die damit Leerverkäufe bestreiten. Sie fahren damit zusätzlich die Leihgebühren ein. Dumm nur, wenn sich der Interessent verspekuliert und nicht zurückzahlen kann. Normalerweise lassen sich die Fondsgesellschaften aber Sicherheiten ausstellen oder verleihen nur einen Teil der Wertpapiere – es empfiehlt sich also, das Kleingedruckte zu lesen.

✔ Ein ETF kann mangels Masse geschlossen werden. In diesem Fall bekommen Sie den Nettoinventarwert in bar ausbezahlt oder einfach einen neuen, adäquaten ETF. Wie groß ein ETF sein muss, um die kritische Masse zu erreichen, ist allerdings umstritten – man geht von 20 bis 50 Millionen Euro Mindestvolumen aus.

Teil III
Informationen für den Wissensvorsprung

Der beste Schutz des Anlegers besteht in aktueller und ausreichender Information. Im Internetzeitalter ist weder die Menge noch die Aktualität das Problem, eher die Qualität und die richtige Auswahl. In Kapitel 13 stellen wir deshalb die wichtigsten Medien vor, die Informationen für Sie bereits ausgewählt und verarbeitet haben. Es handelt sich also um gefilterte und für Sie aufbereitete Informationen, die deshalb ihren Preis haben.

Das Internet macht es jedoch auch möglich, dass Sie inzwischen von Aktiengesellschaften Informationen erhalten, die es so früher nur für institutionelle, also professionelle Investoren gab. Denn Sie können längst die Quellen der Investor-Relations-Abteilungen von Unternehmen ganz direkt und zu Ihrem Vorteil anzapfen.

Welche wirtschaftlichen Zusammenhänge Sie mindestens kennen sollten, um bei der Auswahl von Aktien und der Beurteilung von Chancen nicht ganz im Regen zu stehen, damit befasst sich das letzte Kapitel in diesem Teil. Eine Minilektion in Volks- und Betriebswirtschaftslehre quasi.

Kapitel 13
Viele Informationen – viele Möglichkeiten

Einen Informationsvorsprung zu besitzen, war einst das A und O an der Börse. Im Zeitalter der Digitalisierung und der Informationsüberflutung geht es jedoch immer weniger um den Vorsprung an Information als vielmehr um den Vorsprung an Informations*verarbeitung*. Nicht schnell auf so viel wie möglich zugreifen, sondern rasch das Wichtige herausfiltern und dann unmittelbar die richtigen Entscheidungen treffen, das ist die Devise der richtigen Geldanlage.

Ausreichende Information ist zudem der beste Schutz für den Anleger. Nicht ohne Grund gibt es viele Gesetzesvorgaben, die kapitalmarktorientierten Unternehmen vorschreiben, welche Informationen sie über welche Kanäle in welchem Tempo verbreiten müssen.

Die beiden folgenden Kapitel behandeln die Informationen, die bereits von Fachleuten, der Presse, verarbeitet wurden (Kapitel 13) und jene, die direkt aus den Unternehmen kommen, teils freiwillig, teils verpflichtend (Kapitel 14).

Man muss nicht der Erste sein – aber der Beste

Wer im Besitz von Aktien ist, sollte sich permanent auf dem Laufenden halten über die neuesten Entwicklungen an der Börse und in den Unternehmen – vor allem in »seinen« Unternehmen. Möglichst am schnellsten an der Information dran sein, sie ungefiltert in Händen halten und sofort entscheiden – so lautet die Devise vieler Trader, die täglich mehrmals ihre Depots umschichten. Wer aber nicht wild mit Aktien spekulieren, sondern lang- und mittelfristig investieren möchte, der ist vor allem an einer umfassenden Einschätzung und Analyse durch Fachleute interessiert, die weniger die unmittelbare Gegenwart als vielmehr die künftige Entwicklung betrifft. Dafür greift er zu Zeitungen, Zeitschriften und Fachmagazinen. Die Printmedien müssen heutzutage mit interessanten Hintergrundberichten, kompetenten Markteinschätzungen und exklusiven Interviews von Experten und Insidern punkten, weil sie in Sachen Schnelligkeit und Aktualität gegenüber dem Internet hoffnungslos ins Hintertreffen geraten sind.

Eine Ursache für das sagenhafte Vermögen der Familie Rothschild zu Beginn des 19. Jahrhunderts war die Kommunikation innerhalb der Familie und ihr Informationsvorsprung gegenüber anderen. 1790 gingen die Söhne des Urahns Mayer Amschel nach Frankfurt, Wien, London, Paris und Rom und gründeten dort jeweils Banken. Und Sie schrieben sich täglich Briefe und verschickten diese per Postkutsche oder Brieftaube. So wusste beispielsweise Nathan Rothschild im Jahr 1815 schon vor der britischen Regierung, dass Wellington und Blücher bei Waterloo Napoleon geschlagen hatten. Er kaufte daher schnell jede Menge günstige englische Wertpapiere, da er eine Hausse an der britischen Börse voraussah – die dann auch tatsächlich eintrat. Der Grundstock des Familienvermögens war aufgrund dieses Informationsvorsprungs gelegt.

Aktionäre verwenden als wichtigste Informationsquelle noch immer Printprodukte, so der von der Deutschen Schutzvereinigung für Wertpapierhandelsbesitz (DSW) gemeinsam mit der FOM Hochschule Essen herausgebrachte »Aktionärskompass 2013«: 81,5 Prozent nutzen Zeitschriften, 78,3 Prozent das Internet, 34,9 Prozent Fernsehberichte und nur 28,1 Prozent konsultieren ihren Vermögensverwalter oder Bankberater, um sich zu informieren.

Informationen allein reichen nicht

Nein, es geht nicht nur um die schnellen, reinen Informationen – auch wenn diese wichtig sein können, wie Sie in Kapitel 14 erfahren werden. Es geht vor allen Dingen um die Auswahl, Verarbeitung und Analyse der wesentlichen Informationen. Dabei sollten Sie sich vor allem auf die Profis verlassen: Journalisten und Redakteure. Schließlich gehen Sie auch zum Arzt, wenn Sie Schmerzen haben, und nicht zum Nachbarn, nur weil Sie schneller dort sind und nicht lange warten müssen.

Sie finden hier – ohne Anspruch auf Vollständigkeit – einige wichtige Publikationen zum Thema Börse und Anlage. Selbstverständlich spielt der Wirtschaftsteil Ihrer Tages- oder Wochenzeitung eine wichtige Rolle, auch im Lokalteil lassen sich interessante Informationen über die örtliche Wirtschaft, ortsansässige Unternehmen, in die Sie vielleicht gerade aus diesem Grund investiert haben, finden. Ob das nun die *Augsburger Allgemeine*, der *Schwarzwälder Bote* oder die *Kieler Nachrichten* sind – Hauptsache, die Zeitungsleute kennen sich vor Ort aus. Pflichtlektüre sind für Sie als Anleger darüber hinaus die großen, überregionalen Zeitungen wie etwa die *Süddeutsche Zeitung* und die *Frankfurter Allgemeine Zeitung* sowie *Die Welt*, *Die Zeit* oder die jeweiligen Sonntagszeitungen. Wenn Sie in Übersee Aktien haben, bieten sich Zeitungen aus den USA an, die auch hierzulande an (fast) jedem Kiosk erhältlich sind, zum Beispiel die *Herold Tribune* als europäische Ausgabe der berühmten *New York Times*, oder – zumindest am Bahnhofskiosk zu haben – die britische *Financial Times*. Daneben gibt es einige reine Wirtschaftszeitungen, an erster Stelle in Sachen Seriosität steht hier sicherlich die *Börsen-Zeitung*, in Sachen Bekanntheit und Beliebtheit wohl das *Handelsblatt*.

Zum Blättern – Zeitungen

Man liest ja viel über das langsame Sterben der Printmedien. Tatsächlich haben die Printmedien mit ihren hohen Anzeigenvolumen jahrelang die Onlinemedien querfinanziert – doch genau wegen diesen kostengünstigen Medien (auch für die Werbewirtschaft) brechen ihnen jetzt die Einnahmen weg. Selbst die erfolgreichste überregionale Zeitung, die *Süddeutsche Zeitung,* musste mittlerweile ihre Seitenzahl reduzieren, Papier ist neben dem Personal schließlich der größte Kostenblock. Weniger Umfang bedeutet aber auch weniger Platz für Berichte, weniger Unternehmen, über die informiert werden kann, weniger Hintergrundgeschichten ...

Die Zeiten sind schnelllebig geworden, Traditionsblätter schließen ihre Pforten, ambitionierte Projekte werden wieder aufgegeben. Doch immer wieder trauen sich Menschen, neue Medien zu entwickeln. 2012 zum Beispiel ging die renommierte *Financial Times Deutschland* mit Mann und Maus unter und zog gleich die anderen Gruner+Jahr-Wirtschaftsmedien *Capital, Impulse* und *Börse Online* mit sich in den Abgrund, die aber – wie Phoenix aus der Asche – wiederauferstanden sind und aus der Druckerpresse rattern.

Börsen-Zeitung – schwarz auf weiß

Die *Börsen-Zeitung* ist ein Muss für alle Kommunikationsleute und Vorstände von Aktiengesellschaften, aber eine breite Leserschaft wird sich wohl nie zu ihr bekehren – und das ist durchaus so gewollt. Sie übt sich in Zurückhaltung, nicht nur inhaltlich, sondern auch optisch. Aufmacherbilder sucht man vergeblich, auch wenn sich mittlerweile so manches Mal ein farbiges Bild in die sonst schwarz-weiße Bleiwüste schleicht. Sport, Kultur, Lokales, Anlegertipps – so etwas gibt es nicht in der *Börsen-Zeitung*. »Unser Markenzeichen ist ein besonderer Mix aus Tiefgang, Ansehen und Relevanz«, brachte es Chefredakteur Claus Döring im Interview mit dem Medienportal Meedia auf den Punkt. Die *Börsen-Zeitung* erscheint in der WM-Gruppe mit Sitz – natürlich – in Frankfurt.

Die *Börsen-Zeitung* erscheint sechs Mal pro Woche, am Samstag wird sie auf Wunsch an die abweichende Privatadresse geliefert, das ist im durchaus üppigen Abonnementpreis inbegriffen. Die *Börsen-Zeitung* pocht auf eine detaillierte, glaubwürdige und kompetente Berichterstattung – ein Bild über mögliche Gewinner an den Börsen dieser Welt müssen sich die Leser selbst machen. Als Leser der *Börsen-Zeitung* sind Sie dazu auch problemlos in der Lage, so die Meinung der Zeitung.

Wer die Zeitung in den Händen hält, dem werden das besondere Papier und der besondere Druck sofort auffallen, den es so nur bei der Börsen-Zeitung gibt. Das liegt am »gestrichenen Papier« und dem Heißdruckverfahren. Das führt dazu, dass Ihre Hände sauber bleiben – Druckerschwärze verbreitet die *Börsen-Zeitung* also nicht.

Selbst die *Börsen-Zeitung* mag es ab und an bunt. Dafür gab es schon immer eine Sonderbeilage im Halbformat, genannt *Rendite, das Anlagemagazin der Börsen-Zeitung*. Bisher erschien es vierteljährlich, seit 2014 im monatlichen Turnus und ist immer einem übergeordneten Thema aus dem Anlageuniversum gewidmet, bietet aber auch jede Menge an tatsächlichen Anlegertipps. Auf der Webseite können sowohl das aktuelle Magazin als auch im Archiv ältere Ausgaben durchgeblättert werden. Vielleicht ein erster Einstieg für Sie ins Universum dieser Zeitung.

Die Webseite (www.boersenzeitung.de) ist nur teilweise frei zugänglich, mit Premium-Zugang hat man vollen Zugriff auf alle Inhalte.

Handelsblatt – das Flaggschiff aus Düsseldorf

Endlich einmal eine inhaltsreiche Zeitung, die man auch in der U-Bahn oder im Flieger lesen kann, ohne mit den ausgestreckten Armen bis zum Sitznachbarn zu reichen. Einen kleinen Nachteil hat das getackerte Kompaktprodukt allerdings: Interessante Artikel lassen sich nicht mehr so leicht herausreißen. Das *Handelsblatt* erscheint börsentäglich, also fünf Mal die Woche, mit dem hohen Anspruch »Deutschlands Wirtschafts- und Finanzzeitung« zu sein, so der Untertitel. Das *Handelsblatt* ist das Flaggschiff der Holtzbrinck-Gruppe, in der auch das Schwestermagazin *Wirtschaftswoche* erscheint. Die Holtzbrinck-Gruppe ist die Nummer eins der Wirtschaftsmedien in Deutschland, gefolgt vom Finanzen Verlag aus München.

Neben einer doppelseitigen Titelstory mit einer Vielzahl an übersichtlichen Grafiken finden Sie darin Informationen zu den Themen »Wirtschaft & Politik«, »Unternehmen & Märkte« sowie »Finanzen & Märkte«, wobei alle Rubriken eine eigene Meinungsseite aufweisen. In der relativ neu geschaffenen Rubrik »Private Geldanlage« gibt es Marktberichte über den Dax, Tops und Flops des (Vor-)Tages und eine Übersicht über den Dax 30 und viele andere Indizes – allerdings nur für Leser mit ausgezeichneten Augen und einem Faible fürs Kleingedruckte. Drei Musterdepots, davon ein Redaktions-Depot, ein Social-Media-Depot sowie ein Privat-Bank-Depot zeigen Erfolge und Misserfolge von Experten.

Besonders interessant für Sie als Anleger ist das montags erscheinende »Insider-Barometer« des Handelsblatts: Welcher Vorstand welches Unternehmens trennt sich von seinen Aktien oder – wesentlich wichtiger – kauft hinzu? Als besonderen Service kann man sich per E-Mail abends zwischen 18.00 Uhr und 19.00 Uhr das Wichtigste vom Tage senden lassen. Der Newsletter, in dem der Chefredakteure launig das Interessanteste aus der Online-Ausgabe anteasert, macht leider süchtig. Im Internet finden Sie das Handelsblatt unter: www.handelsblatt.com. Selbstverständlich gibt es das Handelsblatt auch als E-Paper bereits am Vorabend für alle Schnellleser oder als App – beides natürlich nicht umsonst.

Wirtschaftskurier – Wirtschaft plus Börse

Nach mehreren Besitzerwechseln gehört der *Wirtschaftskurier* aus München inzwischen zur Weimer Media Group des Verlegers Wolfram Weimer, der vormals Chefredakteur bei *Focus*, *Cicero* und *Der Welt* war. Gemeinsam mit dem PDF-Newsletter *Börse am Sonntag* veröffentlicht er den *Wirtschaftskurier*, der früher ausschließlich auf Wirtschaftsberichte ausgerichtet war und mittlerweile um Börsenthemen der Börse-am-Sonntag-Redaktion angereichert wurde. Dafür erscheint er nur alle zwei Monate, den bisher digitalen Newsletter *Börse am Sonntag* gibt es mittlerweile auch als Printversion. Zudem hat der *Wirtschaftskurier* seinen Internetauftritt (www.wirtschaftskurier.de) überarbeitet. Inzwischen zweimal im Jahr bringt der Verlag die Anlagetrends des nächsten Jahres heraus – eine gute Übersicht über mögliche Trends.

Noch bunter: Zeitschriften

Bei den Fachzeitschriften oder Magazinen könnte man genauer zwischen Wirtschafts- und Finanz- oder Anlegermagazinen unterschieden. Doch die Grenzen sind fließend und wenn Sie sich über interessante Branchen und Unternehmen in einem Magazin wie *Brand Eins* informieren, warum sollten Sie dann nicht darüber nachdenken, Ihr Geld dort zu investieren? Natürlich bieten Anlegermagazine mehr Informationen über Handelsstrategien, Tops und Flops sowie Kennzahlen zu Kursverläufen.

Wir bringen hier eine kleine Auswahl der vielleicht wichtigsten Titel und entschuldigen uns gleich vorab bei den Publikationen, die wir vergessen haben. Wir verzichten allerdings darauf, Branchenfachzeitschriften zu erwähnen, die sicherlich auch den einen oder anderen Anleger-Tipp bereithaben – aber dieser Medienwald gleicht einem schier undurchdringlichen Dschungel, in dem wir den Wald vor lauter Bäumen nicht mehr erkennen – immerhin handelt es sich dabei um mehr als 10.000 Bäume, davon allein über 1.000, die mehr oder weniger mit Wirtschaft zu tun haben. Die Titel unseres reichhaltigen Zeitschriftenangebots reichen von *Skeptiker* über *die Biene, diesseits, Estetica* bis zu *Der Schweißer* und *MilchMarketing*. Aber kommen wir zu unserem Versuch zurück, für Ihre Kapitalanlage relevantere Blätter zu finden.

Das Extra für den Anleger: Anleger Plus

Das Magazin der Anlegerschutzvereinigung SdK wirbt mit dem Slogan auf der Titelseite »Das Magazin für Kapitalanleger. Mit Wissen zu Werten.« Die Rubriken im Heft lauten etwa Fokus, Investment & Strategie, Markt & Werte, Wissen, IR-Service und die Berichte über die eigene Arbeit des Verbands werden unter SdK Extra subsumiert.

Im Fokus *Anleger Plus* werden Branchen national wie international analysiert, unter »Markt & Werte« finden Sie eine sehr umfangreiche Marktübersicht. Bei der Auskunft über die Verbandsarbeit stehen rechtliche Fragen im Vordergrund, die vor allem um das wichtige Themenspektrum Hauptversammlung kreisen. Als bekannter Kolumnist tritt Prof. Dr. Max Otte auf, seines Zeichens Professor an der Fachhochschule Worms und der Universität Graz – nur Professoren und Heilige schaffen es, an zwei Arbeitsplätzen gleichzeitig zu wirken. Außerdem leitet er das von ihm gegründete Institut für Vermögensentwicklung und betätigt sich als Fondsmanager. Im Internet finden Sie das Magazin unter www.anlegerplus.de.

Bei *Anleger Plus* ist es wie bei allen Vereinszeitungen: Ist man Mitglied aus Überzeugung, liest man auch das Vereinsblatt gerne, wobei es in diesem Fall auch für Nicht-Mitglieder empfehlenswert ist, das unterscheidet es wahrscheinlich von Kleingartenmagazinen oder der ADAC Motorwelt. Wobei es durchaus lohnt, darüber nachzudenken, in den SdK oder einen anderen Verein einzutreten, der sich für Förderung und Unterstützung gerade der

Interessen der Privatanleger einsetzt – mehr dazu in Kapitel 14 im Abschnitt »Wer macht sich stark für die Aktie und die Anleger?«.

Online auf Papier: Börse Online

1987 gegründet, 2012 übergegangen von Gruner+Jahr zum Finanzen Verlag rund um Euro am Sonntag in München. Aus der Konkursmasse der Gruner+Jahr-Wirtschaftsmedien hat es der Chef des Münchner Finanzen Verlags, Frank B. Werner, der einst einer der Gründungsväter von Börse Online war, gekauft – so schließt sich der Kreis. Im Gegensatz zum Namen handelt es sich bei *Börse Online* tatsächlich um ein Printprodukt, die Zeitschrift ist aber auch im Internet unter www.boerse-online.de vertreten. Die Rubriken sind eingängig: »Märkte & Macher«, »Aktien & Investments«, »Strategie & Trading«, »Datenbank», »Geld & Mehr«. Da bleiben wohl kaum Wünsche nach zusätzlicher Information offen.

Interessant als Einstieg in die Börsenwoche ist das jeweils auf einer der ersten Seiten veröffentlichte hauseigene Börsenbarometer. Auf einen Blick zeigt Ihnen dieser Kompass, ob die Börsenmärkte auf Grün oder Rot stehen.

Jetzt wird's heiß: Brand Eins

Das wahrscheinlich edelste deutsche Wirtschaftsmagazin und zur Überraschung vieler immer noch erfolgreich am Markt ist *Brand Eins* – gegründet 1999. Die Zeitschrift erscheint monatlich im Eigenverlag und will eigentlich mehr als ein Wirtschaftsmagazin sein, vielleicht eher ein Gesellschaftsmagazin im besten Sinne. Doch Wirtschaft ist eben ein essenzieller Faktor unserer Gesellschaft. Noch immer ist die Gründerin Gabriele Fischer Chefredakteurin, sie hatte sich 1999 vom *Manager Magazin* aus mit *Brand Eins* selbstständig gemacht. Der Name leitet sich übrigens vom ursprünglichen Redaktionssitz in Hamburg, Brandswiete 1, ab – und natürlich ist eine Assoziation mit dem englischen Begriff für Marke (brand) nicht unerwünscht. Jede Ausgabe hat einen eigenen inhaltlichen Schwerpunkt. Unser persönlicher Lieblingstitel: »Nichtstun – und was sich draus machen lässt«. Im Internet finden Sie das Blatt unter www.brandeins.de.

Nicht von Marx: Capital

Capital ist eines der traditionsreichsten Wirtschaftsmagazine Deutschlands und hat sich seit der Trennung von Gruner+Jahr einer optischen und inhaltlichen Verjüngungskur unterzogen. Es ist ein klassisches Magazin für die Hintergründe der Wirtschaft – Hinweise und Tipps, welche Aktien demnächst steigen werden und die Sie deshalb jetzt kaufen sollten, suchen Sie hier vergebens. Aber vielleicht stoßen Sie bei der Lektüre unvermittelt auf eine ganz andere Anlageidee. Und Sie erfahren in *Capital*, wie unterhaltsam auf hohem Niveau Wirtschaft sein kann!

Die Rubriken von *Capital* lauten »START«, »Welt der Wirtschaft«, »Leben und Invest«, ein eher überraschendes Trio. Zudem gibt es immer eine ausführliche Titelgeschichte – zum Beispiel über Google und wie das Unternehmen unser Leben verändert. Im Invest-Teil gib es sie dann doch, die Ratschläge, zum Beispiel einen groß angelegten Vergleich der 100 größten Fonds. Unterhaltsam: Die *Capital*-Redaktion testet in jeder Ausgabe eine bekannte

Börsenregel – und handelt genau umgekehrt. Ebenfalls dabei ein Insiderindex, hier werden die erfolgreichsten Deals und eklatantesten Missgriffe vorgestellt. Den Internetauftritt der Zeitschrift finden Sie unter www.capital.de.

Nichts für Laien: Das Investment

Das Investment nennt sich zusätzlich »Das Know-how-Magazin zur Kapitalanlage« und bietet tatsächlich jede Menge Wissen rund um die Geldanlage und Anlageprodukte. Gegliedert ist das Heft übersichtlich in die Themen Märkte, Investmentfonds, Emerging Markets, Immobilien, Versicherungen, alternative Investments und Finanzberatung. Bei den Fonds werden selbstverständlich auch ETFs berücksichtigt. Vom gleichen Verlag gibt es aber auch das Magazin *Fonds für alle*, das sich ausschließlich mit dieser Gattung befasst. Geschrieben ist das Magazin von Profis für Profis – demnach ist die Kost nicht unbedingt leicht verdaulich, soll aber ja auch eher das Hirn als den Bauch ansprechen. Es erscheint monatlich in der Fonds & Friends Verlagsgesellschaft in Hamburg. Mehr Informationen finden Sie im Internet unter www.dasinvestment.com.

Zur Aktie gehört: Der Aktionär

Der Aktionär beschreibt sich wenig bescheiden als »Deutschlands großes Börsenmagazin«, erscheint in wöchentlichem Rhythmus jeweils mittwochs. Die Rubriken sind übersichtlich und erklären ohne Schnickschnack, worum es geht: »Titelstory«, »Aktien«, »Derivate«, »Depot & Co.«, »Chart-Check« und »Statistik«. In Depot & Co. können Sie zum Beispiel Themen wie Crowd Investing oder auch ein Rohstoff-Einmaleins finden. Interessant auch die Kolumne Börsenwelt, in der die Redaktion die Einschätzung(en) zu Wertpapieren anderer Redaktionen kurz vorstellt. Wöchentlich werden auf den ersten Seiten die Gewinner und Verlierer aus den unterschiedlichsten Indizes von Dax bis zu Nasdaq kurz vorgestellt und ein sogenannter Hot-Spot der Woche präsentiert. In einem Bookshop – Bücherschau geht wohl nicht – gibt es Buchempfehlungen zur Vertiefung wichtiger Anlagethemen als Top-10-Liste. In der Statistik-Rubrik gibt es zu allen wichtigen Aktien zusätzlich zu Kurs, Performance, 52-Wochen-Hoch, Marktkapitalisierung und Umsatz einige Kennzahlen: Ergebnis je Aktie, Kurs-Gewinn-Verhältnis, Kurs-Umsatz-Verhältnis und Dividendenrendite. Das Börsenmagazin erscheint im Verlag Börsenmedien AG aus Kulmbach. Den Internetauftritt des Magazins finden Sie unter www.deraktionaer.de.

Solange es beim Euro bleibt: Euro (nicht nur am Sonntag)

Das wöchentlich erscheinende Magazin *Euro am Sonntag* des Finanzen-Verlags aus München ist unterteilt in die Rubriken »Aktuell«, »Märkte«, »Invest«, »Standpunkte und »Service«. Das Magazin *Euro* erscheint monatlich mit jeweils einer großen Titelgeschichte, einem Dossier – zum Beispiel über das Rohstoffland Deutschland – und mit »Börse & Investments«. Auch der Milliardär des Monats wird vorgestellt oder der Börsenfux betrachtet einen Konzern. Nach »Steuern & Sparen« entlässt es uns dann mit »Geld & Genuss« ins Wochenende. Weitere Rubriken lauten »Meinungen & Macher« – da geht es dann auch schon einmal wertfrei über Skandalbanker – oder die interessante Zusammenstellung

»Politik & Unternehmen«, die aber nicht die irrige Annahme unterstützen will, als unternähmen Politiker etwas wirtschaftlich Sinnvolles. Die Webadresse von *Euro am Sonntag* und *Euro* lautet: www.finanzen.net.

Geld im Blick: Focus Money

Focus Money erscheint wöchentlich jeweils am Mittwoch. Jedes Heft enthält eine Reihe von übergreifenden Storys zu Branchen, Unternehmen, Regionen, Ländern et cetera. Im Fokus stehen immer Aktien, die Erfolg versprechen (könnten), unter der entsprechenden Rubrik »Moneymaker«. Im Anschluss werden dann die infrage kommenden Unternehmen einzeln vorgestellt, samt Überblick über die Aktie mit den wichtigsten Kennziffern wie Umsatz, EBIT, Gewinn je Aktie, Kurs-Gewinn-Verhältnis und Dividende. Außerdem gibt es als Chart den Kursverlauf der letzten Jahre und es werden ein Kursziel sowie ein Stopp-Kurs vorgegeben.

Die Rubrik »Money Markets« erklärt vor allem Anlagestrategien, macht sich Gedanken über Börsenpsychologie, meist gewürzt mit dem ausführlichen Interview eines Experten. Internationalen Esprit bringt der Kolumnist und Vermögensverwalter Ken Fisher ein, einer der reichsten Menschen der Welt, der auch für das Magazin *Forbes* schreibt.

Im letzten Teil haben die Analysten das Sagen: Chartanalyse, Aktienanalyse, Empfehlungen einzelner Titel. Zum Gegenlesen kommt dann eine Rubrik für den Anlegerschutz, reserviert für die Deutsche Schutzgemeinschaft für Anlegerschutz DSW. Im Internet zu finden unter www.focus.de/finanzen.

Wer will an die Börse? Going Public

Going Public ist ein Magazin, das sich Börsengängen gewidmet hat. Es tut sich in diesen Zeiten naturgemäß schwer, herrscht doch Ebbe in Sachen neue Unternehmen auf dem Parkett. Trotzdem beobachtet das Magazin die wenigen vollzogenen Börsengänge genauso wie mögliche und angekündigte, außerdem gibt es ja noch den lebendigeren Börsenmarkt USA. Zusätzlich bringt der Verlag Sonderhefte zu Themen wie Investor Relations oder Anleihen heraus. Für alle börsennotierten Unternehmen und für alle, die sich für Aktiengesellschaften interessieren, gibt es hier ausreichend Futter. Daneben gibt der Verlag das Schwesterprodukt *Smart Investor* oder das *UnternehmerMagazin* für mittelständische Familienunternehmen heraus sowie die Fachzeitschrift *Stiftungen*. Im Internet finden Sie das Magazin unter www.going public.de.

Am Puls der Wirtschaft: Impulse

Impulse ist das Magazin, das sich den Unternehmen, vor allem dem Mittelstand verschrieben hat – und ist seit Januar 2013 selbst ein mittelständisches Unternehmen. Damals übernahm in einem klassischen Management-Buy-out der vormalige Chefredakteur Nikolaus Förster *Impulse* von den Gruner+Jahr-Wirtschaftsmedien, die sich aufgelöst hatten. Förster ist nun geschäftsführender Gesellschafter der neu gegründeten Impulse Medien GmbH mit Sitz nach wie vor in Hamburg. In das alte Blatt unter neuer Adresse wechselten damals 15 Festangestellte aus Redaktion und Verlag. Dem Blatt scheint der Besitzerwechsel gutgetan zu haben, denn es schrieb bereits ein Jahr nach der Entlassung in die Selbstständigkeit schwarze Zahlen, und das nicht auf Kosten der Mitarbeiter. Vielmehr stellte Förster noch weitere 18 Mitarbeiter ein.

Erscheinungstermin ist der jeweils letzte Donnerstag im Monat. Ursprünglich wurde *Impulse* von dem Publizisten Johannes Gross 1980 ins Leben gerufen. Inhaltlich ist das Magazin nach wie vor ein Blatt für Unternehmer – interessant, vielseitig, aber nicht sehr börsenlastig. Als direktes Nutzwertblatt, das Informationen zum Kauf von Aktien aufbereitet, ist es nicht geeignet. Dafür bietet es Hintergründe, wie etwa Konjunkturindikatoren oder interessante Branchenberichte, die auch für Anleger eine Rolle spielen. Außerdem ist es nicht verkehrt, sich einmal in die Lage eines Unternehmers zu versetzen – an den richtet sich *Impulse* schließlich explizit. Die Internetadresse des Magazins lautet: www.impulse.de.

Nicht nur für Manager: Manager Magazin

Das in der Manager Magazin Verlagsgesellschaft mbh erscheinende gleichnamige Monatsmagazin blickt mittlerweile auf eine über vierzigjährige Geschichte zurück, gegründet wurde es 1971. Bekannt ist das *Manager Magazin* vor allem auch durch die jährlich durchgeführten Rankings wie die Liste der »500 reichsten Deutschen« oder das »Städteranking nach Lebens- und Karrierebindungen für Manager« oder das »Hochschulranking«. Seit 1995 präsentiert das Heft zudem den »Manager des Jahres« mit einer so illustren Liste wie Martin Winterkorn (VW), Norbert Reithofer (BMW), Werner Müller (Evonik) oder Hans-Jörg Bullinger (Fraunhofer-Gesellschaft).

Neben der meist opulenten und ein wenig reißerischen Titelstory finden sich typische Rubriken wie »Namen+Nachrichten«, »Unternehmen«, »Trends«, »Karriere«, »Private Banking« und »Manager Privat«, wo es um Essen, Urlaub und Autos geht – was sonst? Zum *Manager Magazin* gibt es natürlich auch einen Link: www.manager-magazin.de.

Für die Kleinen: Nebenwerte Journal

Das *Nebenwerte Journal* widmet sich ausschließlich den kleineren und mittleren börsennotierten Unternehmen, die es einzeln einer Art Fundamentalanalyse unterzieht. Dabei geht das Heft strikt die Börsensegmente durch, angefangen vom Frankfurter Prime Standard über den General Standard, Sonstige Deutsche Werte, m:access der Börse München und schließlich den Freiverkehr. Vom Großen zum Kleinen also. Herausgegeben wird das *Nebenwerte Journal* von der NWN Nebenwerte Nachrichten AG in Haar bei München.

Eher taff als smart: Smart Investor

Gegen den Strich, das ist vielleicht das, was den *Smart Investor* in seiner knapp über zehnjährigen Geschichte auszeichnet. Er ist ein heftiger und leidenschaftlicher Vertreter der Österreichischen Schule und stemmt sich gegen alle sozialistischen und gleichmacherischen Tendenzen in Wirtschaft und Politik. Die Blattmacher sehen die Welt eher schwarz als weiß und das Glas eher halb leer als halb voll – und schwarze Schwäne kreisen ahnungsvoll übers Land. Doch die Herausgeber blasen deshalb nicht Trübsal, sondern schreiben brillant und amüsant, sodass man sich sehr gut unterhalten und informiert fühlt, auch wenn man vielleicht anderer Meinung ist.

Fehlen noch die Rubriken: »Märkte«, »Hintergrund«, »Fonds«, »Research – Märkte«, »Research – Aktien« und »Potpourri«, in dem sich Leserbriefe finden, die tatsächlich auch beantwortet werden, oder Buchrezensionen. Im Internet finden Sie das Magazin hier: www.smart investor.de.

Learning by Doing Traders' Magazin

Erscheint monatlich in der Traders' Media GmbH in Würzburg und richtet sich vor allem an Trader, also Anleger, die nicht nur einmal pro Monat eine Order absetzen. Neben einer deutschen und einer italienischen Printversion gibt es für das *Traders' Magazin* Digitalausgaben in englischer, französischer, griechischer, spanischer und holländischer Sprache. Wobei das Magazin, etwas konträr zum Namen, nicht einzelne Aktien empfiehlt, sondern eher die Grundlagen des Börsenhandels lehrt – von den Anfängen bis zum Profi-Level.

Wirtschaftswoche

Wie der Namen vermuten lässt, erscheint die *Wirtschaftswoche* wöchentlich und gehört zur Handelsblatt-Verlagsgruppe, ist also das buntere und noch reißerischere Blättchen. Am bekanntesten dürfte Roland Tichy, lange Zeit Chefredakteur, gewesen sein – bekannt aus Funk und Fernsehen, hieß das früher immer.

Hier ist wieder das »&« stark geforderter Träger für die Rubriken, die da heißen: »Menschen der Wirtschaft«, »Politik & Weltwirtschaft«, »Der Volkswirt«, »Unternehmen & Märkte«, »Technik & Wissen«, »Management & Erfolg«, »Geld & Börse«, »Perspektiven & Debatte«. Was sich hinter »Der Volkswirt« verbirgt? Zum Beispiel spricht hier der Chef der Arbeitsmarktagentur über den Arbeitsmarkt.

Ganz fix und ohne Druck – Webportale

Egal ob Zeitung oder Zeitschrift – sie alle verfügen mittlerweile über Internetauftritte, auf denen die Inhalte ganz oder teilweise repliziert beziehungsweise zusätzliche Informationen bereitgehalten werden. Vor allem binden viele Printprodukte, die nur im Wochen- oder gar Monatsrhythmus erscheinen, hier aktuelle Informationen ein. Noch sind diese Zusatzinformationen ganz überwiegend kostenfrei, doch das wird sich aller Erwartung nach sukzessive ändern, nachdem www.bild.de hier den Vorreiter in Deutschland gab. Die internationalen Medien, wie etwa die *Financial Times* und das *Wall Street Journal*, haben es vorgemacht, und die deutschen Verleger ziehen nach – oder müssen vielmehr nachziehen.

Online-Broker, Zeitungen und Zeitschriften, Börsen und Banken – es gibt wahrscheinlich für jeden, selbst den ausgefallensten Geschmack die passende Webseite. Alle bieten Informationen, manche recherchieren selbst, manche sammeln nur fremde Nachrichten und stellen sie neu zusammen, bei einigen können Sie sogar direkt handeln. Wir verzichten hier auf eine nähere Vorstellung, denn heutzutage wandeln sich Webseiten schneller als manche Leute ihre Hemden wechseln. Die meisten Webseiten lassen sich in entsprechend optimierter Form auch auf mobilen Endgeräten anzeigen, und eine passende App gibt es bei vielen noch dazu.

Eines aber sollten Sie bei der Nutzung von Webseiten (und nicht nur Webseiten, sondern Informationsprodukten ganz generell) stets bedenken: *Cui bono* – wem nützt es? Webseiten werden selten von altruistisch handelnden Menschenfreunden betrieben, sondern es stehen handfeste Geschäftsinteressen dahinter. Steht ein großer Verlag dahinter, eine Bank, ein Online-Broker, ein Unternehmen, das Trading-Produkte verkauft, der Emittent von Finanzprodukten? Überlegen Sie sich dabei: Wie objektiv kann der betreffende Betreiber sein, wie finanziert er sich? Ein Blick ins Impressum lohnt sich also auf alle Fälle, bevor man sich enger an eine Webseite bindet.

Tabelle 13.1 gibt einen Überblick über wichtige Webseiten rund um das Thema Aktien.

Webseite	Herausgeber	Kurzcharakteristik
www.aktiencheck.de www.anleihencheck.de	Aktiencheck.de AG, Marienburg	Kurs- und Chartinformationen über alle Gattungen (Aktien, Anleihen, Fonds, Derivate, Devisen) sowie Analysen und News aus eigenen und externen Quellen Kolumnisten liefern Marktberichte. Gibt es auch als kostenlosen Newsletter.
www.ariva.de	Ariva.de AG, Kiel Unabhängiger Dienstleister für Finanzinformationen mit Schwerpunkt Derivate	Kurse, Nachrichten und Diskussionen zu Aktien, Fonds, Zertifikaten, Anleihen, Devisen und Rohstoffen Mit eigenem Börsenforum, Hot-Stocks-Forum und Talkforum, in dem sich Trader austauschen
www.bloomberg.com	Bloomberg Nachrichtenagentur und Verlag aus New York	Eigene Informationen aus der Bloomberg Nachrichtenagentur, viel Bewegtbild über TV, aktuelle Kommentare und Bewertungen, viele Informationen auch zu kleineren US-Unternehmen
www.boerse-ard.de	Öffentlich-rechtlich, quersubventioniert	Die Börsenseite der ARD ist topaktuell, informativ, bietet viele Informationen und Hintergründe, gerade auch für Börsenneulinge.
www.finanzen.net	Finanzen Verlag München	Eine der ersten Finanzwebseiten, bietet Kurse und Informationen über alle Anlageprodukte, zum Beispiel auch Insiderdaten zu Aktienhandel aus den Vorstandsetagen der Unternehmen.
www.finanzen.de	Finanzen.de Vermittlungsgesellschaft für Verbraucherverträge AG, Berlin	Eher eine Art Vergleichsportal für Versicherungen, aber auch Geld und Anlage
www.finanznachrichten.de	ABC New Media AG, Zürich	Hier stehen Nachrichten im Vordergrund, weniger Kurse. Es wird aber ein umfangreiches Xetra-Orderbuch angeboten, in dem pro Aktie alle wesentlichen Daten abrufbar sind – ein wenig umständlich, aber umfassend.

Webseite	Herausgeber	Kurzcharakteristik
www.finanztreff.de	Vwd netsolutions GmbH, ein Unternehmen der Vereinigte Wirtschaftsdienste AG, Berlin	Viele Informationen. Interessant: ein eigener Analyseticker mit Fundamentalanalysen.
www.onvista.de	Onvista Media GmbH	War lange *das* Finanzportal der Finanzportale, vollbepackt und dennoch übersichtlich
www.test.de	Stiftung Warentest	Mit ausführlichem Teil über Finanzen, Altersvorsorgeprodukte, Geldanlage und Banken – geschätzt und gefürchtet von den besprochenen Unternehmen

Tabelle 13.1: Wichtige Finanzwebseiten

Sozial wie nie – Social Media

Bevor wir uns über den Informationskanal Social Media für Investorenüberlegungen Gedanken machen, zunächst ein paar Fakten zur enormen Verbreitung dieser neuartigen sozialen Netzwerke: Etwa zwei Drittel aller Internetnutzer sind in sozialen Netzwerken aktiv. Der Schwerpunkt der Nutzergruppen liegt bei den Jüngeren: Sowohl unter den 14- bis 29-Jährigen als auch unter den 30- bis 49-Jährigen liegt der Anteil der aktiven Nutzer bei 79 Prozent. Unter den 50- bis 64-jährigen Internetnutzern sind es 52 Prozent und in der Generation 65 Plus 38 Prozent. Das bedeutet, dass auch Unternehmen diese Kanäle intensiver nutzen, 2017 bereits 73 Prozent, so Bitcom, weil sie ihre Kunden hier antreffen und direkt ansprechen können. Das mit Abstand beliebteste soziale Netzwerk ist und bleibt Facebook. 55 Prozent der deutschen Internetnutzer haben innerhalb von vier Wochen die weltweit größte Social Community genutzt, so eine Umfrage des Branchenverbandes Bitcom 2016. Eher auf bestimmte Zielgruppen spezialisiert haben sich soziale Netzwerke wie die Video-Plattform YouTube, die mit 44 Prozent Nutzern auf dem zweiten Platz kam. Fast jeder fünfte Internetnutzer (19 Prozent) verwendet den Foto-Dienst Instagram. Das meist für berufliche Zwecke verwendete Netzwerk XING nutzen 26 Prozent der Befragten. Der Wettbewerber LinkedIn kommt auf 15 Prozent. Ein Fünftel (20 Prozent) der Befragten ist bei dem Nachrichtenkanal Twitter aktiv.

Selbst die absoluten Profis unter den Anlegern, die institutionellen Investoren, erkennen inzwischen an, dass die sozialen Netzwerke zumindest Einfluss auf ihre Entscheidungen haben. Denn auch Investoren sind nur Menschen, sie sind auch online, nutzen ihre mobilen Geräte, um ihre Netzwerke abzufragen. Die Grenzen zwischen Medien und sozialen Netzwerken verschwimmen, Politiker twittern Informationen direkt aus dem Bundestag oder der Sitzung – schneller als jeder Journalist das könnte. Und es ist nicht nur der US-Präsident Donald Trump, der mit Twitter-Aktionen Kurse beeinflusst.

Inzwischen gibt es auch eine ganze Reihe von Internetplattformen, auf denen Sie entweder Profis – oder solchen, die sich als solche bezeichnen beziehungsweise verkaufen – über die Schulter schauen könnten oder wenigstens gemeinschaftlich traden und sich austauschen können. Geteiltes Leid ist halbes Leid. Hier gilt das Prinzip der Schwarmintelligenz: Die Masse ist klüger als der Einzelne. Viele Sozialwissenschaftler gingen lange Zeit eher vom Gegenteil aus, nämlich dass der Einzelne in der Masse eher verdummt und seine schlechtesten Eigenschaften zum Tragen kommen. Man denke nur an Hooligans bei so manchem

Fußballspiel. Aber das Gegenteil gibt es auch: die Gemeinschaft, die Projekte überhaupt erst ermöglicht und Wissen kanalisiert. Allerdings, wenn an der Börse tatsächlich ausschließlich eine höhere Schwarmintelligenz herrschen würde, dürfte es keine Panik, keine Crashs, keine platzenden Blasen geben. Schwarmintelligenz verläuft wohl ähnlich wie Fischschwärme, die auch ihre Position schnell wechseln: Die Intelligenz schwappt schnell über in Dummheit, ändern nur einige ihre Meinung aus nicht nachvollziehbaren Gründe, schwimmen die anderen brav und ohne zu denken hinterher. Der Herdentrieb ist nicht unbedingt der Gipfel der Intelligenz.

Schwarm für Ochsen

Den Nachweis für die tatsächliche Existenz von Schwarmintelligenz erbrachte ausgerechnet ein Forscher, der eigentlich das genaue Gegenteil, nämlich die Dummheit der Masse Mensch, beweisen wollte. Der Naturforscher Francis Galton führte 1906 einen Versuch durch: Auf einer britischen Nutztiermesse veranstaltete er einen Wettbewerb, bei dem das Gewicht eines Ochsen geschätzt werden sollte. Wie der herrliche Ochse hieß, ist nicht überliefert, aber es beteiligten sich knapp 800 Personen an dem lustigen und recht einfachen Wettbewerb. Experten waren ebenso darunter wie unbeteiligte Zuschauer. Der Mittelwert der Schätzwerte lag bei 1.197 Pfund. Und wie schwer war der Ochse wirklich? 1.198 Pfund! Neuere Forschungen haben jedoch erwiesen, dass dies nur funktioniert, wenn die einzelnen Schätzer nicht erfahren, was die anderen geschätzt haben. Tun sie das, kippt es ins Gegenteil und die Schätzwerte nähern sich einander an – gerne auch grundfalsch.

Social Trading

Bekannte Social-Trading-Plattformen sind:

✔ **www.ayondo.com** – in mehreren Sprachen, auch Deutsch, verfügbar. Hier können Sie gegen einen Obulus anderen folgen. Laut Auskunft der Seite kann man sich hier von Level zu Level hangeln, bis man in den Olymp der Trader gelangt – wie auch immer der aussehen soll, die alten Götter der Griechen gingen ja nicht zimperlich miteinander um. Ayondo Markets als Betreiber der Seite ist ein Wertpapierbroker.

✔ **www.moneymeets.com** – für Anleger, die anderen Anlegern folgen wollen, Profis wie Privatleuten. Sie können, müssen aber nicht folgen. Außerdem bietet die Seite Fonds, Vergleiche von Finanzprodukten und eine Übersicht über die eigenen Depots und Konten (falls es zu viele werden, den Überblick zu behalten).

✔ **www.sharewise.com** – bietet zusammen mit Hauck & Aufhäuser den H&A Sharewise Community Fonds an, der sich die Schwarmintelligenz zum Vorbild nimmt. Die Titelauswahl erfolgt von den 100 besten Tippgebern der Sharewise Community, wobei das Portfolio auf 25 Einzeltitel begrenzt ist.

✔ **www.wikifolia.com** – ist noch relativ neu und ist Ihnen schon in Kapitel 9 begegnet. Hier kann quasi jedermann seine Trading-Strategie ins Netz stellen und Sie können ihm folgen. Ganz umsonst ist das aber nicht, schließlich machen es die Trader nicht aus reiner Menschenliebe.

Die Journalisten von nebenan – Blogs

Eine noch relativ junge Form der Nachrichten- und vor allem der Meinungsübermittlung stellen Blogs dar. Blogger können sowohl Laien als auch Journalisten sein, die mehr oder weniger aus privatem Mitteilungsbedürfnis heraus ihre Ansichten und Einsichten zu bestimmten Themen einer breiten Öffentlichkeit kundtun – das Internet macht es möglich. Blogger sind so eine Art ständige Leserbriefschreiber, nur dass sie dafür keine Zeitung mehr brauchen. Inzwischen werden sie in den Presse- und Investor-Relations-Abteilungen durchaus ernst und vor allem auch wahrgenommen und dementsprechend oftmals mit exklusivem Material bedient – gerade in der Modebranche oder anderen konsumnahen Branchen verschwimmen so Blogger und Journalisten mehr und mehr. Aber Achtung: Blogger sind nicht dem journalistischem Ehrenkodex unterworfen – soweit sich auch die Journalisten noch an diesen erinnern.

Hier eine kleine Auswahl an interessanten Finanz-Bloggern, wobei wir uns an den jährlich vergebenen Finanzblog-Awards der Comdirekt Bank orientiert haben; hier können Sie gerne nach weiteren, zu Ihnen passenden, suchen, quasi mit Qualitätsgarantie:

✔ **Feingold Research** (www.feingold-research.com) von Daniel Saurenz und Benjamin Feingold mit dem Untertitel »Das Investmentportal für aktive Anleger und Investoren«. Sie haben den Finanzblog-Award 2014 gewonnen wegen ihrer thematischen Vielseitigkeit, Allgemeinverständlichkeit und Stilsicherheit. Kein Wunder, beides sind gelernte Journalisten.

✔ **Ökonomenstimme** (www.oekonomenstimme.org) mit sage und schreibe 34 Gründungsmitgliedern aus der ETH Zürich, die in diesem Blog schreiben. Veröffentlichen kann aber jeder Ökonom, der den (hohen) Qualitätskriterien des Blogs entspricht.

✔ **Plusvisionen** (www.plusvisionen.de) nennt sich auch Die bessere Seite für Wirtschaft, Börse, Investments. Betreut wird sie von Thomas Schumm, Journalist, Autor, Redakteur.

✔ **Finanzjournalisten.Blogspot** (www.finanzjournalisten.blogspot.de) betrieben von den vier freiberuflichen und für viele renommierte Finanztitel tätigen Journalisten Gisela Bauer, Antonie Klotz, Brigitte Watermann und Hans G. Linder.

✔ **Wirtschaftswurm** Nachrichten aus Wirtschaft und Wirtschaftswissenschaften gründlich verdaut (www.wirtschaftswurm.net), geführt von dem Diplom-Volkswirt Arne Kuster aus Siegen. Der Wirtschaftswurm erhielt 2013 den Blog-Award der Comdirekt Bank.

✔ **Mr. Market** … über Erfolg an den Finanzmärkten (www.mr-market.de) mit einer eigenen kostenpflichtigen Premiuminfo, von Michael Schulte

✔ **Menschen.zahlen.sensationen** (menschenzahlensensationen.wordpress.com) von dem Finanzredakteur Christian Kirchner (*Handelsblatt, FTD, Elternzeit*)

✔ **MyDividends** (www.mydividends.de), der Blog des gleichnamigen Tools mit aktuellen Dividendenmeldungen weltweit

✔ **Economics intelligence** (economicsintelligence.com), englisch und deutsch, von Olaf Storbeck mit Sitz in London und Blick auf Deutschland

✔ **Blick Log** (blicklog.com) seit Mitte 2008, privates Blogprojekt von Sebastian Berger, Stuttgart

✔ **Fazit – das Wirtschaftsblog** (blogs.faz.net) Blogprojekt der *FAZ*, mehrere Wirtschaftsund Finanzjournalisten

✔ **Blog über Blogs** (www.blogprojekt.de) für alle, die sich mehr für Blogs interessieren oder vielleicht selbst darüber nachdenken, einen aufzubauen.

Gurus gibt es nicht im Zoo

Im Zusammenhang mit Börseninformationen fällt gerne der Begriff »Börsen-Guru« – und diese sind hier ausschließlich gemeint. Das hängt vielleicht mit dem Diktum eines dieser Börsen-Gurus zusammen, dass sich das Handeln an der Börse zu 80 Prozent aus Psychologie und nur zu 20 Prozent Informationsverarbeitung zusammensetzt. Und psychologische Einschätzungen wollen genährt werden, am liebsten mit Speisen von Menschen, die es draufhaben. Wer sind die wahren Börsen-Gurus – im Gegensatz zu den mindestens so häufigen Börsen-Scharlatanen? Und wie erkennt man sie? Wir versuchen hier eine kleine, keinesfalls erschöpfende Typologie der Börsen-Gurus, stellen also eine Art Guru-Zoo zusammen, um es etwas despektierlich auszudrücken.

Zum Börsen-Guru erklärt man sich nicht – im Gegensatz zu anderen Gurus aus dem eher religiösen Bereich –, sondern wird von seiner Gefolgschaft zu einem solchen ernannt. Eine wesentliche Größe dafür ist ein langanhaltender Erfolg an der Börse. Einer dieser Erfolgreichen ist ohne Zweifel jener Guru, ohne dessen Sprüche kein Börsenbuch auskommt: *André Kostolany* . Er hat das gesamte 20. Jahrhundert an der Börse begleitet, was ihm neben dem erzielten und oftmals wieder verlorenen Kapital jede Menge Stoff und zahlreiche Anekdoten für viele Bücher einbrachte. Geboren in Ungarn und mit US-Staatsangehörigkeit war er schon beim Börsencrash von 1929 dabei – ein Ereignis, das ihn zweifelsfrei prägte.

Nehmen wir als Basis für das Guru-Dasein ganze Zahlen mit möglichst vielen Nullen, gelten die erfolgreichsten Börsenspekulanten zweifellos als Gurus, hier zum Beispiel *Warren Buffett* oder *George Soros*. Buffett ist mit seinem Unternehmen Berkshire Hathaway, das in Aktiengesellschaften investiert, zu den reichsten Menschen der Welt aufgestiegen, Soros zwang sogar den britischen Staat in die Knie, indem er auf – oder besser gegen – das Britische Pfund wettete und mit seinem Fonds Milliarden erzielte. Soros setzt vor allem auf sinkende Kurse und arbeitet mit Leerverkäufen. Buffett, der eine genau gegenteilige

Strategie fährt, hat es sogar zu einem eigenen Spitznamen gebracht: Er ist als das »Orakel von Omaha« bekannt, nach seinem Heimatort, in dem er noch immer völlig unprätentiös lebt.

Nicht zu einem Spitznamen, aber zu Adel – und das als Amerikaner! – brachte es John Templeton, also *Sir John Templeton*. Der Erfinder der gleichnamigen Fondsgesellschaft setzte auf eine breite, internationale Streuung von Wachstumsaktien, und damit war der bereits 1954 aufgelegte Templeton Growth Fonds geboren.

Manchmal reicht es schon, wenn man glücklich im Weg sitzt. Vor allem, wenn eine Kamera dabei ist, die eigentlich den Dax an der Frankfurter Börse ablichten möchte und dabei immer einen bestimmten Makler im Blick hat, der so schnell zu »Mister Dax« mutierte. Noch ein Spitzname – und da Mr. Dax nicht nur schweigen wollte, sondern auch seine Gedanken formulierte und zu Papier brachte, wurde aus *Dirk Müller* eine Art deutscher Börsen-Guru.

Uns würden noch einige weitere Börsen-Gurus einfallen und jetzt sind sicherlich viele eingeschnappt, weil sie hier nicht erwähnt wurden. Uns bleibt nur ein Trost: Gurus lesen lieber ihre eigenen Bücher.

 Wer mit horrenden Renditen im dreistelligen Bereich winkt oder sündhaft teure Börsenbriefe zum absolut sicheren Börsenerfolg anpreist, der ist kein Guru, sondern nichts weiter als ein Scharlatan!

IN DIESEM KAPITEL

Was Investor Relations macht

Wer warum wann an wen kommunizieren muss

Wie wird überhaupt berichtet?

Wer macht sich stark für die Aktie und die
Anleger?

Kapitel 14
Wie man an die Informationen der Profis kommt

D ieses Kapitel widmet sich der Investor-Relations-Arbeit der Unternehmen. Das ist doch bloß etwas für Profis, für institutionelle Investoren, mögen Sie einwenden. Aber in Zeiten der freien Verfügbarkeit von Information über das Internet können Sie sich natürlich auch problemlos auf den Investor-Relations-Seiten der Unternehmen umsehen und selbst schlaumachen.

Viele, auch große Aktiengesellschaften umwerben genau Sie, den Privatanleger, damit Sie Aktien kaufen. Zugegeben, so richtig merkt man das oft nicht, aber es gibt Unternehmen, die sogar eigene Investor-Relations-Seiten für Privatanleger eingerichtet haben. Die Privatanleger rücken also immer stärker ins Blickfeld der Investor-Relations-Abteilungen – doch welche Informationen bringt Ihnen das?

Investor Relations – was ist das?

Was, warum und wann kommunizieren Unternehmen an ihre Investoren und die, die es noch werden wollen? Spielen wir einmal Investor-Relations-Manager: Was sind seine Aufgaben? Er hat von seinem Chef finanzwirtschaftliche und kommunikationspolitische Ziele vorgegeben bekommen, die er mithilfe seiner Informationspolitik möglichst erreichen soll:

1. **Finanzwirtschaftliche Ziele**

   - Senkung der Eigenkapitalkosten

   - geringe(re) Schwankungen des Aktienkurses

- möglichst hoher Aktienkurs, denn nur dieser entspricht der Selbsteinschätzung des Unternehmens

- Zugang zu Kapital aus aller Welt

- Schutz vor feindlichen Übernahmen mithilfe von Groß- oder Ankeraktionären

- Unterstützung bei der Bewältigung von Unternehmenskrisen, indem die Aktionäre weiterhin an ihren Papieren festhalten

- möglichst breite Streuung des Kapitals

2. Kommunikationspolitische Ziele

- Anlegern und Mediatoren (der Presse) den wahren Unternehmenswert zeigen

- Vertrauen bei der Financial Community schaffen und diese langfristig an das Unternehmen binden

- den Bekanntheitsgrad des Unternehmens steigern, um die nötige Aufmerksamkeit zu erhalten

- das Unternehmen als eines der besten (oder das beste) in der Branche positionieren

- Reputation steigern

- Attraktivität für Mitarbeiter steigern und sie an das Unternehmen binden

- potenzielle Mitarbeiter auf das Unternehmen aufmerksam machen

Diese Ziele wurden – nicht exakt so formuliert – von der DVFA Deutsche Vereinigung für Finanzanalyse und Asset Management gemeinsam mit dem DIRK Deutscher Investor Relations Verband e.V. im Mai 2006 aufgestellt und sind inzwischen zu einer Art »Industriestandard« für eine angemessene und erfolgreiche Investor-Relations-Arbeit avanciert – also so ähnlich wie eine DIN-Norm.

 Die *Investor Relations (IR)* – zu Deutsch *Finanzkommunikation* – ist die kommunikative Schnittstelle zwischen Unternehmen und dem Kapitalmarkt und somit der erste Ansprechpartner für Analysten und Investoren zu allen Fragen rund um das Unternehmen und dessen Entwicklung. Ziel von Investor Relations ist die Schaffung von Transparenz, Vertrauen und Glaubwürdigkeit des Unternehmens am Kapitalmarkt. Eine kontinuierliche Kommunikation mit allen Kapitalmarktakteuren sowohl auf der Eigen- als auch auf der Fremdkapitalseite sowie die regelmäßige Bereitstellung von umfassenden Informationen müssen dabei die tragenden Säulen sein. So definiert der Deutsche Investor Relations Verband DIRK Investor Relations.

Längst haben auch die Investor-Relations-Abteilungen erkannt, dass sie sich nicht ausschließlich auf trockenes Zahlenmaterial stützen können, sondern die Erkenntnisse der ökonomischen Theorie der Behavioral Finance ebenfalls miteinbezogen werden sollten. Denn selbst professionelle Investoren entscheiden nicht ausschließlich rational und logisch – sie sind auch nur Menschen.

Wer warum wann an wen kommunizieren muss

Investor-Relations-Abteilungen wollen Sie als Anleger aber nicht nur aus Spaß an der Freude informieren – sie müssen es in vielen Dingen aufgrund der unterschiedlichsten Reglements. Arbeiten wir uns an den wesentlichen Fragen entlang.

Wer?

In allen größeren börsennotierten Unternehmen existieren eigene Investor-Relations-Abteilungen, zumindest aber ein Investor-Relations-Verantwortlicher. Die Abteilung Investor Relations (IR) ist oft unmittelbar dem Finanzvorstand (CFO – Chief Finance Officer) unterstellt, zunehmend auch dem Vorstandsvorsitzenden (CEO – Chief Executive Officer), dem normalerweise die Pressestelle als unabhängige Stabsstelle direkt zugeordnet ist. IR steht als Bindeglied zwischen dem Unternehmen und der Financial Community, weil sie nicht nur an die Financial Community berichtet, sondern auch aus dieser Rückmeldung in das Unternehmen gibt. In der Praxis gibt es manchmal Kompetenzstreitigkeiten und Nichtbeachtung zwischen den Bereichen Unternehmenskommunikation, Finanzkommunikation und Produktkommunikation. Dabei ist die Aktie für ein börsennotiertes Unternehmen ein weiteres »Produkt«, für das geworben und über das genauso kommuniziert werden muss, oder besser, müsste.

In 20 der 30 Dax-Unternehmen ist die Investor-Relations-Abteilung dem CFO untergeordnet. So äußerte sich die Continental-Gruppe etwa zu dieser Sichtweise:

> *Da sich etwa 90 Prozent aller Investorengespräche um Finanz-, Bilanz-, Bewertungsund Finanzierungsfragen drehen und zum Teil sehr komplexe und spezielle Fragestellungen behandelt werden, macht diese Zuordnung vollauf Sinn – zumal alle relevanten Fachbereiche an den CFO berichten.*

Der Trend geht aber zunehmend in die Richtung, sie direkt dem CEO zu unterstellen, weil sie für börsennotierte Unternehmen in unserer kommunikationslastigen Welt so wichtig geworden ist. Siemens hat beispielsweise seine IR-Abteilung mittlerweile in den Vorstandsbereich von CEO Joe Kaeser überführt, allerdings war Joe Kaeser auch lange Zeit CFO. Der an der Börse – und auch sonst – sehr erfolgreiche Linde-Konzern praktiziert das bereits seit längerer Zeit und kommentiert dies folgendermaßen:

> *Diese Zuordnung unterstützt einen einheitlichen, konsistenten Auftritt gegenüber allen Stakeholdern.*

Warum?

Wir haben bereits die Ziele aufgeführt, die dem Investor-Relations-Manager vorgegeben werden – zum Beispiel den Kurs der Aktie hoch zu halten. Dazu bedarf es positiver Nachrichten aus dem Unternehmen. Natürlich kann der IR-Manager diese nicht selbst produzieren, aber er kann sie weitergeben, falls vorhanden. Neben allen freiwilligen Kommunikations-maßnahmen aus Eigeninteresse gibt es

✔ Mussvorgaben vom Gesetzgeber,

✔ Mussvorgaben der einzelnen Börsenplätze, wenn die Unternehmen dort gelistet sein wollen,

✔ Kannvorgaben vom Investor-Relations-Verband DIRK.

Die wichtigsten gesetzlichen Regelungen in Sachen Investor Relations – zum Sonderfall der Ad-hoc-Publizität und Insiderhandel später mehr – sind:

✔ Laut Gesetz müssen börsennotierte Aktiengesellschaften unter anderem jährliche Dokumente – gemeint ist damit vor allem der Geschäftsbericht – sowie halbjährliche Publikationen veröffentlichen. Die gesetzliche Grundlage bilden dabei das Handelsgesetzbuch (HGB), das Wertpapierhandelsgesetz (WpHG) und das Aktiengesetz (AktG).

✔ Das Aktiengesetz legt zudem fest, welche Art von Buchführung (Rechnungslegung) börsennotierte Unternehmen anwenden müssen und dass sie eine Hauptversammlung abzuhalten haben.

✔ Das Wertpapierhandelsgesetz definiert die Zulassungsfolgepflichten, die Unternehmen an der Börse einhalten müssen, und definiert den Insiderhandel näher und legt die Strafen fest, wenn dagegen verstoßen wird.

✔ Die Europäische Marktmissbrauchsverordnung (oder MAR) gilt für alle Unternehmen, die an der Börse notiert sind. Sie müssen Adhoc-Meldungen und Directors' Dealings veröffentlichen und Insiderverzeichnisse führen, auch wenn sie im Freiverkehr einer Börse gelistet sind. Für Sie als Anleger bedeutet dies ein Maximum an Informationen gerade auch von kleineren Unternehmen.

Die wichtigsten Börsenregelungen kommen von der größten Börse in Deutschland. Jedes im Prime Standard der Deutsche Börse AG gelistete Unternehmen ist verpflichtet, darüber hinaus Quartalsberichte zu veröffentlichen. Das ist ein Reglement, das die Börse Frankfurt erfunden und in ihrer Börsenordnung festgelegt hat. Es ist somit verpflichtend für Unternehmen, die in den Prime Standard wollen, jedoch nicht, wenn sie einfach nur in den regulierten Markt streben. Auch innerhalb des Freiverkehrs können Börsen zusätzliche Anforderungen an die Unternehmen stellen, so zum Beispiel die Börse München, die für ihr Mittelstandssegment m:access von jedem dort gelisteten Unternehmen mindestens einmal im Jahr eine Analystenkonferenz fordert. Der Einfachheit halber organisiert die Börse München diese Konferenzen gleich für die Unternehmen mit.

Wann?

Grundsätzlich sollten für Anleger relevante Unternehmensmeldungen so früh wie möglich verschickt werden, schon allein um Vorwürfen wegen Insidergeschäften zuvorzukommen. Wichtig ist vor allem eine kontinuierliche Berichterstattung über gute wie schlechte Nachrichten, denn Sie als Anleger dürfen erwarten, dass Sie stets darüber informiert sind, was gut und was schlecht läuft, um auf dieser Grundlage entscheiden zu können, ob Sie dem Unternehmen weiterhin Ihr Geld zur Verfügung stellen oder nicht.

Bei Ad-hoc-Mitteilungen gibt es strengere gesetzliche Vorgaben darüber, wann sie zu erscheinen haben. So müssen bereits eine halbe Stunde vorab die Börsen informiert werden, damit diese entscheiden, ob die Nachricht so relevant ist, dass sie den Kurs aussetzen, damit es zu keinem Kursrutsch kommt. Hier ist noch das gute alte Fax gefordert – eine E-Mail reicht nicht aus.

Nach § 15 Wertpapierhandelsgesetz müssen Emittenten – Aktiengesellschaften – ohne schuldhaftes Zögern alle Tatsachen, die den Börsenkurs erheblich beeinflussen, veröffentlichen. Dies soll verhindern, dass Informationen Insidern vorbehalten bleiben, die diesen Wissensvorsprung zu ihrem Vorteil (aus)nutzen können. Je nach Inhalt der Meldung können sie dann tatsächlich kursbeeinflussend wirken. Viele Finanzwebseiten zeigen in einer eigenen Rubrik sämtliche aktuellen Ad-hoc-Mitteilungen an.

Was?

Die Finanzkommunikation stützt sich zumeist auf (leider trockenes) Zahlenmaterial, aber nicht nur. Das Zahlenmaterial setzt sich zusammen aus:

✔ Bilanz, Gewinn-und-Verlust-Rechnung, Kapitalflussrechnung

✔ in die Zukunft gerichtete Aussagen, Unternehmensziele

✔ Führungsprinzipien

✔ Strategie

✔ Marktsituation, allgemeine wirtschaftliche Lage, Brancheninformationen

Zunehmend spielen aber auch »weiche« Faktoren wie Innovationen, Personal, aber auch Entwicklungen der Branche und der Märkte eine Rolle in der IR-Kommunikation.

Früher freiwillig, inzwischen vom Gesetzgeber über die vom Justizministerium veröffentlichten Rechnungslegungsstandards verlangt, sollen Unternehmen außerdem Themen wie Nachhaltigkeit oder ESG – das steht für Environment, Social, Governance – berücksichtigen. Ganz überwiegend wird das im Rahmen der Geschäftsberichte und dort im Lagebericht abgearbeitet. Eigene Nachhaltigkeitsberichte planen nur etwa 15 Prozent der Unternehmen mit eher rückläufiger Tendenz.

Wie wird kommuniziert? – Die Instrumente der Investor Relations

Dem Investor-Relations-Manager stehen ähnliche Instrumente zur Verfügung wie seinem Kollegen aus der Presseabteilung – teilweise werden sie auch gemeinsam genutzt. Er kann damit eine ganze Klaviatur an Kommunikationsmitteln einsetzen, die eher größer als kleiner wird und sich mehr und mehr in elektronische Übermittlungsmedien verlagert.

Die wichtigsten Instrumente der Investor Relations sind:

✔ Pressemitteilungen

✔ Ad-hoc-Mitteilungen

✔ Geschäftsberichte/Finanzberichte/Quartalsberichte

✔ Hauptversammlung

✔ Webseite

✔ Investorengespräche/Analystenkonferenzen/Roadshows

✔ Aktionärsbriefe

✔ Newsletter

✔ Fachartikel/Fachbücher/Aufsätze/Vorträge/Kolumnen

✔ Newsletter

✔ Kundenmagazin, gedruckt oder digital

✔ Sponsoring/CSR

✔ Social-Media-Kanäle (YouTube, Twitter, Facebook, Google+ und andere)

Im Folgenden sollen die wichtigsten Instrumente kurz beleuchtet werden, damit Sie deren Bedeutung besser einschätzen können.

Die gute alte Pressemitteilung

Noch immer bilden Pressemitteilungen die Basis für die Beziehung zwischen Unternehmen und Journalisten. Sie sind das entscheidende Bindeglied zwischen Informationsanbietern und -verwertern. Das Verhältnis von Eigenrecherche der Journalisten und der Übernahme von Unternehmensmeldungen liegt bei etwa 30 zu 70. Das heißt, 70 Prozent eines Berichts über ein Unternehmen stammen vom Unternehmen, 30 Prozent hat der Journalist selbst recherchiert. Dieses Verhältnis könnte sich in Zukunft noch weiter zugunsten der Unternehmensinformationen ändern, denn viele Redaktionen werden personell immer weiter heruntergefahren, wohingegen die Presse- und Investor-Relations-Abteilungen der Unternehmen ausgebaut werden – irgendwo müssen die arbeitslos gewordenen Redakteure ja unterkommen.

Früher gingen Pressemitteilungen ausschließlich per Post oder Fax an die Zeitungs- und Zeitschriftenredaktionen und wurden dort zum Teil einfach redigiert und ins Blatt genommen oder weiterverarbeitet. Heute stellen Unternehmen ihre Pressemitteilungen zusätzlich auf die eigene Webseite, außerdem gibt es Webportale, die sie eins zu eins übernehmen. Das bedeutet für Sie als Anleger: Sie selbst können wie ein Journalist die Nachrichten der

Unternehmen ungefiltert aufnehmen und Ihre eigenen Schlüsse daraus ziehen. Es ist ganz interessant, auf Basis dieser Kenntnisse die Zeitungsmeldungen gegenzulesen.

Die überwiegende Zahl der Pressemitteilungen schafft es ohnehin nicht bis in die Zeitung. Denn selbst personell gut besetzte Redaktionen haben das Problem, dass sie Papier sparen – nach den Personalkosten der zweitgrößte Kostenfaktor –, und sich deshalb auf die wesentlichen Nachrichten konzentrieren müssen. Und diese stammen meist von den großen Unternehmen.

Ad hoc, was?

Wesentlich interessanter als Pressemitteilungen, die im Grunde alles enthalten können, sind für Sie als Anleger Ad-hoc-Meldungen, denn diese beziehen sich ausschließlich auf kursrelevante Meldungen. Alle Dinge, die sich irgendwie auf den Kurs des Unternehmens auswirken könnten (hier ist der Konjunktiv Pflicht), müssen (hier gilt der Imperativ) gemeldet werden. Dazu gibt es gesetzliche Regeln und Vorgaben, und die BaFin hat sogar einen eigenen, etwa 210-seitigen Emittentenleitfaden zum Thema Ad-hoc-Mitteilung herausgegeben.

 Wer es genau(er) wissen will, die Regelungen für Ad-hoc-Meldungen finden Sie hier aufgelistet:

✔ Wertpapierhandelsgesetz

✔ Anlegerschutzverbesserungsgesetz (2004)

✔ Transparenzrichtlinie-Umsetzungsgesetz (2007)

✔ Risikoabsicherungsgesetz (2008)

✔ Anlegerschutz- und Funktionsverbesserungsgesetz (2011)

✔ Mindeststandards der DVFA

✔ Marktmissbrauchsverordnung (MAR) 2014

Über Ad-hoc-Mitteilungen werden demnach kursrelevante Informationen weitergegeben. Nun neigen Unternehmen dazu, positive Informationen als besonders kursrelevant und negative Meldungen als kaum der Rede wert zu interpretieren. Gerade zu Hochzeiten des Neuen Marktes wurden Ad-hoc-Meldungen gerne als zusätzliches Marketinginstrument eingesetzt. So musste der Gesetzgeber die Flut an Ad-hoc-Meldungen auf der einen Seite einzudämmen versuchen, das plötzlich ausgebrochene Schweigen in Not geratener Unternehmen hingegen aufbrechen.

Warum kursrelevante Meldungen möglichst schnell veröffentlicht werden müssen und das Ganze daher streng gesetzlich geregelt wird, liegt auf der Hand: weil die Ursache der Meldungen im Unternehmen bereits bekannt ist und somit ein relevanter Personenkreis einen unlauteren Informationsvorsprung besitzt. Viele Manager bekommen ihre Boni schließlich in Form von Aktien ausbezahlt, besitzen demnach größere Aktienbestände, und könnten dies kaltschnäuzig zu ihrem Vorteil ausnutzen. Man nennt diesen Personenkreis *Insider* und aufgrund ihrer Informationshoheit getätigte Aktienverkäufe oder -käufe *Insidergeschäfte*.

Wenn Insider Geschäfte machen

Was sind Insidergeschäfte genau? Im Prinzip alle Geschäfte, die Sie als Privatanleger übervorteilen. Das muss nicht zwangsläufig aus dem Unternehmen heraus geschehen – so überprüft die US-Aufsicht gerade Hochfrequenzhändler daraufhin, ob sie durch ihre kurzen Leitungen direkt an die Börsensysteme einen unstatthaften Informationsvorsprung haben. Und gegen einige Hedgefonds wird ermittelt, ob die allzu guten und allzu engen Kontakte in die Informationszentralen einiger Unternehmen eventuell zu Wettbewerbsvorteilen führen könnten.

Nach § 13 Absatz 1 Wertpapierhandelsgesetz sind *Insiderinformationen*

✔ eine konkrete Information (präzise, bereits existierend oder mit hinreichender Wahrscheinlichkeit eintreffend, wobei diese hinreichende Wahrscheinlichkeit genauer definiert wird mit einer Eintrittswahrscheinlichkeit von 50 Prozent plus x – wer auch immer das so genau festzulegen vermag),

✔ Informationen über nicht öffentlich bekannte Umstände,

✔ Informationen, die sich auf einen oder mehrere Emittenten von Insiderpapieren oder auf Insiderpapiere selbst beziehen und

✔ die geeignet sind, im Falle ihres öffentlichen Bekanntwerdens den Börsen- oder Marktpreis der Insiderpapiere erheblich zu beeinflussen.

✔ Achtung: Auch Zwischenschritte eines noch nicht abgeschlossenen Entscheidungsprozesses, dessen Ergebnis den Börsenpreis erheblich beeinflussen kann, müssen schon dann publiziert werden, wenn vernünftigerweise anzunehmen ist, dass es zu der Entscheidung kommt!

Wer dagegen verstößt, dem können bis zu fünf Jahre Gefängnis blühen. Voll von solchen Delinquenten sind deutsche Gefängnisse allerdings nicht, ermittelt wird aber schon.

Was wird schon den Kurs beeinflussen?

Welche Informationen sich kursbeeinflussend auswirken können – und damit eine Ad-hoc-Mitteilung zwingend erforderlich machen, haben Sie bereits in Kapitel 6 erfahren. Hier noch einmal die wichtigsten auf einen Blick:

✔ Veräußerung oder Kauf wichtiger Geschäftsfelder

✔ Übernahmen von Unternehmen oder Abspaltungen von Teilen des Unternehmens

✔ Kauf wesentlicher Beteiligungen

✔ wesentliche Änderungen der Ergebnisse des Jahresabschlusses, positiv wie negativ

✔ Überschuldung, Zahlungseinstellungen, Insolvenzanträge

Wenn Direktoren handeln

Natürlich ist nicht jeder Aktienkauf oder -verkauf eines sogenannten Insiders gleichzusetzen mit Insiderhandel. Schließlich sind Manager und andere Firmenangehörige auch Anleger – aber eben besondere, weil sie unter Umständen Zugriff auf sensible Informationen haben. Daher müssen sie ihre Käufe und Verkäufe offiziell durchführen und entsprechend melden. Diese Meldepflichten sind in Deutschland erst seit 2002 verpflichtend (also noch gar nicht so lange) und werden *Directors' Dealings* genannt. In den USA wird das bereits seit den 1930er-Jahren verlangt.

Bereits ab einer Summe von insgesamt 5.000 Euro muss in Deutschland ein Handel gemeldet werden, betroffen von der Meldepflicht sind alle Organmitglieder, also Vorstände, Aufsichtsrat, Betriebsrat et cetera, außerdem alle Personen mit Führungsaufgaben und alle nahen Angehörigen dieses Personenkreises sowie Personen, die regelmäßig Zugang zu wichtigen internen Informationen haben. Directors' Dealings müssen an das Unternehmensregister übermittelt und ein Veröffentlichungsbeleg an die BaFin weitergeleitet werden. Wer dagegen verstößt, landet nicht gleich im Gefängnis, kann aber eine Geldstrafe bis zu 100.000 Euro aufgebrummt bekommen.

Immer mehr Publikationen interpretieren Directors' Dealings als Indikator für die Wertschätzung von Aktien, nach dem Motto »Wenn selbst der Vorstand kauft/ verkauft ...«. Wobei Sie insbesondere den Kauf von Aktien des eigenen Unternehmens als Empfehlung zum Aktienkauf nutzen sollten. Aktienverkäufe hingegen spiegeln schon wegen möglicher Insidervorwürfe eher die persönliche Situation des Verkäufers wider als diejenige seines Unternehmens. Steuernachzahlungen, die Ausbildung der Kinder, ein Ferienhaus – die Gründe sind vielfältig und haben in der Regel wenig mit dem Unternehmen an sich zu tun.

Die Königsdisziplin – der Geschäftsbericht

Von Januar bis etwa Mitte März geht es rund in den IR-Abteilungen großer Unternehmen, denn parallel zum Jahresabschluss wird am Geschäftsbericht geschrieben, recherchiert, gefeilt. Diese Dokumente sind die Königsdisziplin, mit der die Presse und die Aktionäre gleichermaßen beglückt werden. Oftmals sind sie dickleibig, denn Pflicht und Kür der Inhalte summieren sich je nach Unternehmensgröße zu formidablen Werken.

Geschäftsberichte größerer Aktiengesellschaften enthalten

✔ einen vollständigen Jahresabschluss einschließlich der Gewinn-und-Verlust-Rechnung,

✔ einen Lagebricht zur Situation des Unternehmens im Marktumfeld,

✔ den Bericht des Aufsichtsrats,

✔ einen Vorschlag und einen Beschluss zur Gewinnverwendung (also die Höhe der Dividendenausschüttung),

✔ den Bestätigungsvermerk des Abschlussprüfers, dass alles mit rechten Dingen zugegangen ist im abgelaufenen Geschäftsjahr.

Geschäftsberichte müssen von Unternehmen erstellt werden – allerdings nicht zwangsläufig als Hochglanzausgabe. Doch viele Unternehmen nutzen Geschäftsberichte gleichzeitig als wichtiges Instrument zur Selbstdarstellung, also für die Imagepflege. Sie versuchen nicht nur nackte Zahlen, sondern vor allem auch die Botschaft, das Selbstverständnis des Unternehmens nach außen zu transportieren, zum Beispiel über

✔ die Produkte des Unternehmens,

✔ die überdurchschnittliche Profitabilität, die Wirtschaftlichkeit aller Sektoren und Bereiche, also wirtschaftliche Kennzahlen,

✔ Innovationen in Produkten und Dienstleistungen,

✔ die Mitarbeiter, ihre Fähigkeiten und Besonderheiten, den Zusammenhalt, das Engagement auch über das Unternehmen hinaus,

✔ wichtige und interessante Kunden in aller Welt,

✔ das soziale, kulturelle, soziale oder ökologisches Engagement des Unternehmens.

Nicht nur einmal im Jahr

Die Börse Frankfurt schreibt für den Prime Standard – die Voraussetzung, um in den Dax oder andere Mitglieder der Dax-Familie aufgenommen zu werden – Quartalsberichte in Deutsch und Englisch vor. Diese müssen mindestens die Bilanz, die Gewinn-und-Verlust-Rechnung, eine Kapitalflussrechnung sowie einige weitere Angaben zur Geschäftstätigkeit und zum Unternehmen enthalten. Genutzt werden die Quartalsberichte insbesondere von Analysten und institutionellen Investoren. Inzwischen veröffentlichen oftmals auch Unternehmen, die nicht im Prime Standard gelistet sind, Quartalsberichte, die allerdings meistens weniger umfassend sind und sich auf wenige Key Notes beschränken. Trotzdem bekommt der Anleger so einen Einblick, wie sich das Geschäftsjahr entwickelt.

Es gibt an einer solchen quartalsweisen Berichterstattung auch kritische Stimmen, mitunter aus den Unternehmen selbst. Der Tenor: Der Zwang zu Quartalsberichterstattung führe zu einer nur auf kurzfristigen Erfolg ausgerichteten Unternehmenspolitik.

 Porsche hatte sich hartnäckig geweigert, Quartalsberichte vorzulegen – wollte aber dennoch in den Prime Standard aufgenommen werden. Das Unternehmen klagte gegen diese Regel der Frankfurter Börse – und verlor. Inzwischen ist Porsche, wie bekannt, Teil des Volkswagenkonzerns und wird zwar noch an der Börse gehandelt, ist aber schon wegen des fehlenden Streubesitzes in keinem Index mehr vertreten.

Direkte Kommunikation

Ein genuines Mittel der Kommunikation, das ausschließlich der Investor-Relations-Abteilung vorbehalten bleibt, ist die Hauptversammlung. Diese Veranstaltung ist Ihnen bei der Lektüre dieses Buches schon des Öfteren begegnet. Oftmals wird sie als lästige Pflicht im

Unternehmen empfunden und dementsprechend nicht optimal als wichtiges Kommunikationselement genutzt. Dabei hätten Unternehmen und Vorstand genau hier die Möglichkeit, sich vis-à-vis mit ihren Aktionären auseinanderzusetzen.

Leider sehen auch die Aktionäre Hauptversammlungen nicht mehr als so wichtig und bedeutend an. Die Zahl der Besucher nimmt – nach einer kleinen Erholung im Jahr 2012 – stetig ab. Waren es auf einer Hauptversammlung von Dax-Unternehmen im Jahr 2007 noch durchschnittlich über 3.800 Besucher, rafften sich 2017 nur noch etwa 2.300 Besucher dazu auf, »ihr« Unternehmen aufzusuchen. Weit über dem Durchschnitt und an der Spitze der Zahl der Aktionäre lag die Daimler AG mit 6.2000 Besuchern, gefolgt von Siemens mit 6.150 und BMW mit 5.500 Besuchern im Jahr 2013.

Nichts für Rowdys

Sehr beliebt bei Unternehmen und Interessenten sind sogenannte Roadshows, die meist im unmittelbaren Vorfeld eines Börsengangs unternommen werden oder bei einer wichtigen weiteren Kapitalmaßnahme, etwa einer Kapitalerhöhung oder dem Emittieren einer Unternehmensanleihe. Adressaten von Roadshows sind allerdings in der Regel institutionelle Investoren, oftmals sind auch Journalisten eingeladen. Sie als Privatanleger können deshalb lediglich über die Presse davon lesen.

Einfach im WWW

Das ganzjährige und wichtigste Kommunikationsmittel zwischen Anleger und der Aktiengesellschaft ist die Unternehmenswebseite, auf der Sie Neuigkeiten über das Unternehmen und seine Produkte erfahren. Speziell für Sie als Investor gedacht ist die Investor-Relations-Seite. Manchmal müssen Sie vorab einen Disclaimer – also eine Art rechtliche Eintrittskarte – anklicken und damit bestätigen, dass Sie kein Investor aus den USA sind. Keine Sorge, das hat rein juristische Gründe und braucht Sie, außer Sie sind tatsächlich Amerikaner, nicht weiter zu interessieren. Immer mehr Unternehmen entscheiden sich für eine separate Investor-Relations-Seite nur für Privatanleger.

Da es mittlerweile für alles Preise und Auszeichnungen gibt, gibt es auch eine Rangliste für IR-Webseiten.

Von Profis für Profis

Eine wichtige Entscheidungshilfe beim Wertpapierkauf sind die Bewertungen, die professionelle *Analysten*, genauer Finanzanalysten, über Unternehmen und ihren Aktienkurs abgeben. Diese Analysten können entweder fest angestellt in Banken arbeiten und die dortige Wertpapierabteilung beim Handel als Buy-Side-Analysten unterstützen, oder sie können frei agieren und ihre Analysen Investoren zur Verfügung stellen als Sell-Side-Analysten.

Analysten unterziehen Unternehmen einer Art verschärften Fundamentalanalyse, wobei sie nicht nur das vorhandene und öffentlich zugängliche Datenmaterial aus den Unternehmen nutzen, sondern auch sehr oft noch die direkte Kommunikation zum Vorstand, meist dem

Finanzvorstand, suchen. Börsennotierte Unternehmen führen für gewöhnlich eigene Analystenkonferenzen durch, in denen sie ihre Zahlen, Fakten und Bilanzen genauestens darlegen. Analysten sind ausgewiesene Spezialisten, die nach ihrem BWL- oder VWL-Studium meist noch eine Zusatzqualifikation abgelegt haben müssen. Das Wertpapierhandelsgesetz verlangt von ihnen »Sachkenntnis, Sorgfalt und Gewissenhaftigkeit« – Tugenden, die man sich ja auch in anderen Bereichen durchaus wünscht.

Generell teilen Analysten Aktien in drei Handlungsempfehlungen ein: Kaufen (buy), Verkaufen (sell) und Halten (hold), also Nichtstun. Können Analysten irren? Mit Sicherheit, denn oftmals erscheinen zu ein und derselben Aktie Analystenratings oder Einschätzungen von Kaufen über Halten bis Verkaufen – insofern können gar nicht alle recht haben. Es gibt aber auch noch eine feinere Abstimmung mit etwa »übergewichten« (overweight), also deutlich zukaufen, oder »outperform«, das heißt, die Aktie wird sich deutlich besser entwickeln als der zugehörige Index. Mit »strong buy« oder »strong sell« will der Analyst zum Ausdruck bringen, dass man seine Empfehlung dringlichst befolgen sollte.

Meist konzentrieren sich Analysten auf bestimmte Sektoren oder Märkte, für die sie sich einen reichen Wissensschatz angeeignet haben. Je nach Sektor benötigen sie also neben betriebswirtschaftlichen auch etwa technisches oder medizinisches Fachwissen.

Viele Unternehmen informieren auf ihrer Webseite im Investor-Relations-Bereich über die aktuellen Analystenbewertungen, manche veröffentlichen sogar eine Liste, auf der alle ihr Haus betreffenden Analysten namentlich erwähnt werden. Bei Daimler werden so beispielsweise 34 Analysten genannt vom Bankhaus B. Metzler bis zur UBS. Auf Finanzwebseiten wie zum Beispiel auf www.finanzen.net finden Sie sämtliche Analystenstimmen zu einzelnen Aktien unter dem Punkt »Analysen«, wenn Sie möchten sogar sortiert nach Buy, Hold und Sell.

Wer macht sich stark für die Aktie und die Anleger?

Neben all jenen, die sich berufsmäßig und gegen Geld – unmittelbar oder mittelbar – um die Belange der Anleger kümmern, gibt es natürlich auch Interessenvertretungen. Bei manchen können Sie Mitglied werden, aber in jedem Fall können Sie diese Vereine und Organisationen als Informationsquelle für das Thema Aktienanlage nutzen. Die wichtigsten Verbände sind die Schutzvereinigung der Kapitalanleger e.V. (SdK) und die Deutsche Schutzvereinigung für Wertpapierbesitz e.V. (DSW).

Westdeutsche Aktionärskultur

Die *Deutsche Schutzvereinigung für Wertpapierbesitz e. V. (DSW)* ist aufgrund ihrer Mitgliederzahl von etwa 25.000 die größte Organisation, die sich die Vertretung der Aktionärsrechte aufs Panier geschrieben hat, und mit Gründungsdatum 1947 auch die älteste. Die DSW ist in acht Landesverbänden organisiert und spiegelt damit noch eins zu eins die Situation vor der Wiedervereinigung wider, sind es doch ausschließlich westliche Bundesländer.

Die DSW nimmt an Hauptversammlungen für die Mitglieder teil, organisiert Sammelklagen und gibt den Anlegern jede Menge Informationen an die Hand – bis hin zu Abstimmungsempfehlungen auf den Hauptversammlungen. Auch Informationsveranstaltungen wie Aktienforen oder Round-Table-Gespräche bietet die DSW an. Als Mitgliederzeitschrift gilt *Focus Money,* die Webadresse lautet www.dsw-info.de.

Ehrenamtlich sprechen

Die *Schutzvereinigung der Kapitalanleger e. V. (SdK)* setzt sich für die Interessen der Privatanleger ein und wird deshalb auch gerne nach wie vor als Schutzgemeinschaft der Kleinanleger bezeichnet, denn unter diesem Namen wurde sie im Jahr 1959 gegründet. Prinzipiell geht es der SdK um den Schutz von Minderheitenaktionären, sie setzt sich aber auch aktiv für die Anlegerkultur ein. Die Mitwirkung ist ehrenamtlich und selbstverständlich sind alle Vereinsmitglieder und Mitwirkenden selbst Aktionäre.

Die SdK oder besser deren rund 50 ehrenamtliche Sprecher besuchen zum Beispiel Hauptversammlungen, in der Summe etwa 500 im Jahr, also weit mehr als nur die der Dax- oder MDax-Unternehmen. Vielmehr haben sich die Sprecher auf einzelne Firmenbelange und Branchenthemen spezialisiert und nehmen auch für ihre Mitglieder etwa Stimmrechte wahr. Die SdK führt für ihre Mitglieder aktienrechtliche Verfahren, nach Umfang und Qualität mehr als alle anderen Anlegerschutzverbände. Das offizielle Vereinsblatt ist *Anleger Plus,* die Webadresse lautet www.sdk.org.

Kritik von innen

Im *Dachverband der Kritischen Aktionärinnen und Aktionäre* haben sich rund 30 Einzelorganisationen zusammengeschlossen, deren generelles Ziel die nachhaltige Kapitalanlage ist. Sie fordern von den Unternehmen mehr Nachhaltigkeit, bessere Arbeitsbedingungen, gesellschaftliches und soziales Verhalten. Im Prinzip so eine Art linke Aktionäre – auch wenn sich das viele Linke nicht recht vorstellen können. Frei nach der 68er-Bewegung könnte ihre Devise lauten, dass sie einen Kampf in den Unternehmen führen – und den können sie nur führen, weil sie etwa auf Hauptversammlungen mit ihrem Stimmrecht vertreten sind. Vor allem gegen die Rüstungsindustrie, aber auch gegen die großen Versorgungsunternehmen ziehen die Kritischen Aktionäre zu Felde. Mehr Informationen finden Sie im Internet unter www.kritischeaktionaere.de.

Eine Stimme für die Aktie

Neben diesen als Verein angelegten Anlegerschutzverbänden gibt es weitere Organisationen, die sich um das Wohl der Aktie kümmern, allerdings eher aus der Sicht der Aktiengesellschaften. An erster Stelle wäre hier das *Deutsche Aktieninstitut (DAI)* zu nennen. Da weder Aktien noch die Unternehmen für sich allein stehen, setzt sich das Institut ganz allgemein für funktionierende Kapitalmärkte ein. Bevormundung von Aktionären und Unternehmen sind ihm ein Gräuel. Bekannt ist das Deutsche Aktieninstitut vor allem wegen seiner Statistiken über die Zahl der Aktionäre, unterteilt in direkte Aktionäre (halten nur Aktien), indirekte Aktionäre (halten Aktien nur über Fonds), solche, die direkt und indirekt anlegen, und Belegschaftsaktionäre. Eine weitere bekannte Publikation ist das Renditedreieck, das Auskunft darüber gibt, wie viel durchschnittliche Rendite Sie jährlich erzielt hätten, wenn Sie zum Zeitpunkt X Aktien gekauft und zum Zeitpunkt Y wieder verkauft hätten. Gegründet wurde das Deutsche Aktieninstitut bereits 1953, getragen wird es von den Mitgliedern, etwa 200 börsennotierte Aktiengesellschaften, Banken, Börsen, Investoren und weitere Marktteilnehmer. Die Internetadresse lautet www.dai.de.

Kapitel 15
Besser Zirkel und Lineal als Kristallkugel

M anches in diesem Kapitel wird Ihnen bekannt vorkommen. Einerseits weil Sie es schon irgendwo gehört oder gelesen haben. Andererseits weil es Ihnen in diesem Buch in dieser oder jener Form bereits begegnet ist. Warum also die Wiederholung? Ganz einfach: Viele Dinge spielen bei der Kapitalanlage ineinander, es ist daher schwer, sie exakt in Einzelschritte zu trennen. Von Frühindikatoren, die Kurse beeinflussen können, haben Sie beispielsweise in Kapitel 6 erfahren. Dieselben Kennzahlen können aber gleichzeitig die Basis für Anlagestrategien bilden (Kapitel 9).

Um es mit den Wiederholungen nicht allzu wild zu treiben, beschränkt sich dieses Kapitel auf die Leitlinien und bietet so eine Art »Grundkurs Volks- und Betriebswirtschaftslehre«. Denn dieses Wissen ist die Basis, das Fundament jeder finanziellen Entscheidung. Das Fundament gehört doch an den Anfang, werden Sie jetzt einwenden. Stimmt. Aber wir bauen schließlich kein Börsenhaus, wir beschreiben es nur – und deshalb haben wir mit dem Piano nobile angefangen: der Aktie.

Ein kleiner Grundkurs in Volkswirtschaftslehre

Keine Sorge, Ihnen wird jetzt keine lange, abstrakte Vorlesung zum Thema Volkswirtschaftslehre verabreicht. Versprochen! Einer der beiden Autoren schlief – bei allem Interesse – regelmäßig während der VWL-Vorlesung ein. Doch die Grundprinzipien des Wirschaftens im Allgemeinen (Volkswirtschaft) und im Speziellen im Unternehmen (Betriebswirtschaft) zu verstehen, ist die Voraussetzung, um sinnvoll in Aktien investieren zu können.

Wer schon einmal ein Buch zum Thema Volkswirtschaftslehre in der Hand hatte, hat es womöglich gleich ganz schnell und erschrocken wieder zugeklappt, weil es vor Formeln schier überquoll. Oder er hat begeistert hineingeschmökert – ein wahrer Mathe-Liebhaber. Lange Zeit hat sich die Volkswirtschaftslehre gerne in ein Zahlengerüst gehüllt und sich damit mit einer Aura der Wissenschaftlichkeit umgeben. Die Volkswirtschaftslehre ist aber im Grunde keine mathematisch exakte Wissenschaft, sondern eine Sozialwissenschaft – mit allen Unzulänglichkeiten des agierenden Menschen. Insofern gibt es zu jedem einzelnen hier aufgeführten Themenkomplex mehrere nicht nur unterschiedliche, sondern sogar konträre Lehrmeinungen – auf die in diesem Buch allerdings nicht in jedem Einzelfall näher eingegangen werden soll und kann.

Was ist Geld und wer stellt es her? Warum gibt es Zinsen und welche Wirkung erzielen sie? Wie entstehen Güter? Warum boomt die Wirtschaft nicht permanent? Diese Fragen bilden die Kernthemen in diesem Kapitel. Um ein Auto sicher fahren zu können, müssen Sie es schließlich auch nicht in seine Einzelteile zerlegen können. Doch grundlegend zu wissen, warum es überhaupt funktioniert, hilft vielleicht dabei, die Lebensdauer Ihres Wagens zu verlängern.

Zu wenig und zu viel Geld

Was ist Geld? Blöde Frage, werden Sie einwenden. Aber versuchen Sie einmal, es wirklich zu erklären. Mit Geld können Sie zahlen, Sie können es eintauschen, zum Beispiel in eine andere Währung, Sie können damit rechnen, Sie können es aufbewahren und es dient als Wertmaßstab, wenigstens im materiellen Sinne. Aber: Wenn ein Top-Manager 200.000 Euro im Monat und ein Arbeiter 2.000 Euro im Monat verdient, ist das dann ein Wertmaßstab für den Menschen? Natürlich nicht!

Warum hat Geld überhaupt einen Wert, es besteht doch nur aus wertlosem Papier? Diese Frage stellt sich die Menschheit, seit es Geld gibt. Schon Platon stellte fest, dass Geld eine Konvention sei, unabhängig von stofflicher Substanz – die es zu seiner Zeit in Form von Gold- oder Silbergehalt aber sogar noch gab!

Zeit ist Geld, dieses Sprichwort kann man wörtlich nehmen. Denn Geld minimiert den Zeitaufwand, den man hätte, wenn man Güter direkt gegen Güter tauschen müsste, nahezu auf null. Vor allem weil es unwahrscheinlich ist, dass derjenige, der das Gut besitzt, das Sie wollen – sagen wir einen Esel –, das haben möchte, was Ihnen gehört, zum Beispiel drei Ziegenböcke. Vielmehr müssten Sie die Ziegenböcke vorher gegen ein Kamel tauschen, weil der Eigentümer des Esels eben ausgerechnet ein Kamel sucht. Der Kamelbesitzer will aber lieber einen Hahn, sieben Hühner und zwei Kälbchen. Also müssten Sie einen Ziegenbock gegen die Hühner und die anderen beiden gegen zwei Kälbchen eintauschen … Sie merken schnell: Tauschen ist ziemlich zeitraubend. Menschen, die sozialistische Wirtschaftsformen erleben mussten, können vom Schlangestehen und Tauschen ein Lied singen, aber das war eben das soziale Gemeinschaftsgefühl des real existierenden Sozialismus. So griffen Menschen in Tauschwirtschaften schnell zu einem allseits anerkannten Zwischentauschmittel, ob das nun Kauri-Muscheln, gepresster Tee oder – während der Schwarzmarktzeiten nach dem Zweiten Weltkrieg – Zigaretten waren.

Wer schafft Geld und wo kommt es her? Kurz und bündig: von der Bundesbank und den Zentralbanken, aber auch von allen anderen Banken. Man nennt dies *Geldschöpfungsprozess* und tatsächlich haftet diesem Akt etwas Metaphysisches an. Über die Zinssätze kann die Zentralbank die Geldpolitik steuern – sind sie hoch, leihen sich die Banken weniger Geld, weil es teurer wird, der Geldwerdungsprozess stockt.

Derzeit beobachtet die ganze Welt den Geldschöpfungsprozess. Man sorgt sich um zu viel Geld, das die Inflation treiben könnte oder auch eine langfristige Deflation auslösen könnte, wie in Japan beispielsweise geschehen. Bleibt die Frage der Fragen: Nimmt die Menge des so geschaffenen Geldes Einfluss auf Ihre Kapitalanlage?

Der Preis ist heiß

Dass es durchaus Wissenschaftler und Ökonomen gibt, die dem Geldschöpfungsprozess skeptisch gegenüberstehen, sei nicht verschwiegen. Die *Geldtheorie* ist ein eigenes und durchaus kontrovers diskutiertes Fach der Volkswirtschaftslehre. Insbesondere die Vertreter der sogenannten Österreichischen Schule der Ökonomie (auch Wiener Schule) und ihre Begründer, Carl Menger, Eugen Böhm von Bawerk und Friedrich August von Hayek, stellten fest, dass der Wert eines Gutes nicht objektiv bestimmbar ist. Zwei auf der Basis der gleichen Material- und Produktionskosten entstandene Sportschuhe können völlig unterschiedliche Preise haben, je nachdem welche Marke sie beispielsweise besitzen. Für ein Glas Leitungswasser in einem Kaffeehaus würden Sie wesentlich weniger bezahlen wollen als für ein Glas Wasser in der Wüste, in der Sie sich verirrt haben.

Ähnlich definiert die Wiener Schule auch den Zins und lehnt deshalb die Zinssetzung durch die Zentralbanken ab. Denn nach ihrer Ansicht sind Zinsen der Ausgleich dafür, dass Sie Ihr Geld jetzt nicht für Konsumzwecke ausgeben, sondern darauf verzichten und es weiterverleihen. Je nachdem wie dringend Sie das Geld benötigen, werden Sie den Zins höher oder niedriger definieren.

Im Prinzip sehen diese Ökonomen Geld als eine Ware wie jede andere, deren Wert durch Angebot und Nachfrage von selbst geregelt wird – ohne Einwirkung der unsichtbaren Hand des Staates.

Money makes the world go round

Die *Geldmenge* ist nicht nur das, was wir alle im Geldbeutel mit uns herumtragen und in den Geschäftskassen klimpert. Unter Geldmenge versteht die Ökonomie vielmehr den gesamten Bestand an Geld in einer Volkswirtschaft, der sich bei »Nicht-Banken« befindet, also in irgendeiner Form in Umlauf ist. Die Europäische Zentralbank nimmt es noch genauer und unterscheidet die Geldmengen M0 bis M3 – wobei das M für Money steht.

✔ **M0:** Die Geldbasis, also alle Banknoten und Münzen, die im Umlauf sind und nicht auf der Bank liegen (oder im Bankautomaten stecken). Hinzu kommt aber das Geld, das die Banken bei der Zentralbank »parken«.

✔ **M1:** Alle Sichteinlagen der Nicht-Banken sowie der gesamte Bargeldumlauf

✔ **M2:** M1 plus alle Einlagen mit einer vereinbarten Laufzeit bis zu zwei Jahren und Einlagen mit einer gesetzlicher Kündigungsfrist bis zu drei Monaten

✔ **M3:** M2 plus alle Anteile an Geldmarktfonds, Reproverbindlichkeiten, Geldmarktpapieren und Bankschuldverschreibungen mit einer Laufzeit bis zu zwei Jahren

Die Geldmenge übt einen wesentlichen Einfluss auf die wirtschaftliche Entwicklung eines Landes aus. Gibt es zu wenig Geld, herrscht gar eine Geldlücke, so dämpft das Wachstum und Investitionen. Ist die Geldmenge zu groß, wächst dafür die Gefahr einer Inflation, also einer Geldentwertung. In den vergangenen zehn Jahren, zwischen 2008 und 2018 hat sich die Geldmenge in etwa vervierfacht – allerdings bewegte sie sich in Folge der Finanzkrise auf niedrigem Niveau.

Die Geldmenge M1 weist einen engen Zusammenhang mit der Konjunktur, aber auch mit den Aktienmärkten auf, gibt sie doch das Geld an, welches einfach so ausgegeben werden kann. Haben die Menschen viel Geld in der Tasche, kaufen sie Güter und Dienstleistungen und kurbeln so die Wirtschaft an. Haben sie genug konsumiert, legen sie ihr Geld an, nicht zuletzt auch in Aktien. In Erfahrung bringen können Sie die Geldmenge M1 über die Zentralbanken, denn es gehört zu deren ursächlichen Aufgaben, die Geldmengen zu berechnen und zu veröffentlichen; zu finden zum Beispiel über die Webseite der Deutschen Bundesbank – Eurosystem (www.bundesbank.de) unter »Makroökonomische Zeitreihen«. Es ist übrigens die Zeitreihe mit der simplen Bezeichnung BBK01.TUE301: Geldmenge M1/EWU!

Wie Geld zerrinnt

Da Sie aber nicht wissen können, wie das viele Geld im Umlauf sich ins Verhältnis zu den produzierten Waren setzt und welche Waagschale tatsächlich gerade oben ist, stützen Sie sich besser auf die monatlich verkündete Inflationsrate. Die Inflationsrate ist eine Art negativer Zins, sie nützt dem Staat und all jenen, die Schulden haben, denn Inflation erleichtert die Rückzahlung.

Ermittelt wird die Inflationsrate mithilfe eines Warenkorbs, in dem alle wichtigen Dinge des täglichen Lebens stecken. Dass hierbei mit allerlei (ganz legalen) Tricks von den staatlich besoldeten Statistikern versucht wird, die Rate möglichst niedrig zu halten, haben Sie schon in Kapitel 6 erfahren. So werden Qualitätsverbesserungen eingerechnet oder Güter, die zu teuer werden, substituiert, also gegen billigere Produkte ausgetauscht. Mag sein, dass Sie das beim Einkauf ebenso machen würden. Vielleicht beharren Sie aber auch auf den teureren Gütern – und haben damit deutlich weniger Geld zur freien Verfügung.

Im Prinzip funktioniert das wie bei einem Aktienfonds: Gemessen wird die Inflationsrate in Form eines Körbchens, in dem eine Auswahl an Produkten steckt. Es kann nun durchaus sein, dass Produkte, die stärker nachgefragt werden, im Preis deutlich gestiegen sind, und andere, die nicht gebraucht werden, im Preis sinken. Eine niedrige Inflationsrate kann zum Beispiel bedeuten, dass die Benzin- und Heizölpreise gesunken sind, was Ihnen wenig nützt, wenn Sie kein Auto haben und Sommer ist. Dafür können die Nahrungsmittelpreise überproportional gestiegen sein. Ein Beispiel von Dezember 2013: Die Inflationsrate lag in Deutschland bei nur 1,4 Prozent – die Nahrungsmittelpreise aber waren im Dezember um 3,8 Prozent gestiegen!

Zur Verdeutlichung, was eine geringe Inflationsrate für Ihr Kapital bedeutet: Wenn Sie bei einer jährlichen Inflationsrate von 1,4 Prozent 1.000 Euro über einen Zeitraum von zehn Jahren in Ihr Kopfkissen oder wahlweise die Matratze stopfen, müssen Sie einen Kaufkraftverlust von 129,80 Euro hinnehmen. Im Klartext: Ihre 1.000 Euro sind nach zehn Jahren nur noch 870,20 Euro wert.

Wie Geld gewinnt

Geld schrumpft also, weil die Inflation zuschlägt. Doch Geld vermehrt sich auch, wenn Sie es verleihen und Zinsen dafür bekommen. Wichtig ist nur, dass die Zinsen die Inflationsrate übersteigen, damit es unter dem Strich mehr wird.

Die Höhe des Zinses hängt von unterschiedlichen Gesichtspunkten ab:

✔ **Opportunitätskosten:** Der Verleiher könnte mit seinem Geld auch etwas anderes machen, das ihm mehr einbringt (investieren, produzieren ...).

✔ **Risikoprämie:** Mit welchen Risiken rechnet der Verleiher? Wenn er sicher ist, sein Geld zurückzubekommen, ist der Zins niedriger.

✔ **Inflationsausgleich:** Je länger das Geld verliehen wird, desto höher fällt dieser Posten aus.

✔ **Entgelt** für die Arbeit, die mit dem Verleihen von Geld entsteht.

Eine Art Referenzzinssatz wird nicht auf dem freien Markt, sondern von den Zentralbanken bestimmt: der Leitzinssatz. Auf dem freien Markt gibt es dann aber Abweichungen von diesem Leitzins.

Auf dem recht jungen Markt für Mittelstandsanleihen können auch Privatanleger durch die relativ niedrige Stückelung – also Portionierung der gesamten Anleihe in 1.000er-Teile – kleineren und mittleren Unternehmen Geld gegen Zinsen leihen. Hier spreizen sich die Zinssätze tatsächlich zwischen etwa 5 und 15 Prozent und hängen vom guten Namen (oftmals auch dem Bekanntheitsgrad) des Unternehmens, der Ratingnote, dem Marktumfeld, den Sicherheiten und vielen anderen Einflussfaktoren ab. Aber Achtung: Hoher Zins bedeutet hohes Risiko!

Wie sich Vermögen aufgrund der Zinseszinsrechnung vermehrt, das macht eine Anekdote aus Indien deutlich: Sissa ibn Dahir, angeblich der Erfinder des Schachspiels, will den tyrannischen Herrscher mit diesem Spiel lehren, dass ein König ohne seine Bauern und sonstige Untertanen zu nichts nütze ist. Das gelingt ihm auch. Der Herrscher ist fasziniert von dem Spiel und gewährt Sissa einen Wunsch, um sich für die anschauliche Lehre zu bedanken. Dieser wünscht sich nur ein Weizenkorn auf dem ersten Schachfeld, zwei auf dem nächsten, vier auf dem übernächsten und so weiter – immer die doppelte Menge. Der Herrscher freut sich, so günstig davongekommen zu sein! Doch dann rechnen und rechnen die Sachwalter des Herrschers mehrere Tage lang und kommen zu dem Ergebnis, dass es insgesamt 18.446.744.073.709.551.615 Weizenkörner sind – mehr als alle Ernten des Landes erbringen können. Daher empfiehlt der Herr über die Kornkammern seinem Herrscher, er solle Sissa die Körner zählen lassen. So sitzt dieser wohl noch immer darüber.

Generell haben niedrige Zinsen – wie bereits in Kapitel 6 beschrieben – positiven Einfluss auf Aktienmärkte, hohe Zinsen wirken negativ. Zum einen weil alternative, festverzinsliche Papiere im Gegensatz zu Aktien entweder weniger beliebt sind oder stärker nachgefragt werden. Zum anderen aber auch weil billiges Geld – also bei niedrigen Zinsen – Investitionen, Konsum und Wachstum begünstigt.

Drei Dinge braucht die Wirtschaft

Damit überhaupt Güter entstehen, Firmen gegründet werden, Menschen Arbeit finden und Aktien ausgegeben werden können, müssen drei Dinge zusammenkommen, so die Theorie der Volkswirtschaftslehre: Arbeit, Boden und Kapital. Sie nennt sie *Produktionsfaktoren*. Aus dem Zusammenspiel dieser drei Faktoren entstehen Güter. Es werden nicht automatisch mehr Güter, wenn man nur einen dieser drei Faktoren erhöht. Man kann ein Kartoffelfeld mit einem oder zehn Arbeitern abernten, es werden aber nicht mehr Kartoffeln geerntet, sondern die geernteten Knollen werden nur teurer. Setzt man mehr Kapital ein und kauft einen Traktor, kann zwar einer so viel arbeiten wie zehn, mehr Kartoffeln werden es aber immer noch nicht, dafür vielleicht günstiger, wenn sich die Maschine amortisiert. Es ist eine Gesetzmäßigkeit, das *Ertragsgesetz*, dass es bei der Kombination von Produktionsfaktoren ein optimales Verhältnis gibt.

Wobei die Begriffe nicht zu eng gefasst werden dürfen: Boden meint daher auch Bodenschätze und im Prinzip jeglichen Einsatz von Rohstoffen. Kapital ist nicht mit Geld gleichzusetzen, sondern beinhaltet auch alle bereits im Voraus geleistete Arbeit. Um ein Auto herstellen zu können, müssen Jahre vorher Rohstoffe gesucht, gefunden und geborgen werden, Vorerzeugnisse erstellt, weiterverarbeitet und transportiert werden et cetera.

Je besser die Produktionsfaktoren eingesetzt werden, desto größer ist das Wachstum eines Landes. Getragen wird dies durch die Sektoren Landwirtschaft, Industrie und Dienstleistungen. Die historische Entwicklung – von der Landwirtschaft über die Industrialisierung zur Dienstleistungsgesellschaft – scheint inzwischen einigermaßen abgeschlossen zu sein, ja in Maßen könnte sie sich auch wieder umkehren. Die steigende Nachfrage nach hochwertigen Nahrungsmitteln beispielsweise dürfte der Landwirtschaft nach Jahrzehnten des Rückgangs wieder neue Expansionschancen bereiten. Und nicht zuletzt die Finanzkrise hat gezeigt, dass der starke industrielle Sektor Deutschlands eine wesentliche Bedingung war, die Krise relativ glimpflich überstanden zu haben. Wie aber wird dieses Wachstum gemessen?

Was wir alle leisten, wenn wir in die Hände spucken

Die am häufigsten genannte Kennzahl, um das Wohlbefinden eines Staates zu definieren, ist das *Bruttosozialprodukt*, wobei hier fast ausschließlich das *Bruttoinlandsprodukt* oder

BIP gemeint ist. Es beschreibt den Wert aller Güter und Dienstleistungen eines Landes, die nerhalb eines Jahres hergestellt werden. Das BIP ist eine Recheneinheit, die insbesondere der Vergleichbarkeit von Ländern dient. Auch wenn es als Äquivalent für Wachstum bezeichnet wird, sagt es im Grunde nur wenig über den Wohlstand und das Wohlbefinden einer Nation aus. Die Meister der Zahlen sitzen im Statistischen Bundesamt, das jetzt Destatis heißt. Damit die BIP-Zahlen nicht durch die Inflation nach oben geschönt werden, wird das reale Bruttoinlandsprodukt berechnet, wobei sich alle Preise auf ein Basisjahr beziehen.

Berechnen kann man das BIP entweder auf der Entstehungsseite: Dabei werden vom Produktionswert aller Güter und Dienstleistungen die Vorleistungen abgezogen – und schon ergibt sich die *Bruttowertschöpfung*. Das Ganze muss dann noch mit Gütersteuern und -subventionen bereinigt werden. Man kann aber auch die Verwendungsseite zurate ziehen, also die Nachfrager ins Visier nehmen: Die privaten Konsumausgaben werden zu den Konsumausgaben des Staates, den Bruttoinvestitionen und den Exporten addiert – und schon kommt das BIP heraus. Drittens kann noch die Verteilungsseite berechnet werden: Hier werden die Arbeitnehmerentgelte sowie die Unternehmens- und Vermögenseinkommen zusammengezählt. Hinzu kommen Produktions- und Importabgaben an den Staat minus Subventionen plus Abschreibungen – und schon erhält man das *Bruttonationaleinkommen*. Dieses unterscheidet sich vom BIP nur noch durch den Saldo der Primäreinkommen aus der übrigen Welt, der abgezogen werden muss. Wenn die zugrunde liegenden Zahlen stimmen, kommt bei jeder Berechnungsart der gleiche Wert heraus.

Auch wenn die Kritik am Einsatz des BIP als Messgröße zunimmt, es gibt bisher keine wirkliche Alternative. Kritisch wird zum Beispiel gesehen, dass sich das BIP auch durch Autounfälle und deren Reparaturkosten oder kriegerische Ereignisse erhöht, weil diese das Wachstum ankurbeln – zum Wohle der Bevölkerung dient das aber nicht. Einen volkswirtschaftlichen Glücksfaktor zu berechnen ist indes schwierig. Es gibt Untersuchungen, die zeigen, dass ab einem bestimmten BIP pro Einwohner die Zufriedenheit nicht weiter steigt. Die Sicherheit der sozialen Systeme und der Rechtsprechung, die Kluft zwischen Arm und Reich, die Lebensqualität ganz allgemein – all dies erfasst das BIP nicht. Nichtsdestotrotz stellt das BIP-Wachstum einen wesentlichen Indikator zur Beurteilung und zum internationalen Vergleich von Volkswirtschaften dar und sollte insbesondere bei der Wertpapieranlage in Regionen beachtet werden.

Das Leben ist ein Auf und Ab

Leider weist Wachstum keine stetige Aufwärtsbewegung auf, sondern erfolgt in Sprüngen oder Zyklen. Die gesamten miteinander verbundenen und verwobenen Erscheinungen der wirtschaftlichen Situation einer Volkswirtschaft werden als *Konjunktur* bezeichnet. Warum das so ist und wie lange solche Zyklen dauern, darüber gibt es die unterschiedlichsten Theorien. Eine gewisse Einigkeit herrscht nur in Bezug auf die Abfolge der einzelnen Konjunkturphasen, die meist ziemlich genau an den Aktienmärkten widergespiegelt werden. Durch die zunehmende weltweite Verflechtung der Unternehmen – gerade Deutschland ist in hohem Maße vom Export abhängig – sind auch die Konjunkturzyklen voneinander abhängig. Große Volkswirtschaften, an erster Stelle die USA, dicht gefolgt von China, üben einen großen Einfluss auf die Konjunkturen kleinerer Staaten aus.

Konjunkturzyklen finden in Wellenbewegungen statt, wobei natürlich die oberen und unteren Wendepunkte von besonderer Bedeutung sind. Ein Konjunkturzyklus lässt sich, ein wenig wie beim Lebensalter eines Menschen, unterteilen in:

✔ Aufschwung- oder Expansionsphase (auch: Zeit der Prosperität)

✔ Hochkonjunktur oder Boom

✔ Phase des Abschwungs oder Rezession

✔ Tiefphase oder Depression

Eine genaue Abgrenzung zwischen den einzelnen Phasen gibt es nicht, weil sie von zu vielen unterschiedlichen Faktoren bestimmt werden, die auch nicht immer zwangsläufig in eine Richtung laufen. Was dem einen schon eine lupenreine Rezession ist, erscheint dem anderen noch als leichte Abschwungphase – hier gilt es, sich die Interessen der jeweils agierenden Agenturen vor Augen zu halten, kommt doch ein Politiker in der Regierung hier höchstwahrscheinlich zu einer völlig anderen Einschätzung als ein Kollege aus der Opposition.

Selbst einzelne Konjunkturphasen bewegen sich nicht linear, sondern schwanken wie ein Seemann an Land. Diese kurzfristigen Schwankungen haben unterschiedliche Ursachen, unter anderem auch die Jahreszeiten: Im Winter steigt so zum Beispiel generell die Zahl der Arbeitslosen, weil die Baubranche als wichtiger Beschäftigungsfaktor in dieser Zeit brach liegt. Konjunkturelle Schwankungen erfolgen etwa im Zeitraum von vier Jahren und resultieren aus grundsätzlichen wirtschaftlichen Ungleichgewichten. Hier muss die Wirtschaftspolitik versuchen, intelligent gegenzusteuern – manchmal muss man sich allerdings des Eindrucks erwehren, diese Schwankungen seien eher das Resultat der Wirtschaftspolitik, als dass sie durch diese unterbunden werden; der Vierjahrestakt entspräche dann einer Wahlperiode!

Alle 50 bis 60 Jahre soll es noch Schwankungen struktureller Natur geben, wie der russische Ökonom Nikolai Kondratjew herausgefunden hat. Sie seien die Folge grundlegender technischer oder gesellschaftlicher Veränderungen.

Parallel zu diesen Konjunkturphasen ließe sich die Entwicklung der Aktienkurse zeichnen – von steigenden Kursen während des Aufschwungs, euphorischen Höchstkursen während des Booms bis zu fallenden Kursen während des Abschwungs und Tiefstkursen in der Rezession.

Ein klein wenig Betriebswirtschaftslehre

Selbstverständlich können Sie Aktien einfach kaufen, weil die Kurskurve der vergangenen Wochen so steil nach oben zeigte. Oder weil Ihnen der Firmenname bekannt vorkommt und Sie vielleicht die Produkte des Unternehmens generell mögen und nutzen. Oder weil Ihnen Ihr Berater dazu geraten hat – das ist schließlich sein Job. Trotzdem empfiehlt es sich, gerade wenn es um höhere Beträge geht, nicht impulsiv zu handeln, sondern sich die

Unternehmen etwas genauer anzuschauen. Da reicht der Markenname allein nicht aus, man sollte schon in der Bilanz blättern. Das Schöne am Internet ist, dass Sie an alle wichtigen Informationen herankommen, so als wären Sie schon Aktionär. Zumindest an all jene Informationen, die das Unternehmen veröffentlicht sehen will (und muss).

Schon in Kapitel 9 bei den Anlagestrategien ging es um die Fundamentalanalyse und die wesentlichen betriebswirtschaftlichen Kennzahlen als deren Basis. Daran soll hier angeknüpft werden, aber zu sehr in die Tiefe soll es nicht gehen. Schließlich wollen Sie Aktien und nicht gleich das ganze Unternehmen kaufen oder leiten beziehungsweise als Buchhalter oder Controller dort anheuern.

Gewinn oder Verlust ist geradezu die Gretchenfrage bei der Unternehmensbewertung. Ganz unpolitisch geht es darum, ob das Unternehmen rote (miese) Zahlen schreibt oder schwarze. Wobei hier nicht nur der tatsächlich angefallene Gewinn oder aufgelaufene Verlust eine Rolle spielt, sondern vor allem auch wie sich die Unternehmenslenker die künftige Entwicklung dieser wichtigsten Kenngröße vorstellen. Denn rote Zahlen kommen in den besten Unternehmen vor – ob durch konjunkturelle Dellen oder hohe Investitionen. In der Regel folgen gute Jahre auf schlechte und umgekehrt. In vielen Fachbüchern gelten die Unternehmensgewinne als wichtigste Entscheidungsgröße für den Aktienkauf – aber tatsächlich kann die Zukunftserwartung nicht hoch genug bewertet werden. Vom Eisenbahnbau bis zum Internethype werden immer wieder Unternehmen die Aktien förmlich aus den Händen gerissen, obwohl sie noch keinen Cent Gewinn eingefahren haben – die Hoffnung auf künftige Gewinne trägt diesen Erfolg.

Wenn Sie sich nicht auf den in den Büchern ausgewiesenen Gewinn und Verlust der Vergangenheit verlassen möchten, woran lässt sich dann die künftige Entwicklung festmachen? Spätestens seit den Nespresso-Kapseln hat Kaffeesatz schließlich endgültig ausgedient ... Bei dieser Einschätzung, dem Blick in die Kristallkugel sozusagen, spielen sehr viel eher weiche Faktoren eine Rolle als reine Mathematik, auch wenn die Unternehmen dazu verpflichtet sind, in ihren jährlichen, halbjährlichen oder vierteljährlichen Berichten auch Aussagen über die Zukunft zu treffen. Diese fallen jedoch meist eher vage aus und lauten etwa: »Der Umsatz wird zwischen fünf und zehn Prozent zulegen, wenn nicht ...« oder »Der Umsatz wird besser ausfallen als im Jahr zuvor, wenn nicht ...«

Weiche Faktoren lassen sich über die Beantwortung der folgenden Fragen ermitteln:

✔ Wie gut ist das Management? Wie hat es sich in der Vergangenheit behauptet? Wie stringent sind die von ihm vermittelten Zukunftsperspektiven?

✔ Wie sind die Produkte des Unternehmens? Wie behaupten sie sich gegen Konkurrenz- und/oder Nachahmerprodukte und wie lange und nachhaltig werden sie nachgefragt werden?

✔ Eine immer größere Rolle spielen auch Imagefaktoren: Wie aktuell, en vogue oder hip ist das Unternehmen? Wie wird es beispielsweise in den Social-Media-Kanälen bewertet? Inzwischen ist ein Zusammenhang zwischen positiven Bewertungen in Social Media und einer positiven Entwicklung der Aktienkurse erwiesen.

Die wichtigsten harten Fakten zur Bewertung eines Unternehmens ergeben sich aus dem Jahresabschluss, der sich aus der Bilanz, der Gewinn-und-Verlust-Rechnung und der Kapitalflussrechnung zusammensetzt:

✔ **Bilanz:** Sie zeigt auf einen Blick, welche Werte ein Unternehmen besitzt. Vermögen, Anlage- und Umlaufvermögen, aber auch immaterielle Werte wie Patente werden hier auf der Aktiv-Seite aufgeführt. Die Passiv-Seite listet das Eigen- und das Fremdkapital auf. Das Fremdkapital setzt sich aus Rückstellungen (zum Beispiel für Pensionen der Mitarbeiter) und Verbindlichkeiten (insbesondere gegenüber Banken und Lieferanten) zusammen. Besonders beachten sollten Sie dabei die Eigenkapitalquote, also das Verhältnis von Eigenkapital zu Gesamtkapital. Je niedriger diese ist, desto problematischer für den Fortgang des Unternehmens – allerdings ist diese Quote von Branche zu Branche sehr unterschiedlich ausgeprägt.

✔ **Gewinn-und-Verlust-Rechnung (GuV):** Sie zeigt auf, wie erfolgreich das Unternehmen im vergangenen Jahr gewirtschaftet hat. Denn die GuV stellt die Erträge eines Geschäftsjahrs den Aufwendungen gegenüber – je nachdem welche Seite überwiegt, kommt dabei ein Gewinn oder Verlust heraus. Die linke Seite heißt hier Soll und die rechte Seite Haben.

✔ **Kapitalflussrechnung:** Der operative **Cashflow** ist ein zentrales Element der Kapitalflussrechnung und stellt den Nettozufluss (oder -abfluss) liquider Mittel während der Berichtsperiode dar. Er ist vor allem für die Beurteilung der Liquidität eines Unternehmens von Bedeutung. Er ergibt sich aus allen Geschäftsvorfällen der gewöhnlichen Geschäftstätigkeit, die tatsächlich einen Geldfluss verursachen. Er wird als der Indikator für das Innenfinanzierungspotenzial eines Unternehmens gesehen. Ein positiver operativer Cashflow ermöglicht es einem Unternehmen, aus dem eigenen Geschäft heraus die Kredite zu tilgen oder Investitionen zu tätigen. Er zeigt darüber hinaus, dass das Geschäftsmodell stimmt und was es bringt – was eine wesentliche Voraussetzung insbesondere für institutionelle Investoren ist, um sich für ein Unternehmen zu entscheiden. Schmilzt der Cashflow dahin wie Eis in der Sonne, ist der Insolvenzrichter nicht mehr weit. Um diese Zahl zu errechnen, wird der Jahresüberschuss um alle Beträge bereinigt, die keine Zahlungsströme verursachten oder einfach nicht zum Geschäft gehören. Abschreibungen werden also addiert und Zuschreibungen vom Jahresüberschuss abgezogen.

Interessantesten Erfolgsgrößen, um ein Unternehmen zu beurteilen

✔ Der **Jahresüberschuss** – also das, was nach Abzug der Aufwendungen von den Erträgen übrig bleibt. Das, was hinten rauskommt, um einmal Helmut Kohl zu zitieren. Der Jahresüberschuss sollte objektiv über die Erfolgslage des Unternehmens Auskunft geben. Tut er auch, aber Achtung: Die Buchhaltung und das Controlling sind immer bemüßigt, das eigene Unternehmen möglichst gut aussehen zu lassen. Dafür gibt es jede Menge Tricks, oder sagen wir besser »Ermessensspielräume«, bei der Bilanzierung. Vor allem sind bei den Aufwendungen auch Abschreibungen und Steuern enthalten, bei den Erträgen etwaige Erträge aus Beteiligungen oder Zinsen. Eine internationale

Vergleichbarkeit ist daher schwierig, weil es zum Beispiel Staaten gibt, die es gut meinen mit ihren Unternehmen und nur wenig Steuern verlangen, und auch die Zinssätze sind international sehr unterschiedlich.

✔ Das **EBIT** oder **Earnings before Interest and Taxes** gibt, wie der Name schon sagt, ebenfalls den Gewinn an, aber noch vor den Zinszahlungen und Steuern, was den globalen Vergleich erleichtert und eher klarmacht, wie der operative Gewinn, also jener, der durch die tatsächliche Geschäftsentwicklung entsteht, gestaltet ist.

✔ **EBITDA Earnings before Interest, Taxes, Depreciation and Amortisation** ist das operative Ergebnis, denn jetzt wird der Gewinn vor Zinsen, Steuern und Abschreibungen auf materielle (Maschinen, Fuhrpark) und immaterielle Vermögensgegenstände (Patente) dargestellt. Gerade bei Unternehmen, die noch in der Entstehungsphase sind und hohe Investitionen und damit hohe Abschreibungen haben, drücken diese die Gewinne. Gleiches gilt für Unternehmen, die gerade heftig expandiert haben.

Der Jahresabschluss ist für Aktiengesellschaften – und nicht nur diese – verpflichtend. Er beinhaltet neben der Bilanz und der Gewinn-und-Verlust-Rechnungen einen Anhang mit Erklärungen sowie den Lagebericht des Vorstands. Die Vorschriften dazu sind im Handelsgesetzbuch (HGB) festgelegt.

Da der Kapitalmarkt international ist – bei allen Dax-Unternehmen halten inzwischen Investoren aus aller Welt große Anteile der Aktien –, müssen auch die Jahresabschlüsse einigermaßen vergleichbar sein. Daher haben sich immer mehr die International Financial Reporting Standards, kurz IFRS, durchgesetzt. Wer mit seinem Unternehmen viel in den USA unterwegs ist und dort Geschäfte macht und Investoren sucht, der kann auch noch die United States Generally Accepted Accounting Principles oder US-GAAP befolgen. Wenn er an einer US-amerikanischen Börse gelistet sein will, muss er diese ohnehin befolgen.

Natürlich unterscheiden sich die Ergebnisse der Unternehmen je nach Art der eingesetzten Buchführung. Die einen sagen, das HGB sei strenger, die anderen meinen, es wären die Internationalen Standards. Finanzvorstände bekommen leuchtende Augen, wenn sie auf die Unterschiede zu sprechen kommen, und verlieren sich in Details. Grundsätzlich ist ein HGB-Abschluss mehr auf eine vorsichtige Buchführung ausgerichtet, die IFRS will vor allem die einzelnen Perioden genau voneinander abgrenzen und richtet sich mehr an Investoren. Ein Beispiel: Steigen die Immobilien eines Unternehmens im Wert, was ja vorkommen soll, wenn es etwa mitten in München ansässig ist, kann es diese nach IFRS im Wert nach oben berichtigen. Nach HGB geht das nicht, dort bleibt die Wertsteigerung als eine Art stille Reserve stehen. Das HGB folgt dem Niederstwertprinzip.

Das bedeutet insgesamt für die Unternehmen, dass sie mehrere Buchführungen nebeneinander pflegen und beherrschen müssen, was eine Menge Kosten verursacht – denn für jeden Abschluss braucht es zusätzlich den Stempel eines Wirtschaftsprüfers, und der stempelt nichts umsonst.

Daneben gibt es *Bewertungskennzahlen*, die die Zahlen aus der Betriebswirtschaft mit denen der Aktienanalysten zur Einschätzung künftiger Kurse miteinander in Beziehung setzen.

✔ **Kurs-Gewinn-Verhältnis (KGV):** Das ist die wichtigste Kennzahl, die direkt mit dem Aktienkurs zu tun hat und am meisten Verwendung bei der Beurteilung von Aktien findet – ob zu Recht oder nicht, sei hier einmal außen vor gelassen. Das KGV ist das Verhältnis des Kurses zum Gewinn je Aktie und gibt an, wie sich der Gewinn in der Bewertung des Unternehmens durch den Kurs niederschlägt.

Hier gilt die Faustregel: Ein niedriges KGV gilt grundsätzlich als Kaufargument, weil noch Potenzial in der Aktie steckt. Ein hohes KGV gilt als Verkaufsargument, weil der Kurs ausgereizt erscheint. Ein zwingendes Kaufargument ist ein niedriges KGV aber nicht – und es sollte auf keinen Fall das einzige sein! Denn es kommt auch zustande, wenn die Kursentwicklung aus vielerlei Gründen schlecht ist.

✔ **Dividendenhistorie** und **Dividendenrendite** (also die Division der Dividende durch den aktuellen Aktienkurs): Diese beiden Kennzahlen zeigen den Erfolg des Unternehmens in der Vergangenheit, weil die Dividende (meistens) aus dem erzielten Gewinn ausgeschüttet wird, und geben einen Hinweis, wie stetig der Umgang mit den Aktionären gepflegt wird. Außerdem bilden Dividenden neben Kurssteigerungen einen wichtigen Anteil an der Rendite der Aktienanlage – durchschnittlich liegt ihr Anteil sogar bei der Hälfte. Aber die Dividendenrendite steigt nicht nur an, wenn sich die Messgröße Dividende erhöht, sondern auch wenn die Messgröße Kurs bei gleichbleibender Dividende sinkt! Insofern ist die Dividendenhistorie, also wie oft ein Unternehmen in der Vergangenheit die Dividende erhöht beziehungsweise überhaupt eine Dividende ausgeschüttet hat, oftmals interessanter für Investoren.

Bei allen Kennzahlen sind die Verläufe wichtiger als die absoluten Zahlen, da sie Auskunft über die Entwicklung eines Unternehmens geben und somit eine bessere Einschätzung bieten, wie die Zukunft aussehen könnte. Das macht Aktien von Börsenneulingen so besonders schwer zu beurteilen – aber eben auch so besonders reizvoll.

Und ein paar Formeln gibt es obendrauf

Hand aufs Herz, den Jahresabschluss eines Unternehmens oder gar Konzerns genau zu studieren, ist nicht jedermanns Sache, blickt man doch bei den persönlichen Einnahmen und Ausgaben schon kaum durch. Und auch so manche Strom- und Gas- oder Nebenkostenjahresabrechnung bereitet oftmals Kopfzerbrechen. Also: Gibt es nicht die *eine einzige* Zahl, die Ihnen alles über ein Unternehmen, wie es ihm geht und wie es in der Zukunft laufen wird, sagt und damit zu jeder Aktie eindeutig »Kauf mich!« oder »Verkauf mich!« sagt? Das wäre natürlich sehr schön und tatsächlich gibt es eine Reihe von Kennzahlen, die bei dieser Entscheidung hilfreich sind – doch abnehmen können sie Ihnen die Entscheidung nicht. Die meisten Kennzahlen verraten Ihnen aber immerhin, wie sehr es sich (bisher) gelohnt hat, in dieses Unternehmen Geld zu stecken, in der Hoffnung, dies würde in der Zukunft so fortgeschrieben.

Häufig zu lesen ist, dass ein Unternehmen eine zu geringe *Eigenkapitalquote* habe. Je mehr Eigenkapital ein Unternehmen besitzt, desto solider ist es und desto mehr Fremdkapital kann es im Prinzip aufnehmen – was dann allerdings die Eigenkapitalquote wieder schrumpfen lässt. Berechnet werden kann zum einen der Anteil des Eigenkapitals am Gesamtkapital:

$$\text{Eigenkapitalquote} = \frac{Eigenkapital}{Gesamtkapital} \times 100$$

 Eine normale Eigenkapitalquote in Industrie und Handel liegt zwischen 15 und 30 Prozent, Zahlen unter 15 Prozent gelten als absolutes Alarmzeichen!

Interessant in diesem Zusammenhang ist der *Verschuldungskoeffizient*. Klingt komplizierter, als es ist, denn damit ist ganz simpel das Verhältnis zwischen Fremd- und Eigenkapital gemeint. Wie viel gehört den Aktionären, wie viel der Bank, könnte man in etwa auch sagen. Insofern leicht berechnet mit

$$\text{Verschuldungskoeffizient} = \frac{Fremdkapital}{Eigenkapital} \times 100$$

 Dieser Koeffizient sollte zwischen 1 und 2 liegen – was eher einem Idealfall als der Realität gleichkommt.

Wie viel Rendite, also wie viel Gewinn bringt das von den Aktionären dem Unternehmen zur Verfügung gestellte Kapital? Das will die Kennzahl *Return on Investment* (ROI) oder *Kapitalrendite* aussagen. Weil dabei auch Fremdkapital eingesetzt wird, müssen bei der Berechnung die Zinsen und die Steuerersparnisse aufgrund der Zinsbelastung eingerechnet werden:

$$\text{ROI} = \frac{Gewinn + Zinsaufwand \times \left(1 - Steuersatz\right)}{Gesamtkapital}$$

Eine Art »Unterkennzahl« des ROI ist der ROE, der *Return on Equity* oder die *Eigenkapitalrendite*. Sie berechnet sich logischerweise durch

$$\text{ROE} = \frac{Gewinn}{Eigenkapital}$$

Die *Investitionsquote* gibt Aufschluss darüber, wie viel seines Kapitals das Unternehmen investiert – gerade in der Zeitreihe durchaus aufschlussreich, denn wer investiert, will gestalten. Leider lässt sich aus dieser Kennzahl nicht herauslesen, wie viel Geld in Fehlinvestitionen geflossen ist. Berechnet wird sie so:

$$\text{Investitionsquote} = \frac{Nettoinvestitionen\ bei\ Sachanlagen}{Anfangsbestand\ bei\ Sachanlagen} \times 100$$

Wie flüssig ist ein Unternehmen? Kann es seine Schulden zurückzahlen und wie finanziert es seine Investitionen? Hierzu wird der *Deckungsgrad* berechnet, zum einen im Hinblick darauf, wie viele Investitionen mit Eigenkapital finanziert werden, als

$$\text{Deckungsgrad A} = \frac{Eigenkapital}{Anlagevermögen} \times 100$$

Da Investitionen selten nur mit Eigenkapital, sondern auch mit langfristigem Fremdkapital getätigt werden, gibt es zudem den

$$\text{Deckungsgrad B} = \frac{Eigenkapital + langfristiges\, Fremdkapital}{Anlagevermögen} \times 100$$

Daraus ergibt sich die *goldene Finanzierungsregel,* dass sich die Passiv- und die Aktiv-Seite in Form der Fristigkeiten decken müssen, und die *goldene Bilanzregel,* dass das langfristige Anlagevermögen durch Eigenkapital finanziert werden sollte. Beide stehen so in den Lehrbüchern, sind aber in der Realität eher selten, Gold eben.

 Keine Sorge: Die meisten Kennzahlen müssen Sie gar nicht selbst ausrechnen! Sie stehen im Geschäftsbericht, den Sie sich bei größeren Investments auf jeden Fall zu Gemüte führen sollten. Vor allem, weil ausführlichere Berichte in den Zeitungen über die Vorlage der Bilanzzahlen leider mittlerweile zur Seltenheit werden.

Sentimentale Frühwarnsysteme?

Kurz bevor sich die Kursrichtung an den Börsen verändert – gespiegelt durch die großen Leitindizes –, deuten einige *Sentimentindikatoren,* die weniger auf den reinen Fakten oder Daten als der allgemeinen Einschätzung dieser Daten und Fakten beruhen, auf einen solchen Wechsel hin. Diese sind aber so schwer zu bestimmen wie zu deuten, meist erfolgen sie durch Befragungen von Marktteilnehmern, Analysten und Investoren. Wichtig zu wissen: Sentimentindikatoren müssen Sie konträr interpretieren. Sind sie sehr positiv, deutet das auf eine Wende zum Schlechteren hin, also zu einem Kursrückgang – und umgekehrt!

Es gibt eine Reihe von Sentiment-Indizes, konzentrieren wir uns auf die wichtigsten in Deutschland und den USA:

✔ Das monatlich erscheinende *sentix Sentiment,* herausgegeben und zum Beispiel über Bloomberg verbreitet durch die Sentix GmbH aus Frankfurt seit 1991. Hierzu werden Anleger – 200 institutionelle und 600 private – nach ihrer Einschätzung gefragt, wie sich die Aktienmärkte auf Sicht von einem Monat (kurzfristig) und sechs Monaten (mittelfristig) entwickeln. Dies wird zum Beispiel für den Dax abgefragt, aber auch für Aktien aus China, Euroland, Japan oder den USA und einige andere Werte und Rohstoffe. Wählen können die Befragten zwischen bulish, bearish, neutral oder keine Meinung. Ausführlich können Sie das unter www.sentix.de nachlesen. Das Ergebnis wird jedenfalls mit dieser Formel errechnet:

$$\text{Sentiment} = \frac{\Sigma\, Bullen - \Sigma\, Bären}{\Sigma\, Umfrageteilnehmer}$$

✔ Den *Investors Intelligence* aus den USA, das Urbild aller Sentimentindikatoren aus den USA, seit 1963 erhoben. Er hat die Aktienmärkte im Fokus und wird wöchentlich ermittelt, als Grundlage nimmt er die Stimmen von Börsenbriefen auf. Inzwischen ist er nicht nur für die USA, sondern auch für Europa und den Rest der Welt verfügbar, einfach unter www.investorsintelligence.com.

Einen eigenen Frühindikator hat *Börse Online* entwickelt, von dem in Kapitel 14 schon die Rede war: das »Börsenbarometer«. Es zeigt von dunkelrot (= verkaufen) bis dunkelgrün (= kaufen). Wichtige Kennzeichen zur Berechnung, ob er nun auf Rot oder Grün steht, sind die Zinsstruktur – also der Abstand zwischen den kurzfristigen Zinsen zu den langfristigen Zinsen – und der Indextrend. Beim Indextrend sollen der Dax ein Zwei-Wochen-Hoch, der Dow Utility ein Neun-Wochen-Hoch und der Nasdaq ein 25-Wochen-Hoch aufweisen. Dazu kommen noch übrige Indikatoren wie die Zinsen für 10-jährige Staatsanleihen, der Ölpreis, Rohstoffpreise, der US-Dollar und als Saisonfaktor die schwächsten Börsentage von Mai bis September. So soll ein möglichst breit gefasstes Umfeld aus Wirtschaft und Kursen mit einbezogen werden. Je nach Farbgebung gibt er ein Kauf- oder Verkaufssignal.

Das Problem aller Indikatoren für die künftige Entwicklung der Wirtschaft ist, dass es eine Vielzahl von Faktoren gibt, die nicht alle zur gleichen Zeit in die gleiche Richtung laufen müssen. Sie richtig auszuwählen, zu gewichten und einzuschätzen in der jeweiligen Situation, das ist die hohe Kunst der erfolgreichen Geldanlage an der Börse. Diese Fähigkeit entwickelt sich eher langsam, man kann schlecht nach Lektüre eines Börsenbuchs einfach so loslegen. Das ist eher als Trost denn als Warnung gedacht.

Auf wen sollen wir eigentlich hören?

Wie entwickelt sich unsere Volkswirtschaft? Werden die Unternehmen überwiegend Gewinne einfahren? Wie sieht es in verschiedenen Märkten oder Branchen aus? Was leisten eigentlich Prognosen und wer stellt sie? Prognosen stellen vor allem Profis auf, die darauf angewiesen sind, weil ihre Unternehmen auf den Kapitalmärkten tätig sind und die daher wissen müssen, wie die Märkte künftig ticken. Alle sind gern gesehene Gesprächspartner der Medien.

Zu nennen wären hier:

✔ Chefvolkswirte und ihre volkswirtschaftlichen Abteilungen in den Banken

✔ Fondsmanager der großen Fondshäuser

✔ Analysten von Banken und Versicherungen

Dann wären da noch die staatlichen oder halbstaatlichen Stellen, die sich mit der Zukunft unserer Wirtschaft auseinandersetzen, wie etwa:

✔ Europäische Zentralbank

✔ Deutsche Bundesbank (zum Beispiel in Form der Monatsberichte)

✔ Bundesregierung

✔ Europäische Union (jeweils im Frühjahr und Herbst, erstellt vom GD ECFIN, Directorate General for Economic and Financial Affairs)

✔ Organisation für wirtschaftliche Zusammenarbeit und Entwicklung (OECD)

Und last, but not least wirtschaftswissenschaftliche Institute und Einrichtungen, die in schöner Regelmäßigkeit nicht nur Prognosen wagen, sondern auch Forschungen zu unterschiedlichsten Themen herausgeben:

✔ Deutsches Institut für Wirtschaftsforschung (DIW), Berlin

✔ Hamburgisches Welt-Wirtschafts-Archiv (HWWA), Hamburg

✔ Rheinisch-Westfälisches Institut für Wirtschaftsforschung e.V. (RWI), Essen

✔ Ifo-Institut für Wirtschaftsforschung, München

✔ Institut der deutschen Wirtschaft (IW), Köln

✔ Zentrum für Europäische Wirtschaftsforschung (ZEW), Mannheim

✔ Wirtschafts- und Sozialwissenschaftliches Institut (WSI), Düsseldorf

✔ Institut für Wirtschaftsforschung Halle (IWH), Halle

✔ Institut für Weltwirtschaft (IfW), Kiel

Was bringen diese Vorhersagen für Ihre Kapitalanlage und woher wissen Sie, welche davon realistisch sind und welche nicht? So viel vorab – Sie wissen es nicht, wenigstens nicht im Voraus, also dann, wenn es wirklich interessant wäre.

Nehmen wir das Beispiel Finanzkrise und was die professionellen Auguren dazu gesagt haben. Die Wirtschaft wuchs damals rasant, die Kurse stiegen, es gab Zertifikate und Derivate mit schier unbegrenzten Gewinnmöglichkeiten. Hätte Sie Ihr Bankmanager zu dieser Zeit gewarnt und geunkt, da könnte eine Blase platzen – Sie wären höchstwahrscheinlich schnurstracks ins nächste Institut gegangen, wo es all die schönen Gewinnversprechungen gab. Tatsächlich gab es Rufer in der Wüste, die die Krise ziemlich exakt vorhergesagt haben, doch die werden erst im Nachhinein ernst genommen. Leider war die überwiegende Mehrheit der Weisen aus dem Abendland (Männer und Frauen aus Forschung und Praxis, all die Ökonomen, Wirtschaftsweisen, Research-Abteilungen und Aktien-Gurus) wie in allen Boomphasen zuvor davon ausgegangen, dass die beste aller Welten noch eine ganze Zeit lang halten müsste – was im Übrigen schon eine Grundvoraussetzung dafür ist, dass sich eine Blase bildet (die irgendwann platzt). Ohne Euphorie, ohne Überschwang, kein Absturz!

Es gibt eine interessante generelle Beobachtung zum Thema Prognosen: Sie erfüllen sich immer dann besonders gut, wenn sie nach unten gehen. Denn die Wirtschaft blickt voll Hoffnung auf die Propheten, doch wenn diese melden, dass es abwärts gehe, schränkt die Wirtschaft ihre Bestellungen ein, schraubt die Investitionen zurück, schnallt den Gürtel insgesamt enger. Die Arbeitnehmer sparen, was das Zeug hält, weil sie Angst um ihren Job haben. Die Wirtschaftspropheten blicken auf die Zahlen: weniger Aufträge, weniger Investitionen, weniger Ausgaben – und korrigieren ihre Prognosen noch weiter nach unten.

Das ist wie in der Geschichte mit dem alten Indianer, der auf einem Berg sitzt und den weißen Siedlern prophezeit, dass der Winter kalt werde. Eigentlich trivial, aber die Weißen hacken daraufhin den ganzen Tag Holz. Als sie wieder zu dem Indianer kommen, sagt der, der Winter werde sehr, sehr kalt. Sie hacken also noch mehr Holz. Der Indianer: »Der Winter wird sehr, sehr, sehr kalt!« – »Woher weißt du denn das?«, fragen die Siedler schließlich genervt. Und der Indianer antwortet: »Weiße Männer hacken den ganzen Tag Holz – der Winter wird sehr, sehr kalt!«

Kein Wunder, dass das *Manager Magazin* über das Buch von Nassim Nicholas Taleb, *Der Schwarze Schwan*, schrieb: »Ein brillant geschriebenes Buch über den Unsinn von Wirtschaftsprognosen.« Taleb hat darin bekanntlich als einer der wenigen die kommende Krise vorausgesagt beziehungsweise überhaupt bezweifelt, dass Krisen mit den derzeit eingesetzten Methoden vorhergesagt werden können.

Es gab lange vor der Lehman-Pleite und vor dem Beginn der US-Hypothekenkrise durchaus einzelne Wissenschaftler, Fondsmanager oder Anleger, die die Krise voraussagten. Allerdings – und hier treffen sie sich mit den Auguren der Aktienkurse – weder die Stärke noch den genaueren Zeitverlauf wussten sie zu nennen. »Auch eine kaputte Uhr geht zweimal am Tag richtig.« Soll heißen: Jeder, der in Boomzeiten eine Krise vorausahnt, wird irgendwann recht behalten.

Bleibt die Frage: Warum liegen Prognosen oftmals daneben, obwohl sie auf riesigen, computergestützten Datenbergen beruhen? Das Hauptproblem ist, dass sie als Ausgangsdatenmaterial Zeitreihen von Daten verwenden, welche die *Folge* konjunktureller und wirtschaftlicher Abläufe sind und nicht deren *Ursache*. Sinkende Auftragseingänge sind nicht schuld daran, dass es einer Wirtschaft schlecht geht, sondern weil es der Wirtschaft schlecht geht, sinken die Aufträge! Das ist trivial, aber daraus werden Aussagen über die Zukunft abgeleitet. Die – wenigen – Propheten, die die Krise besser vorhersagten, betrachteten eher die Ursachen und nicht die Wirkungen ökonomischer Prozesse.

 Die OECD gab einen eigenen Bericht mit dem vielsagenden Titel »post mortem« heraus, in dem sie Asche auf ihr Haupt streute und bekannte, dass ihre weltweit sehr geschätzten Prognosen in den Jahren der Krise von 2007 bis 2012 im Schnitt etwa 1,4 Prozentpunkte besser abschnitten, als das Wachstum dann tatsächlich ausfiel. Verantwortlich für dieses Missverhältnis mache sie vor allem die Globalisierung der Wirtschaft wie der Finanzmärkte – und sie stütze sich heute mehr auf Stimmungen bei den Akteuren in der Wirtschaft und sammle empirische Daten.

Was für ein Einstieg in den Ausstieg dieses Buches: 80 Prozent an der Börse sind Psychologie!

Teil IV
Der Top-Ten-Teil

Besuchen Sie uns auf www.facebook.de/fuerdummies!

Auf wenigen Seiten noch einmal das Wesentliche anschaulich darstellen, das ist das Ziel dieses Teils. Echte Börsenweisheiten, die man beherzigen, zehn Psychofehler, die man besser meiden sollte, zehn Webseiten, auf die man einmal schauen sollte, und zehn Gründe, warum Aktien die beste aller Anlageformen sind – und schon Sie haben Sie 40 Top-Tops an der Hand.

Kapitel 16

Zehn Börsenweisheiten über Aktien

Weisheit 1:
Nicht alle Eier in einen Korb legen

Dazu passt zum Beispiel auch die Börsenweisheit des erfolgreichen Fondsmanagers Sir John Templeton: »Der einzige Investor, der nicht diversifizieren sollte, ist derjenige, der immer 100 Prozent richtig liegt!« Übersetzt heißt dies: Nicht alles in Aktien anlegen – und der Anteil, der in Aktien angelegt wird, sollte sich nach Ländern, Branchen und Unternehmensgrößen deutlich unterscheiden. Das Stichwort lautet also: Portfolio-Diversifikation!

Weisheit 2:
Risiko ist die Bugwelle des Erfolgs

Dieser Spruch von Carl Amery (seines Zeichens deutscher Schriftsteller und Umweltaktivist) ist zwar nicht auf die Börse gemünzt, beschreibt die Situation eines Anlegers aber sehr treffend. Das Verlustrisiko gehört zur Aktienanlage dazu, aber langfristig gesehen spielt es eine eher untergeordnete Rolle. Leider wird das Risiko schwankender Kurse von vielen höher eingeschätzt als der tatsächliche Vermögensverlust einer langfristigen Kapitalanlage mit Zinsen, die unterhalb der Inflationsrate liegen.

Weisheit 3: The trend is your friend

Niemand sollte zum leidenschaftlichen Mitläufer avancieren, aber sich gegen den Trend an den Börsen stemmen zu wollen, ist ein schwieriges Unterfangen. Wichtig sind hier vor allem zwei Dinge: Welcher Trend herrscht überhaupt gerade vor und ist eine Trendwende in Sicht? Letztere wird niemand exakt vorhersagen können, gewappnet sein sollte man dennoch, zum Beispiel über automatische Stopps.

Weisheit 4: Laufen Sie nicht jedem Trend hinterher

Das soll jetzt nicht das Gegenteil von Weisheit 3 bedeuten – Schizophrenie ist keine Börsenregel! In diesem Fall geht es nicht um langfristige Trends, also wie Börsen, Märkte und Branchen sich entwickeln, sondern vielmehr um kurzfristige Börsenmoden, die meist einen ähnlichen Verlauf nehmen: Zuerst werden bestimmte Unternehmen, Märkte oder Länder ins Visier genommen, alle schreiben darüber, Fondsmanager decken sich ein – doch bis so ein kurzfristiger Trend bei den Privatanlegern angekommen ist, ist er meist schon vorbei. Also besser Finger weg! Bauen und setzen Sie lieber auf Klassiker, die sich bewährt haben.

Weisheit 5: Verfüge nie über Geld, eh du es hast

Was schon Thomas Jefferson wusste, sollte auch Ihr Leitgedanke sein: Niemals mit geliehenem Geld, also Kredit, an der Börse spekulieren. Ist das Geld an der Börse verloren, bleiben Ihnen schließlich trotzdem die Zins- und Rückzahlungen des Kredits erhalten. So reizvoll der Gedanke auch ist, mit der ungeheuren Hebelwirkung von Fremdkapital zu experimentieren – überlassen Sie das besser den Profis. Selbst die fallen damit immer wieder auf die Nase.

Weisheit 6: Wer's kann, handelt an der Börse, wer's nicht kann, berät andere

Ein böser Spruch der Börsenlegende André Kostolany, der Sie vor allem dazu anhalten sollte, selbst zu denken und zu entscheiden – es geht schließlich um Ihr Geld! Natürlich können und sollten Sie Berater durchaus bei der Anlageentscheidung hinzuziehen. Sehen Sie Ihren Berater am besten als Sparringspartner.

Weisheit 7: An der Börse werden keine Wertpapiere, sondern Meinungen gehandelt

Ein auf den ersten Blick seltsamer Spruch der Börsenpraktiker, oftmals auch so formuliert, dass an der Börse nicht die Gegenwart eines Unternehmens, sondern die Zukunft gehandelt wird – und die steht eben nicht in den Bilanzen. Der Preis, der Börsenkurs, wird von Angebot und Nachfrage bestimmt, welche wiederum von den Meinungen der Käufer und Verkäufer hinsichtlich der Wertpapiere getrieben werden. Diese Ansichten sind bestenfalls – aber keineswegs immer – von Fakten bestimmt. Oder wie es Ernst von Siemens einmal ausdrückte: »Die Börse ist ein Markt für Illusionen, die Geld bringen sollen.«

Weisheit 8: Börsenwissen ist das, was übrig bleibt, wenn man schon alle Details vergessen hat

Noch einmal Altmeister André Kostolany. Will heißen: Übung macht den Meister. Beim Autofahren müssen Sie mit etwas Fahrpraxis auch nicht mehr darüber nachdenken, wo die Bremse und wo das Gas ist oder wo der verflixte dritte Gang steckt. Ähnlich ist es mit Ihrem Erfahrungsschatz an der Börse: Den kann Ihnen keiner mehr nehmen und darauf können Sie aufbauen.

Weisheit 9: Der Pessimist ist der einzige Mist, auf dem nichts wächst

Was Fondsmanager Heiko Thieme damit ausdrücken will: Das Investment in Aktien bedeutet stets, Vertrauen in die Zukunft von Unternehmen und damit das Können und die Leistung anderer zu haben. Wem das suspekt ist, für den sind Aktien vielleicht doch nicht das Richtige.

Weisheit 10: Die Hausse stirbt in der Euphorie

So ist das leider an der Börse: Wenn sich alle freuen und begeistert über die Kursverläufe sind, dann ist das schon ein Zeichen für den bevorstehenden Niedergang. Das heißt: Bei allem nötigen positiven Denken (siehe Börsenweisheit 9) – leise Skepsis ist immer dann angebracht, wenn es um Sie herum nur noch Optimisten zu geben scheint.

Kapitel 17
Zehn psychologische Fehler, die bei Aktieninvestments teuer werden können

Fehler 1: Ich hab's drauf

Selbstüberschätzung ist eines der größten Risiken an der Börse. So erfolgreich Sie in Ihrem Beruf auch sind, die Börse ist ein spezieller Fall. Kaum die ersten Gewinne beim Aktienkauf eingefahren haben und sich schon als Börsenprofi fühlen, das geht garantiert daneben. Je früher erste Verluste zu beklagen sind, desto besser, denn im schlimmsten Fall wächst sonst der Ehrgeiz immer weiter und entflammt die gefährliche Gier, die einen kopflos handeln lässt. Nicht ohne Grund heißt es an der Börse »Gier frisst Hirn«.

Fehler 2: Ich liebe meine Heimat

Heimatliebe ist schön und gut, sollte bei der Aktienanlage aber nicht das ausschließliche Auswahlkriterium darstellen. Natürlich ist es verlockend, schließlich ist immer wieder vom »Exportweltmeister Deutschland« die Rede: Wenn andere Länder unsere Güter so stark nachfragen, warum dann nicht in diese Unternehmen investieren? Können Sie ja, aber nicht nur. Andere Länder haben ebenfalls hervorragende Unternehmen und weltweit gesehen nehmen deutsche Aktiengesellschaften einen überschaubaren Anteil ein.

Fehler 3: Alles klar

Investieren Sie nur in Anlageprodukte, die Sie wirklich verstehen. Das hört sich simpel an und ist es im Grunde auch. Trotzdem stolpern immer wieder Anleger über ihren Stolz: Der Berater erklärt lang und breit und wirft mit Fachbegriffen nur so um sich – und man versteht nur Bahnhof. Was tun? Sich die Blöße geben und zugeben, dass man nichts kapiert hat? Kommt gar nicht in die Tüte! Doch das ist die falsche Einstellung. Springen Sie in solchen Situationen unbedingt über Ihren Schatten: Löchern Sie den Berater so lange mit Fragen, bis Sie verstehen, was Sie kaufen, oder sagen Sie konsequent Nein und konzentrieren Sie sich auf die Anlageprodukte, die leicht(er) zu verstehen sind.

Fehler 4: Ich will mehr

Kapitalmärkte können süchtig machen, das weiß man nicht erst seit einem bekannten Ex-Fußballprofi. Nervenkitzel treibt uns an, einmal erzielte Erfolge wollen nicht nur wiederholt, sondern verdoppelt, verdreifacht, potenziert werden. Da Sie, siehe Psychofehler 1, der Beste sind, vertrauen Sie nur allzu schnell Ihrer glücklichen Hand. Man kann reich werden mit Aktien – will man es aber zu schnell, wird man nur reich an schlechten Erfahrungen.

Fehler 5: Da muss ich ganz schnell wieder raus

Ein wesentlicher Faktor bei der Kapitalanlage ist Zeit, oder besser die fehlende Zeit, die viele Anleger ihren Engagements geben. Die ersten Gewinne sind aber auch zu verlockend, wir wollen sie möglichst schnell einsacken und dann fällt uns schnell der Börsenspruch ein, »an Gewinnmitnahmen ist noch niemand gestorben«. Aber an zu schnellen Gewinnmitnahmen ist auch noch niemand wirklich reich geworden. Erst die Thesaurierung von Dividenden macht Ihr Konto dick, sehr viel mehr als ständiges Ordern. Geduld, Step-by-Step, konsequentes Einhalten einer einmal eingeschlagenen Strategie, das sind die Erfolgsfaktoren an der Börse. Auch hier weiß die Börse: »Hin und Her macht Taschen leer!«

Fehler 6: Hurra!

Auch wenn es schwerfällt: Wenn die Profis an der Börse über bestimmte Unternehmen oder Branchen mit großer Begeisterung berichten, bewahren Sie Distanz. Emotionen sind generell nicht zielführend an der Börse. Und kurzfristige Hypes sind keine nachhaltigen Trends – auch wenn es schwierig ist, den Unterschied zu erkennen.

Fehler 7: Das ist doch total langweilig

Wer Aktien im Depot hat, die sich gar nicht schlecht entwickeln, denkt oft: Und was jetzt? Das ist aber zäh mit den Gewinnen. Da werden mir doch an allen Ecken Produkte angeboten mit sagenhaften Gewinnmöglichkeiten und enormen Hebelwirkungen. Oder Aktien von Unternehmen in Übersee mit tausendprozentiger Gewinnchance, weil sie ganz dicht dran seien an einer Produktweltneuheit. Bleiben Sie skeptisch und bleiben Sie bei Ihren Leisten – das zahlt sich langfristig aus.

Fehler 8: Meine doch nicht

In den seltensten Fällen entwickeln sich alle Aktien in Ihrem Depot positiv. Wenn es die Mehrzahl tut, ist das schon einmal gar nicht schlecht. Und was ist mit den Wertpapieren, die bei der Performance zu wünschen übrig lassen? Viel zu oft hängen Anleger an einmal für gut befundenen und gekauften Dingen und wollen sich partout nicht von ihnen trennen – selbst wenn der Aktienkurs mehr oder weniger steil bergab geht. Sie können einfach nicht glauben, dass sie Aktien gekauft haben, die Totalversager sind. Mit Schmerzen verkaufen und das verbliebene Geld lieber in Investitionen mit mehr Chancen stecken, ist aber immer noch besser, als auf dem sinkenden Schiff zu bleiben. Verluste zu akzeptieren, ist eine wichtige Regel, um Erfolg an der Börse zu haben.

Fehler 9: Knick in der Optik

Damit Sie an Ihren Aktien-Flops aus Ihrer Sicht berechtigt festhalten können, saugen Sie alle Informationen auf, die diese positiv oder zumindest hoffnungsvoll beschreiben, und vermeiden Quellen, die zum Verkaufen raten. Diese Art der selektiven Wahrnehmung ist ganz natürlich, aber leider nicht wirklich förderlich. Umgekehrt funktioniert sie selbstverständlich genauso: Zu Gewinneraktien lesen Sie ausschließlich positive Nachrichten – warnende Stimmen überlesen Sie gerne. Also: Immer die Augen offen und den Verstand wach halten!

Fehler 10: Die machen das schon ...

Egal ob Banker, bester Freund oder Börsen-Guru: Vertrauen Sie niemandem blind – es geht hier schließlich um Ihr Geld! Hinterfragen Sie jede Empfehlung mit gesundem Menschenverstand. Gerade wenn Informationen hundertprozentige Gewinnchancen versprechen, sollten Sie hellhörig werden.

Kapitel 18
Zehn wertvolle Webseiten für Aktienfans

Während der Lektüre sind Ihnen bisher schon einige Webseiten begegnet: Die Internetauftritte der einzelnen Börsen wären hier an erster Stelle zu nennen (da kämen schon einmal zehn zusammen), aber auch in den beiden Informationskapiteln haben wir Zeitungen, Zeitschriften, Fachmagazine und Online-Portale benannt. Wir beschränken uns jetzt deshalb in den Top Ten auf die wirklich wichtigsten und auf einige, die Ihnen vielleicht nicht auf Anhieb eingefallen wären (uns im Übrigen auch nicht), die aber trotzdem zur Grundausstattung eines mündigen Aktionärs zählen (sollten).

Für alle Webseiten gilt: Informationen sollten Sie sammeln und bewerten, Ratschläge sind stets mit Vorsicht zu genießen! Wir beginnen hier mit den Webseiten, die am engsten mit dem Thema Kapitalanlage verknüpft sind und nähern uns dann sukzessive jenen, die eher weiter gefasst wirtschaftliche Themen behandeln. Die Auswahl ist selbstverständlich subjektiv und ohne Gewähr.

✔ **www.finanzen.net:** Gilt als das größte Finanzportal, Sie sind also nicht allein! Die Seite wird gemeinschaftlich vom Springer Verlag und der Euro-am-Sonntag-Gruppe (*Euro am Sonntag* und *Börse Online*) über das Karlsruher Unternehmen Finanzen.net betrieben. Im Prinzip ist es das Portal für alle Informationen rund um die Kapitalanlage – aktuell und einfach zu bedienen, dokumentiert es auf jeden Fall den Mainstream des Finanzwissens. Und wer über die Ländergrenzen hinweg zu unseren Nachbarn schauen möchte, kann dies auf www.finanzen.ch für die Schweiz und www.finanzen.at für Österreich tun.

✔ **www.godmode-trader.de:** Ein Portal vor allem für private Profis – vor hundert Jahren hätte man »Dilettanten« gesagt, verstand man darunter doch ganz im positiven Sinne Privatleute, die sich intensiv um eine Sache gekümmert und diese geradezu professionell betrieben haben. Hier tummeln sich vor allem Trader, die täglich ihre Depots optimieren. Es gibt einen eigenen und sehr ausführlichen Bereich für Einsteiger in die Welt der Börsen, der stetig ausgebaut werden soll.

✔ **www.boerse.de:** Europas erstes Finanzportal, so wirbt Boerse.de für sich – immerhin wurde es bereits 1994 gegründet. Aufgebaut ist es ähnlich wie Finanzen.net & Co., also mit jeder Menge aktueller Informationen rund um Aktien, Fonds, ETFs und Indizes – in Echtzeit. Unterteilt ist die Webseite in Börsen-News, Börsen-Analysen, Börsen-Experten und Börsen-Wissen, da bleibt wahrscheinlich keine Frage offen. Betrieben wird das Portal von einer eigenen Gesellschaft mit Sitz in Rosenheim. Ein eigener Boerse.de-Aktienclub rundet das Angebot ab.

✔ **www.stock-world.de:** Beschreibt sich selbst ziemlich unbescheiden als die Finanz-Experten-Seite Nr. 1 und tatsächlich veröffentlichen viele Börsenkenner hier ihre Kolumnen. Interessant ist der Wirtschaftskalender, der tagesaktuell über die wichtigsten Wirtschaftsdaten weltweit informiert. Eine eigene Kategorie dient dazu, neue Bücher vorzustellen. Zu den Partnerseiten zählen www.aktiencheck.de, www.fondscheck.de und viele mehr.

✔ **www.aktienboard.com:** Wer sich lieber mit anderen austauscht, als nur Nachrichten zu konsumieren oder Kommentare zu lesen, ist hier gut aufgehoben. Um mitzureden, muss man sich allerdings anmelden. Kolumnen von Experten gibt es aber auch – hier kann man zwischen »meistgelesen« und »bestbewertet« unterscheiden, zwangsläufig nicht das Gleiche!

✔ **www.boersennews.de:** Die Webseite wurde sogar »Website des Jahres 2013« in der Kategorie Finanzen. Der Preis gilt als größter Online-Publikumspreis, wenigstens gemäß den Initiatoren, und wird seit zwölf Jahren vergeben. Das Portal sammelt News vor allem von der Nachrichtenagentur dpa, bietet eine Fülle an Analysetools, verlinkt direkt auf Ihren möglichen Online-Broker bei Einzelwerten. Hier können Sie beispielsweise auch die Aktien mit der höchsten Dividendenrendite oder mit der höchsten EBIT-Marge suchen.

✔ **www.finanz-lexikon.de:** Eine Art Wikipedia der Finanzbegriffe, denn jedermann kann sich daran beteiligen, wenn er das Gefühl hat, dass noch ein Begriff fehlt. Ist aber schon sehr üppig und reicht von Aasgeld bis Zwölf-Felder-Risikomatrix. Die Erläuterungen sind kurz und knapp – ob man es dann immer so ganz verstanden hat, steht wieder auf einem anderen Blatt. Aber zum schnellen Nachschlagen bestens geeignet.

✔ **www.boersengefluester.de:** Gereon Kruse ist Herausgeber der Webseite, die über eine umfangreiche Unternehmensdatenbank verfügt, denn Kruse ist ein Verfechter des Value Investing. Er versucht also, Unternehmen nach ihrem tatsächlichen Wert einzuschätzen, um dann zu entscheiden, ob dieser niedriger oder höher ist als der aktuelle Börsenwert. Als langjähriger stellvertretender Chefredakteur bei *Börse Online* ist er vom Kommunikationsfach – und hat jetzt ein Online-Portal oder Finanz-Blog ohne Print-Alternative.

✔ **www.misesde.org:** Die Webseite des Ludwig von Mises Instituts Deutschland, das die Denkrichtung der Österreichischen Schule der Volkswirtschaftslehre vertritt und zum Gegenlesen zur herrschenden Meinung ganz zweckdienlich ist. Hier finden sich keine Anlagetipps, dafür Artikel zu Themen wie »Der Staat ist ein Nimmersatt« oder »Wozu eigentlich Ökonomen dienen«. Wem das Lesen zu anstrengend ist, der kann Vorträge auch als Video ansehen und anhören.

✔ `www.zukunftpassiert.de`: Auf den ersten Blick natürlich alles andere als ein Anleger-portal – auf den zweiten aber schon. Welche Zukunftstrends werden uns begleiten, welche Themen sind wichtig, welche Unternehmen könnten so Chancen vermitteln? Geschrieben von Wissenschaftlern ohne finanzielles Interesse oder gar Gedanken an Aktienanlage – aber nehmen Sie sich ab und zu Zeit, um dort zu stöbern! Initiator der Webseite ist der Zukunftsforscher Dr. Eike Wenzel, der auch regelmäßig auf Wiwo Green, dem Nachhaltigkeitsportal der *Wirtschaftswoche*, schreibt.

Kapitel 19
Zehn Gründe, warum Aktien die beste aller Anlageformen sind

- ✔ Aktien sind **einfach**. Lassen Sie sich nicht von Produktinformationsblättern, Beratungs-protokollen, Risikoanalysen und Ähnliches verwirren und verunsichern – es geht im Grunde immer um eine Kleinstbeteiligung an einem Unternehmen.

- ✔ Aktien sind **Sachwert-Investments**, die größtmöglich vor Inflationsgefahren schützen. Denn durch den Aktienbesitz werden Sie als Anleger zum Teilhaber, Ihnen gehört somit auch ein Anteil am Sachvermögen des Unternehmens – also an den Immobilien, Ma-schinen, dem Fuhrpark, den Patenten.

- ✔ Als Aktionär sind Sie **Miteigentümer** und können daher an Entscheidungen mitwirken. Sie haben ein Recht auf ausreichende und aktuelle Informationen.

- ✔ Aktien bieten Chancen auf **Kursgewinne** und eine Art Verzinsung durch **Dividenden** – auf lange Sicht schlagen Aktien festverzinsliche Papiere.

- ✔ Investitionen in Aktien schaffen reale und/oder ideelle **Werte**.

- ✔ Aktien sind so **vielfältig** wie keine andere Anlageform und bieten die Möglichkeiten breiter Diversifizierung nach Branchen, Ländern, großen und kleinen Unternehmen.

- ✔ Keine andere Anlageform ist so **transparent**, es kann auf die Sekunde genau der Preis für die Aktie abgelesen werden.

- ✔ Über keine andere Anlageform gibt es so viele **Informationen**.

- ✔ Aktien können **jederzeit** verkauft und gekauft werden.

- ✔ Beim Ordern von Aktien können **Sicherheitsmechanismen** gegen Verluste und für Gewinnmitnahmen eingebaut werden.

Stichwortverzeichnis

200-Tage-Durchschnitts-
linie 180
200-Tage-Linie 177
1822direkt 80

A

Abgeltungssteuer 74
Abstauberlimit 87
Ad-hoc-Mitteilung 50, 253
Ad-hoc-Publizität 95
Agio 42, 213
Aktien 195
  defensive 116, 177
  Definition 19
  junge 40
  Vorteile 20
Aktienfonds 116, 196,
200, 203
  Branchenfonds 200
Aktiengattung
  Belegschaftsaktie 38
  Inhaberaktie 37
  Namensaktie 37
  Nennwertaktie 35
  Stammaktie 36
  Stückaktie 35
  Vorzugsaktie 36
Aktiengattungen 34
Aktiengesellschaft, erste 28
Aktiengesetz 252
Aktienindex 159
Aktienkauf 86
  Zeitpunkt 20
Aktienkauf- und -ver-
kauf 86
Aktienkultur 135
Aktiensparplan 114
Aktiensplit 43
Aktien verkauft 226
Aktionäre
  Zahl der 110
  als Mitunternehmer 19
Aktionärsbank 76
Aktionärsbarometer 110
Algo-Trader 68
Altersvorsorge 113–115,
207, 210
Altersvorsorgefonds 210
Amery, Carl 283
Analysten 23, 81, 130, 136,
143, 145, 147, 154, 185,
189, 192–193, 240, 250,
258–260, 276–277

Analystenkonferenz 259
Anlageklassen 118, 176, 195
Anlageprodukte, spekulati-
ve 109
Anlagestrategie
  Low-Volatility-Strate-
gie 194
  MACD-Strategie 177, 194
  Nebenwerte-Strategie 193
  Value-Strategie 193
Anlageziele 116
Anleger Plus 237
Anlegerschutz 73, 81, 93, 95
Anlegerschutzvereini-
gung 237
Anlegertypen 114
Anleihen 195
Ansparpläne 117
Arbeit 268
Arbeitslosenzahlen 137, 139
Arnott, Robert 221
AS-Fonds 210
Asset-Klassen 176
Attributionsfehler 123
Aufgeld 42
Auftragseingänge 138, 279
Auktionsprinzip 132
Ausfallwahrscheinlich-
keit 148
Ausgabeaufschlag 199, 201,
213–216
Ausgabepreis, erster 31
Auslastung 138
Ausschlussverfahren 112
Ausschüttungen 208
Außenhandelsdefizit 140
Ausstiegsmarke 155

B

BaFin 48, 50, 83, 85, 96, 101
Baisse 129–131
Balken-Chart 187
Bank-Apps 90
Bankenabgabe 99
Bankenabwicklung 99
Bankenaufsicht 100, 102
Bankenunion 99
Bär 131
Bärenmarkt 129
Basel III 97
Bawerk, Eugen Böhm
von 265
Beck, Andreas 109

Behavioral Finance 120, 250
Beipackzettel 84
Benchmark 118, 176, 186
Beraterregister 85
Beratungsgespräch 82
Beratungsprotokoll 82–84,
93, 96
Berkshire Hathaway 247
Bernanke, Paul 141
bestens 87, 133, 153, 157
Best execution 64
Best-in-Class-Verfah-
ren 112
Bewertungskennzahlen 273
BGAG 78
Bilanz 272–273
Bilanzrechtsmodernisie-
rungsgesetz (BilMoG) 94
billigst 86, 133, 153
Biostrom 112
BIP 140
BNP Paribas 76
Boden 268
Boom 130
Börse 54, 71
  Börse Frankfurt 252, 258
  Börse München 252
  Börse New York 103
  Börse Stuttgart 76
  Funktion 20
  Heimatbörse 58
  Regionalbörsen 58
Börsenbooms 30
Börsengang 40
Börsengänge 30–31, 33
Börsen-Guru 247
Börsenordnung 67
Börsenpsychologie 240
Börsensegmente 65
Börsenumsatz 160–161, 163
Börsen-Zeitung 235–236
Branchen 121
Brand Eins 238
BRIC 136
BRICSAM 136
BRIICS 136
BRIKT 136
Bruttoinlandsprodukt 268
Bruttonationaleinkom-
men 269
Bruttowertschöpfung 269
Buchverluste 124
Buffett, Warren 247

Bulle 131
Bullenmarkt 129
Bundesanstalt für
  Finanzdienstleistungsauf-
  sicht 48
Bundesverband Investment
  und Asset Management e.
  V. 199
Buttonwood Tree Brooker's
  Agreement 55
Buy-Side-Analysten 147

C

Candelstick-Chart 187
Capital 235, 238
Cashflow 272
Cash-Quote 196
Chart 185
Chartanalyse 189, 191
  Unterstützung 189
  Widerstand 189
Chartformationen 189
Charttechnik 183, 190
Chart-Techniker 189–190
Comdirect Bank AG 76
Computerhandel 57
Corporate Governance
  52, 111
Cortal Consors 77
Cost-Average-Effekt
  117, 208
Courtage 88
Crash 31, 131, 143, 176
CRD IV 97

D

DAB Bank 77
Dach-ETFs 225
Dachfonds 201, 203
Dachverband der Kritischen
  Aktionärinnen und Aktio-
  näre 261
Dax 159–166, 169, 171, 176–
  177, 182, 186, 193, 202,
  214, 219–220, 223, 225–
  226, 236, 239, 248, 258,
  276–277
Dax-Aktien 162
DAX-Global-Alternati-
  ve-Energy-Index 170
Dax-Werte 117
Deckungsgrad 275
Deflation 139
Delisting 47
Depotauszug 74
Depotgebühr 75, 88, 213

Depotstruktur 118
Der Aktionär 239
Derivate 110, 225
Derivategeschäfte 94
DETHIK 30 164
Deutsche Bank 79, 197
Deutsche Börse 67, 132, 252
Deutsche Bundesbank 101
Deutscher Investor Relations
  Verband 250
Deutsches Aktieninstitut
  108, 110, 261
Deutsche Schutzvereinigung
  für Wertpapierbesitz e. V.
  (DSW) 260
Dienstmädchenhausse 130
Directors' Dealings 51, 257
Direktbank 74, 213
Direkthandel 69
Discountbank 74
Discountbroker 74
Dispositionseffekt 124
Diversifikation 176
Dividenden 20, 28
Dividendenausschüttung 88
Dividendenquote 182
Dividendenrendite 182–183,
  221, 239, 274, 292
Dividendenstrategien 181
Dotcom-Blase 31
Dow Jones 43, 131, 163,
  165–166, 168, 191
Downlistings 48
dynamische Stop-Loss-
  Order 155

E

Earnings before Interest and
  Taxes (EBIT) 273
Effizienz von Finanzmärk-
  ten 119
Eigenkapitalquote 274
Eigenkapitalrendite 275
Einlagensicherungsfond 99
Emerging Markets 117,
  136, 199
Emissionspreis 31
Emissionsvolumen 31
Emittentenrisiko 96
Entry Standard 65–66
EONIA (Euro Over Night
  Index Average) 225
Erfolgsgebühr 213
ERIX 170
Ertragsgesetz 268
ETFs 176, 202, 219
  Aktienindizes 220

aktiv gemanagte 224
Emittenten 222
Gebühren 222
Nachteile 228
passiv gemanagte 224
Rohstoffindizes 220
Vorteile 228
Euphorie 126
EU-regulierter Markt 65
Euro am Sonntag 238–239
Europäische Bankenauf-
  sichtsbehörde (EBA) 102
Europäischer Stabilitätsme-
  chanismus (ESM) 102
Europäische Zentralbank
  101–102, 141, 265, 277
European Market Infra-
  structure Regulation
  (EMIR) 94
Euro Stoxx 39, 163, 165, 202
Exchange Traded Commodi-
  ties (ETC) 227
Exchange Traded Fonds 219
Exchange Traded Notes
  (ETN) 228
Exchange Traded Products
  (ETPs) 227
Exportüberschüsse 140
EZB 102, 266

F

Falschberatung 82
Fama, Eugene F. 119
Familienunternehmen 44
Feindliche Übernahmen 47
Film- und Medienfonds
  109
Finanzblogs 246
Finanzkommunikation 250
Finanzkrise 31, 98
Finanzmarktregulierung 100
Finanzmarktrichtlinie 63,
  69, 97
Finanzstabilitätsrat 99
Finanztransaktionssteuer
  95, 211
Finanzwebseiten 243
Fischer, Gabriele 238
Fitch 147
Flash Crash 69
Flatex 77
Fonds 81, 195, 198, 207
  Gebühren 212
  geschlossene 196, 203
  Nachteile 205
  offene 196
  Vorteile 205

Fondsanteile 196, 208
  Verkauf 211
Fondsfinder 197
Fondsmanager 195–197,
  199–206, 212, 214, 219,
  224, 237, 277, 279,
  284–285
Fonds-Police 211
Fondssparplan 207–208,
  215, 218
Fondstypen 197
Fondsvermittler 215
Fondsvermögen 196, 204
Forum Nachhaltige
  Geldanlagen 111
Frankfurter Sparkasse 80
Free Float 160
Freistellungsauftrag 105
Freiverkehr 66
Fundamentalanalyse 181,
  183, 185, 192–193, 241,
  259, 271

G

Gebühren 212
  an die Bank 88
Geld, Definition 264
Geldmenge 141–142,
  265–266
Geldpolitik 265
Geldschöpfungsprozess 265
Geldtheorie 265
General Standard 66
Genossenschaftsbanken 81
Geschäftsbericht 252, 257
Geschlossene Fonds 70, 203
Gesetze (Übersicht) 49
Gesetz zur Regulierung von
  Hedgefonds 95
Gesetz zur Umsetzung der
  Aktionärsrechterichtlinie
  (ARUG) 94
Gewinn 133, 143
  Einfluss auf Kurse 143
  Gewinnwarnungen 144
Gewinnbeteiligung 201
Gewinneraktien 124
Gewinnstreben 125
Gewinn-und-Verlust-
  Rechnung (GuV) 49,
  183, 272
GEX 164
GfK-Konsumklima-
  Index 139
Gier 109, 119, 122, 125–127
Global Titans 168
Going Public 240

goldene Bilanzregel 276
Goldene Finanzierungsre-
  gel 276
Goldman Sachs 103
Gratisaktien 42
Grauer Kapitalmarkt
  70, 109
Greenshoe 34
Griechenlandkrise 100
Große Depression 131
Grüne Energien 112

H

HaFix 164
Handelsblatt 235–236
Handelsüberwachung 53
Hang Seng China Enterprise
  Index (HSCEI) 167
Hauptversammlung 29,
  36–37, 40, 94, 254, 258
  außerordentliche 144
Hausbank 73–75, 86, 213
Hausse 129–130, 202
Hayek, Friedrich August
  von 265
Hebel-ETFs 226
Hebelwirkungen 109
Hedgefonds 67, 201, 202
Heimatliebe 121
Hessische Landesbank 80
Hexensabbat 145
Hochfrequenzhandel 57,
  67–69, 94
  Nachteile 69
  Vorteile 68
Hochfrequenzhandelsge-
  setz 94
Hochfrequenzhändler
  68, 256
Hollywood 109
Homo ludens 120
Homo oeconomicus 120
Homo rationalis 120
Honorarberatungsgesetz 96
House of Finance 77
Hsu, Jason 221
Hype 33
Hypo Real Estate 100
HypoVereinsbank 89

I

IFRS 273
Immobilien 195
Impulse 240
Index 219–221, 223
Indexfonds 202, 219, 225

Indikativer Nettoinventar-
  wert 223
Indikatoren 189
  Frühindikatoren 129
Inflationsrate 139, 142–143,
  266–267, 283
  Einfluss auf Kurse 140
ING-DiBa 78
Insiderhandel 95, 103, 252
Insiderinformationen
  50, 256
International Security Iden-
  tification Number 41
Internetbank 74
Investitionsquote 138, 275
Investmentfonds 211–
  212, 239
Investmentgesellschaft 199
Investment Grade 147
Investor Relations 249
  Instrumente 253
  Manager 249
Investor-Relations-Ma-
  nagement, Ziele 250
ISIN (International Security
  Identification Number)
  41, 86

J

Jahresabschluss 272–274
Jahresüberschuss 272
Jefferson, Thomas 284
Jones, Alfred W. 202
JP Morgan 103

K

Kaeser, Joe 251
Kapital 268
Kapitalanlagegesellschaft
  196, 204, 206–207, 213
Kapitalanlagegesetz-
  buch 196
Kapitalerhalt 210
Kapitalerhöhung 32,
  40–43, 259
  bedingte 42
  nominelle 42
  ordentliche 40
Kapitalflussrechnung 272
Kapitalrendite 275
Kapitalverzehr 210
Käuferseite 133
Kauf, optimaler Zeit-
  punkt 151
Kaufverhalten 119
Klumpenrisiko 171

Konjunktur 136, 141, 266, 269
Konjunkturdaten 137–138, 140
Konjunkturphasen 269
Konsumneigung 139
Körperschaftssteuer 88
Korrekturphase 131
KOSPI 167
Kostolany, André 119, 130, 247, 284
Krisen, Einfluss auf Kurse 135
Kurs-Buchwert-Verhältnis 183
Kurse 129
Kursfeststellung 132
Kurs-Gewinn-Verhältnis 62, 179, 183–184, 274
Kursindex 163, 223
Kuxe 29

L

Länderfonds 202
Leerverkäufe 202
Lehman Brothers 141
Lehman-Pleite 279
Leitzinsen 137
Leitzinssatz 267
Leveraged ETF 226
LIBOR (London Interbank Offered Rate) 226
Limit 87, 133, 154
Limit-Orders 87
Linienchart 186–187
Liquidität 141
Long 226
LYNX B.V. 78

M

m:access 252
M0 265
M1 265
M2 266
M3 266
Makler 55, 57, 60–61
Managementgebühr 213
Manager Magazin 238, 241
Markets investiert 199
Marktkapitalisierung 44, 58, 160–163, 165, 168, 171, 220–221, 239
Marktmissbrauchsrichtlinie 95
Marktsounding 31
Massenpsychologie 119
Maxblue 79–80

MDax 163
Medienfonds 109
Megatrends 179
Mehrzuteilungsoption 34
Meistausführungsprinzip 132
Menger, Carl 265
Mergers & Acquisitions (M&A) 44
Mifid 69
Mischfonds 210
Mitarbeiter- und Beschwerderegister 85, 93, 96
Mittelstandsanleihen 267
Mobile Banking 90
Momentum-Strategie 180
Moody's 147
MSCI-World 168
mTAN 91
MTFs 69
Multifunctional Trading Facilities 69

N

nachhaltige Geldanlagen 111
Nachhaltigkeit 52, 111
Nachhaltigkeitsbanken 113
Nachhaltigkeitsberichte 111–112
Nachhaltigkeitsindex 62
NAI – Natur-Aktien-Index 169
Nasdaq Composite 166–167
Nebenwerte Journal 241
Net Asset Value 211
Netbank AG 79
Neuemissionen 31
New York Stock Exchange 55, 68
Nikkei 163, 167
Notenbanken 137

O

One-Cancels-the-Other-Order 155
Online-Bank 89
Online-Banking Sicherheit 90
Online-Broker 73, 213
Online-Konto 89
Online-Medien 235
OnVista 79
Order 73
Orderbuch 132, 134, 153, 157
Ordergebühr 214
Ordermaske 89
Ordern 151

Ordertypen 87, 152, 156–157
intelligente 155
One-Cancels-the-Other-Order 155
Stop-Buy-Order 154
Stop-Limit-Order 155, 157
Stop-Loss-Order 155
Trailing-Order 155
Österreichische Schule 265

P

Panik 119, 122, 125
Parketthandel 54
Penny-Stocks 43, 74
Performance 197
Performance-Index 162–163, 165–166, 171
Physische ETFs 220
Point-and-Figure-Chart 188
Portfolio-Diversifikation 283
Preisfeststellung 67
Preisindex, hedonischer 142
Preisspanne 31
Pressemitteilung 254
Prime Standard 66, 143, 252, 258
Printmedien 235
Privatbanken 81
private Altersvorsorge 209
Private-Equity 45
Produktinformationsblatt 84–85, 93, 96
Produktionsfaktoren 268
Prognosen 279
Prospekt 48, 65
Psychofallen 122
Psychologie 130
Psychologie des Geldes 107
Public Offering (IPO) 30

Q

Quartalsbericht 252, 254, 258
Quellensteuer 88, 104
Quote-Request-Verfahren 89
Quotes 68

R

RAFI-Indizes 221
Ratingagenturen 147–148, 207, 216–217
Referenzzinssatz 267
Relative Stärke 180
Renditeziele 118

RENIXX 169
Rente 114
Rentenlücke 209
replizierende ETFs 220
Research-Abteilungen 81
Return on Investment 275
Return Replication
 Platforms 67
Riester-Fonds 210
Riester-Rente 210–211
Risiko 207
Risikoeinschätzungen 116
Risikoklassen 73, 81–82, 96,
 199, 218
Risikoklassifizierung 81, 96
Risikominimierung 177
Risikoprofil 207
Roadshows 259
ROE 275
Rohstoffe 227
Rohstoffindizes 220
ROI 275
Rücknahmegebühren 222

S

S&P 500 166
SBroker 80
Schutzvereinigung der Kapi-
 talanleger e.V. (SdK) 260
Schwarmintelligenz 244
schwarzer Schwan 126
Schwellenländer 136
SDax 163
Securities and Exchange
 Commission (SEC) 103
Seitwärtsbewegung 131, 135
Sektorenverliebtheit 120
Sell-in-Summer-Strate-
 gie 176
Sell-Side-Analysten 147
Sentimentindikatoren 276
Sentiment-Indizes 276
Shanghai Composite
 Index 167
Shenzhen Composite
 Index 167
Shiller, Robert J. 119
Short 226
Smart Investor 241
Social Media 80
 für Investoren 244
Social-Responsibility-
 Reports 51
Social-Trading-
 Plattformen 245
Solarstrom 112
Soros, George 247

Sparda-Bank 79
Sparkassen 80–81, 99, 197
Sparplan 23
Spekulanten 110
Sperrfrist 209
Sperrminorität 44
Sportwetten 110
Spreads 71
Squeeze Out 45
Staatsverschuldung 98
stabiler Kapitalmarkt 94
Standard & Poor's 147
Steuerersparnis als
 Anlagemotiv 109
Steuern
 auf Dividenden 88
 auf Veräußerungsge-
 winn 88
Stimmungen 135
Stop-Buy-Order 153
Stop-Limit-Order 155
Stop-Loss-Lawine 156
Stop-Loss-Order 155
Stop-Order-Observer 154
Stresstest 100
strong buy 260
strong sell 260
Strukturierte Finanzproduk-
 te 110
Stupid German Money 109
Swap-ETFs 221
Synthetische ETFs 221
Systemrelevante Banken 99

T

Taleb, Nassim Nicholas
 126, 279
TAN-Verfahren 91
Tapering 141
tatsächliche Verluste 124
TecDax 163–165
Technische Analysten 174
Templeton, Sir John 248, 283
Thieme, Heiko 285
Total Expense Ratio 212
Traders' Magazin 242
Trailing-Order 155
Trendfolgestrategien 179
Trendkanal 190–191
Trendlinie 190
Trends 130, 135, 284
Trendumkehr 131
Trennbankengesetz 97

U

UBAI 170
Übernahmefantasien 144

Übernahme, feindliche 144
Übernahmen 44
überzeichnet 33
Ultimo 87
Umkehrstrategie 192
Underlying 170
Unlimitiert 153
Unternehmensbewer-
 tung 271
Unternehmenskalender 143
Urteilsverzerrungen 122, 125
Usance 54, 66
US-GAAP 273
US-Hypothekenkrise 279
US-Immobilienblase 141

V

Value-at-Risk-Betrach-
 tung 218
Value Investing 183, 192
Value-Strategie 193
Verantwortliches Wirtschaf-
 ten 111
Verantwortung, soziale 111
Vergleichsportale 75
Verhaltensökonomie Beha-
 vioral Finance 120
Verliereraktien 124
Verlustanzeige 144
vermögenswirksame Leis-
 tungen 210
Verschuldungskoeffizi-
 ent 275
Verwaltungsgebühren
 222
Volatilitätsunterbrechun-
 gen 57
Volksaktie 32, 110
Volkswirtschaftslehre 263

W

Wachstumsaktien 178
Wachstumsstrategie 178
Wachstumswerte 178
Wahlen, Einfluss auf
 Kurse 135
Wahrnehmungsproblem
 Home Bias 122
 Sector Bias 121
Wall Street 55, 59
Warenkorb 142, 266
Weißer Ritter 47
Weltkonjunktur 136
Werner, Frank B. 238
Wertpapierberatung 82
Wertpapiererwerbs- und
 Übernahmegesetz 144

Wertpapierhandelsgesetz
(WpHG) 96, 252
Wertpapierkennnummer
(WKN) 41, 87
Wetten 109
Wiener Schule 265
Wikifolia 181
Windkraft 112
Wirtschaftskurier 236

Wirtschaftsnobelpreis 119
Wirtschaftswoche 236, 242
WKN 41

Z

Zeichnungsgewinne 31
Zeitpunkt, optimaler (Kauf
und Verkauf) 151
Zentralbankrat 102

Zertifikate 109–110, 170,
181
Zielfonds 210
Zielsparfonds 203
Zinsen 267
Einfluss auf Kurse
137
Zinseszinsrechnung 267
Zusatzrente 210